헤겔의 이성 · 국가 · 역사

HEGEL NI OKERU RISEI, KOKKA, REKISHI

by Takeshi Gonza

© 2010 by Takeshi Gonza

Originally published in 2010 by Iwanami Shoten, Publishers, Tokyo.

This Korean language edition published 2019 by b-Books, Seoul

by arrangement with the proprietor c/o Iwanami Shoten, Publishers, Tokyo.

헤겔의 이성 · 국가 · 역사

곤자 다케시 | 이신철 옮김

도서출판 b

| 일러두기 |

1. 이 책은 곤자 다케시의 다음 논저를 옮긴 것이다.
   權左武志, ヘーゲルにおける理性・國家・歴史, 岩波書店, 2010.
2. 본문에서 위첨자로 표시된 [100]과 같은 숫자들은 위 원본의 쪽수다.
3. 본문 아래의 각주는 모두 지은이의 것이다.

|차 례|

제3부 초기 헤겔의 사상 형성

제7장 젊은 헤겔에게서 정치와 종교 ····························· 267

제8장 예나 시기 헤겔에게서 체계 원리의 성립 ················· 337

[1]서장 본서의 시각과 구성

(1) 본서는 헤겔(1770-1831년)의 정치사상, 그중에서도 지금까지 충분히 해명되어 있지 않은 역사 철학과 국가론을 다루고, 그것을 새로운 시각에서 최신의 자료에 기초하여 다시 해석하고자 시도하는 것이다. 먼저 본서가 채택하는 연구에서의 시각에 이어, 연구 상황과 현대적 의의를 아울러 미리 해명해 두고자 한다.

첫째로, 헤겔의 역사 철학은 그것이 지닌 엄청난 영향력으로 인해 20세기에는 오로지 정치적 적대 관계 속에서 논의되어 왔던 데 반해, 냉전의 종언 후에는 급속히 탈정치화가 진행되는 것으로 보였다. 냉전 시기에 헤겔은 독일 역사주의와 맑스주의를 낳은 아버지로서, 독일 내셔널리즘과 역사 법칙주의의 창시자로 간주되었으며, 특히 영미 사상가들에게 있어서는 극복해야 할 대상으로 여겨져 왔다. 이에 반해 1989년 이후에는 상황이 크게 변하여 자유 민주주의의 승리를 2세기 전에 내다본 '역사의 종언'의 예언자로서 잘못 해석되었다. 그러나 2001년 이후에는 '중동의 민주화'라는 표어 아래 '문명의 충돌'이라는 불길한 시나리오가 현실화된 것처럼 보이는 가운데, 헤겔의 역사 철학을 문명들 사이의 대화와 상호 이해를 가능하게 하는 처방전으로서 바꿔 읽고, '세속화'라는 과제를 향해 재해석할 필요성이 인식되고 있다.

그리하여 본서는 세계사를 종적인 단선적 발전으로 파악하는 발전 단계설의 원형으로 생각되어 온 헤겔 역사 철학으로부터 발전 단계설을 대신하는 다른 가능성, 즉 인류사를 횡적인 것으로부터의 이문화異文化의 충격으로 파악하는 **문화 접촉설**이라는 가능성을 끌어내고, 종래의 [2]발전 단계적 역사상을 재구성하고자 한다. 왜냐하면 유럽 문명의 기원을 오리엔트·그리스·로마의 고대 세계로까지 소급하여 묻는 헤겔에게 있어서는 서구의 그리스도교 문화 자신이 다른 타자의 문화를 섭취하고 가공하여 성립한 '문화 접촉' 체험의 산물로 생각되었기 때문이다. 다른 한편으로 본서는 헤겔의 역사 철학이 삼위일체설에서 제시된 정신의 자기 인식이라는 자유의 이념을 전제하고 있으며, 자유의 이념이 현실에서 육화하는 **세속화** 과정으로서 유럽의 게르만 세계를 파악하고 있는 점을 재평가한다.

헤겔에게 있어 인류의 역사적 경험을 전체로서 파악하는 관점은 '역사에서의 이성'이라는 역사의 궁극 목적을 전제로 하여 비로소 성립한다. 요컨대 정신의 자유라는 역사를 넘어선 가치를 설정할 때, 우리는 인류의 역사를 통일적으로 파악할 수 있으며, 역사의 파악은 현재의 파악이라는 것을 이해할 수 있는 것이다. 이러한 독일 관념론의 가장 훌륭한 유산이 상실되면, 한편으로 일체의 가치 판단을 배제한 역사주의적인 실증주의, 다른 한편으로 그때그때마다의 현재를 절대화하여 시대의 대세에 순응하는 기회주의에 빠질 수밖에 없다. 2001년부터 전 세계를 석권한 시장 원리의 세계화라는 시장 중심 사관은 그러한 현재 중심주의, 대세 순응주의의 가장 새로운 사례에 다름 아니다. 역사주의와 현재 중심주의가 역사를 지나가 버린 과거로 간주하고, 현재를 과거로부터 분리한다는 점에서 표리일체를 이루는 데 반해, 세속화설에 의해 자유의 이념을 역사적으로 근거짓고자 한 헤겔의 시도는 역사주의로 퇴행한 우리의 역사 인식의 취약성을 그 근저로부터 다시 물을 것이다.

　둘째로, 과거 30년 사이에 새로운 자료에 기초하는 실증적인 헤겔 연구가 진척되고 고도로 전문 분화해 가는 것과는 반대로, 헤겔의 전체상이나 그가 살아간 시대와의 유기적 관련은 파악되지 않고 있는 것으로 보인다. 확실히 1970년대부터 아카데미 판『헤겔 전집』(*Gesammelte Werke*)의 간행에 따라 알려지지 않은 초고와 강의록이 계속해서 공간되고, 그리하여 이 몇십 년 사이에 헤겔 철학에 대한 연구는 획기적인 진전을 이루었다. 특히 초기 헤겔에 대한 발전사적인 연구가 주변 사상가들의 배치도를 포함하여 [3]치밀하게 되어 가는 한편, 베를린 시기의 헤겔 상像도 새로운 강의 필기록의 공간에 의해 크게 변화했다. 그러나 '사유하는 헤겔'과 '강의에서 말하는 헤겔'이 재발견됨에 따라 통일적인 헤겔 상은 오히려 파악되기 어렵게 되고, 무한히 확산되어 갈 우려마저도 없는 것이 아니다.

　이에 반해 본서는 헤겔의 사상을 다 마무리된 기성의 체계로 간주하는 것이 아니라 시대와 대결하는 가운데 창조된 **생활 체험의 추상화**로서 통일적으로 다시 파악하고자 한다. 이를테면 시대의 과제와 격투를 벌이는 철학자 헤겔이 프랑스 혁명과 낭만주의의 대두, 제국의 붕괴와 독일의 새로운 질서 모색과 같은 동시대의 체험을 어떻게 받아들여 철학의 언어로 이론화해 갔는가 하는 사상의 창조 과정을 혁명 후의 역사를 추체험하는 가운데 초기 초고와 강의록으로부터 찾아내고, 그리하여 자기의 시대를 사상 속에서 파악한 철학자로서 통일적인 헤겔 상을 재구축하고자 하는 것이다. 이와 병행하여 본서는 앞의 문화 접촉설을 헤겔 자신에게 적용하여 초기 헤겔의 발전사를 이문화의 **창조적 계승** 과정으로서 재구성하고자 한다. 이전의 통설은 헤겔의 발전사를 아리스토텔레스적인 실천 철학 전통과 근대 자연법에 기초하는 혁명 사상을 매개하는 시도로서 해석했지만, 다른 한편으로 그것은 그리스 정신을 되살리는 혁명과 일신교의 강고한 전통 사이의 상극이라는 다른 관점에서 해석될 수도 있다. 그리하여 헤겔의 사상 형성은 '전통'과 '혁명'의 공존이라기보다 이질적인 문화들 사이의 접촉과 충돌의 산물이라고 보는 쪽에 의해 좀 더 적절하게 파악될 수 있다고 생각된다. 본서는 특히 체계 원리를 이루는 '정신'(Geist) 개념이 자기의식과 삼위일체론을 모델로 한 초월론적·신학적 기원을 지닌다는 점에 주목하고, 그리스적·신학적 전통의 창조적 계승이라는 시각에서 초기 헤겔에게서의 사상의 재창조 과정을 다시 파악하고자 한다.

(2) 본서는 이러한 연구 시각에 따라 역사 철학 강의, 법철학 강의, 초기 헤겔이라는 3부 구성을 취하고자 한다. [4]다음에서는 전체 구성과 아울러 각 장의 내용을 미리 소개해 둔다.

제1부에서는 상이한 연도의 강의록들이 수집되어 편집되어 온 역사 철학 강의의 종래 텍스트를, 최근 공간된 1822년도의 최초년도 강의록과 필자에 의해 해독된 1830년도의 최종년도 강의록으로까지 일단 해체한 다음, 헤겔 역사 철학의 성립 단계와 그 숨겨진 주도 동기를 재구축한다.

제1장에서는 우선 1822년도 강의 서론에서 역사의 궁극 목적을 이루는 '역사에서의 이성'이 그리스도교의 삼위일체설을 모델로 한 '정신' 개념에 의해 구상되어 있으며, 최초년도 강의에서 열어 보여 있던 신학적 주도 동기가 최종년도 강의와 이에 의거하는 종래의 판에서는 은폐되어 있다는 점을 분명히 한다. 다음으로 1822년도 강의의 오리엔트·그리스·로마 세계론에 대한 분석으로부터 고대 로마에서 삼위일체설로 제시된 정신의 자기 인식과 자유의 의식이 오리엔트·그리스 문화라는 서로 다른 타자들과의 대화에 의한 '지평 융합'의 산물이며, 이러한 문화 접촉의 모델로서는 '이질적인 것의 가공'이라는 그리스 문화의 이해가 생각되고 있었다는 점을 논증한다.

제2장에서는 1822년도 강의의 게르만 세계론을 다루는데, 본래의 유럽에 해당하는 게르만 세계가 의식된 정신의 자유를 실현하는 그리스도교 원리의 육화 과정으로서 종교사적 관점에서 이해되고 있으며, 특히 십자군-종교개혁-프랑스 혁명의 3대 사건이 역사의 궁극 목적으로 향하는 인과 연쇄의

모습에서 묘사되고 있다는 점을 명확히 한다. 다른 한편으로 동일한 게르만 세계가 국가 체제사적 관점에서 서구에 특유한 봉건제 질서를 극복하고 통일적인 주권 국가로 이행하는 과정으로서 파악되고 있다는 점을 지적한다.

제3장에서는 1830년도 강의의 게르만 세계론을 다루는데, 거기서는 종교 개혁에서 출현한 내면성 원리의 연장선상에서 계몽사상이 파악되며, 또한 프랑스 혁명이 자유 의지 원리의 실현으로 간주되고 있다는 점에서 종교 개혁-계몽사상-프랑스 혁명의 정신사적인 연관이 강조되고 있다는 것을 보여준다. 그리고 그리스도교 원리의 육화라는 넓은 의미의 '세속화' 운동이 [5]교회 재산을 몰수한다는 좁은 의미의 '세속' 사업에 의해 완성된다는 점에서 종교 개혁과 프랑스 혁명의 국가 체제사적 관련이 보인다는 것을 분명히 한다. 다른 한편으로 '종교의 변혁 없이 참된 혁명은 성공할 수 없다'는 최초년도 강의의 주도 동기가 1830년도 강의에서는 프로테스탄트 프로이센에서의 이성과 종교의 화해라는 형태로 계승되어 있다는 것을 지적한다.

이어지는 제2부에서는 1970년대 중반부터 간행된 법철학 강의록을 둘러싼 최근 독일의 논쟁에 입각하여 1820년 『법철학 요강』에 이르는 헤겔 국가 이론의 성립 과정을 1820년 이전의 법철학 강의와 대비하는 가운데 동시대사적 관점에서 해명한다.

제4장에서는 1801-02년 「독일 헌법론」으로부터 1819년 법철학 강의에 이르기까지 헤겔의 주권 이론 및 국가-사회의 이분법이 형성되는 과정을 헤겔 자신이 경험한 제국 해체와 라인 동맹 개혁의 시대 체험으로부터 재구성하는 한편, 독일에서의 보댕 주권 개념의 수용과 그 입헌주의적인 변용이라는 17세기 이래의 독일 국가 체제사의 맥락에 자리매김한다.

제5장에서는 『법철학 요강』에 정식화된 헤겔의 국가론이 한편으로는 청년기에 프랑스 혁명으로부터 받아들인 고대 그리스의 공화주의 이념을 프로테스탄티즘에서 유래하는 주체성 원리와 매개하는 탈공화주의화의

산물로서, 다른 한편으로는 근대에 형성된 주권 개념을 중세 이래의 입헌주의적인 전통과 화해시키는 '대립물의 결합'의 시도로서 해석될 수 있다는 것을 젊은 헤겔로부터 1817년도 법철학 강의에 이르는 발전사적 관점에서 밝힌다.

제6장에서는 전전부터 전후에 걸쳐 이루어진 헤겔 정치사상에 대한 해석 동향을 개관한 다음, 1970년대 중반 이래로 일팅과 헨리히에 의해 공간된 법철학 강의 필기록, 특히 1817년도의 최초년도 강의록과 1819년도의 제3회 강의록을 둘러싸고 연구자들 사이에서 교환된 논쟁을 전기적 기술·이론적 해석·발전사적 해석으로 구분한 데 기초하여 검토한다. [6]보론에서는 아주 최근에 공간된 1819년도의 다른 필기록에 의해 생겨난 자료 해석상의 커다란 전환을 보고한다.

마지막 제3부에서는 최근 몇십 년 사이에 비약적 진전을 이룬 발전사적 연구의 성과를 토대로 하여 1790년대부터 1800년대에 걸친 초기 헤겔의 사상 형성을 재구성하고, 그것을 이문화의 창조적 계승이라는 문화 접촉설의 시각에서 다시 파악한다.

제7장에서는 젊은 헤겔의 원초적 정치관을 프랑스 혁명에서 촉발된 고대 공화주의의 재생과 그 상대화의 시도로서 이해하는 한편, 베른 시기로부터 프랑크푸르트 시기에 걸쳐 보이는 휠덜린 합일 철학의 수용과 그리스도교 이해의 전회 속에서 루터주의 신학 전통과는 이질적인 고대 그리스 정신과의 만남과 '결합과 비결합의 결합'이라는 근본 사상의 형성을 발견한다.

제8장에서는 우선 제1절에서 예나 초기의 헤겔에게서 보이는 칸트-피히테 주관성 철학과 셸링 동일 철학 쌍방에 대한 논쟁을 피히테-셸링 논쟁과 아울러 검토하고, '동일성과 비동일성의 동일성'이라는 절대자 이해가 헤겔에게서의 프로테스탄트 원리와 그리스 정신, 헤브라이즘과 헬레니즘이라는 이질적인 두 가지 문화적 전통을 융합하는 '양극성의 통일'의 시도로서 해석될 수 있다는 것을 보인다. 다음으로 제2절에서는 이러한 절대자

개념이 예나 후기의 1804년도 체계 구상으로부터 1807년『정신 현상학』에 걸쳐 '자기 자신의 타자'임과 동시에 '자기 자신으로 복귀하는 운동'이기도 한 '정신' 개념으로 발전해 가는 과정을 초월론 철학에서의 삼위일체론의 수용이라는 초월론적·신학적 맥락에서 해명한다.

제1부 헤겔 역사 철학의 성립과 그 배경

제1장 '역사에서의 이성'은 인류에 대한 보편타당성을
요구할 수 있는가?
──헤겔 역사 철학의 성립과 그 신학적·국가 체제사적 배경──

머리말

(1) 1979년에 주체의 해방 이야기와 같은 '큰 이야기의 실추'가 선언된
후, 곧이어 10년 후 냉전의 종결에 따라 '역사의 종언'이라는 이야기가
부활을 이루었을 때, 이러한 '큰 이야기'의 원형으로 생각되었던 것은
틀림없이 세계사를 궁극 목적에로 향하는 발전 단계들의 순서── '자유의
의식에서의 진보'── 로 간주하는 헤겔의 역사 철학이었다.[1] 1820년대의
베를린 대학에서 헤겔이 5회에 걸쳐 강의한 「세계사의 철학」은 당시의
프로이센뿐만 아니라 독일 역사주의와 맑스주의를 통해 서구 대 독일,
서구 대 러시아라는 대립 축에 의해 규정되는 그 후의 국제 정치 동향에도

──

1. Cf. J.-F. Lyotard, *La condition postmoderne*, Paris 1979. 일역 『ポスト・モダンの條
件』(書肆風の薔薇); F. Fukuyama, "The End of History?", *The National Interest*, Summer
1989, 3-18.

결정적인 충격을 주게 되었다. 그리고 오랫동안 20세기를 지배해 온 동서양 진영의 치열한 세계관 투쟁이 종언을 맞이했을 때, 승리자로서 개선가를 부르는 서구 측으로부터 헤겔의 역사 철학은 '자유 민주주의의 승리'의 예언자라는, 종래와는 전혀 정반대의 재해석을 받게 되었다.

그러나 『역사 철학 강의』의 모든 판에서——그리고 헤겔 자신에 의한 1830년도 강의 초고에서도——똑같이 보이는, '자유의 의식에서의 진보'라는 세계사 이해, 요컨대 자유의 의식의 구별로부터 오리엔트-그리스-로마-게르만이라는 [10]세계사 구분을 도출하는 저 너무나도 유명한 역사 철학 도식[2]은 사실은 1822년도 겨울 학기에 개강된 최초의 「세계사의 철학」 강의에서는 전혀 눈에 띄지 않는다. 확실히 헤겔은 이 제1회 역사 철학 강의 서론에서도, 후년과 마찬가지로, 세계사가 나아가야 할 궁극 목적을 '역사에서의 이성'(Vernunft in der Geschichte)이라고 이름 짓고, 세계사 속에서 이성을 인식하기 위해서는 인식하는 자 자신 측에 이성이, 적어도 신앙이 필요로 된다고 말하여 역사 내재적 이성의 인식을 신의 인식과 동일시하고 있다.[3] 그러나 여기서 말하는 '역사에서의 이성'이란 자기 자신을 대상화하는 것에 의해 자신의 자연적·직접적인 존재를 극복함과 동시에 자기 자신으로 돌아가는, 요컨대 타자 존재에서 자기 동일적인 헤겔의 독특한 '정신'(Geist) 개념에 의해 설명된다(V 26ff.). 더욱이 헤겔 철학의 핵심을 이루는 이 정신 개념은 그리스도교의 삼위일체론에 따라 아버지인 신-아들에서의 신의 자기 분열-정신(성령)에서의 아들과의 재통일로서, 요컨대 '타자 존재에서의 자기 파악'을 가능하게 하는 아버지-아들

---

2. Vgl. G. W. F. Hegel, *Werke in zwanzig Bänden* Bd. 12, Frankfurt a. M. 1970, S. 31f.; ders., *Gesammelte Werke* Bd. 18, Hamburg 1995, S. 152f.

3. Vgl. Hegel, *Vorlesungen* Bd. 12 *Vorlesungen über die Philosophie der Weltgeschichte (1822/23)*, Nachschriften von K. G. J. v. Griesheim, H. G. Hotho und F. C. H. V. v. Kehler, hg. v. K.-H. Ilting, K. Brehmer und H. N. Seelmann, Hamburg 1996, S. 20ff.〔인용에서는 V로 약기한다〕.

-정신(성령)의 삼위일체로서 이해되고 있는데, 세계 종교 중에서도 그리스
도교에서 비로소 신이 '정신'으로서 참으로 계시되었다고 하는 것이다
(31f.).

하지만 헤겔이 말하는 '역사에서의 이성'이란 언뜻 보면 보편주의적
입장을 대변하는 것으로 보여 사실은 그리스도교적 정통(Orthodoxie)이라
는 특정한 제한된 입장에서 구상되고 있는 것에 지나지 않는 것이 아닌가라
는 의심이 서구 중심적 세계상이 동요하고 있는 현대에는 솟아나지 않을
수 없다. 요컨대 헤겔이 세계사의 궁극 목적으로서 거론하는 '역사에서의
이성'이란 단일한 이성으로서 시간과 공간을 넘어서 인류 일반에게 보편적
으로 타당한 것이 아니라 오히려 복수의 이성들 가운데 하나로서 기껏해야
그리스도교 문화권 내부에 국한된 제한된 타당성을 요구할 수 있을 뿐인
것이 아닌가라는 서구적 이성의 자기비판이 그것이다. 이와 같은 역사
내재적 이성의 보편타당성에 대한 물음이란 미국의 헤겔주의자에 의한
'역사의 종언'론에서는 자명한 전제로서 그것 자체가 의심되지 않고서,
또한 '이야기의 종언'이라는 포스트모더니스트의 이야기에서는 전혀 반대
되는 이유에서 충분히 물어지지 않고서 끝난 문제였다. 이에 반해 [11]찰스
테일러는 모든 인간에게 똑같이 존경을 보내야 한다는 루소와 칸트의
보편주의적 입장을 '존엄의 정치'(politics of dignity)라고 부른 다음, 이것은
그리스도교라는 특수한 지배적 문화의 표현에 지나지 않으며, '보편을
가장한 특수주의'라는 자기모순에 빠져 있다고 지적했다. 그리고 이러한
보편주의적 동질화에 맞서 모든 문화에 똑같이 존경을 보내야 한다는
다문화주의의 요구를 '차이의 정치'(politics of difference)라고 불러 유럽
중심주의에 대한 다문화주의의 도전을 이론화했다.[4]

..
4. Cf. Ch. Taylor, "The Politics of Recognition", in: Ch. Taylor et al., *Multiculturalism*,
Princeton 1994, 25-73. 일역 『マルチカルチュラリズム』(岩波書店) 37쪽 이하. 다만
테일러 자신은 모든 문화의 동등한 가치를 인정할 것을 요구하는 다문화주의에 대해서
도, 그리고 자기 문화의 가치 기준에 갇히는 자민족 중심주의에 대해서도 찬성하지

우리는 통례적으로 역사적 사실로서의 과거의 '사건'(res gestae)을 특정한 '관점'(Perspektive)으로부터 해석한다. 그러나 우리가 의거하고 있는 종래의 관점에 대해 이것과는 다른 타자의 관점으로부터 반성을 가하여 자기 자신의 '지평'(Horizont)을 확장할 수 있게 되면, '사건의 이야기'(narratio rerum gestarum)로서의 역사는 종래의 서구 중심주의적 입장과는 상이한 다른 관점에서 다시 해석될 수 있을 것이다. 요컨대 헤겔이 말하는 '역사에서의 이성'과 같이 역사를 관통하는 보편타당성을 요구하는 단일한 관점을 처음부터 전제하게 되면, 세계사는 계몽주의의 진보 사관과 마찬가지로 인류라는 거대 주체——'세계정신'(Weltgeist)——가 시간 축에 따라 순차적으로 밟아가는 단선적인 발전 단계 과정으로서 간주될 수밖에 없게 되는 것이다. 이에 반해 각각의 문화 구조에 따른 관점의 다원성이라는 전혀 다른 전제로부터 출발하게 되면, 인류의 역사는 동일한 공간에 병존하는 각각의 상이한 문화권들이 (충돌과 융합이라는 형태로) 서로 영향 작용을 미치는 과정으로서, 즉 '문화 접촉'(Kulturberührung)에 의해 불러일으켜지는 '지평 융합'(Horizontverschmelzung)이라는 사건의 되풀이되는 반복으로서 재해석될 수 있을 것이다.[5]

이 장에서는 헤겔의 역사 철학이 종래 암암리에 상정되어 왔듯이 전자와 같은 단선적 발전 단계설의 역사관으로 환원될 수 있는 것이 아니라,

---

않고, 문화 상대주의와 서구 중심주의 사이의 '중간의 길'로서 '지평 융합'에 대해 열린 태도를 제창하고 있다.

5. '지평 융합'이라는 해석학적 개념에 대해서는, vgl. H. G. Gadamer, *Wahrheit und Methode*, Tübingen 1960, 5. Aufl. 1986, S. 307ff. 일역『眞理と方法 II』(法政大學出版局) 473쪽 이하. 가다머가 이야기하는 '지평 융합'은 고전적 예술 작품과의 대화라는 해석학적 맥락으로부터 다른 타자의 문화와의 대화라는 문화 접촉론적인 맥락으로 전용하는 것이 가능한바, 이러한 해석 교체의 작업을 통해 주체의 반성 능력에 의한 전통 그 자체의 비판과 수정을 허용하지 않는 전통의 실체화라는 해석학 비판(vgl. J. Habermas, *Zur Logik der Sozialwissenschaft*, Frankfurt a. M. 1970, 5. Aufl. 1982, S. 298ff. 일역『社會科學の論理によせて』(國文社) 304쪽 이하)에 부응할 수 있다.

오히려 1822년도의 제1회 역사 철학 강의에서는 후자의 문화 접촉설에 대해 열린 다른 역사 해석의 가능성을 보여주고 있다는 첫 번째 테제를 몇 년 전에 처음으로 공간된 새로운 자료에 기초하여 논증하고자 한다. [12]헤겔 역사 철학의 초기의 기본 틀은 서구 중심주의에 대한 다문화주의의 도전에 부응하는 이론적 가능성을 지니고 있었다는 것을 역사 철학 강의의 성립에 관한 최신의 문헌학적 연구 수준을 기반으로 하여 재검토하고자 하는 것이 이 장의 기본 목적이다.

(2) 이어서 본론에 들어가기에 앞서 이론적 검토 작업의 전제가 되는 문헌학적 연구 상황을 개관해 두고자 한다. 헤겔 『역사 철학 강의』라는 제목으로 불리는 텍스트는 종래 크게 나누어 네 종류가 존재했다. 첫째가 1831년에 헤겔이 사망한 후에 제자에 의해 편집된 간스 판(1837년), 둘째가 그 개정판인 칼 헤겔 판(1840년)―― 그리고 이것의 복각판인 글록크너 판(1927년), 기본적으로 칼 헤겔 판에 의거하는 주어캄프 판(1970년)―― 이 며, 셋째가 이것들을 대폭적으로 개정하고자 시도한 라손 판(1917-20년), 그리고 넷째가 라손의 작업을 계승하면서 서론만으로 끝난 호프마이스터 판(1955년)이다.[6] 그러나 어느 것이든 본래는 다른 연도에 속하는 청강자의 필기록들과 헤겔 자신의 초고를 편집자의 손에 의해 수집하여 만들어

6. Vgl. (1) Hegel, *Werke, Vollständige Ausgabe durch einen Verein von Freunden des Verewigten* Bd. 9 *Vorlesungen über die Philosophie der Geschichte*, hg. v. E. Gans, Berlin 1837; (2) ders., *Werke, Vollständige Ausgabe durch einen Verein von Freunden des Verewigten* Bd. 9 *Vorlesungen über die Philosophie der Geschichte*, hg. v. K. Hegel, 2. Aufl. Berlin 1840; Nachdruck: *Sämtliche Werke. Jubiläumsausgabe in zwanzig Bänden* Bd. 11, hg. v. H. Glockner, Stuttgart 1927; *Werke in zwanzig Bänden* Bd. 12 *Vorlesungen über die Philosophie der Geschichte*, hg. v. E. Moldenhauer und K. M. Michel, Frankfurt a. M. 1970; (3) ders., *Vorlesungen über die Philosophie der Weltgeschichte*, hg. v. G. Lasson, Leipzig 1917; (4) ders., *Vorlesungen über die Philosophie der Weltgeschichte* Bd. 1: *Die Vernunft in der Geschichte*, hg. v. J. Hoffmeister, Hamburg 1955.

낸 것이었기 때문에, 각각의 연도 사이에 생겨난 헤겔의 사상적 발전의 궤적과 때로는 주요한 사상의 계기들이 사라져 버리는 결과가 되었다. 예를 들어 서두에 소개했던 1822년도 강의 서론에서 발견되는 삼위일체론에 기초하는 정신 개념에 대한 설명은 주로 1830년 초고에 의거하는 칼 헤겔 판의 서론에서는 완전히 말소되어 버려 그 흔적을 남기고 있지 않은 것이다.

이에 반해 헤겔은 1822, 1824, 1826, 1828, 1830의 각 연도 겨울 학기에 모두 합쳐 5회에 걸쳐 「세계사의 철학」 강의를 행했으며, 네 번째인 1828년 도를 제외하면 어느 것이든 청강자에 의한 필기 노트 ── 다만 종래의 판에서 사용된 필기록과 반드시 일치하는 것은 아니다 ── 가 오늘날에도 남아 있다. 그리고 이 가운데 1822년도의 [13]첫 회 강의 필기록이 1996년에 처음으로 공간되며, 1824년도 및 1830년도의 강의록에 대해서도 현재 간행을 위한 준비가 진행되고 있다.[7] 특히 96년에 공간된 제1회 강의는 헤겔이 역사 철학을 최초로 강의한 기록으로서 크게 주목받을 만한 것인데, 이 장에서도 그것을 텍스트로서 다루어 종래의 판에서는 볼 수 없는 헤겔 역사 철학의 숨겨진 배경을 소개하고자 한다.

특히 서론과 관련해서는, 이미 지적했듯이, 1822년도 강의에서는 '자유의 의식에서의 진보'로서의 세계사 도식이 아직 발견되지 않는 데 반해, 칼 헤겔 판 및 이것의 저본이 된 1830년도 강의 초고에서는 삼위일체론에 의한 이성 개념의 근거짓기가 이미 보이지 않는다고 하는 커다란 단절이 발견된다. 이러한 단절면을 고려하게 되면, 발전 단계적 역사관의 성립에 관해 다음과 같은 두 번째 테제를 (1822년도 이후의 필기록이 공간되지 않은 현재의 시점에서는) 우선 가설로서 제출할 수 있을 것이다. 즉, 1822년

7. 『역사 철학 강의』의 종래의 편집 방식과 강의 필기록의 현존 상황에 대해서는, vgl. F. Hespe, "Hegels Vorlesungen zur 'Philosophie der Weltgeschichte'", *Hegel-Studien* Bd. 26, Bonn 1991, 78-89; A. Grossmann, "Weltgeschichtliche Betrachtungen in system-atischer Absicht", *Hegel-Studien* Bd. 31, 1996, 27-61.

도 강의는 서론에서 일정한 정신 개념으로부터 출발하여 이성의 실현 과정으로서 세계사를 구상한 다음, 본론에서 각 단계에 입각하여 정신 개념의 진전을 순서에 따라 밟아간 데 반해, 1830년도 강의에서 보이는 '자유의 의식에서의 진보'라는 세계사 이해는 본론을 몇 차례인가 강의하는 가운데 비로소 얻어져 1822년도 이후에 서론으로 짜 넣어진 것인바, 이것과 교체되어 삼위일체론에 의한 정신의 자기 이해라는 최초의 주도 동기는 숨겨져 보이지 않게 되고 말았다는 것이다.

다만 세계사의 구분을 비롯한 헤겔 역사 철학의 기본 틀은 사실은 청년기로부터 예나 시기를 거쳐 하이델베르크 시기에 이르기까지의 장구한 숙성 기간을 전사로서 지니고 있는데, 특히 1817년도 겨울 학기의 제1회 「자연법과 국가학」 강의(이른바 「하이델베르크 법철학 강의」) 말미에 역사 철학 프로그램이 대략적인 형태로 그려지고 있었다.[8] 이로부터 5년 후, 그 사이에 1818년 9-10월의 베를린으로의 이주, 1820년 말의 『법철학 요강』 공간, 1821년도 여름 학기의 종교 철학 강의 개시와 같은 사건들을 두고, 1822년도 겨울 학기가 되어 앞서 예고된 프로그램을 [14]구체적으로 서술하고자한 것이 여기서 다루는 제1회 역사 철학 강의인 것이다. 그리하여 이하에서는 이러한 사상적 발전사와의 관련에 주의를 기울이는 가운데, 우선 제1절에서는 헤겔 역사 철학 강의가 의거하는 몇 가지 기본적 전제를 검토하여 「세계사의 철학」을 구성하는 주요한 관점을 추출한 다음, 이어서 제2절에서는 1822년도에 처음으로 진술된 역사 철학 강의의 전체 구조를 앞서 추출한 관점으로부터 네 개의 발전 단계의 상호 관련에 주목하면서 해명을 시도하고자 한다.

---

8. Vgl. Hegel, *Vorlesungen* Bd. 1 *Vorlesungen über Naturrecht und Staatswissenschaft (Heidelberg 1817/18)*, Nachgeschrieben von P. Wannemann, hg. v. C. Becker et al. mit einer Einleitung von O. Pöggeler, Hamburg 1983, S. 256ff.

제1절 1822년도 강의의 기본 전제

(1) 1822년도 역사 철학 강의 서론에서 헤겔은 역사를 고찰하는 세 가지 방식을 구별한다. 헤겔에 따르면 우선 첫째로, 역사의 고찰이란 수집된 역사적 사실의 기록인바, 이러한 사건사가 '본원적 역사'(ursprüngliche Geschichte)라고 명명된다(V 3ff.). 하지만 역사의 고찰은 그것에만 그치지 않고 역사적 사실에 대한 무언가의 반성 내지 해석일 수도 있는바, 일정한 반성 작용이 가해진 사건의 이야기가 둘째로 '반성된 역사'(reflektierte Geschichte)라고 불린다(7ff.). 이들 양자 가운데 후자의 반성된 역사는 역사적 소여를 해석하는 관점에 따라 다시 세 종류로 구분된다. 실용성과 과거의 비판과 같은 현재의 목적에 봉사하기 위해 해석된 역사가 '실용적 역사'(pragmatische Geschichte) 또는 '비판적 역사'(kritische Geschichte)라고 명명되는 데 반해, 국가 체제·법제·예술·종교·학문과 같은 개별적인 '관점'(Gesichtspunkt)으로부터 무수한 과거의 사건을 추상화하고 그로부터 일반적 규칙을 추출하고자 하는 것이 '전문적 역사'(Spezialgeschichte)라고 불리는 역사 장르이다. 이상과 같은 역사 고찰의 구분을 토대로 하여 헤겔은 ① 전문적 역사에서 보이는 것과 같은 '모든 개별적 관점의 총체'가 전체로서 [15]'국민들의 정신적 원리', 즉 각각의 국민(Volk)에게 특유한 개성적 성격을 표현하고 있으며, 더 나아가 ② 이러한 국민들의 정신이 무질서한 혼돈인 채로 병존해 있는 것이 아니라 인류라는 '하나의 세계정신'이 밟아가는 '필연적인 발전 단계'를 형성한다고 하는 이중의 테제를 제출한다(14f.). 이러한 두 개의 기본 전제에 입각하는 역사 고찰의 제3의 방식이야말로 '철학적 세계사'(philosophische Weltgeschichte)라고 불리는 것인바, 헤겔이 예나 초기 이래로 계속해서 구상하고 1822년도 겨울 학기에 처음으로 베를린의 청중들 앞에서 강의하고자 하는 '세계사의 철학'(Philosophie der Weltgeschichte)의 별칭인 것이다.

이 가운데 각 국민에게 독자적인 개성적 원리를 상정하는 첫 번째 기본 전제는 청년기 이래로 헤겔에게 깊은 영향을 미친 몽테스키외 및 헤르더에 의한 '역사주의적 계몽'(historistische Aufklärung)의 작업에서 생겨난 것이다. 몽테스키외는 법·습속·풍토와 같은 특정한 국민을 특징짓는 다양한 물리적·사회적 요인들이 상관관계에 놓여 있으며, 각각의 국민(nation)에게 특유한 '일반 정신'(esprit général)을 형성하고 있다고 지적하고, 보편적인 인간 본성을 상정하는 계몽주의의 역사관에 대해 최초의 역사주의적 수정을 가했다. 이 역사주의적 사상을 계승하여 인류의 보편적 본질을 대신해야 할 개별적인 국민적 성격을 추출하고, 이것을 '국민정신'(Volkgeist)이라고 부른 것이 헤르더였다. 헤겔이 이들 두 사람을 얼마나 진지하게 수용했는가 하는 것은 청년기 초고(1796년) 및 예나 초기의 자연법 논문(1802-03년)으로부터 알아볼 수 있다.[9]

이에 반해 인류의 자기의식의 발전 과정으로서 세계사를 구성하는 두 번째 기본 전제는 예나 말기의 헤겔이 셸링에 대항하여 생각해 낸 '의식의 자기 형성의 역사'라는 발상을 후에 세계사에 대한 파악에로까지 전용한 것이라고 말할 수 있다. 셸링이 「최신의 철학 문헌 개관」(1797-98년)에서 자연의 유기적 조직으로부터 자기의식에 이르는 '세위勢位'(Potenz)의 단계적 발전을 '자기의식의 역사'라고 부른 것에 맞서, 헤겔은 『정신 현상학』(1807년)에서 의식이 [16](자기의식과의 통일이라는) 절대지로 향하는 경험 과정을 '의식의 자기 형성의 역사'라고 명명하고, 이 의식의 형성사 도상에서 인류가 자기 형성 과정에서 경험해 온 과거의 기억 —— '세계의 자기 형성의 역사' —— 이 차례차례 불러일으켜져 추체험되어 간다고 생각했다.[10] 후의 하이델베르크 법철학 강의에서는 이와는 반대로 세계사 그

----

9. Vgl. Hegel, *Werke in zwanzig Bänden* Bd. 1, Frankfurt a. M. 1971, S. 202ff.; Bd. 2, 1970, S. 524. '역사주의적 계몽'이라는 개념에 대해서는, vgl. H. Schnädelbach, *Geschichtsphilosophie nach Hegel*, Freiburg/München 1974. 일역 『ヘーゲル以後の歴史哲學』(法政大學出版局).

10. Vgl. F. W. J. Schelling, *Historisch-Kritische Ausgabe, Werke* 4, Stuttgart 1988, S.

자체가 '정신의 자기의식의 필연적 발전'의 단계로서, 즉 최초의 실체적 통일로부터 출발하여 반성에 의한 분열을 거쳐 고차적인 자각적 통일에까지 도달하는 정신 자신의 발전 단계로서 다시 파악되게 된다.[11] 헤겔에 따르면 인간의 유아도 단계적으로 발육 성장을 이루어 가듯이 최초에는 잠재적인 '가능태'(dynamis)에 지나지 않는 인간 본성의 소질도 역사적 발전을 통해 비로소 '현실태'(energeia)로서 나타나게 된다고 한다. 자연법론을 이어받은 18세기의 계몽주의가 처음부터 역사적으로 불변적인 인간 본성을 전제했던 데 반해, 헤겔은 아리스토텔레스의 운동론적인 범주에 따라서 유개념의 '발전'(Entwicklung) 사상을 통해 제2의 역사주의적 수정을 가하는 것이다.

1822년도의 역사 철학 강의에서 이러한 두 가지 기본 전제는 다음과 같이 결합되게 된다. 요컨대 인류의 보편적 정신은 그 담지자가 되는 '세계사적 국민'이 차례차례 교체되어 가는 형태를 취하여 상이한(헤겔에 따르면 네 개의) 자기 형성 단계를 거쳐 가는바, 전체로서 보면 최초의 자연적·직접적 존재를 극복하는 것에 의해 최후에는 자기 자신의 파악에까지 도달한다고 하는 것이다. 이러한 완전한 자기 인식에로 향하는 인류의 자기의식의 발전 단계는 헤겔에 의해 아직 미숙하고 부자유한 유아기(오리엔트)로부터 이상을 추구하는 청년기(그리스)를 거쳐 가혹한 노동에 종사하는 장년기(로마)를 빠져 나간 후에 노년기(게르만)에서 완전한 성숙에 이른다고 하는 개인적 성장의 라이프 사이클에 유비되고 있다(V 27ff., 33ff., 114ff). 이러한 세계사의 행정 전체가 이미 최초의 역사 철학 강의에서 시종일관 '정신의 본성'(Natur des Geistes)에 따라 헤겔에게 독특한 정신 개념에 의해 규정되고 있다는 점(26ff.),[12] 더욱이 이 헤겔의 정신 개념이

• •

　109; Hegel, *Phänomenologie des Geistes* [=Studienausgabe], Hamburg 1988, S. 22f., 61〔인용에 있어서는 PhG로 약기한다. 쪽수 뒤에 행수를 덧붙인다〕.

11.　Vgl. Hegel, *Vorlesungen* Bd. 1, S. 256.

그리스도교 문화권에 특유한 삼위일체론의 모델에 따라 아버지와 아들의 [17]이반과 화해의 드라마로서 신학적·인간학적으로 이해되고 있다는 점은 이미 지적한 대로이다. 다만 세계정신의 담지자인 국민정신의 계기적 교체가 어떻게 해서 일어나는가 하는 것은 이 서론의 서술만 가지고서는 분명하지 않으며, 본론의 구체적 기술을 볼 필요가 있다는 점에 주의해야 할 것이다.

(2) 그런데 베를린 대학에서 최초로 「철학적 세계사」를 강의함에 있어 헤겔은 역사적 사실을 해석하는 다양한 관점 중에서도 특히 국가 체제, 종교, 자연적 조건의 3자를 중시하고 있다. 우선 헤겔은 **국가 체제사적 관점** 하에 가부장제적 왕정, 민주정, 귀족정, 군주정이라는 네 개의 정체를 구별한 다음, 이들 국가 체제의 형식에 따라 세계사 전체를 오리엔트, 그리스, 로마, 근대 유럽이라는 네 개의 세계로 크게 구별하고 있다(V 80f.). 이로부터 몽테스키외에 의한 전제정, 공화정, 군주정이라는 정체 구분의 수용이 헤겔 역사 철학 강의의 성립을 이해하는 데서도 결정적인 의미를 지녔다는 점을 알 수 있다. 이미 예나 초기의 초고 「독일 헌법론」 (1801-02년)에서는 대의 제도를 갖춘 제한 군주정의 원리가 '오리엔트의 전제정'과 '공화정의 세계 지배'에 이어지는 '세계정신의 제3의 보편적 형태'로 불리고 있었다. 또한 1817년도의 하이델베르크 법철학 강의에서는 입헌 군주정의 정당화에 있어 몽테스키외에 의해 공간적·지리적으로 대비되어 있던 앞의 세 개의 정체가 인류의 자기의식이 밟아가야 할 발전

---

12. 1826년도의 제3회 강의에서 비로소 헤겔은 철학적 세계사의 구상을 전개한다고 하는 헤스페의 테제(vgl. F. Hespe, "Die Geschichte ist der Fortschritt im Bewusstsein der Freiheit", *Hegel-Studien* Bd. 26, 1991, 177-192, 여기서는 180)는 이 제1회 강의에 비추어 보면 지지하기 어렵다. 헤겔의 기본적인 사고양식이 신학적인 기원과 구조를 지닌다는 점을 지적하는 것으로서는, vgl. H. Schnädelbach, *Hegel zur Einführung*, Hamburg 1999, S. 42ff.; H. Althaus, *Hegel und die heroischen Jahre der Philosophie*, München/Wien 1992, S. 519ff. 일역 『ヘーゲル伝』(法政大學出版局) 537쪽 이하.

단계로서 무엇보다도 통시적·역사적으로 이해되고 있었다.[13] 이러한 몽테스키외의 정체론에 따른 고대 공화정의 역사적 상대화란 헤겔에게 있어 고대 공화주의의 재생이라는 프랑스 혁명의 이상으로부터 최종적으로 결별해 가는 정치적 각성의 과정을 의미하고 있었지만, 다른 한편으로는 프랑스 혁명 이후의 사상가에게 한결같이 따라다니고 있던 의혹, 즉 공화정은 작은 나라에서만 실현 가능한 제한된 정체가 아닌가라는 의혹에 대해 긍정적 해답을 주는 것이기도 했다.

그러나 1822년도 역사 철학 강의에서 보이는 국가 체제사의 구상은 적어도 다음의 세 가지 점에서 헤겔 자신의 새로운 [18]사상적 발전의 자취를 보여준다. 첫째로, 헤겔은 몽테스키외에 의한 오리엔트의 전제정 개념 대신에 그 하부 구조를 지시하는 것으로서 '가부장제적 왕정'이라는 개념을 도입한다. 헤겔에 따르면 고대 중국에서는 부모에 대한 아들의 의무를 영속화하고 정치 사회의 모델로까지 일반화하는 '가부장제적 관계' 아래 개인은 '가족 안에서, 가족을 통해서만' 사회적으로 인정되었던 데 반해, 이러한 관계가 존재하지 않았던 고대 그리스에서는 개인이 자기표현을 통해 자기 자신의 힘으로 타자에게 인정받기를 욕구했다. 이러한 사회적 토대의 차이로부터 중국에서는 황제가 가부장으로서 무제한한 권력을 행사했던 데 반해, 그리스에서는 '자기 자신을 존중하는 자기감정'에 입각한 '평화로운 경쟁'(=아곤)이 민주정으로서 전개되었다고 하는 동양과 서양의 정치적 대조가 설명된다(V 132ff., 334f., 355).

둘째로, 제한 군주정이라는 '참된 국가 체제의 개념'은 '고대 국가들이 알지 못했던, 근대의 그리스도교 세계가 처음으로 발견한' 관념으로 생각되며, 입헌 군주정과 근대의 그리스도교 원리(즉 프로테스탄트 원리)와의 정신사적 관련이 두 가지 점에 걸쳐 지적된다(82). 그 하나는 무한한 자기반성이라는 의미에서의 개인의 '내면성'이 그리스적 윤리(Sittlichkeit)의 붕괴

··
13.   Vgl. Hegel, *Werke* Bd. 1, S. 533; *Vorlesungen* Bd. 1, S. 258.

에 이어서 성립함과 동시에, 국가가 중립적이고 '외면적인 질서'로 변모하고, 중심점으로서 '확고한 매듭'(Knoten)이 요구되는 '군주정의 시대'가 도래한다고 하는 점이다(356). 1805-06년의 예나 정신 철학 강의에서도 '그리스인의 아름다운 행복한 자유'가 이미 상실되고, '누구나 완전히 자기 자신에게로 되돌아와 자신의 자아를 본질적인 것으로 생각하는' '고차적인 분열'을 경험한 후에는 세습 군주라는 '전체의 확고한 직접적인 매듭'으로의 권력 집중이 필연적이게 된다고 말하고 있다. 또한 1820년 『법철학 요강』에서는 바로 국가의 실체적 통일을 확보하는 과제가 국가의 주체성을 이루는 '주권'(Souveränität) 개념으로서 논의되고 있었다.[14] 두 번째는 그리스도교의 세속적 귀결로서 인류가 '주권적 자유라는 고차적인 입장'에 도달하고, 공공 이익을 지향하는 일반 의지와 더불어 특수 의지가 활동할 여지가 인정되게 되면, 오로지 공공 이익의 우월에 기초하는 루소적인 공화정의 가능성은 사라지고, 국가가 사적 이익의 [19]충족을 견딜 수 있는 정체, 즉 '이념의 모든 계기'가 완전히 발전한 '근대 군주정의 원리'로 불가피하게 이행한다고 하는 점이다(359f., 435f.).

셋째로, 헤겔은 그리스도교 탄생의 무대가 된 로마 제정과 군주정 원리와의 내면적 관련이라는, 몽테스키외의 이론 틀을 채택하면 숨겨지고 마는 국가 체제사적-신학적 맥락에 새롭게 몰두하고 있다. 이 문제에 대해서는 1822년도 강의의 신학적 배경을 살펴본 다음, 다른 기회에 다시 논의하고자 한다.

이러한 국가 체제사적 관점에 이어서 헤겔은 둘째로 종교사적 관점을 중시한다. 제1회 역사 철학 강의에서 헤겔은 그리스도교에 시야를 한정하는 것이 아니라 오리엔트, 그리스, 로마를 비롯한 다양한 고대의 이교들을

---

14. Vgl. Hegel, *Gesammelte Werke* Bd. 8, Hamburg, 1976, S. 262f.; *Werke* Bd. 7, S. 441ff. 『법철학 요강』에서 본격적으로 전개되는 헤겔 주권 이론의 콘텍스트에 대해서는 본서, 제4장, 제5장을 참조.

광범위하게 다루고 있는데, 이러한 종교사 기술이야말로 그 이전의 시기와 비교할 때, 헤겔의 가장 커다란 사상적 전개가 제시되는 부분이다. 왜냐하면 바로 이 강의가 행해진 1822년도 겨울 학기를 전후하는 기간에 헤겔은 당시 입수할 수 있는 가능한 한에서의 풍부한 종교사적 소재와 씨름하고, 종교 의식을 통해 이문화의 타자를 내재적으로 이해하기 위해 지적 격투를 전개하고 있었다고 추정되기 때문이다. 1821년 여름 학기에 처음으로 행해진 종교 철학 강의에서 종교사를 다루어야 할 제2부 「규정된 종교」의 기술, 특히 오리엔트의 종교에 관한 기술은 『정신 현상학』의 종교 장과 마찬가지로 부족한 것이었던 데 반해, 3년 후인 1824년 여름 학기에 행해진 제2회 종교 철학 강의에서는 그리스도교 이전의 종교사에 할애되는 비중이 비약적으로 증대된다.[15] 따라서 이 1822년도 역사 철학 강의에서도 종교사가 국가 체제사와 더불어 단지 그 분량에서 커다란 비중을 차지할 뿐만 아니라 질적으로도 네 개의 발전 단계의 상호 관계를 결정할 정도의 중대한 의미를 지니기에 이르는 것인데, 이 점에 대해서는 다음의 제2절에서 논증하고자 한다.

국가 체제사 및 종교사와 더불어 헤겔은 셋째로, **풍토론적 관점**, 즉 지리적 상황을 비롯한 자연적 조건을 대단히 중시한다. 헤겔에 따르면 모든 세계사적 국민이 제각기 지니는 원리는 '시간적으로 계기하는 필연적 순서'에 따라 [20]배열될 뿐만 아니라, 제각각 공간적으로 한정된 일정한 '지리적 위치'를 지니는데, 다양한 유형의 지리적 토대는 거기서 등장하는 국민의 성격에 그대로 대응한다고 한다(V 91, 106). 이러한 풍토론적 관점에서 이루어지는 국민성론은 아리스토텔레스와 몽테스키외 이래로 끊임없이 자민족 중심적인 세계관을 정당화하는 기능을 수행해 왔던 것인데, 여기서

• •
15. Vgl. Hegel, *Vorlesungen* Bd. 4 a *Vorlesungen über die Philosophie der Religion*, Teil 2, *Die bestimmte Religion*, hg. v. W. Jaeschke, Hamburg 1985. 이 점에 대해서는 山崎純 『神と國家』(創文社) 155쪽 이하를 참조.

도 일체의 자유 의지를 배제하는 숙명론처럼 들린다. 하지만 헤겔이 여기서 문제로 삼고 있는 것은 사실은 다른 국민과의 교통수단인 바다에 대한 정신적 태도의 차이이다. 헤겔에 따르면 아시아의 국민들이 바다를 매개로 한 다른 문화와의 교류에 대해 닫힌 자세를 취해 온 데 반해, 유럽인은 지중해를 이민족과의 소통 수단으로서 끊임없이 이용해 왔다고 한다(111). 이러한 콘텍스트 하에서 헤겔은 지중해라는 '구세계의 중심점'을 아시아와 유럽을 결부시키는 '동서의 정신적 결합점'이라 부르고, '그것이 없어서는 세계사가 있을 수 없었던 바의, 모든 것을 통합하는 곳'으로 특징짓고 있다(106, vgl. 113). 요컨대 다양한 이질적인 문화가 서로 접촉하고 충돌하는 지중해야말로 세계사라는 드라마가 비로소 상연되는 본격적인 무대라고 하는 것이다.

제2절 1822년도 강의의 전체 구조
── 종교사적 기본 구도──

(1) 그리하여 1822년도 역사 철학 강의에서의 개개의 발전 단계에 대한 종교사적 기술로 향하고자 하지만, 그에 앞서 우선 종교사적 틀의 성립사를 살펴보고자 한다. 헤겔은 프랑크푸르트 시기에 집필된 청년기 초고에서 칸트의 도덕·종교 철학에 의해 계승된 아우구스티누스주의적인 정통 신학과의 대결을 꾀했는데, 그로부터 얻어진 젊은 헤겔의 그리스도교 이해는 예나 초기의 「자연법 강의 초고」(1802년 여름)에서 한층 더한 고찰이 가해져 [21]종교사적 관점으로부터 이론적으로 정식화된다. 이 자연법 강의 초고에서 첫째로 헤겔은, 고대 그리스의 자연 종교, 로마 제정기의 고대 유대교, 그리고 그리스도교의 성립을 동일성-차이-재동일이라는 이성의 세 개의 차원에 따라 구별한 다음, 이러한 세 개의 종교 형식들을 근원적 동일성으로부터 무한한 차이·분열을 거쳐 무차별의 조화의 재구

성에로 향하는, 인류가 밟아가는 세 개의 발전 단계로서 해석하고 있다.[16] 이러한 종교사의 발전 단계론적인 해석이야말로 같은 시기의 몽테스키외 국가 체제사의 수용과 더불어 헤겔의 역사 철학 구상에서의 원형을 이루는 것이다. 헤겔의 역사의식이 국가 체제사와 더불어 종교사에 의해 근본적으로 규정되어 있다는 점은 이 초고에서 발견되는 '신의 역사는 인류 전체의 역사이며, 어떠한 개인도 이 인류의 역사 전체를 통과해 간다'(Ros 138)는 핵심적 명제에 응축된 형태로 표현되어 있다.

둘째로 헤겔은, 종교적 전통 속에서 표현된 '정신의 사변적 이념'(134), 특히 신인神人 예수의 정통 교의가 내포하는 사변적 의의에 주의를 환기하고 있다. 헤겔은 예수의 수난과 부활이라는 두 개의 사건 속에서 '자연의 신성 박탈'(Entgötterung)에 의한 신으로부터의 무한한 분리와, 분리된 신과의 화해라는 종교의 '두 가지 필연적 요소'를 간취함과 동시에, 분리에 의한 무한한 고통과 그로부터 생겨나는 절대자와의 합일에 대한 원망을, 신의 '자기 비하'(Erniedrigung) 및 인간의 '신격화'(Vergöttlichung)라는 상반된 두 개의 과정으로서 다시 해석하고자 한다. 신의 인간화와 인간의 신격화라는 이러한 서로 대립하는 계기들의 결합이야말로, 그리스도론(Christologie)의 도그마에 따르면, 바로 '신인'(Gottesmensch)으로서의 예수의 본질, 따라서 유대교적 일신교에 맞선 그리스도교의 본질을 이루는 것으로 생각되었던 것이다(136-138). 그리고 근원적 동일성에 해당하는 그리스 자연 종교가 프랑크푸르트 시기에 비해 '하나이자 모두'(hen kai pan)의 이교적 범신론으로서 상대화되어 가는 것에 병행하여 아버지-아들-성령이라는 그리스도교의 삼위일체론에서 표현된 '사변의 최고의 이

16. Vgl. K. Rosenkranz, *Georg Wilhelm Friedrich Hegels Leben*, Darmstadt 1977, S. 135f.(인용에서는 Ros로 약기한다). 일역 『ヘーゲル伝』(みすず書房) 132쪽 이하; Hegel, *Gesammelte Werke* Bd. 5, Hamburg 1998, S. 460f. 헤겔 역사의식의 형성에서 지니는 자연법 강의 초고의 의의를 지적하는 것으로서는 加藤尙武『哲學の使命』(未來社) 50쪽 이하를 참조.

넘'(139)이 헤겔에 의해 재발견되는 것이다.

[22]그럼에도 불구하고 셋째로 헤겔은 그리스도교를 최종적으로 완성된 종교 형태로 보는 것이 아니라, 오히려 프랑크푸르트 시기와 마찬가지로 근원적 조화를 재구성하고자 했으나 좌절한 시도로 간주하고 있다. 같은 시기에 쓰인 논문 「신앙과 앎」(1802년 7월 발표)에서 헤겔은 칸트, 피히테, 야코비의 '반성 철학'에 반영되어 있는 신학적 경향, 즉 절대자를 인간 지성으로부터 분리된 신앙의 대상으로서 피안이라는 '자신을 넘어선, 자신의 외부에' 놓고자 하는(후기 스콜라 철학 이래의) 신의 초월화 경향을 의문시하고 있다. 나아가 1805년도의 정신 철학 강의에서는 '절대적 종교'라고 하는 그리스도교의 한계를 피안에서의 '표상의 형식'에 머물렀던 점에서 발견하고, 동일한 내용을 사변 철학에 의해 '개념의 형식'에서 파악함으로써 그 진리 내용을 구출해야 한다고 요구한다.[17]

이어서 예나 말기에 속하는 『정신 현상학』의 종교 장에서는 오리엔트의 자연 종교로부터 출발하여 그리스의 예술 종교를 거쳐 로마 제정 하의 그리스도교에 이르는, 자연법 강의 초고로부터 한 단계 더 발전한 새로운 종교사적 조감도가 전개되고 있다. 첫째로, 여기서는 오리엔트라는 전 단계가 새롭게 덧붙여지며, '자연 종교'라는 최초의 단계가 그리스로부터 오리엔트로 옮겨져 있다. 이 중에서도 자연 종교의 최초의 형태를 이루는 '일출(Aufgang)의 빛'을 숭배하는 종교는 '자기 자신에서 일몰하여(niedergehen) 주체가 되지 못한 채 그저 일출할(aufgehen) 뿐인 실체'(PhG 453, 24f.)라는, 직접적 실체로서의 오리엔트 정신의 본질을 언표하는 체계상의 기능을 수행하고 있으며, 더욱이 그 경우에 실체가 '자기 자신에서 일몰하고(untergehen) 말아'(471, 11f.) 주체로 전환되는 서구(특히 그리스)의 정신과 명확히 대비되고 있다. 이 경우 역사적 형태로서의 빛의 종교가 의미하는 것은 나중의 역사 철학 강의로부터 엿볼 수 있듯이(V 240ff., 267f.),[18] 페르시

17. Vgl. Hegel, *Werke* Bd. 2, S. 288; *Gesammelte Werke* Bd. 8, S. 284, 286.

아의 조로아스터교(=자라투스트라의 종교)에만 한정되지 않는다. 오히려
『정신 현상학』에서의 '내버려진 국민'(ein verworfenes Volk)이라는 이스라
엘인의 특징짓기가 보여주듯이(PhG 470, 36; 228, 19ff.), 제2단계로부터
이 최초의 단계로 옮겨진 이스라엘의 종교도 의미한다.[19] [23]요컨대 여기서
는 페르시아의 종교로부터 고대 유대교에 걸친 정신사적 발전이 염두에
놓여 있다고 생각된다.

둘째로, 그리스의 '예술 종교'라는 제2단계는 새롭게 신인 동형설
(Anthropomorphismus)의 관점에서 실체가 '주체로 전환되는'(460, 40ff.)
정신의 운동에서의 최초의 발걸음으로서 해석되고 있다. 헤겔에 따르면
주체의 출현에로 향하는 이 정신의 운동은 엘레우시스 비교秘教와 그리스
비극의 등장과 함께 최고조에 도달하지만, 어느 것이든 '본질의 단순함'이
라는 실체의 계기를 결여하고 있거나 실체가 소원한 '운명'이라는 형태에서
밖에 자각되지 않는다는 점에서 그 일면성이 지적된다(470, 26f.).

셋째로 헤겔은, '계시 종교'라는 제3단계에서 보이는 신의 육화(=인간화,
Menschwerdung)의 교의를 실체의 주체화라는 그리스 이래의 정신 운동의
종착점으로서 이해하고자 한다. 거기서는 '신 자신은 죽었다'라는 '불행한
의식'의 고통의 부르짖음이 '신적 본질의 추상성의 죽음'(512, 27ff.)으로서,
요컨대 초월신을 덮고 있던 가면의 박탈 과정으로서 새롭게 바꿔 해석되는
것인바,[20] 거기서는 '신적 본성은 인간 본성과 동일하다'(495, 36f.)라는,

. .
18. 『정신 현상학』에서의 빛의 종교를 조로아스터교로 해석하는 것으로서는, vgl. O.
   Pöggeler, "Die Entstehung von Hegels Ästhetik in Jena", in: D. Henrich/K. Düsing
   (Hg.), *Hegel in Jena* (=*Hegel-Studien Beiheft* 20), Bonn 1980, S. 266ff.
19. 『정신 현상학』의 빛의 종교를 이스라엘의 종교로 해석하는 것으로서는, vgl. Jaeschke,
   Die Vernunft in der Religion, Stuttgart-Bad Cannstatt 1986, S. 209-215. 山崎純, 앞의
   책, 282쪽 이하를 참조.
20. '신은 죽었다'라는 통상적으로 니체에게 돌려지는 말은 사실은 니체에 선행하여 헤겔의
   「신앙과 앎」과 자연법 강의 초고에서 최초로 발견된다. 여기서 헤겔은 신의 죽음이
   루터와 바흐를 비롯하여 예수의 수난을 이렇게 칭하는 그리스도교적 전승에 속한다는

청년기 이래로 헤겔이 품고 있던 헬레니즘적인 확신의 단적인 표명을 간취할 수 있다. 다른 한편으로 헤겔은 그리스도교로부터 실체를 주체로 전환하는 운동뿐만 아니라 인간의 신격화라는, 주체를 실체로 높이는 역방향의 운동도 요구한다. 주체의 실체화라는 후자 운동의 역사적 형태로서 염두에 두어져 있는 것은 한편으로는 불행한 의식에서의 '자기 이중화'와 일자에 대한 동경과 같은 로마 제정기의 정신적 상황이지만(492, 9ff.; 143, 40f), 다른 한편으로는 페르시아·이스라엘의 빛의 종교에 의해 매개된, 신의 세계 창조와 인간성의 자연적 악과 같은 구약적 전통의 계승이 생각되고 있다(503, 9ff.; 504, 7ff.; 510, 33ff.).

그리고 실체의 주체화와 주체의 실체화라는 이들 이중의 운동이 서로 접촉하고 충돌함으로써 양자의 일면성이 각각 [24]폐기됨과 동시에, 실체와 자기의식 — '아버지'와 '어머니' — 을 동등하게 정신의 본질적인 '계기'(Moment)로 하는 것과 같은 양자의 합일이 달성되는 것인바, 이것이야말로 그리스도교에서 신이 '정신'으로서 계시된 것의 의미 내용을 이룬다고 헤겔은 생각한다(PhG 488, 29ff.; 492, 14ff.). 그리고 여기서 표명된 정신 개념은 집필 시기로부터 말하자면 최후에 위치하는 『정신 현상학』 서문에서 종교 장의 논리에 따라 실체-주체론이라는 형태로 정식화되는 것이다.

이리하여 그리스도교의 정통 교의를 사변적으로 정당화함에도 불구하고, 헤겔은 그리스도교의 한계, 요컨대 화해가 언제나 '개별적 자기'(=예수)라는 표상의 형식에서만 찾아지고 차안과 피안의 대립에 사로잡히게 되었다는 점에 대해 통렬한 비판을 가하고 있다(497f., 513f.).[21] 헤겔에 따르면

••
　　것을 양해한 다음, 이것을 신의 인간화라는 헬레니즘적인 관점으로부터 고쳐 해석하고
　　자 하고 있다.
21.　헤겔은 신과의 화해라는 구원의 사건을 예수 개인에게 한정하는 것이 아니라 주체의
　　실체화를 수행할 수 있는 한에서 원리적으로 모든 사람에게 도달 가능하다고 생각한다
　　는 점에서, 일신교의 정통적인 틀을 넘어서고 있다. 이러한 의미에서 세속화된 형태로
　　그리스도교를 정당화함과 동시에, 이것을 근본적으로 비판하고 극복한다고 하는

'보편적 자기의식'으로서의 그리스도교단의 성립이 정신 장 말미에 전개된 양심의 변증법과 상호적으로 보완하는 것에 의해(513, 13ff.), 그리스도교라는 '계시 종교'는 '절대지'라고 불리는 헤겔 자신의 철학적 입장에로 이행해야 한다고 한다.[22]

(2) 1822년도의 역사 철학 강의에서 헤겔은 『정신 현상학』에서 보이는 위와 같은 종교사적 도식을 토대로 하여 오리엔트, 그리스, 로마, 게르만이라는 네 개의 발전 단계로 이루어지는 정신의 행정을 본격적으로 서술하려고 시도한다. 하지만 1821년부터 22년에 걸친 기간에 헤겔이 집중하여 몰두한 이문화 연구 과정에서 특히 최초의 세 개의 단계에 관한 헤겔의 이해는 그때까지와는 다른 새로운 전개를 보이게 되었다.

첫째로, 헤겔은 '유일한 진리'(V 32, 421)로 여겨지는 그리스도교(특히 프로테스탄티즘)의 관점에서 오리엔트의 이교 세계를 비판적으로 고찰하고 있지만, 그것은 때때로 불충분한 이문화 이해에 기초한, '이성의 타자'에 대한 일방적이고 불공정한 비판을 초래하게 되었다.[23] 그 최초의 예로서

<hr />

헤겔의 양의적 가능성에 대해서는, vgl. K. Löwith, "Hegels Aufhebung der christlichen Religion"(1962), in: *Sämtliche Schriften* Bd. 5, Stuttgart 1988, S. 116-166.

22. 정신 장의 마지막에서 논의되는 '양심의 변증법'에 대해서는, vgl. D. Köhler, "Hegels Gewissensdialektik", in: D. Köhler/O. Pöggeler (Hg.), *G. W. F. Hegel, Phänomenologie des Geistes* (=*Klassiker Auslegen* Bd. 16), Berlin 1998, S. 209ff.

23. 중국·인도·고대 페르시아와 같은 오리엔트의 이교 세계를 이해하는 데서 헤겔이 의거한 구체적 자료는 1822년도 강의의 편집자에 의해 상세하게 해명되어 있다(vgl. V 538ff.). 예를 들면 ① 중국에 대해서는 베이징에 파견된 프랑스인 선교사의 최신 보고서와 Abbé J.-B. A. Grosier에 의한 종래의 연구 성과의 집대성에 기초하고 있지만, ② 헤겔은 공자나 노자의 입수 가능한 번역을 읽고 있지 않다. ③ 인도에 대해서는 독일 낭만파에 의한 인도의 이상화에 대항하여 산스크리트 연구자 W. Jones, H. T. Colebrooke의 소개와 James Mill의 『영국령 인도사』를 비롯한 영국인의 자료에 의거하고 있으며, ④ 이 경우 프랑스인 선교사 Abbé J. A. Dubois의 부정적인 가치 판단을 받아들이고 있다. ⑤ 시간적 제약과 체계적 이유에서 다민족 종단적인 불교에 관한 헤겔의 서술은 제약되어 있다.

헤겔은 중국의 국가 원리를 다루는데, [25]거기서는 법과 도덕이 분리되지 않은 채로 윤리(Sittlichkeit)라는 형태에서 직접적으로 통일되어 있으며, 법률에 의해 명령할 수 없는 '불가침의 내면성의 영역', 즉 도덕성이 부재하다고 특징지어져 있다(142-146). 하지만 이러한 유교 비판은 루터의 『그리스도인의 자유』 이래로 서구에서 통용되고 있는, 내면성과 외면성의 이분법이라는 프로테스탄트적인 관점에 서서야 비로소 설득력을 지닌다.[24] 두 번째 예로서 헤겔은 인도의 브라만교를 모든 감성적인 것이 신격화되고, 그것을 통해 신이 제한 없이 감성화되는 '보편적인 범신론'이라고 부른 다음, 다수의 신들을 감성적인 형태에서 숭배하는 '우상 숭배'(Götzendienst)라고 단정하고 있다(169f., 199). 하지만 이러한 힌두교에 대한 비판은, 후에 헤겔이 종교 개혁 이전의 교회에서 보이는 신의 감성화를 마찬가지 논리로 비판하고 있듯이(482f.), 사실은 로마 가톨릭교회의 성인 숭배와 성유물 숭배에도 그대로 적용되는 것이다. 나아가 세 번째 예로서 헤겔은 이집트인의 동물숭배(유대교의 율법에서도 발견된다고 한다)에서 신을 파악할 수 없는 피안의 타자로 간주하는 '부자유한 정신'을 간취하며, 자기 자신을 이해하는 '해방된 정신의 입장'은 그리스인에 의해 비로소 달성된다고 논의하고 있다(286-291. 인용 내의 강조는 필자. 이하 동일). 하지만 여기서 헤겔이 비판하는 신의 파악 불가능성이란 우상 금지라는 모세의 율법에서

- -
24. 丸山眞男「超國家主義の倫理と心理」(1946년)에서 인용되는 '내면적으로 자유이고, 주관 속에서 그 현존재를 지니는 것은 법률 속으로 들어와서는 안 된다'라는 헤겔의 명제(『現代政治の思想と行動』(증보판, 未來社) 15쪽)는 마루야마가 1936년에 난바라 시게루(南原繁)의 세미나에서 서론을 강독한 라손 판 『역사 철학 강의』의, 중국에서의 '도덕의 국가화'를 논의한 부분으로부터 취해져 있다(vgl. Hegel, *Vorlesungen über die Philosophie der Weltgeschichte* Bd. 2 *Die orientalische Welt*, Hamburg 1919, 2. Aufl. 1923, S. 302). 마루야마에 의해 일본 천황제 비판으로 전용된 이 헤겔의 명제는 실제로는 이 장에서 다룬 1822년도 강의에서의 중국론에서 최초로 발견되는 것인데, 본래 제1회 역사 철학 강의에서 유래한다는 것이 이 제1회의 자료에 의해 밝혀졌다(vgl. V 146).

유래하는, 아우구스티누스-루터 이래의 도그마의 중심을 이루는 것이기도 하다.

그러나 다른 한편으로 헤겔은 오리엔트 이교 속에서 마지막에는 그리스도교로 연결되는 긍정적 계기를 발견하고자 노력하고 있다. 예를 들면 헤겔은 중국의 유교에서의 '천天' 관념을 구약에서의 야훼 관념에 합치되는 사상의 표현으로서 적극적으로 해석하고 있다(158f.). 또한 힌두교의 범신론과 달리 불교 내지 티베트 불교에서는 신의 인간화가 일자에게로 집중되는, 요컨대 특정한 인간이 신의 육화로서 배타적으로 숭배되는 현상에 주목하고, 이것을 인간이 신 안에서 자기 자신을 인식하는 '자유의 고차적인 상태'라고 부르며 높이 평가하고 있다(227-230). 더 나아가 페르시아의 조로아스터교에서 감성적인 것이 내면화해 가는 조짐을 간취하며, (후에 마니교를 통해 아우구스티누스에게까지 [26]영향을 미치게 되는) 빛과 어둠, 선과 악이라는 '오리엔트의 이원론'을 '사상에의 욕구'의 '일출' (Aufgang)이라 부르고 있다(240f.). 또한 고대 유대교에서 보이는 조로아스터교의 정신화, 그리고 일자로서의 신의 파악을 자연으로부터 정신에로 '오리엔트 원리가 전환해 가는 순간'으로 해석하고 있다(267). 위와 같은 것을 요약하면, 그리스 세계에 훨씬 앞서 이미 오리엔트 세계의 내부에서 범신론으로부터 일신교로 자연 종교가 정신화하는 형태로 정신의 자기 인식으로 향하는 인류 각성의 첫걸음이 내딛어졌다고 헤겔은 개관하는 것이다.

둘째로, 헤겔은 그리스 종교를 논의함에 있어 『정신 현상학』처럼 실체를 주체로 전환하는 정신의 운동의 출발점으로서, 요컨대 그리스도교적인 육화 사상과 연속적으로 파악하려고 하지 않고, 오히려 이교로서 그리스도교와의 단절면을 강조한다. 헤겔에 따르면 실러의 견해에 반해 그리스인은 '신적 본성과 인간 본성의 통일이라는 그리스도교적 이념'을 아직 알고 있지 못했던바, 그들의 종교의 결함은 '아직 충분히 신인 동형설적(anthropomorphistisch)이지 않았다'는 점, 요컨대 신이 현실의 인간으로서 육체의 형태를 취해 나타나 있지 않다는 점에서 찾아진다(342f.). 인간은 '신의 모상'으로서 그 자체에서 자유라고 하는 '정신의 개념'이 그리스인에게는 결여되어 있었다는 바로 그 이유 때문에, 고대 그리스인은 사회 구조로서 노예제를 계속해서 유지했을 뿐만 아니라, 정치적 결정에 있어 '나는 의욕한다고 하는 주체', 요컨대 자기 자신을 결정하는 결단 주체를 자신 속에서 지니지 못하고, 신탁이라는 형태로 '결단의 조언자'를 밖으로부터 데려올 수밖에 없었다(342, 362, 352f.).[25]

그런 다음 헤겔은 그리스의 이교를 '자연과 정신의 실체적 통일'(339)이라는 오리엔트 원리의 연장선상에서, 그것도 그로부터 벗어나고자 하는 정신의 필사적인 노력으로서 해석한다. 예를 들면 그리스인의 종교관은 '다신교'(Vielgötterei)를 그대로의 형태로 포함하고 있었으며, 오랜 자연 종교에서 보이는 자연력의 자취가 제우스와 같은 새로운 신들에게도 남아 있었다(344, 346). 그리고 '주관성의 무한한 자기 분열'이 아직 일어나 있지 않은 한에서, 선과 악, [27]개인과 보편자의 대립은 그리스 세계에는 존재하지 않았다고 한다(350f.). 분명히 헤겔이 자기 자신의 지평을 멀리 오리엔트로 확대해 감에 따라 청년기 이래로 열망의 대상이었던 그리스 세계는 여기서는 오리엔트로까지 확대되는 이교 세계의 일부로서 상대화되고 결정적으로 탈신화화되기에 이르렀던 것이다.

다른 한편으로 헤겔은 소크라테스의 생애와 가르침 속에서 사상의 자기 파악에 대한 요구의 시작을, 요컨대 내면세계의 발견과 현실 세계의 외면화라는 혁명적인 사건을 발견한다. 그리고 호메로스, 헤시오도스와 같은 이교적 신 관념, 요컨대 신들이 부모자식 사이에서 서로 죽인다든지 악의 원인이 된다든지 하는 이야기를 추방하고자 하는 『국가』(politeia) 제2권에

---

25. 『법철학 요강』 279절에서 발견되는 최종 결정의 소재에 관한 논의—— 고대 그리스에서는 국가에서의 최종적 의지 결정, 즉 국가의 주권이 부재한다—— 와의 관련은 명백한바 (vgl. *Werke* Bd. 7, S. 447f.), 헤겔의 국가 체제사적인 주권 개념도 역사 철학 강의에서 보이는 이러한 신학적·인간학적 배경 하에서 이해해야 할 것이다.

서의 플라톤의 검열 요구를 (후에 데미우르고스로서 말해지는) 일자에 대한 잠재적 원망으로서 해석한다(381f., 384). 이들 양자의 정신적 요구야말로 스토아주의에 의한 내면화와 불행한 의식에 의한 '일자에 대한 동경'이라는 형태를 취하며, 후에 로마 제국에서의 일신교적 전통의 수용을 준비하고 크게 촉진하는 매체가 되었다고 헤겔은 생각한다(424, 429). 이러한 내면성의 발견자라는, 니체를 선취하는 소크라테스 이해를 통해 『정신 현상학』에 여전히 남아 있던 이전의 맹우 횔덜린과의 사상적 친근성은 최종적으로 제거되게 되었던 것이다.

요약하자면 헤겔은 앞에서 본 오리엔트 세계의 발걸음을 이어받는 형태로 그리스 세계의 내부에서도 정신의 자기 파악이 단계적으로 진전되어 갔다고 생각하고, 그리스 문화의 창조력을 오리엔트 문화의 창조적 계승이라는 관점으로부터 자리매김한다. 스핑크스가 내놓은 수수께끼를 오이디푸스가 푼다(그럼에도 불구하고 부친 살해라는 결정적인 자기에 대한 무지에 사로잡혀 있다)고 하는 그리스 신화의 일화가 보여주듯이, 그리스인은 '너 자신을 알라'라는 정신의 자기 인식의 과제, 요컨대 정신이 자유를 의식하는 과제를 이집트인으로부터 이어받으며, 이것을 델포이의 신전에 써 놓았다고 해석되는 것이다(310f.). 왜냐하면 그리스인은 이질적인 오리엔트 문화를 전제로서 받아들여, 이것을 자기 스스로 '가공하고'(umbilden, umarbeiten), 새로운 독자적인 문화를 창조하는 작업에 성공했기 때문이다 (347, 331f.). 이러한 오리엔트-그리스의 [28]창조적 계승 관계라는 문화 접촉의 관점에 헤겔의 주목을 촉구한 것은 아마도 하이델베르크 대학에서 헤겔의 동료였던 고대학자 프리드리히 크로이처였다고 생각된다. 크로이처는 『고대 국민들, 특히 그리스인의 상징과 신화』(1810-12년)에서 디오뉘소스 숭배를 비롯한 그리스 신화의 기원을 이집트와 시리아, 인도로까지 소급한다고 하는 대담한 학설을 제기하고, 비판자와의 사이에서 당시 논쟁을 교환하고 있었다. 헤겔도 그리스 문화의 외부 기원설과 자기 창조설이라는 '두 개의 체계' 사이의 '최근의 논쟁'에 대해 언급하고, 이것을

'이질적인 것의 가공'(Umbildung/Umarbeitung des Fremden)이라는 앞의 테제로 조정하고자 시도하는 것이다(V 347, 331f.).[26]

셋째로, 오리엔트와 그리스라는 두 세계에서 시작된 정신적 조류는 로마 세계로 흘러들며, 여기서 합류하여 그리스도교라는 새로운 세계 종교를 산출하기에 이르렀다고 한다. 한편으로 헤겔은 신의 육화(=인간화)라는 교의를 종래의 일신교적 전통에서는 전혀 발견되지 않는 그리스도교에 특유한 현상으로서 이해하고자 한다. 그리스도교에서 비로소 '자신은 인간의 형태를 한 인간이라고 신이 계시'한 것에 의해 '너 자신을 알라'라는, 그리스 정신으로부터 이어받은 정신의 자기 파악, 정신에 의한 자유의 의식이라는 과제가 해결되었다고 하는 것이다(V 427). 하지만 다른 한편으로 헤겔은 구약적인 전통에 따라 인간은 자연 본성으로부터 선인 것이 아니라 자연적 악의 극복이라는 부정의 부정을 통해 비로소 신과의 통일이라는 확신에 도달할 수 있다고, 다시 말하면 선악의 인식을 통해 '신의 모상'으로서 자기를 재발견할 수 있다고 생각한다(428, 430). 이러한 신과의 화해 요구야말로 이미 『정신 현상학』에서 주체를 실체로 고양시키는 역전된 운동으로서, 요컨대 인간의 신격화라는 형태에서 언표되고 있었던 것인바, 그리스도교의 도그마에서는 역사적으로 오직 1회에 한해 예수라는 유일한 개인에서만 실현되었다고 믿어지고 있었던 것이다.

• •

26. Vgl. F. Creuzer, *Symbolik und Mythologie der alten Völker, besonders der Griechen* 4 Bde, Leipzig/Darmstadt 1810-12, 2. Aufl. 1819-21. 칼 헤겔 판에서는 '일면적 지성이 이 다툼을 주도하면 다툼은 해결될 수 없다'고 하여 외부 기원설과 자기 창조설의 양자가 모두 역사적으로 진실이라고 하는 판정을 내리고 있지만(vgl. *Werke* Bd. 12, S. 291f.), 여기서는 문화 접촉의 체험이 발전의 생산적 원동력이 될 수 있기 위해서는 이질적인 타자의 문화에 열린 개방적 정신과 외래문화를 가공하여 재창조해 가는 창조적 정신이 함께 필요 불가결하다는 것이 통찰되고 있다. 덧붙이자면 하이델베르크에서의 크로이처와의 만남이 헤겔의 역사의식 형성에서 수행한 결정적 의의를 지적하는 것으로서는, vgl. H. G. Gadamer, "Hegel und die Heidelberger Romantik", in: *Hegels Dialektik*, Tübingen 1971, 2. Aufl. 1980. 일역 『ヘーゲルの弁証法』(未來社) 193쪽 이하.

이러한 맥락에서 헤겔은 이스라엘 국민에게서의 헤아리기 어려운 일자, 감성으로부터 순화된 사상이라는 일신교적 관념의 출현을 '세계사적 원리'라고 부른다(425, 428f.). '서양은 깊은 내면성, 보편성, 무한성을 탐구하고, 이것을 동양에서 [29]발견했다'는 것이다(426). 이것이야말로 '세계사는 〔남〕동에서 일출하여(aufgehen), 〔북〕서에서 자기 내로 일몰하고(niedergehen) 있다'(106)라는 세계사의 진행에 관한 저 저명한 명제의 본래의 의미이다. '여기서는 동양과 서양의 두 개의 원리가 처음에는 정복에 의해 외면적으로, 하지만 동시에 내면적인 섭취에 의해서도 하나가 된다. …… 이러한 동양과 서양의 통합, 두 개의 원리의 섭취가 로마 세계에서 일어났던 것이다.'(426) 이것은 바로 구조적으로 이질적인 두 개의 문화가 만나는 것에 의해 쌍방의 서로 다른 관점을 융합한 높은 지평이 획득된다고 하는, 문화 접촉에 의해 체험되는 '지평 융합'의 사건에 다름 아니다. 더욱이 동양과 서양의 문화 접촉이 일어났다고 여겨지는 세계사의 무대란, 이미 언급했듯이 '구세계의 중심점'이자 '동양과 서양의 결합점'이라고 불리는 지중해 세계, 특히 '두 개의 원리의 중심점'을 이루는 지중해 도시 알렉산드리아이다. 거기서는 알렉산드리아의 필론과 같은 '학식 있는 유대인'이 '동양의 관념을 플라톤의 사상과 결합하고', 이것을 로고스와 같은 '서양의 규정과 통합'하고자 노력했다고 한다(426).[27]

<hr />

27. 칼 헤겔 판에서는 '학식 있는 유대인'(gelehrte Juden)으로서 신플라톤주의자 필론의 이름이 거론됨과 동시에, 『철학사 강의』에서는 동일한 맥락에서 신플라톤주의 철학이 그리스도교 교의의 형성에서 수행한 역할이 지적되고 있다(vgl. *Werke* Bd. 12, S. 399f.; *Werke* Bd. 19. S. 403ff.). 헤겔 철학과 신플라톤주의라는 주제는 최근 자세하게 논의되었지만(vgl. J. Halfwassen, *Hegel und der spätantike Neuplatonismus* (=*Hegel-Studien Beiheft* 40), Bonn 1999; 山口誠一 『ヘーゲルのギリシア哲學論』(創文社) 참조), 거기서도 헤겔 철학을 신플라톤주의로부터 결정적으로 나누는 상이점으로서 일자로의 상승이라는 신플라톤주의적인 초월 지향과는 서로 대립하는, 신의 인간화라는 그리스도교적인 내재 지향의 계기가 지적되고 있다(vgl. Halfwassen, a. a. O., S. 125ff., vor allem S. 149 f,; G. Falke, "Schelling ist der Plotin Hegels", in: *F. A. Z.* 12. Feb. 2000, S. 48).

따라서 헤겔에 따르면 그리스도교 세계의 '낳은 어버이'는 서양, 유럽이지만, 동양, 오리엔트야말로 '좀 더 정신적인 어버이'이다. 왜냐하면 '로마인은 그리스도교를 오리엔트로부터 받아들였기' 때문이다(460). 이것이 의미하는 것은 서구 그리스도교의 기원이 사실은 그 외부의 세계에서, 요컨대일출(Aufgang)의 나라로서의 오리엔트(Morgenland, Orient)에서 유래한다는 역사적 진리에 다름 아니다. 이때에 따라야 할 고전적 범례로서 인용되는 것은 역시 여기서도 이질적인 요소를 받아들여 이것을 자신의 손으로가공하고 재창조해 간 그리스인의 개방적인 동시에 창조적인 정신이다. 그리스인의 자유로운 정신은 동질적인 것으로부터가 아니라 이질적인 것으로부터 비로소 성립했던 것인바, '그리스 정신의 유일성은 이질적인 것의 통일이다'라고 하는 것은 일찍부터 헤겔이 지적하는 바였다(318, 321). 그리고 외국의 자극에 빚지는 일 없이 자국 내에서만 문화를 형성한중국 문화의 자기 완결적 성격이 [30]그리스 문화의 개방적 성격과 대비되고있었다(132). 그로부터 헤겔은 일반적으로 '이질성이란 필연적 원리'이자'세계사적 국민에게 있어 본질적이다'라고 결론 맺고, '그리스인, 로마인, 게르만인은 상이한 것으로부터 하나의 것으로 자기를 만들어냈다'고 단언하는 것이다(318f.).

하지만 로마 세계에서의 일신교적 전통의 수용을 중시하는 한편, 헤겔은유대교의 초월신의 관념이 구체적 내용을 결여한 직접적이고 추상적인성격에 머물렀다고 생각하고, 혹독하게 이것을 비판한다(429f.). 헤겔에따르면 유대교의 신은 '우선은 술어에 지나지 않으며, 주어 그 자체가아니다.'(425) 즉 유대교의 신은 아직 실체가 주체화하는 과정을 경험하고있지 않으며, 그 결과 유대교는 이슬람이나 '현대의 지성'(즉 칸트, 피히테등의 반성 철학)과 동일한 '분리의 종교'로서, 신의 이념을 의식 외부에놓여 있는 피안의 추상물──이를테면 폭군처럼 '험상궂게 치솟아, 다가가는 자의 머리를 산산조각 내버리는 철의 벽'──로 만들고 말았다. 달리표현하자면 유대교는 '참된 종교의 이념'을 이루어야 할 '신적 본성과 인간 본성의 통일'이라는 신인 동형설적인 이념을 결여하고, 불교·그리스 예술·그리스도교와 같은 '통일의 종교'에서 발견되는 신의 육화(=인간화)의 관념을 알지 못한다는 것이다(85f.). 이러한 유대교적 일신교에 대한 헤겔의 비판은 나중에 막스 베버도 서구 합리주의에 대한 분석에서 전제로 하는 루터-칼뱅주의적인 현세 초월적 신 관념에도 마찬가지로 해당되는 한에서, 독일 프로테스탄티즘의 자기비판으로서 또는 독일의 루터주의적인 전통에 대한 암묵적인 논박으로서 해석될 수 있을 것이다.

이에 반해 헤겔은 그리스도교에서 비로소 신의 본질이 삼위일체로서, 즉 타자임과 동시에 내적인 본질이기도 한 타자 존재에서의 '자기 동일'(bei sich selbst sein, 자기 자신 곁에 있음)로서 계시되었다는 점을 어디까지나 고집한다. 이러한 타자 존재에서의 '자기 복귀'(Rückkehr zu sich)를 통해 '정신의 개념'도 여기서 비로소 '사변적 형식'에서 표명되었다고 하는 것이다(420f.). 이리하여 헤겔은 삼위일체의 도그마가 성서의 '문자'에 쓰여 있는가 아닌가가 아니라 [31]어디까지나 교단의 '살아 있는 정신'이 중요하다고 말하여(421), 루터 이래의 성서주의적인 경향으로부터 거리를 두고 오히려 정통 교의 속에 보존되어 온 진리 내용(특히 그 헬레니즘적인 유산)에 주목한다. 그리고 '활동적 금욕'과 '신비주의'라는 베버에 의한 종교의식의 유형화와는 달리, 신의 육화와 신격화라는 이중의 활동으로 이루어지는 그리스도교 도그마 속에서 신과의 단절과 동일화, 아버지로부터의 이반과 화해라는 서로 대립하는 두 계기의 통일을 간취하는 것이다.

그러나 서두에서 지적했듯이 이 강의의 서론에서는 헤겔 정신 개념이 본래 그리스도교의 삼위일체론을 모델로 하여 구상되어 있었다는 것을 상기하게 되면,[28] 여기서 헤겔을 그대로 따라 동일한 유형의 정신 개념이

28. 발전사적으로 보면 헤겔의 정신 개념은 예나 초기의 초월론 철학과의 대결에서 그 기원을 지니는데, 1803년도 정신 철학 초고에서의 '자기 자신의 반대물'로서의 의식 개념을 근거로 하여, 1804년도 논리학·형이상학 초고에서 비로소 '자기 자신의 타자' 및 '자기 자신으로 복귀하는 운동'으로서의 정신 개념이 표명되고 있다(vgl.

그리스도교에 의해 비로소 표명되었다는 등등으로 논의하는 것은 바로 순환논법 이외의 아무것도 아니다. 헤겔이 구상하는 이성이(그리고 서구적 이성이) 빠져버리고 마는 이러한 자기 언급적 순환의 아포리아를 고려하게 되면, 동일한 이성 개념에 기초하여 구축된 헤겔의 역사 철학도 특정한 문화권에 대해 한정된 타당성을 요구할 수밖에 없는 것이 아닐까 하는 이의 제기를 물리치기가 어려울 것이다.

넷째로, 헤겔은 1822년도 강의에서 그리스도교 원리가 로마인이 아니라 북방의 이국민인 게르만을 새로운 담지자로 하여 서서히 실현되어 가는 과정을 묘사하고자 시도한다. 그때 네 가지 점에 걸친 그리스도교의 '세속적 귀결'──요컨대 ① 인간은 그 자체에서 자유라고 하는 정신 개념에 기초하는 노예제의 폐지, ② 윤리적인 것은 내면으로부터 생겨나는 한에서 참으로 습속일 수 있다고 하는 윤리 형식의 변화, ③ 영적 세계와 세속 세계라는 두 개의 세계의 성립, ④ 내면과 외면의 이분법 및 사적 자치의 인정에 입각한 근대 군주정의 원리──의 실현 과정이 현대에 이르기까지 서구의 역사를 만들어 낸다고 한다(423-436). 처음에는 아직 야만적인 게르만인이 로마인으로부터 이질적인 그리스도교 문화를 전제로서 받아들여 자기 스스로 가공해 가는 작업을 통해 자신들의 독자적인 문화를 창조해 갔다는 것이며, 이때 십자군, 종교 개혁, [32]프랑스 혁명이 결정적 역할을 수행했다고 한다. 스스로의 지평을 확대해 가는 이러한 정신적 개국 과정이야말로 고대 그리스·로마에서 역사의 현실에서 일어났을 뿐만 아니라 또한 모든

Hegel, *Gesammelte Werke* Bd. 6, Hamburg 1975, S. 266, 273; *Gesammelte Werke* Bd. 7, Hamburg 1971, S. 173f., 177). 하지만 이미 프랑크푸르트 시기 초고에서 정신 개념의 원형을 이루는 삶의 개념이 아버지-아들-성령의 삼위일체론에 따라 미발전의 합일로부터 분리를 거쳐 발전된 합일로 복귀하는 과정으로서 이해되고 있다는 점(vgl. *Hegels theologische Jugendschriften*, hg. v. H. Nohl, Tübingen 1907, S. 318), 예나 초기의 자연법 강의 초고에서도 '사변의 최고의 이념'으로서 삼위일체 형식이 거론되고 있다는 점에 주의할 필요가 있다. 상세한 것은 본서, 제8장 2절을 참조

문화적 접촉에서 언제나 형태를 바꾸어 반복되는 문화 접촉의 사건인바, 헤겔은 또한 이것을 '문화 형성(Bildung) 전통의 연쇄라는 자각적인 연결'이라고 부르면서 여러 차례에 걸쳐 청강자의 주의를 촉구하고 있다. '우리(독일인)는 로마인에 의해, 로마인은 그리스인에 의해 교육·형성되었다. 하지만 우리가 받아들인 것은 동시에 우리에게 있어 이질적인 것이기도 한바, 우리는 그것을 스스로 창조함으로써 새로운 것을 형성해 갔다. 이것이야말로 모든 국민이 문화 형성에 있어 취하는 본질적 관계이다.'(331)

맺는 말

(1) 이상과 같이 1822년도의 역사 철학 강의는 종교사적 관점에서 보면 지중해 세계를 무대로 하여 펼쳐지는 오리엔트, 그리스, 로마라는 이질적인 문화권들 사이의 문화 접촉에 주목하는 다른 역사관의 가능성을 보여주고 있었다. 그리고 고대 지중해를 중심으로 전개되는 국민정신의 교체는 페르시아 전쟁, 포에니 전쟁, 민족 대이동에서 보이는 것과 같은 정치적 지배권의 외면적 이행뿐만 아니라 오히려 이질적인 외래문화의 가공을 통해 '정신의 자기 인식'이 단계적으로 진전해 간다고 하는 내면적 이행도 의미한다고 생각되고 있었다. 이 강의의 서론에서도 이미 보이고, 나중의 1830년도 강의 초고에서 단적으로 표명되게 되는 단선적 발전 단계의 역사관이란 본래 나아가야 할 방향성(즉 궁극 목적)을 지니지 않는 문화 접촉의 복수의 인과 계열을 사후적으로 아리스토텔레스와 칸트로부터 취해진 목적론의 도식에 따라서 일원적으로 정돈함으로써 얻어진 것에 다름 아니다. 이러한 해석 교체 작업에 있어 헤겔이 궁극적인 가치 기준으로서 가지고 나오는 것은 [33]정신이 자기 자신을 인식하고 자유를 인식해 간다고 하는 '정신 개념'의 단계적 실현의 정도이다. 여기서 헤겔은 이 가치 척도가 무엇보다도 그리스도교적인 삼위일체론을 모델로 하여 일정

한 신학적·인간학적 자기 이해에 따라서 구상되어 있다는 것, 따라서 자기 언급적 순환의 아포리아에 빠질 수밖에 없다는 것을 숨기고자 하지 않는다.

이에 반해 1830년도 초고와 이에 의거하는 칼 헤겔 판의 서론은 이러한 아포리아를 표면적으로 회피하기 위해 '자유의 의식에서의 진보'라는 시각에서 각 세계 내부에서의 발전을 전혀 무시하듯이 오리엔트-그리스-로마-게르만이라는 저 단선적인 가치 서열을 제시하게 되었다. 오리엔트인은 '정신 내지 인간 그 자체가 그 자체에서 자유롭다는 것을 아직 알지 못하고', '한 사람만이 자유라고 하는 것만을 알고 있으며', 그리스·로마인에게서는 '자유의 의식이 나타나긴' 하지만, '인간 그 자체가 아니라 약간의 사람이 자유라고 하는 것만을 알고 있는' 데 반해, 게르만은 '정신의 자유가 자기 자신의 본성을 이룬다고 의식하고 있다'는 것이다.[29] 그러나 1822년도 강의가 보여주듯이 이것은 주로 **국가 체제사적 관점으로부터** 몽테스키외의 정체론을 그대로 세계사의 구분에로까지 일반화한 것에서 기인하는 것이며, 종교사적 관점으로부터 보면 충분한 설득력을 지니는 것이 아니다. 왜냐하면 페르시아·이스라엘 문화와 불교·그리스 문화가 정신 개념의 그리스도교적 계시에 각각 다른 방향으로부터 기여했다고 하는 점에서 보면, 본래 세계사에서 대등한 위치를 차지할 것이기 때문이다. 그럼에도 불구하고 삼위일체론에 의한 정신의 자기 이해라는 신학적 배경이 1830년도 강의와 칼 헤겔 판으로부터 말소됨으로써 헤겔 역사 철학을 이끄는 본래의 주도 동기는 오랫동안 은폐되게 되었던 것이다.

(2) 마지막으로, 헤겔 역사 철학의 신학적 배경을 규정하고 있는 헤겔 자신의 관점을 다시 주제화해 두고자 한다. 헤겔은 [34]자연법 강의 이래로 일관되게 그리스도교의 본질을 신인神人 예수라는 그리스도론적인 관점에

---

29. Vgl. Hegel, *Gesammelte Werke* Bd. 18, S. 152f.

서 신의 인간화와 인간의 신격화라는 상호적으로 대립하는 두 가지 방향성의 미묘한 균형으로서 이해하고 있었는데, 바로 이 점이야말로 325년의 니카이아 공의회 이래로 격렬하게 논쟁이 이루어져온, 그리스도교적 정통을 어떻게 정의할 것인가라는 문제였다. 이러한 그리스도교 이해를 통해 헤겔은 나중의 하르낙처럼 예수를 오로지 도덕적으로 유덕한 인간으로 본다든지, 또한 역으로 바르트처럼 인간 존재에 소원한 절대적 타자로 본다든지 하는 프로테스탄트 신학[30]과는 다른 전적으로 독자적인 방향을 가리켜 보이게 되었다. 거기에 나타난 헤겔의 독특한 사고양식은 '양극성의 통일' 내지는 '대립물의 일치'로서 정식화될 수 있는 것인데, 마루야마 마사오에 따르면 그것은 대체로 정통 사상 일반의 특색을 표현하는 것이지만,[31] 헤겔의 관점에서 보게 되면 오리엔트의 이교이든 그리스의 이교이든 진리 요구를 정당하게 제출할 수 있지만, 그것들은 어느 것이든 부분적으로 참인 데 지나지 않으며, 그런 점에서 일면적 진리에 머물고 있다. 헤겔에 따르면 그리스적인 '미가 아직 진리가 아닌'(V 357) 것과 마찬가지로, 이스라엘적인 숭고함도 역시 완전한 진리일 수 없다. 오히려 쌍방의 관점이 전체의 불가결한 계기(Moment)로서 '유일한 진리'로 여겨지는 그리스도교적 진리의 일면을 이루어야 한다고 헤겔은 생각한다. 한편으로 불교와 그리스 예술이 실체의 주체화라는 인간 정신의 요구를 보여준다고 한다면, 다른 한편으로 페르시아와 이스라엘의 종교는 주체의 실체화라는 다른 요구를 언표하고 있다. 헤겔에 따르면 이들 양자가 서로 어울려서야 비로소

30. Vgl. A. v. Harnack, *Das Wesen des Christentums* (1900), Gütersloh 1999. 일역『キリスト教の本質』(玉川大學出版部); K. Barth, *Römerbrief*, Zürich 1919. 일역『ローマ書講解』(平凡社).

31. 丸山眞男「闇齋學と闇齋學派」『丸山眞男集』제11권(岩波書店) 276쪽 이하를 참조. 마루야마의 용어에 따르면 니카이아 공의회로부터 칼케돈 공의회에 이르기까지 논쟁이 이루어진 것은, 그리고 헤겔이 매개의 논리로 파악하고자 한 것은 다름 아닌 '만듦(つくる)' 논리와 '됨(なる)' 논리라는 양극의 중간에서 떠도는 신인 예수의 자리매김이라는 문제이다.

진리의 전체를 완성할 수 있다. 왜냐하면 '역사에서의 이성'을 구상하는 헤겔 자신의 관점은 '참된 것은 전체다'라는 『정신 현상학』 서문의 명제에서 남김없이 말해지고 있기 때문이다.

하지만 이미 본 대로 헤겔이 이해하는 '역사에서의 이성'은 아버지로부터의 이반과 화해를 내포하는 삼위일체라는 [35]그리스도교적 정통의 고대적 정의에 의해 규정되어 있는바, 자기 언급적 순환의 아포리아를 벗어날 수 없는 한에서 보편타당성을 무조건적으로 요구할 수 없는 것이다. 그럼에도 불구하고 헤겔은 있을 수 있는 관점 전체를 선취하는 '최후의 역사가'의 입장에서 그리스도교적 정통으로부터 구상된 '역사에서의 이성'이 이교 신앙도 포괄해야 할 전체적 진리로서 인류에 대한 보편타당성을 요구할 수 있다고 생각했다. 그로부터 헤겔 이후의 역사에서 무엇이 일어났던 것인가 하는 것은 오늘날에는 너무나도 명백하다. 즉, 개종 아니면 정복이라는 '정의의 전쟁'(gerechter Krieg)의 요구를 내걸고서 그리스도교 세계에 의한 십자군적인 지상 지배를 정당화하는 식민지주의적인 논리로의 퇴행이다.[32] 헤겔은 너무나도 낙관적으로 다음과 같이 예견하고 있었지만, 이 점에서 우리는 헤겔보다도 오히려 20세기의 파국적인 역사적 경험으로부터 배워야 할 것이다. '그리스도교 세계는 세계를 향해하고 세계를 지배한다. …… 아직 지배되고 있지 않은 것은 지배할 만큼 수고할 만하지 않든가 그렇지 않으면 언젠가 지배되도록 정해져 있든가이다.'(442)

하지만 다른 한편으로 이러한 자민족 중심적인 선입견으로부터 생겨난 역사적 귀결을 제외하고서 생각하게 되면, 헤겔의 관점에서 보이는 다원적

● ●
32. Cf. W. E. Connolly, *Identity/Difference*, Ithaca/London 1991. 일역 『アイデンティティ/差異』(岩波書店). '최후의 역사가'의 입장에서 '이제 세계의 원리는 그리스도교와 더불어 완성되었다'(V 441)고 호언하는 헤겔적 이성의 자기 완결적 성격은 현재의 지평을 한정된 가변적인 것으로 간주하는 해석학의 자기 한정적 입장과는 좋은 대조를 이루고 있는바, 본래 헤겔의 정신 개념에 포함되는 자기반성에 대한 무한성 요구에서 기인하는 것으로 생각되지만, 이것도 인간 정신이 이전에 신이 차지하고 있던 지위를 계승하고자 한 세속화 과정으로부터 생겨난 불가피한 귀결로 볼 수 있을 것이다.

인 동시에 포괄적인 성격은 다른 입장에 대해 독특한 강점을 이루는 것으로 평가할 수 있을 것이다. 요컨대 유대-이슬람적인 일신교처럼 단일한 관점만을 허용하는 입장과도, 또한 니체주의적인 문화 상대주의처럼 임의의 다원적 관점을 인정하는 입장과도 달리, 헤겔 자신은 모든 문화가 (똑같은 가치는 아니라 하더라도) 일정한 가치를 요구할 수 있으며, 다만 이들 다원적 가치들 사이에는 일정한 가치 서열이 엄연히 존재한다고 주장하는 것이다. 하지만 헤겔적 이성을 특징짓는 이러한 다원주의적 성격이란, 이미 제시되었듯이, 초기에는 고대 그리스, 만년에는 고대 오리엔트라는 다른 타자의 문화와의 접촉과 대결을 통해 얻어진 헤겔 자신에 의한 지평 융합의 산물이었다. 이러한 자민족 중심주의 속에 숨어 있는 다문화적인 [36]통찰은 공교롭게도 포스트모더니스트로부터 서구 중심주의적인 '해방의 이야기'의 원형으로서 비판되는 헤겔 역사 철학 강의 속에서 발견되는 것이다.

제2장 '역사에서의 이성'은 어떻게 유럽에서 실현되었는가?
── 헤겔 역사 철학의 신학적·국가 체제사적 배경 ──

제1절 발전 단계론적 역사관의 해석 교체

(1) 이전에 하버마스는 헤겔 이후의 역사 철학을 '사건의 이야기'(narratio rerum gestarum)로 환원하고자 하는 단토의 역사=이야기론에 맞서, '최후의 역사가'의 입장으로부터 역사 이야기로는 해소될 수 없는 역사 철학에 고유한 차원을 지적했다. 하버마스에 따르면 '역사 철학은 역사 전체가 완결된 후에 최후의 역사가(der letzte Historiker)를 이끌 수 있는 관점(Gesichtspunkt)을 선취하는' 것인바, 장래에 생길 수 있는 유의미한 관점을 선취하는 '역사 철학 없이는 어떠한 역사적 사건도 완전히 서술할 수 없다.' 이런 의미에서 '역사가는 모두 최후의 역사가의 역할을 담당하고 있는' 것이며, '모든 역사가는 단토가 역사 철학자들에게 금지하고자 했던 절차를 암암리에 행하고 있다.'[1] 이러한 역사 철학적 자기 이해에서 보면

---

1. Vgl. J. Habermas, *Zur Logik der Sozialwissenschaften*, Frankfurt a. M. 1970, 5. Aufl.

헤겔이 말하는 '반성된 역사'(=사건의 이야기)는 자신의 전제를 자각하지 못한 채로 특정한 관점에 계속해서 구속되어 있는 데 반해, '철학적 세계사'를 자칭하는 헤겔의 역사 철학은 바로 자각적으로 있을 수 있는 관점의 전체를 가설적으로 선취하고자 한 최초의 본격적 시도이다. 역사의 자기 완결적 성격에 관한 헤겔의 상정도 이러한 '최후의 역사가' 입장으로부터 이해할 수 있을 것이다.

[38]후에 나타난 것과 같은, 인류 해방의 이야기에 대한 불신감을 '포스트모던'이라는 이름으로 표명하는 리오타르의 '큰 이야기의 종언'론(1979년)의 경우이든, 200년 후에 실현된 프랑스 혁명 이념의 승리와 더불어 역사는 완결되었다고 선언하는 후쿠야마의 '역사의 종언'론(1989년)의 경우이든, 그것들은 이러한 역사=이야기파 논쟁의 기본 틀을 한 걸음도 넘어서는 것이 아니다. 이에 반해 '이야기의 종언'과 '역사의 종언'이 교차하는 1990년 이후의 포스트 히스토리 상황 속에서는 서구 중심주의에 대한 다문화주의의 새로운 도전이 보이는데, 그것은 Ch. 테일러에 의해 '인정의 정치'라고 불리며 논의되었다. 다른 한편으로 냉전 종언 후의 세계에 출현하는 새로운 분쟁의 근원은 서로 다른 문명들 사이의 대립인바, '문명의 충돌이 세계 정치를 지배한다'는 헌팅턴의 예언(1993년)이 전 세계의 눈앞에 현실의 것이 되었던 일은 기억에 새롭다.[2]

이러한 시대 상황 속에서 필자는 '세계사란 자유의 의식에서의 진보다'라는 명제에 의해 서구 중심주의적인 '해방의 이야기'의 정전正典으로 간주되

1982, S. 291, 293. 일역『社會科學の論理によせて』(國文社) 295, 298쪽 이하; A. C. Danto, *Analytical Philosophy of History*, Cambridge 1965. 일역『物語としての歷史──歷史の分析哲學』(國文社). 단토의 역사=이야기론을 실마리로 헤겔 역사 철학을 '사변적 이야기'로서 다시 읽고자 하는 시도로서는 鹿島徹,「歷史の物語としてのヘーゲル歷史哲學」, 現象學・解釋學硏究會 (編),『歷史の現象學』(世界書院) 수록, 참조.

2.　　Cf. S. P. Huntington, "The Clash of Civilizations?", *Foreign Affairs*, Summer 1993. 현대 정치 이론에서의 다문화주의를 둘러싼 배치도에 대해서는 杉田敦「アイデンティティと政治」『權力の系譜學』(岩波書店) 수록, 참조.

어 온 헤겔의 역사 철학 강의가 단선적인 발전 단계설의 관점으로부터가 아니라 서로 다른 문명들이 서로 충돌·융합하는 문화 접촉설의 관점에서 바꿔 읽힐 수 있다는 첫 번째 테제를 제시하고, 이것을 1822년도의 첫 회 강의 필기록에 입각하여 논증하고자 노력했다.[3] 이때 필자는 더 나아가 '지평 융합'이라는 가다머의 해석학적 개념을 고전적 예술 작품과의 대화라는 수직적 차원으로부터 이문화와의 대화라는 수평적 차원으로 전용하는 작업을 통해, 해석학 논쟁에서 하버마스에 의해 비판된 해석학적 입장의 난점, 즉 자민족 중심적인 성격을 띤 '선입견의 권리에 대한 선입견'도, 그리고 다문화주의에서 보이는 소수파의 배타적인 문화적 생존 요구에 대한 고집도 극복할 수 있다는 것을 보여주었다.[4] 하지만 동일한 '지평 융합'이라 하더라도, 고전적 작품과 마주 대화하는 해석학적 맥락에서는 객관적으로 가능한 해석의 폭이 작품 자체에 내재하며, 독자의 수용 행위 (Rezeption)에 의한 고쳐 읽기가 허용되는 범위도 한정되어 있는 데 반해,[5] 이문화와 대화하는 문화 접촉론의 맥락에서 '지평 융합'의 반복에 의한 이종 교배는 진화의 계통수와 마찬가지로 임의의 다양한 조합으로 일어날 수 있으며, 생물의 진화 모델과 마찬가지로 본래는 나아가야 할 [39]방향성을 지니고 있지 않다. 이에 반해 단선적 발전 단계설의 역사관이란 본래는 궁극 목적을 지니지 않는 문화 접촉의 복수의 인과 연쇄를, 일정한 이성

3.   본서, 제1장을 참조. '문화 접촉'이란 막스 베버가 고대 유대교 연구에서 사용한 개념인데, 1964년에 오리하라 히로시(折原浩)에 의해 논의됨과 동시에(『危機における 人間と學問』(未來社), 337쪽 이하 참조), 마루야마 마사오에 의해 1964년도 이후의 일본 정치사상사 강의에 받아들여졌다(『丸山眞男講義錄』, 제4책(東京大學出版會) 10-15, 51쪽 참조).

4.   Vgl. Habermas, a. a. O., S. 298ff. 일역, 304쪽 이하; Habermas u. dgl., *Hermeneutik und Ideologiekritik*, Frankfurt a. M. 1971, S. 45ff.

5.   가다머의 '영향 작용사'에서의 작품의 실체화를 비판하고, 독자의 수용 행위에 의한 지평의 변경을 강조하여 반향을 불러일으킨 야우스의 '수용 미학'에 대해서는, vgl. H. R. Jauß, *Literaturgeschichte als Provokation*, Frankfurt a. M. 1970. 일역 『挑發として の文學史』(岩波書店), 麻生建 「文學史への挑發」 『文學』 1978년 3월, 참조.

개념을 전제로 하여 칸트 내지는 아리스토텔레스의 목적론적 도식에 따라 정돈하는 데서 성립했다고 생각된다. 이러한 목적론적 역사관의 문제성은 이전에 '근대의 초극'론에 의한 '세계사의 철학'이라는 희화를 체험한 우리에게는 이전부터 명백하다. 즉, 인류의 역사가 장래의 궁극 목적을 향해 나아가는 불가피한 과정으로서 파악된 결과, '역사적 필연'이라는 이름 아래 개인의 자유로운 선택 가능성이 '우연성'으로서 배제된다고 하는 숙명론적 귀결이 그것이다.[6]

(2) 이와 같은 발전 단계설적 역사관의 성립에 있어 결정적이라고 생각되는 역사의 궁극 목적에 관해 필자는 다음과 같은 두 번째 테제를 1822년도 강의 및 1830년 초고에 의거하여 가설로서 제시했다. 요컨대 헤겔에게 있어 역사의 궁극 목적을 이루는 '역사에서의 이성'은 그리스도교적 삼위일체론에 따라 이해된 '정신'(Geist) 개념에 의해 구상되어 있으며, 1822년도 강의에서는 열려 보이고 있던 이 주도 동기가 나중의 1830년도 강의와 이에 의거하는 칼 헤겔 판에서는 은폐되어 버렸다는 것이다. 여기서 말하는 헤겔의 독자적인 정신 개념이란 정신의 자기 인식에 의해 비로소 획득되는 일정한 신학적·인간학적 자기 이해를 전제하고 있는 한에서, '이성의 타자'인 비그리스도교 문화의 자기 이해와는 다른 것이다. 헤겔에 따르면 정신의 자기 파악에 의해 달성되어야 할 궁극 목적의 실질을 이루는 것은 신의 육화(=인간화)와 인간의 신격화라는 이중의 요구인바, 아버지-아들-정신(성령)의 삼위일체라는 그리스도교 정통 교의야말로 신과의 단절과 동일화, 아버지로부터의 이반과 화해라는 서로 대립하는 두 계기의 통일을 멋지게 표현하는 것이다.[7]

- -
6. Vgl. R. Bubner, *Geschichtsprozesse und Handlungsnormen*, Frankfurt a. M. 1984, S. 110ff.
7. 후에 베버는 『세계 종교의 경제 윤리』에서 현세 초월적 신 관념에 기초하여 신의 도구로서 행위하도록 명령하는 '활동적 금욕'(aktive Askese)과, 내재적인 신 관념에

발전사적으로 보면 헤겔은 우선 프랑크푸르트 시기 초고의 말미에서 천상과 지상 사이의 '중간에서 떠도는' 반신이라는 [40]예수의 '본성의 이중성'을 지적한 후,[8] 자연법 강의 초고에서는 예수의 인간적 수난과 신으로서의 부활을 논의하게 된다. 이러한 '신인'(Gottesmensch) 예수의 관념이야말로 창조자와 피조물을 이원론적으로 나누는 유대교의 일신교적 틀로는 수습되지 않는 것인바, 기본이 묘사했듯이, 이전에 로마 제국에서 i라는 하나의 모음의 유무를 둘러싸고서 많은 유혈을 수반하는 당파 항쟁을 불러일으켰던 것이다.[9] 그 결과 니카이아 공의회(325년)에서는 아버지와 아들이 유질類質(homoiousios)이 아니라 동질(homoousios)로 되고, 창조·제작이라는 헤브라이즘의 논리에 따라 예수가 신격화되는 한편, 칼케돈 공의회(451년)에서는 신의 육화라는 헬레니즘적인 논리가 도입되어 예수의 인간성이 회복되고, 양극의 중간에서 떠도는 신성과 인성의 통일이라는 그리스도교 정통 교의도 정해지게 되었다. 『정신 현상학』종교 장에서 헤겔이 '계시 종교'에 의해 비로소 실체의 주체화와 주체의 실체화라는 서로 대립하는 이중의 명제가 합일됨으로써 실체라는 '아버지'와 자기의식이라는 '어머니'를 본질적 계기로 하는 '정신의 개념'이 완성되고, 신의

* *
     따라 신성의 그릇으로서 명상에 의한 구원의 소유를 가리키는 '신비주의'(Mystik)라는 종교의식의 두 유형을 구별했지만(vgl. M. Weber, *Die Wirtschaftsethik der Weltreligion* I, *MWS* 1/19, Tübingen 1991, S. 14, 210), 헤겔의 관점에서 보면 신과 인간의 관계를 추상적 단절인가 무매개적인 동일화인가라는 양자택일의 논리에서 파악하고자 하는 베버의 유형론에서는 삼위일체를 모델로 하는 헤겔의 정신 개념을 이해할 수 없을 뿐만 아니라 그리스도교 정통 교의의 본질도 잘못 파악하게 된다.

8.   Vgl. H. Nohl (Hg.), *Hegels theologische Jugendschriften*, Tübingen 1907, S. 335. 삼위일체설의 수용에 대해 상세한 것은 본서, 제8장 2절을 참조.

9.   Cf. E. Gibbon, *The History of the Decline and Fall of the Roman Empire* (1776-88), London 1903, Vol. 3, Chap. 21. 일역 『ローマ帝國衰亡史』제3권(ちくま學藝文庫) 21장. 젊은 헤겔은 교회사에 관한 1795년 초고(Text 29)에서 기본의 책(특히 제15, 20, 21장)을 집중적으로 사용하고 있다(vgl. Hegel, *Gesammelte Werke* Bd. 1, Hamburg 1989, S. 197ff.).

본질이 자기의식으로서 계시되었다고 논의하고 있는 것은 바로 이러한 그리스도교 정통 관념의 성립 사정을 염두에 둔 것이다.

1822년도 역사 철학 강의에서 헤겔이 세계사를 이끄는 궁극 목적으로서 내거는 것도 사실은 그리스도교 정통 교의인 삼위일체론을 모델로 하는 정신 개념에 따라서 이해된 '역사에서의 이성'인 것이다. 헤겔이 신의 인식 불가능성을 주장하는 아우구스티누스 이래의 도그마에 대항하여 '그리스도교는 신을 인식하라고 하는 오직 하나의 의무를 우리에게 부과했다'고 말하고, '너희는 진리를 알고, 진리는 너희를 자유롭게 한다'(Ihr werdet die Wahrheit erkennen, und die Wahrheit wird euch frei machen.)는 「요한복음」의 한 절을 지시할 때,[10] 자유의 의식의 이념으로서 생각되고 있는 것은 아버지와 아들의 이반과 화해를 내포하는 삼위일체라는 의미에서의 그리스도교적 진리의 인식에 의한 정신의 자기 해방인 것이다.

더욱이 앞의 첫 번째 테제에 의해 증명된 것은 이 그리스도교적 진리 자신이 고대 오리엔트와 고대 그리스라는 [41]타자와의 대화에 의한 '지평 융합'의 산물이었다고 하는 역사적 사정이다. 이러한 문화 접촉이라는 사건의 원형으로 여겨진 것은 그리스 문화의 기원을 둘러싼 외부 기원설과 자기 창조설의 논쟁[11]을 조정하기 위해 헤겔이 제기한 '이질적인 것의 가공'(Umbildung des Fremden)이라는 테제이다. 그리스인은 이질적인 오리

• •
10. Vgl. Hegel, *Vorlesungen* Bd. 12 *Vorlesungen über die Philosophie der Weltgeschichte (1822/23)*, Nachschriften von K. G. J. v. Griesheim, H. G. Hotho und F. C. H. V. v. Kehler, hg. v. K.-H. Ilting, K. Brehmer und H. N. Seelmann, Hamburg 1996, S. 23(인용에서는 V로 약기한다); ders., *Gesammelte Werke* Bd. 18, Hamburg 1995, S. 148f.

11. 논쟁의 발단이 된 F. 크로이처와 헤겔의 관계에 대해서는, vgl. J. Hoffmeister, "Hegel und Creuzer", *Deutsche Vierteljahrsschrift für Literaturwissenschaft und Geistesgeschichte* 7, 1930; W. Beierwaltes, "Hegel und Proklos", in: *Platonismus und Idealismus*, Frankfurt a. M. 1972; O. Pöggeler, "Die Entstehung von Hegels Ästhetik in Jena", in: D. Henrich/K. Düsing (Hg.), *Hegel in Jena* (=Hegel-Studien Beiheft 20), Bonn 1980, S. 269. "Hegel und Heidelberg", *Hegel-Studien* Bd. 6, 1971, S. 108ff.

엔트 문화를 외부로부터 받아들였을 뿐만 아니라 이것을 자기 스스로 가공함(umbilden)으로써 새로운 문화를 창조해 갔던 것인바, 문화 접촉의 체험을 발전의 원동력으로 높이기 위해서는 이질적인 타자의 문화에 열린 개방적 정신과, 이문화를 가공하여 재창조해 가는 창조적 정신이 함께 필요하다── 역으로 말하면 전자가 없으면 고유한 전통의 실체화로, 후자가 없으면 외래 사상의 주관적 수용에 빠진다──고 헤겔은 생각한다. 이러한 '이질적인 것의 가공'의 모델로 여겨진 것이 그리스 문화의 성립에서 보였던 그리스인의 특유한 예술 체험이었다. 헤겔에 따르면 외래의 신들을 가공하여 자연력을 정신화하는 것에서, 요컨대 오리엔트 문화를 섭취하고 극복하는 것에서 비로소 그리스 문화가 성립할 수 있었다. 거기서는 자연적 소재를 예술 작품에로 가공하고 정신의 자기실현이게끔 하는 '조형적 예술가'(plastischer Künstler, umbildender Bildner)라는 그리스 예술의 이념이, 그리고 자유의 의식의 시작이 보인다고 한다.[12]

이러한 문화 접촉의 모델로서의 평가에도 불구하고, 헤겔에게서 그리스 정신이 오리엔트와 옥시덴트 사이에서 분열된 양의성을 깊게 띠고 있다는 점을 간과해서는 안 된다. 한편으로 1821년부터 22년에 걸쳐 헤겔의 시야가 고대 오리엔트로까지 확대됨에 따라 이전에 횔덜린과 공유하고 있던 그리스적 고향의 범신론적 이상이 억제되고 오리엔트의 타자로 투영되어 가는

──
12. Vgl. Hegel, *Werke in zwanzig Bänden* Bd. 12, Frankfurt a. M. 1970, S. 294. 후에 20세기 최대의 지휘자 푸르트벵글러도 그의 탁월한 예술론에서 재현 예술가로서의 연주가(특히 지휘자)의 사명은 악보의 개개의 부분으로부터 작곡자의 전체 비전을 읽어내고, 창조에 선행하는 혼돈(Chaos)을 다시 불러낸 다음, 작품 전체를 새롭게 재창조하는 점에 있다고 지적했다(vgl. W. Furtwängler, *Ton und Wort*, Wiesbaden 1956, Zürich/Mainz 1994, S. 79ff. 일역 『音と言葉』(白水社) 85쪽 이하). 이러한 혼돈으로부터의 형상화라는 예술 이론은 바로 헤겔이 문화 접촉의 범형으로 생각하는 그리스 예술의 이념에 합치하는 것인바, 전통의 실체화와 주관적 왜곡── 재현 예술에서의 '악보에 충실한 연주'와 '창조적 재현'── 을 모두 배제한 양극성의 통일이야말로 참된 예술적 창조, 작품 해석의 방법이라고 하는 것이다.

과정을 간취할 수 있지만, 이러한 헤겔에게서 보이는 심리적 기제는 바로 '오리엔탈리즘'이라고 말하기에 어울린다. 예를 들면 헤겔은 고대 중국에서의 도덕의 국가화를 다루는데, 그것은 참으로 도덕성을 의미하는 '주체적 자유의 원리'가 서구처럼 인정되어 있지 않고 자기 결정에 속하는 '불가침한 내면성의 영역'이 부재하다는 것을 나타내고 있는바, 중국인은 일반적으로 자립적인 [42]'명예'(Ehre) 관념이 존중되지 않는 '미성년의(unmündig) 국민'이라고 단정하고 있다. 그러나 바로 외면성과 내면성, 법과 도덕이 아직 분리되어 있지 않은 원초적인 윤리적 통일이야말로 젊은 헤겔이 고대 그리스 속에서 발견할 수 있다고 기대한 동경의 대상이었을 것이다(V 145f., 149).[13] 다른 한편으로 헤겔은 신인 동형설이라는 그리스적 관점으로부터 그리스도교 도그마를 새롭게 다시 해석하고, 신의 육화라는 정통 교의 속에서 헬레니즘적인 유산의 계승을 발견하려고 생각하고 있다. 후에 표준적인 교의사 연구를 남긴 하르낙은 성서 중심의 루터주의적인 입장으로부터 그리스도교 도그마를 '그리스도교의 헬레니즘화'의 산물이라고 평가하고 예수의 복음 도덕이야말로 그리스도교의 본질이라고 생각했지만,[14] 헤겔은 오히려 삼위일체론을 비롯하여 오랫동안 정통 교의 속에 보존되어 온 진리 내용에 주목하고 그리스 문화와 일신교의 '지평 융합'에서야말로 그리스도교의 본질을 간취하는 것이다. 이와 같이 헤겔에 의한

· ·

13. 명예 관념과 품위 감정의 결여라는 헤겔의 날카로운 유교 도덕론 논박은 라손 판에서는 재현되지만 칼 헤겔 판에서는 거의 삭제되어 있기 때문에, 라손 판을 읽은 예외자를 제외하고 현재에 이르기까지 일본의 독자에게는 알려져 있지 않다. 합법성과 도덕성의 윤리적 통일이라는 초기 헤겔의 구상은 칸트 『도덕 형이상학』에 대한 주해와 자연법 논문에서 발견된다(vgl. K. Rosenkranz, *Georg Wilhelm Friedrich Hegels Leben*, Darmstadt 1977, S. 87. 일역 『ヘーゲル伝』(みすず書房) 97쪽; Hegel, *Werke in zwanzig Bänden* Bd. 2, Frankfurt a. M. 1970, S. 470, 509).

14. Vgl. A. v. Harnack, *Lehrbuch der Dogmengeschichte*, 3 Bde., Tübingen 1889; *Dogmengeschichte*, Tübingen 1889/91, 8. Aufl. 1991. 山田晶 『トマス・アクィナスのキリスト論』(創文社) 참조.

서구 중심적 세계상의 최초의 역사 철학적 정식화에서 그리스 정신의 일부는 오리엔트의 이교 세계로 추방되는 한편, 다른 일부는 그리스도교 세계로 밀수입된다고 하는 양의적 성격을 띠고 있다. 이 점에 주목하면 헤겔의 '오리엔탈리즘'의 성립에 있어서는 그리스적 고향에 대한 애증이 서로 반반인 이중 감정의 병립——후에 니체에 의해 아주 강하게 연주되는 선율——이 일정한 매개항적인 역할을 수행하고 있는 것은 아닐까라고 추정할 수 있을 것이다.

(3) 그런데 게르만 세계를 논의하는 서두에서 헤겔은 '이제 그리스도교와 함께 세계의 원리는 완성'되었으며 '외부는 그 자체에서는 극복되어 있다'고, 즉 그리스도교 세계가 완성된 세계인 한에서 절대적 외부는 존재하지 않으며 상대적 외부밖에 지니지 않는다고 주장하고 있다(V 441f.). 이러한 일신교에 특유한 보편타당성 요구는 언뜻 보면 바로 완결된 역사 전체를 꿰뚫어 보는 '최후의 역사가'라는 헤겔 자신의 입장을 과시하는 것으로 보인다. 그러나 그리스로부터 로마에 걸쳐 보이는 인류가 정신의 자유를 의식하는 과정은 자유의 원리를 실현하는 그 이후의 과정과는 결정적으로 [43]다르다. 그리고 정신의 자유라는 종교적 원리를 세속적인 자유의 원리로서 현실화하는 작업이 많은 세월을 필요로 한다는 것——'정신이 자기의식에서 진보해 가는 것에 요구되는 시간의 장구함'——은 『법철학 요강』 62절에서도 혁명에 의한 '소유의 원리'의 인정이라는 세계사의 사례를 끌어들여 지적되고 있었다.[15] 따라서 그리스도교 원리의 참된 담지자는 지중해의 로마인이 아니라 북방의 게르만인에게 맡겨지는 것인바, 그리스도교에 잠재하는 가능성의 세속적 귀결을 끌어내는 세속화 과정이야말로 천 수백 년에 미치는 이후의 역사, 즉 본래의 의미에서의 유럽사를 형성한다고 한다. 하지만 그리스도교 원리의 역사적 육화라는 종교사적 관점과

15. Vgl. Hegel, *Werke in zwanzig Bänden* Bd. 7, Frankfurt a. M. 1970, S. 133.

서로 밀접하게 따라다니기라도 하듯이 또 하나의 다른 관점, 즉 게르만 세계에 고유한 봉건제 질서의 극복이라는 국가 체제사적 관점이 헤겔의 게르만 세계 서술을 규정하고 있다는 것을 간과해서는 안 된다. 서구에서의 주권 국가의 확립에서 세계사적 의의를 발견하는 헤겔의 시각은 전제정-공화정-군주정이라는 몽테스키외의 정체론으로는 설명하기 어려운 것인바, 오히려 그리스도교 보급의 무대를 이루는 고대 보편 세계, 특히 고대 로마 제국으로까지 소급하여 고찰함으로써 비로소 이해 가능하게 된다. 그리하여 이하에서는 헤겔에게 있어 '역사에서의 이성'은 게르만 세계에서 어떻게 실현되는 것인가라는 물음을 1822년도 첫 회 강의에서의 로마-게르만 세계의 기술을 소재로 하여 종교사와 국가 체제사의 교차라는 새로운 관점에서 탐구해 보고자 한다.

제2절 1822년도 강의의 전체 구조(계속)
—— 종교사와 국가 체제사의 교차 ——

(1) 고대 로마 제국은 헤겔에 따르면 지중해를 오가는 다양한 이문화가 서로 융합하는 용광로 기능을 고대 세계에서 수행하고 있었지만, 그뿐만 아니라 중동 팔레스티나에서 출발한 유대교의 이단적 일파에 지나지 않았던 그리스도교가 [44]제국의 정통적인 국교의 자리에까지 오르는 발판도 제공하게 되었다. 그리고 로마 제정에서 보이는 독특한 습속·법·정치 체제야말로 '불행한 의식'이라는 고대 그리스 이래의 정신사적 조건과 더불어 세계 종교로서의 그리스도교가 받아들여지는 세속적 조건을 이룬다고 하는 관점은 1822년도 역사 철학 강의에서 명확히 표명되고 있다. 이전에 젊은 헤겔은 1795-96년 초고에서 기본에 의거하는 가운데 로마 제정에서 보였던 공화주의적 자유의 상실이야말로 그리스도교의 급속한

보급에 기여한 가장 큰 요인이라고 생각하고 있으며, 자연법 논문에서도 기본으로부터 인용하면서 제정기의 자유인 신분의 몰락과 노예 신분의 보편화야말로 '형식적 법 관계'를 중심으로 한 '소유와 법의 체계'(=로마법)를 산출했다고 보고 있었다.[16] 그리고 『정신 현상학』 정신 장에서는 그리스적 윤리의 붕괴에 이어서 등장하는 로마 제정의 존재방식을 윤리적 통일이 '추상적 인격'으로 해체된 '법적 상태'라 부르고 '계시 종교' 출현의 배경으로 간주하고 있었다. 또한 『법철학 요강』 357절에서는 평등한 권리를 지니는 사인으로 평균화되고, 개인적 자의에 의해 정치 통합이 꾀해지는 로마 세계를 '인격적 자기의식과 추상적 보편이라는 양극으로 윤리적 생활이 무한히 분열된 상태'라고 특징짓고 있었다.[17]

이러한 로마 제정관을 토대로 하여 헤겔은 역사 철학 강의에서 우선 로마인의 습속·법·종교가 모두 다 추상적 인격으로서의 개인의 추출에 기여하는 것이었다고 논의한다. 헤겔에 따르면 약탈을 일삼는 도적과 목부의 결합으로 성립한 도시 국가 로마는 가족애와 같은 자연적 윤리를 결여하고 있으며, 이러한 가족 감정에 대한 '능동적 엄격함'(aktive Härte)은 일체의 자기감정을 압살하고 국가의 명령에 완전히 복종한다고 하는 '수동적 엄격함'(passive Härte)과 맞짝을 이루는 것이었다. '한편에서는 전제 군주인 자가 다른 한편에서는 자기 자신이 (노예처럼) 지배되고 있다'고 하는 것이다(V 396f.). 로마법의 형성도 '로마인의 부자유한 심정 없는 지성'에 빚지는 바가 큰데, 고대 오리엔트에서는 [45]유착해 있던 도덕과 법 사이의 '위대한 분리'를 성취하고, '추상적 인격'이라는 법의 고유한 영역을 형성하는 출발점이 되었다고 한다(400f.). 하지만 『법철학 요강』의

---

16. Vgl. Hegel, *Gesammelte Werke* Bd. 1, S. 202, 374f.; ders., *Werke in zwanzig Bänden* Bd. 2, S. 491f. 자연법 논문에는 기본의 『로마 제국 쇠망사』 제2장으로부터 긴 인용문이 삽입되어 있다.

17. Vgl. Hegel, *Phänomenologie des Geistes* [=Studienausgabe], Hamburg 1988, S. 316ff.; ders., *Werke in zwanzig Bänden* Bd. 7, S. 511.

가족론에서는 로마법이 무제약적인 가부장권에 의해 아내와 아이를 노예화하고 있는 점을 '습속의 퇴폐'라 부르며 혹독하게 비판하고 있었듯이,[18] 사비니의 적대자 헤겔에게 있어 고대 로마의 법 형태는 이성의 최종 형태로부터 거리가 먼 것이었다. 이러한 종교적 심정의 부재에 균형을 맞추기라도 하듯이, 로마인의 종교도 현세 이익을 목표로 하는, 요컨대 유용한 한정된 목적을 지향하는 '합목적성'의 종교에 지나지 않았다고 단정된다(402-404). 그리고 자연적 감정을 전혀 부정하는 '로마인의 엄격한 봉사'를 통해 비로소 '추상적 인격의 원리'라고 불리는 바의, 타인을 다가오지 못하게 하는 (spröde) 것과 같은 '점點의 범주'가, 그리고 '자유의 시작'을 이루는 '내면성'이 성립했다고 한다(423).

다음으로 헤겔은 로마 공화정을 대신하는 제정의 성립이 추상적 보편을 눈에 보이는 형태로 체현하는 것이라고 생각한다. 여기서 헤겔은 귀족과 평민의 패트론-클라이언트 관계를 기반으로 하는 로마 공화정을 '귀족정으로서는 최악의 국가 체제'라고 불러 청년기와는 정반대로 대단히 부정적인 평가를 내리고 있다. 이전에 폴뤼비오스는 집정관, 원로원, 민회를 함께 갖춘 로마 정치 기구가 군주정, 귀족정, 민주정의 각 요소를 조합한 혼합 정체였기 때문에, 단일 정체가 필연적으로 빠지고 마는 정체 순환의 법칙을 벗어나 지속력 있는 국가 체제일 수 있었다고 논의했다.[19] 이에 반해 헤겔은 로마에서는 귀족과 평민이라는 양극이 대외적 발전에 의해 겨우 일시적으로 균형을 유지하고 있었던 데 지나지 않으며, 중간항의 기능을 수행하는 제3자는 부재했다고 지적하고, 후에 키케로와 마키아벨리로 계승되는 안정된 혼합 정체라는 폴뤼비오스의 공화정 해석을 논박하고 있다(411f.). 이러한 최악의 귀족정이라는 공화정 이해로부터 헤겔은 키케

18. Vgl. Hegel, *Werke in zwanzig Bänden* Bd. 7, S. 328, 334f.
19. Cf. Polybius, *The Histories*, trans. by M. Chambers, New York 1966, Book 6. 일역 『歷史2』(京都大學學術出版會) 284쪽 이하. 로마 세계의 서술에서는 플루타르코스『영웅전』과 더불어 폴뤼비오스『역사』가 참조되고 있다(V 392, 413).

로에 대항하여 공화정의 공허한 칭호와 싸우고 개인적 자의의 지배를 수립한 카이사르를 '세계사적 개인'이라고 부르며, 제정으로의 이행은 어차피 필연적이었던 한에서 카이사르의 살해는 잘못이었다고 간주하는 카이사르 독재 옹호론을 끌어내고 있다. [46]헤겔에 따르면 나폴레옹이 두 번 왕좌를 뒤쫓을 수 있었듯이 카이사르 뒤에 아우구스투스가 이어졌던 것인바, '한 번 일어난 일은 우연일지도 모르는'(Einmal ist keinmal) 한에서, '한 사람이 지배자가 되는 것과 같은 대변혁은 두 번 일어나지 않으면 안 되었다'고 하는 것이다(416f.).[20]

헤겔은 이후 성립한 로마 제정에서 보이는 폭력 장치를 독점한 무제약적인 자의의 지배를 '세계 속에서 황제의 의지보다 더한 것은 없다', '황제는 좋아도 나빠도 오직 의욕하기만 하면 좋다'고 특징짓는다(417f.). 여기서 파악되고 있는 것은 데미우르고스를 형상화한 황제의 의지에 의해 정치 결단이 완전히 독점된 체제, 원로원과 민회는 독재자에 대해 박수갈채를 보낼 뿐인 카이사르주의의 로마형 정치 모델이며, 더 나아가서는 '추상적 보편'을 체현하는 로마 황제권이야말로 '군주는 법에 구속되지 않는다'(princeps legibus soltus)라는 절대주의(그리고 주권 개념)의 원형을 이룬다고 하는 역사적 경위이다. 그리고 '이 황제는 현세의 신이며, 현세의 신이 여기서는 특정한 사람이 되었다'라고 말해지듯이(424), 그리스도교 성립을 논의함에 있어 '지상에서의 신의 대리인'(Vicarius Christi)이라는 일신교에 의해 신성화된 황제의 칭호가 가리켜 제시되고 있다.[21] 사실

---

20. 칼 헤겔 판에서는 두 번에 걸친 부르봉가의 퇴위가 제3의 사례로서 추가되어 있지만(vgl. Hegel, *Werke in zwanzig Bänden* Bd. 12, S. 380), 나중에 맑스는 이 부분을 인용하여 '헤겔은 한 번은 비극으로서, 두 번째는 익살극으로서라고 덧붙이는 것을 잊었다'고 주해를 달은 다음, 제4의 사례로서 루이 나폴레옹의 보나파르티즘을 논의하고 있다(vgl. K. Marx, "Der 18. Brumaire des Louis Bonaparte" (1852), in: K. Marx/F. Engels, *Werke* Bd. 8, Berlin 1960, S. 115. 일역 『マルクス=エンゲルス全集』 제8권(大月書店) 107쪽).

21. Vgl. A. v. Harnack, "Christus praesens── Vicarius Christi", in: *Sitzungsberichte der*

그리스도교를 제국의 국교로서 정하고 로마 고래의 종교를 배제한 것은 황제 콘스탄티누스인바, 이 최초의 그리스도교 황제가 니카이아 공의회를 스스로 주재하고 그리스도교 정통 교의의 정의에도 관여한 상황은 기본에 의해 묘사되어 있었다. 그리고 아우구스투스 이래로 보였던 '신적 군주정'이라는 일신교에 의한 황제권의 정당화 교의야말로 기묘하게도 헤겔보다 100년 후에 '정치 신학'이라고 불리는 관념의 역사적 기원을 이루는 것이다.[22]

이러한 로마 제국에서의 결단 의지의 집중에 주목하는 시각은 그 이전의 그리스 세계의 서술에서도 선행 형태를 발견할 수 있다. 예를 들면 민주정은 국가 체제에 관한 입법권을 인민(Volk)의 전체가 아니라 입법자 솔론과 같은 한 개인에게 준다고 지적한다든지, 펠로폰네소스 전쟁에서의 페리클레스를 예로 들어 공화정에서도 비상시에는 한 개인이 정점에 설 [47]필요성이 이야기된다든지, 마케도니아 왕국에 의한 델포이 신전의 파괴 이후 결단 의지가 신탁으로부터 외국 국왕에게로 이행했다고 논의한다든지 하고 있다(369, 377, 385f.). 이와 같이 정치 결단의 소재를 중시하는 헤겔의 국가 체제사적 관점은 1801-02년에 신성 로마 제국 해체의 위기에 직면했을 때, 마키아벨리를 복권시켜 테세우스와 같은 '정복자의 권력'에 의한 국가 통일의 필요로 이야기한 「독일 헌법론」 이래로 계속되어 온 것이다.[23]

이상에서 본 것과 같은 원자적 개인으로의 해체와 독재자에 의한 통합이라는 로마 제정의 사회적·정치적 조건이야말로 그리스도교의 성립 사정을 해명함에 있어 일신교와 신인 동형설과 같은 헤브라이 - 헬레니즘적

• •
    preussischen Akademie der Wissenschaften, philosophisch-historische Klasse, Berlin 1927.

22. Vgl. C. Schmitt, *Politische Theologie*, Berlin 1922, 2. Aufl. 1934; E. Peterson, *Der Monotheismus als politische Problem*, Leipzig 1935.

23. Vgl. Hegel, *Werke in zwanzig Bänden* Bd. 1, Frankfurt a. M. 1971, S. 553-558, 580.

계기와 나란히 생각되고 있던 정신 개념의 또 하나의 계기, 즉 '유한성의 범주'라고 불리고 있던 것이다. 그리스도교 도그마에도 내재하는 이러한 라틴적 유산의 충실한 상속자야말로 로마 교황을 정점에 모시는 서방의 로마 가톨릭교회인바, 그리스도교 이념의 선교자를 자처하는 가톨릭교회는 고대 로마의 정치적 유산을 게르만 세계로까지 가지고 들어오게 되었다. 따라서 다음에 이어지는 그리스도교 이념의 실현에로 향하는 게르만 세계의 기술로부터는 이전에 동서 로마 제국과 함께 사라진 로마 형 정치 모델을 다시금 복원하고자 하는 잠재력의 존재를 읽어낼 수 있다.

(2) 헤겔은 게르만 세계를 고찰함에 있어 '그리스도교의 세속적 귀결'의 발전이야말로 '이 현대에 이르기까지의 역사'를 이룬다고 지적하고(V 436), 이후의 유럽사를 우선은 종교사적 관점에서 게르만인을 담지자로 한 그리스도교 원리의 역사적 육화 과정으로서 해석하고자 애쓰고 있다. 다른 한편으로는 어떻게 해서 서구에 고유한 봉건적 할거 상태를 극복하고 통일적인 주권 국가로 이행하는가라는 국가 체제사적 관점이 종교사적 관점과 나누기 어렵게 뒤얽히면서 게르만 세계의 서술이 전개되고 있어 전체적으로 보아 이중의 구조를 이룬다고 말할 수 있다. 거기서는 「독일 헌법론」으로부터 1820년 『법철학 요강』에 이르기까지의 몽테스키외 군주 정 개념과의 대결, 그리고 그것을 통해 얻어진 주권 [48]이론과의 강고한 연속성을 발견할 수 있다.

우선 종교사적 관점에서 보면 중세 유럽이란 처음에는 표면적으로 그리스도교화 된 데 지나지 않았던 게르만 세계가 수도원·수도회의 보급과 페데(Fehde)에 대한 성직자의 개입을 통해 참으로 그리스도교 원리를 자기 취득하여 현실적으로 '그리스도교 세계'로 되어가는 과정으로서 이해된다 (464). 다른 한편으로 헤겔은 그리스도교의 세속화에 따라 교회 내에서 생겨나는 성인 숭배와 성유물 숭배와 같은 이교적 요소가 섞여 들어온 것을 신을 무한히 감성화하는 것으로서 엄격하게 비판한다. 말할 필요도 없이 중동의 사막에서 발생한 그리스도교는 지중해 연안을 경유하여 멀리 북방의 내륙 세계에까지 받아들여져 감에 따라 다양한 문화 변용을 겪어가는바, 우상 금지의 계율이 완화되고 다신교적 요소가 부활하는 것과 같은 문화 접촉에 수반되는 현상이 로마 제국 이래로 각지에서 보였다.[24] 이러한 그리스도교의 게르만화를 상징하는 것은 바로 가톨릭교회를 현재까지 특징짓고 있는 (성모 마리아를 비롯한) 성인 숭배와 성유물 숭배이다. 헤겔은 이것을 '신의 감각적 현전에 대한 욕구'가 무한히 다양화된 기적 신앙으로 간주하고, 이전에 힌두교를 '보편적 범신론'으로 비판한 것과 동일한 프로테스탄트적인 논리에 따라 비판한다(482f.). 헤겔에 따르면 이러한 신의 감성화 경향은 거룩한 무덤을 탈환하여 그리스도의 성유물을 찾고자 한 십자군에서 정점에 도달함과 동시에 극적인 전회를 이루게 되는데, 십자군의 좌절은 도래해야 할 종교 개혁의 서곡으로서 해석된다. '그리스도는 여기 계시지 않고 살아나셨느니라'라는 「누가복음」 24장의 고지 속에 성유물을 얻을 수 없는 근거가 이미 제시되어 있듯이, 십자군의 결과로 정신은 감각적 현전에 대한 욕구를 포기하고 '직접적 현전의 부정에 의해 자기 자신에게로 돌아오게' 되었다고 한다(485f.).

이러한 의미에서 후에 현재화하는 '부패의 원리'는 교회 그 자체에 내재했던바, 요컨대 '감각적인 것을 완전히 배제하지 않고' 오히려 '감각적인 것을 절대자로서, 정신으로서 숭배하는' 미신이야말로 필연적으로 부패를 불렀다고 단정된다(496f.). 그리고 신에 대한 확신을 감각적인 기적이나 징후가 아니라 내면적인 신앙에서 찾고 성속의 외면적 구별을 철폐한 루터의 [49]교회 개혁에 의해 개인의 주관성이라는 '자유의 기치', '근대의 정신'이 비로소 얻어졌다. 따라서 '이 원리를 현실 속으로 옮겨 넣고' '그 자체에서 일어난 화해'를 '현실에 객관화'하는 것이야말로 이후 시대의

----

24. Cf. Gibbon, *op. cit.*, Chap. 28. 일역, 제4권 28장을 참조. 가톨릭교회의 성인 숭배에 대해서는 植田重雄 『ヨーロッパ歳時記』(岩波新書), 『守護聖者』(中公新書)를 참조.

과제이게 된다(501f.). 이러한 종교 개혁이란 우상 숭배를 금하는 헤브라이즘의 기원으로 회귀하여 이교적 요소가 섞여 들어온 그리스도교로부터 불순물을 제거하는 복고 운동의 일면을 지님과 동시에, 무엇보다도 절대자를 자기 자신 속에서 발견하는 정신의 자유, 즉 '주체적 자유'의 획득 운동으로서 이해된다.[25] 이때 게르만적 요소가 순수하게 보존된 나라들 사이에서는 '독일 정신의 내면성' 때문에 새로운 교회가 출현했던 데 반해, 일찍부터 카이사르에게 정복되어 로마적 요소와 혼합된 라틴계 나라들은 모두 오랜 교회에 머물렀다고 하여, 양자의 종교적 차이가 지적된다(446f., 503-505).

이어서 근대 혁명의 기원은 사유의 원리에서 유래한다고 하며, 사유의 최고 규정으로서 자기 자신을 결정하는 '의지의 자유'가 거론되지만, 바로 '의지의 자유는 프로테스탄트 교회의 원리로부터 곧바로 출현했다'고 한다(518f.). 후의 칼 헤겔 판에서는 자유 의지의 원리가 '독일에서는 이론적으로 칸트 철학에 의해 세워졌던' 데 반해, '프랑스인은 이 원리를 실천적으로 실행하고자 했다'고 분명히 말해지듯이,[26] 여기서도 프랑스 혁명과 프로테스탄트 출신의 독일 관념론과의 내면적 관련이 시사되고 있다. 하지만

---

25. 칼 헤겔 판에서는 십자군의 결과와 종교 개혁의 의의가 주체적 자유의 원리에 대한 파악에 있었다는 점이 좀 더 명확히 말해지고 있다. '이리하여 인간은 신과 같은 이 사람(예수)을 자기 자신 속에서 찾아야 한다는 의식이 얻어짐으로써 주체성이 전적으로 정당한 것으로 여겨지고, 그것 자체로 신과 관계하는 자격을 얻었다. …… 거룩한 무덤에서 서양은 동양에 영원히 이별을 고하고, 무한한 주체적 자유라는 서양의 원리를 파악했던 것이다.' '이전에는 그리스도교도가 지상의 돌무덤에서 찾았던 이 사람을, 오히려 감각적이고 외면적인 것을 모두 관념화해 버리는 좀 더 심원한 무덤, 요컨대 정신 속에서 발견하고 심정에서 보여준 것은 평범한 수도사였다.'(vgl. Hegel, *Werke in zwanzig Bänden* Bd. 12, S. 472, 494. 강조 곤자 다케시)

26. Vgl. ebd., S. 525.『정신 현상학』정신 장에서도 '절대적 자유는 자기 파괴적 현실로부터 자기의식적 정신이라는 다른 나라로 이행한다'고 하여, 프랑스 혁명의 원리가 독일 철학의 도덕적 정신에 의해 계승된다는 점이 지적되고 있다(vgl. Hegel, *Phänomenologie des Geistes*, S. 394).

다른 한편으로 헤겔은 혁명이 모두 라틴계 나라들에서 일어나고, '프로테스탄트 교회의 자유가 이전에 확립된 나라들은 평온하게 머물렀다'는 점에 주목한다. '왜냐하면 이들〔프로테스탄트〕나라들은 종교 개혁과 함께 정치 개혁, 정치적 혁명도 행했기 때문이다.' 이에 반해 라틴계 나라들에서는 '종교의 변혁 없이 정치적 혁명만이 일어났던' 것이지만, '종교의 변혁 없이 참된 정치적 변혁, 참된 혁명은 성공하지 못한다'고 헤겔은 덧붙인다 (520).

이상과 같이 헤겔의 유럽사 이해는 종교사적 관점에서 보면 십자군-종교 개혁-프랑스 혁명이라는 3대 사건을 정신의 자유라는 궁극 목적으로 향하는 인과 연쇄의 모습에서 파악하는 것이다. 그것은 프로테스탄트 나라들이 [50]십자군의 교훈으로부터 배워 빠르게 종교 개혁을 단행했을 뿐만 아니라 나폴레옹 점령 하에 정치 개혁을 성취한 데 반해, 라틴계 가톨릭 나라들은 종교 개혁을 이룰 수 없었기 때문에 갑자기 정치 혁명에 착수하여 성공하지 못하고 끝났다고 하는, 독일 프로테스탄티즘에 있어 상당히 둘러대기 좋은 프로테스탄트 중심 사관이라고 말할 수 있을 것이다.

이상과 같은 종교사적 관점에 반해, 국가 체제사적 관점에서 보면 게르만 세계를 무엇보다도 특징짓는 것은 '게르만인에게 특유한 신의성실(Treue)'의 원리에 의해 편제된 봉건제적 관계다. 헤겔에 따르면 개인의 자립성을 토대로 하고 개인의 자발적 가입에 의해 대외 행동에 있어 봉사해야 하는 정점을 형성해 가는 '신의성실의 결합'이야말로 고대 중국에서도 고대 그리스·로마에서도 발견되지 않은 '근대 세계의 원리'로서 평가된다 (453). 하지만 다른 한편으로 헤겔은 이러한 국가 형성의 봉건제적 방식 때문에, 전체는 '사적 의존 관계'의 복합체로 되고 '국가 생활의 부재'를 불렀다고 비판한다. 요컨대 게르만 세계의 국가 체제는 일관성을 결여한 사적 관계들의 모임에 지나지 않으며, 공적이어야 할 관직·직무는 영주가 소유하는 '사유 재산'으로 화하여 '국가 감각(Staatssinn)의 결여'가 드러나게 되었다는 것이다(455f.). 서구의 봉건제적 지배 관계를 비판하는 이러한 시각은 바로 헤겔이 『법철학 요강』 278절에서 몽테스키외의 군주정 개념을 주권이 결여된 '봉건 군주정'이라고 부르며 비판한 것과 동일한 논리에 의거하고 있다.[27] 그리고 이후 게르만 세계를 살펴보아 가는 헤겔의 시선은 주권 국가 성립이라는 '전체의 통합에로 향하는 전적으로 대립하는 방향성'에로, 그리고 종교사에서의 사건이 독일에 가져오는 국가 체제사적 귀결로 향해 간다.

우선 다른 라틴계 나라들에서는 그리스도교화 되기 이전에 국가 통일이 존재하고 있었던 데 반해, 독일에서는 그리스도교의 세속화의 진행이 국가 통일을 저해하고, 이 정치적 무력함을 '독일적 자유'라고 칭하게 되었다(468ff.). 독일에서는 프랑스와 달리 교회 자신이 세속 영주로 되었을 뿐만 아니라, 세속 지배자가 교회 재산의 형식을 이용함으로써 정치적 통일은 분단되었다. 또한 신성 로마 제국의 황제로서 이탈리아의 지배자이고자 했던 결과, 호엔슈타우펜가는 [51]교황과의 투쟁에서 패배한 끝에 결국 독일 통일에서 손을 떼고, 이후 황제는 명목상의 공허한 존재에 만족하게 되었다(473ff.).

다음으로 정치적 통일이 부재했던 독일에서는 종교 개혁에 수반되는 치열한 종교 내전이 영국과 네덜란드처럼 정치적 변혁을 요구하는 '헌법 전쟁'으로까지 진전되지 못했다. 역으로 30년 전쟁의 결과, 영방 군주의 사적 권리가 제국 헌법의 이름으로 확정되고, '독일적 자유'의 관념을 대가로 하여 '국가 목적'(Staatszweck)은 상실되고 말았다. 헤겔에 따르면 베스트팔렌 조약과 함께 완성된 독일의 제국 체제는 영국이나 프랑스와 대조적으로 '아나키의 헌법화'라고 부르기에 어울리며, '제국으로서의 독일의 종언'을 가져오는 것이었다(509ff.). 이러한 1648년 체제에 대한 평가는 정확히 20년 전에 신성 로마 제국이 나폴레옹 군의 침공을 앞에

27. Vgl. Hegel, *Werke in zwanzig Bänden* Bd. 7, S. 438f., 442f. 1817년부터 20년에 걸쳐 보이는 몽테스키외 정체론에 대한 접근과 이반에 대해서는 본서, 제5장을 참조.

두고 내부 분열하여 패퇴하지 않을 수 없게 된 상황에 직면하여 헤겔이 토로한 '독일은 이미 국가가 아니다'라는 비탄의 목소리를 방불케 한다.[28]

주권 국가 부재라는 독일의 상황 하에서 국가 관계에서 사적 특권에 배려하는 일 없이 '국가 목적'의 사상, 즉 국가 주권의 관념을 적확하게 파악한 '세계사적 개인'이 프로이센의 '철인 왕' 프리드리히 대왕이라고 한다(517f.). 칼 헤겔 판에서 분명히 말해지듯이, 프리드리히 대왕이야말로 가톨릭 세력의 포위망에 맞서 7년 전쟁을 최후까지 싸워나간 '프로테스탄티즘의 영웅'이며, 프로이센이야말로 독일 프로테스탄티즘의 정치적 존속을 보장한 '프로테스탄티즘 교회의 보호자'라고 하는 것이다.[29] 「독일 헌법론」의 헤겔이 어디까지나 제국의 재건에 내기를 거는 친오스트리아의 제국 애국주의자였던 데 반해, 그보다 20년 후, 30년 전쟁에서의 프로테스탄트의 기수 팔츠 선제후의 군사적 패배를 하이델베르크에서 추체험한 헤겔은 프로테스탄트의 새로운 기수이자 어디까지나 국가 이성의 이념을 추구하는 프로이센의 옹호자로 전환하고 있다. 거기에서는 독일 프로테스탄티즘이라 하더라도 30년 전쟁 이래의 종교 내전을 가까스로 이겨낸 프로이센의 군사력에 의해 비로소 정치적으로 [52]생존 가능하게 되었다고 하는 냉엄한 역사적 진리가 인식되고 있다고 말할 수 있을 것이다. 다만 헤겔 자신은 반세기 후 비스마르크 프로이센에 의해 독일 통일이 단행되리라고는, 하물며 그 후 1세기 사이에 공화국의 성립과 와해, 독일 분단과 재통일이라는 기구한 운명이 기다리고 있으리라고는 알 까닭이 없었다.

..
28. Vgl. Hegel, *Werke in zwanzig Bänden* Bd. 1, S. 461ff.
29. Vgl. Hegel, *Werke in zwanzig Bänden* Bd. 12, S. 519. 최초년도 강의의 근대 서술에 있어 프리드리히 대왕의 의의를 지적하는 것으로서 山崎純 「<歷史の始まり>としての近代」, 加藤尚武 編『ヘーゲル哲學への新視角』(創文社) 205쪽 이하 참조. 헤겔에게서의 종교 개혁과 프로이센 국가의 밀접한 연관을 지적하는 것으로서, vgl. E. Weisser-Lohmann, "Reformation und Friedrich II. in den geschichtsphilosophischen Vorlesungen Hegels", in: dies./D. Köhler (Hg.), *Hegels Vorlesungen über die Philosophie der Weltgeschichte*, Bonn 1998, S. 95ff.

제3절 보편타당성 요구의 자기 한정

이리하여 헤겔에 의한 로마-게르만 세계의 서술을 개관할 때에 마음에 짚이는 것은 그리스도교 이념의 선교자 콘스탄티누스의 경우이든, 프로테스탄트 이념의 보호자 프리드리히나 프랑스 혁명의 선교자 나폴레옹의 경우이든, 보편주의적 이념의 타당성 요구가 역사의 전환점에서는 자주 거대한 군사력을 배경으로 하여 추진되어 왔다고 하는 음울한 역사적 사실이다. 그러면 보편주의와 정치권력이 서로 뒤얽히는 이러한 '정치신학'의 사례는 헤겔의 저작에서는 어떻게 찾아지는 것일까?

첫째로, 헤겔은 이미『법철학 요강』280절에서 군주 주권을 사변적으로 정당화함에 있어 칸트에 의해 논박된 신 존재의 존재론적 증명을 복권하고, 데카르트와 마찬가지로 그 증명과의 유비에서 세습 군주의 주권을 논증하고자 애쓰고 있었다. 요컨대 신의 개념 속에 신의 존재가 포함되어 있듯이, 국가의 주체성이라는 개념은 현실의 주체인 세습 군주를 포함하고 있다는 것이다.[30] 하지만 신의 개념은 그 존재를 포함한다고 하는, 갑작스럽게는 납득하기 어려운—— 헤겔에 따르면 자기 원인으로서의 정신 개념에 의해 비로소 이해 가능한——신학적 도그마도 현세를 창조한 신이 현실의 인간의 형태를 취하여 현세에 나타났다고 하는 관념, 즉 그리스도교에 독특한 신의 육화 관념을 가리킨다고 해석하게 되면 이교도에게도 충분히 이해 가능한 것이다.

[53]둘째로, 1822년도 역사 철학 강의에서는『법철학 요강』279절을

----

30. Vgl. Hegel, *Werke in zwanzig Bänden* Bd. 7, S. 450. 신의 존재론적 증명이 개념과 존재의 통일이라는 헤겔 철학의 중심 이념을 표현한다는 점에 대해서는, vgl. ders., *Enzyklopädie der philosophischen Wissenschaften im Grundrisse* (1830), Hamburg 1969. S. 78f., 171f.; ders., *Vorlesungen* Bd. 3 *Vorlesungen über die Philosophie der Religion*, Teil 1, hg. v. W. Jaeschke, 1983, S. 323ff. 일역『宗教哲學講義』(創文社) 108쪽 이하; D. Henrich, *Der ontologische Gottesbeweis*, Tübingen 1960. 일역『神の存在論的証明』(法政大學出版局) 274쪽 이하, 참조.

이어받아 고대 그리스에서 보이는 최종적 의지 결정이라는 계기의 부재는 신의 육화라는 신인 동형설적 관념을 그리스인이 아직 알지 못했기 때문이라고 설명되는바, 그리스에서의 주권 개념의 부재는 그리스도교적인 정신 개념의 결여라는 신학적 배경으로부터 이해되고 있었다(V 352f.). 이것은 언뜻 보면 지상의 주권자란 초월신의 관념을 세속화한 것에 다름 아니라고 하는, 1세기 후에 제창되는 '세속화' 테제와는 정면에서 대립하는 것으로 보이지만, 역으로 말하면 신의 인간화라는 그리스도교적 관념이 참으로 자각되고 좀 더 추진되게 되면, 그로부터 주권 개념의 원형도 출현하게 된다고 해석할 수 있다. 그리고 이것이야말로 '지상에서의 신의 대리인'과 '베드로의 계승자'와 같은, 카리스마 후계자에 관한 그리스도교 도그마에 의해 정식화되고 후에 절대 군주로 계승되어 간 바로 그것이다.

그리하여 **셋째로**, 로마 황제가 정치 결단을 독점한 '현세의 신'으로서 그리스도교의 국교화와 정통 교의의 확정에 있어 결정적 역할을 수행함과 동시에, 신권설을 비롯한 그리스도교 도그마 자체가 황제 지배의 정통성을 담보하는 기능을 담당했다고 하는 역사적 사실이 헤겔의 로마 세계 기술에도 그림자를 드리우게 된다. 그리고 카이사르주의의 일신교적 정당화라는 '정치 신학'의 사례가 고대 로마를 넘어서서 유럽 세계에서도 다양하게 형태를 변화시키며 변주되게 된다는 것은 헤겔 이후의 역사로부터도 간취되는 바이다.

이전에 마루야마 마사오丸山眞男는 '절대자가 눈에 보이는 것이자 더욱이 국가 권력과 직접 결부되어 있을 때에는 그로부터 해방된다고 하는 것은 사실상으로도 사상에 있어서도 상당히 어려운 과제다'라고 말했지만,[31] 일본의 국가 신학에 대해 지적된 이 명제는 정도의 차이야 있겠지만, 유럽 교회 신학의 전통에도 꼭 들어맞는 것이라고 말할 수 있다. 요컨대 가톨릭의 교권제이든 프로테스탄트의 철인 왕이든 아니면 후의 공산주의

----

31. 『丸山眞男座談』 5(岩波書店) 16쪽, 참조.

국가이든 아무리 보편적 진리라 칭하는 학설이라 하더라도, 지배적인 정치권력과 유착하여 이것을 이념의 실현 수단으로서 신성화하게 되면 도그마화하여 [54]정신의 자유를 침해할 뿐만 아니라 돌이킬 수 없는 치명적 오류를 범한다고 하는 저 보편적 이념의 역설이다. 확실히 헤겔 자신은 청년기 이래로 고대 그리스와 고대 오리엔트와의 대화를 시도하는 가운데 신의 인간화라는 그리스도교 기원의 사상이야말로 한편으로 신의 무제한한 감성화, 다른 한편으로 특정 개인의 배타적 신격화라는 양극의 편향을 배제하고, 참으로 정신의 자유를 근거짓는 보편적 원리일 수 있다고, 그리고 그리스도교적 삼위일체를 모델로 하는 '역사에서의 이성'의 보편타당성 요구야말로 정신의 자유를 자각하고 실현해 가는 인류사의 원동력일 수 있다고 최종적으로 확신하기에 이르렀다. 그러나 일신교 문화에 특유한 보편타당성 요구의 좌절로부터 곧바로 생겨나는 물음, 즉 개종 그렇지 않으면 정복이라는 아우구스티누스 이래의 정의의 전쟁 개념의 발동을 어떻게 해서 회피할 수 있을 것인가, 그리고 이문화들 사이의 접촉의 증대가 불러일으키는 두 개의 상반된 가능성들 사이의 좁은 틈에 서서 어떻게 해서 문명의 충돌에 빠지지 않고서 타자와의 열린 대화를 통해 보편적 이념의 역사적 육화를 위해 기여할 수 있을 것인가 하는 물음은 이미 헤겔 연구의 틀을 넘어서서 21세기를 살아가는 우리에게 부과된 과제라 할 수 있을 것이다.

제3장 **세속화 운동으로서의 유럽 근대**
―― 1830년도 역사 철학 강의에서 자유의 실현 과정과 그 근거짓기 ――

머리말

(1) 현대 독일의 철학자 하버마스는 가톨릭교회의 정점에 서 있는 전추기경 라칭거(현재의 교황 베네딕토 16세)와 2004년 1월에 나눈 대화 『세속화의 변증법』에서 '세속화'라는 현대적 과제를 논의하고 있다.[1] 하버마스에 따르면 '정치권력의 세계관적 중립성'은 반드시 '세속주의적 세계관의 일반화'를 의미하는 것이 아닌바, 자유주의적 정치 문화 아래에서도 '종교적 언어를 공적으로 접근 가능한 언어로 번역하는' 노력이 부단히 요구된다고 한다. 이를 위해 세속화 과정을 세속 권력에 의한 교회 권력의 배제인가 그렇지 않으면 교회 재산의 부당한 몰수인가라는 양자택일이

---

1. J. Habermas, "Vorpolitische Grundlagen des demokratischen Rechtsstaates?", in: J. Habermas/J. Ratzinger, *Dialektik der Säkularisierung*, Freiburg 2005, S. 36, 31f. 일역 『ポスト世俗化時代の哲學と宗敎』(岩波書店).

아니라 쌍방으로부터의 '상호 보완적인 학습 과정'으로서 해석하고, '이중의 학습 과정'으로서의 세속화로부터 배울 필요가 있다고 말하고, 그러한 선행 사례로서 '그리스도교의 헬레니즘화'와 '철학에 의한 순수 그리스도교적인 내용의 취득', 예를 들면 '신의 모상인 인간으로부터 무조건적으로 존중해야 할 모든 인간의 동등한 존엄에로의 번역'을 들고 있다. 2001년 9월의 동시다발 테러 직후에 행해진 독일 출판 평화상 수상 강연『신앙과 앎』에서도 하버마스는 '문화 간의 전쟁을 회피하고자 하는 자는 서양에 고유한 세속화 과정이라는 미완의 변증법을 상기해야 한다'고 [56]말하고 있었지만,[2] 이번의 가톨릭교회와의 대화에서도 중동을 진원지로 하여 심화되어 가는 '문명의 충돌'에 대한 우려가 배경을 이루고 있다고 할 수 있을 것이다.

여기서 하버마스가 논의의 출발점으로서 집어 들고 있는 것이 '세속화된 자유주의 국가는 자기 자신이 보증할 수 없는 전제에 의해 살아가고 있다'고 하는, 전후 독일의 헌법학자 뵈켄푀르데가 말한 저명한 테제이다. 뵈켄푀르데에 따르면 유럽 근대의 중립적 국가는 정치와 종교가 긴밀한 일체를 이루고 있었던 구 유럽 세계로부터 탈각하는 '세속화' 과정으로부터 출현했음에도 불구하고, 다른 한편으로 스스로에게 특유한 규범적 전제에 크게 의존하지 않을 수 없다고 하는 자유의 이율배반 위에 성립하고 있다. 하지만 이러한 '유럽 근대의 세속화 운동'을 그리스도교적 관점으로부터 '예수 그리스도와 함께 이 세상에 나타난 계시의 내용의 실현'으로서 최초로 긍정적으로 해석한 것은 다름 아닌 헤겔이었다.[3] 콘체에 따르면 '헤겔은 종교 개혁으로부터 혁명에 이르는 역사의 진전을 특징짓기 위해 '세속화'라는 말을 사용'했는데, '헤겔이야말로 역사 철학적인 운동 개념으로서 '세속

2. Habermas, *Glauben und Wissen, Friedenpreis des Deutschen Buchhandels*, Frankfurt a. M. 2001, S. 11, vgl. S. 12ff.

3. E.-W. Böckenförde, "Die Entstehung des Staates als Vorgang der Säkularisation" (1967), in: *Recht, Staat, Freiheit*, Frankfurt a. M., 1991, S. 112, 110.

화'를 사용한 최초의 사람'이라고 한다.[4]

그리하여 이 장에서는 1822년도 이래로 5회에 걸쳐 강의된 헤겔 역사 철학 강의 중에서도 '유럽 근대의 세속화 운동'을 가장 완성된 형태로 논의한 1830년도의 최종 강의를 다루는바, 1822년도 강의와 대비하는 가운데 헤겔의 세속화 이해를 재현하기 위해 시도하고자 한다. 그리고 1830년도 강의의 서론 및 게르만 세계론에 입각하여 헤겔에 의한 자유의 실현 과정에 대한 이해와 그 근거짓기를 분명히 한 다음, 자유의 안티노미에 관한 뵈켄푀르데의 명제의 타당성을 검증하고자 한다.

(2) 하지만 헤겔 역사 철학의 최종년도 강의를 재구성하고자 하는 자는 곧바로 자료상의 제약에 부딪치지 [57]않을 수 없다. 1822년도의 첫 회 강의 필기록은 이미 1996년에 공간되어 있는 데 반해, 제2회 이후의 강의 필기록, 특히 1830년도의 마지막 회 강의록은 (불완전한 하이만 필기록을 제외하면) 현재도 여전히 공간되어 있지 않다. 보훔 대학의 헤겔 아르히프를 거점으로 하여 1968년부터 간행되어 온 아카데미 판 『헤겔 전집』은 완결에 가까운 저작·초고의 제1부문에 이어서 제23권 이후에 강의 필기록의 제2부문을 공간할 예정이지만, 아르히프의 현 소장 예슈케 씨가 2003년 4월에 필자에게 말한 바에 따르면 제27권으로 예정되어 있는 「세계사의 철학」의 편집은 '4년 후에 개시되지만', 완료하는 데는 '10년은 필요하다'는 것이다.[5]

<hr>

4. Vgl. "Säkularisation, Säkularisierung", in: *Geschichtliche Grundbegriffe* Bd. 5, 1984, S. 789ff., 여기서는 791. 『역사적 기초 개념』에서는 '세속화'라는 용어가 1646년 5월의 베스트팔렌 조약 예비 교섭에서 처음으로 사용된 교회 재산 몰수라는 교회법상의 법적 개념과, 헤겔 이래로 근대 세계의 운동을 의미하는 넓은 의미의 역사 철학적 개념으로 구분되고 있다. 전자의 역사적 개념에 대해서는, vgl. "Säkularisation", in: *Handwörterbuch zur deutschen Rechtsgeschichte* 29. Lieferung, 1988, S. 1263-1267.

5. 權左武志「ヘーゲル歴史哲學講義に關する研究報告 —— クロイツァー論爭の影響作用と 1830年度講義の近代敍述」『ヘーゲル哲學研究』9호, 2003년, 112쪽, 참조.

그리하여 필자는 2003년 4월과 2005년 5월의 두 번에 걸쳐 독일로 재외연구에 나서 헤겔 아르히프에 소장되어 있는 헤겔의 아들 칼 헤겔에 의한 1830년도 강의 필기록을 주로 게르만 세계의 제3기 근대를 중심으로 하여 독해하고자 시도했다. 이 칼 헤겔 필기록은 베를린 판 『헤겔 전집』의 초판(1837년)과 제2판(1840년)의 편집에 있어 역사 철학 강의의 자료로서 사용되었을 뿐만 아니라 필기자 칼 헤겔 자신이 제2판의 편집을 맡고 있다는 점에서 다른 필기록과 다른 특별한 성격을 지니고 있다. 그리하여 이 필기록이 초판과 제2판에서 어떻게 다른 방식으로 이용되었는지를 편집자의 서문 및 필기록과의 대조 작업에 따라 확인해 두고자 한다.[6]

초판의 편집자 간스는 첫 회 강의에서는 서론과 합하여 약 3분의 1의 시간을 들이고 있던 중국 부분을 단축한 것에 대해 '1830년도에 비로소 헤겔은 중세와 근대를 조금 상세하게 다루게 되었기 때문에, 이 책의 서술도 많은 것이 이 최후의 강의로부터 취해져 있다'고 편집 방침을 설명하고 있다.[7] 이에 반해 불과 3년 후에 제2판을 편집한 칼 헤겔은 최초년도에는 철학적 논의와 중국·인도에 많이 할애되어 있던 비중이 후의 강의에서는 역사적 소재와 게르만 세계로 옮겨져 있듯이, '상이한 연도의 강의는 상호적으로 보완하고 있다'고 보아야 한다고 생각했다. [58]그리고 새로운 편집의 과제를 '최초 무렵의 강의로부터 적잖이 충실한 사상을 되찾고, 전체에 본래 있었던 리듬을 재현하는' 점에 놓았던 것이다.[8] 이러한 개정 방침이 받아들여진 결과, 칼 헤겔이 편집한 제2판이 후에 글로크너 판(1927

••
6.   상세한 것에 대해서는 앞의 논문, 118쪽을 참조.
7.   Vgl. Hegel, *Werke, Vollständige Ausgabe durch einen Verein von Freunden des Verewigten*, Bd. 9 *Vorlesungen über die Philosophie der Geschichte*, hg. v. E. Gans, Berlin 1837, Vorrede des Herausgebers, S. 17-21.
8.   Vgl. Hegel, *Werke, Vollständige Ausgabe durch einen Verein von Freunden des Verewigten*, Bd. 9 *Vorlesungen über die Philosophie der Geschichte*, hg. v. K. Hegel, 2. Aufl. Berlin 1840, Vorrede zur zweiten Auflage, S. 20-23.

년)과 주어캄프 판(1970년)의 저본이 되고, 일역도 포함하여 지금까지 가장 많이 보급된 역사 철학 강의의 텍스트로서 통용되어 왔다.

이번에 필자는 칼 헤겔 필기록을 간스 판 및 칼 헤겔 판과 대조하면서 게르만 세계 제3기에 대해 독해하는 작업을 했다. 이 작업의 결과 판명된 것은 제2판보다 초판 쪽이 칼 헤겔 필기록과 일치하는 부분이 훨씬 많다는 점, 즉 칼 헤겔 판과 비교하면 간스 판 쪽이 (생략 부분이 있긴 하지만) 칼 헤겔이 필기한 최종년도 강의를 좀 더 충실하게 재현하고 있다는 점인바, 이것은 두 사람의 편집자가 말하는 바와 일치한다. 요컨대 간스가 칼 헤겔 필기록에 의거하여 최종년도의 강의를 재현하고자 한 데 반해, 칼 헤겔은 '최초 무렵의 강의로부터 적잖이 충실한 사상을 되찾기' 위해 다른 연도의 필기록으로부터 삽입·보충을 가하여, 자신이 필기한 노트와 상이한 판을 일부러 다시 편집했던 것이다.[9] 2005년 5월에 예슈케 씨에게 이 결과를 전했을 때, 예슈케 씨는 '놀랄 만한 일이지만, 동일한 것이 종교 철학에서도 보인다', 요컨대 종교 철학 강의 초판의 편집자 마르하이네케는 최종 강의를 이용한 데 반해, 제2판의 편집자 바우어는 이것을 이전의 강의로 보충하고 있다고 말했다. 어쨌든 1830년도 강의의 게르만 세계론을 아는 데서 종래에 보급되어 있는 칼 헤겔 판에 의거하는 것은 부적절하며, 적어도 간스 판, 가능하면 1830년도의 칼 헤겔 필기록에 맞출 필요가 있다는 것이 분명할 것이다.

따라서 이 장에서는 다음의 자료를 이용하여 1830년도 역사 철학 강의의 서론 및 근대사 서술을 재구성하기로 한다. 첫째로, 아카데미 판『전집』

---

9. 이로부터 헤스페처럼 칼 헤겔 판의 근대 서술을 최종년도의 다른 필기록과 비교하고, '칼 헤겔은 최종년도에서 유래하는 부친의 중심적 사상을 대폭적으로 무시하고 있다'고 추론하는 것은 학술적 절차로서 설득력을 결여한다는 것이 드러난다(vgl. F. Hespe, "Hegels Vorlesungen zur 'Philosophie des Weltgeschichte'", *Hegel-Studien* Bd. 26 (1991), Bonn 1992, 86. 상세한 것은 權左, 앞의 논문, 119쪽, 참조). 2005년 5월에 예슈케 씨에게 이 점을 지적했는데, 예슈케 씨도 필자에게 동의하고 '헤스페 논문은 그다지 설득력이 없다'고 말했다.

제18권으로 공간된 1830년도 강의의 서론 초고인데,[10] 이 서론의 강의 초고는 [59]실제로 행해진 강의의 서론 전체를 포함하고 있다는 것이 칼 헤겔 필기록과의 대조 작업으로부터 분명해졌다. 둘째로, 칼 헤겔 필기록의 게르만 세계 근대사 부분을 필자가 해독한 원고인데,[11] 이 필기록이 현재 유포되어 있는 칼 헤겔 판과는 일치하지 않으며, 오히려 간스 판에서 이용되고 있다는 점은 이미 지적했다. 셋째로, 아주 최근에 공간된 1830년도 강의의 하이만 필기록인데,[12] 이것은 게르만 세계 근대사의 대부분을 결여하고 있다는 점 등에 문제가 있다.

이하에서는 우선 제1절에서 서론 초고와 하이만 필기록을 대조하면서 1830년도 강의의 서론에서 자유의 의식과 그 실현에 관한 역사적 발전의 도식이 어떻게 근거지어지고 있는지를 살펴보고자 한다. 그리고 제2절에서는 1830년도 강의의 칼 헤겔 필기록에 의거하여 게르만 세계에서의 자유 개념 실현의 역사적 과정으로 헤겔이 생각하는 바를 분명히 하고자 한다.

제1절 1830년도 강의 서론에서 자유의 발전의 근거짓기

(1) 우선 1830년도 강의 서론에서 보이는 자유의 발전의 최종적인 근거짓기를 1822년도 강의와 대비하면서 해명하고자 한다. 1822년도 강의의 서론

----

10. Vgl. Hegel, *Gesammelte Werke* Bd. 18 *Vorlesungsmanuskripte II (1816-1831)*, Hamburg 1995, S. 138ff.(인용에서는 VM으로 약기한다).

11. Vgl. Hegel, *Philosophie der Weltgeschichte*, nach den Vorlesungen seines Vaters, von F. W. K. Hegel (Wintersemester 1830-1831)(인용에서는 KH로 약기한다). 이 필기록은 강의 중에 받아 적은 '청취고'(Mitschrift)가 아니라 강의 후에 다시 쓴 '정서고'(Nachschrift)인데, 자택에서 정서할 때에 칼 헤겔이 부친의 초고(서론을 제외하면 현존하지 않는다)를 참조했을 가능성을 배제할 수 없다.

12. Vgl. Hegel, *Philosophie der Geschichte, Vorlesungsmitschrift Heimann (Winter 1830/1831)*, hg. v. K. Vieweg, München 2005(인용에서는 HM으로 약기한다).

에서 헤겔은 세계사의 궁극 목적을 '역사에서의 이성'이라고 부르고, 세계사 속의 이성을 인식하기 위해서는 인식하는 자 측이 이성을, 적어도 신앙을 필요로 한다고 말한 다음, 역사에서의 이성의 인식을 신의 인식과 동일시하고 있다.[13] 그리고 세계사의 궁극 목적은 그리스도교의 삼위일체론을 모델로 하는 '정신의 본성'의 이해에 기초하여 '타자에서 자기 곁에 있는' 것과 같은 정신의 자기 인식으로서 설명된다. '그리스도교에서 신은 최초에 아버지(Vater)로 표현된다. …… 둘째로, 신은 자기에게 있어 대상이 되는바, 요컨대 분열하여 [60]자기 자신의 타자(anderes seiner selbst)를 정립한다. 이것이 아들(Sohn)이라고 불린다. 하지만 두 번째의 아들은 다음과 같이 규정된다. 이 자기 자신의 타자에서 신은 그대로 자기 자신이며, 자기를 직관하고, 대상 속에서 자기 자신만을 안다. 이러한 자기 파악, …… 타자에서 자기 곁에 있는 것(Im-anderen-bei-sich-Sein)이 정신(Geist)이다. 요컨대 정신은 전체이며, 한편도 다른 편도 아니다. …… 이러한 삼위일체에 의해 그리스도교는 계시되는 것이며, 유일한 참된 종교인 것이다.'(V 32) 이러한 정신의 자기 인식은 헤겔에게 있어 신의 이념의 계시일 뿐만 아니라 인간 자신의 자기 인식이기도 하다는 이중의 의미를 지닌다. 왜냐하면 그에 따르면 '신적 본성과 인간 본성의 통일'이야말로 '종교의 참된 이념'이며, '신의 참된 이념'은 '의식을 넘어선, 의식 바깥에 있는 피안이 아니라는' 점에 있기 때문이다(85f.).

이와 같이 최초년도의 서론은 정신의 개념으로부터 역사의 궁극 목적을 도출하는 데 반해, 1830년도 강의의 서론은 자유의 정의로부터 세계사의 목적과 그 구분을 이끌어내고자 한다. 헤겔은 '정신의 본질은 자유다', '자유만이 정신의 유일한 최고의 규정이다'라고 선언한 다음, 자유의 개념

· ·
13. Vgl. Hegel, *Vorlesungen* Bd. 12 *Vorlesungen über die Philosophie der Weltgeschichte (1822/23)*, hg. v. K.-H. Ilting, K. Brehmer und H. N. Seelmann, Hamburg 1996, S. 21-23(인용에서는 V로 약기한다).

을 타자에게 의존하지 않고 '자기 자신 곁에 있는 것'으로 정의한다. '정신은 물질과 달리 외부에 통일을 지니는 것이 아니라 자기 자신에게서 중심점을 지니는 것으로 보인다. 통일을 발견하게 되었다면, 정신은 자기 속에서, 자기 곁에 있다. …… 이러한 자기 자신 곁에 있는 것(Bei-sich-selbst-Sein)이 자유라고 불린다. 의존이란 내가 타자 곁에 있는 것이다.'(HM 37) 그리고 자유의 개념은 의지의 자기 결정이라기보다 정신이 자신에 대해 아는 자기 인식으로서 주지주의적으로 설명된다. '이러한 자기 자신 곁에 있는 것이란 내가 나에 대해 아는 자기의식으로 나타난다. 내가 알 때, 내가 아는 대상과 아는 자는 동일하며, 아는 자는 자기 자신 곁에 있다.' 이런 의미에서 세계사란 다름 아닌 '정신이 자기를 알기 위해 진행해 온 3000년간에 걸친 노동'이다(37).

[61]그리고 자유의 의식의 근본적 구별로부터 오리엔트 세계-그리스·로마 세계-게르만 세계라는 세계사의 세 개의 구분이 도출된다. '오리엔트인은 인간이 그 자체에서 자유라고 알지 못했으며, 알고 있지 못하기 때문에 현실에서 자유가 아니다.' '오리엔트인은 한 사람이 자유라고 알고 있을 뿐'이며, '한 사람의 자유인은 전제 군주인바, [참된 의미에서] 자유로운 인간이 아니었다.' 다음으로 '그리스인에게서 자유의 의식이 일출한다.' 하지만 '그들은 약간의 사람만이 자유라고 알고 있었던 데 지나지 않으며', 자유는 노예제와 결부되어 있었다. 이에 반해 '게르만 국민들은 그리스도교에 의해 자유라고 인식되었던' 것이며, '이 종교를 현세에서 실현하는 것이 그리스도교의 시작으로부터 현대에 이르기까지의 오랜 지난한 노동이다.'(37f.).

필기록에서는 보이지 않지만, 강의 초고에서는 이후에 자유와 필연성의 연관에 관한 저명한 명제가 이어지고 있다. '세계사는 자유의 의식에서의 진보다. 우리는 이 진보의 필연성을 인식해야만 한다.'(VM 153) '자유에 대한 정신의 의식과 자유의 현실성 일반'이야말로 '세계의 궁극 목적'을 이루며, '자유는 개념적으로는 자기의 앎이기 때문에, 바로 자신을 의식하고 실현하는 무한한 필연성을 자기 자신 안에 포함하고 있다.'(154) 여기서는 역사의 궁극 목적을 이루는 자유의 개념이야말로 세계사에서 실현되는 필연성을 포함한다고 상정되고 있다.

이와 같이 역사의 궁극 목적을 해석하는 원리가 1830년도 강의에서는 정신 개념으로부터 자유 개념으로 옮겨짐에 따라, 신학적 동기도 삼위일체론으로부터 신의론으로 후퇴한다. 여기서 헤겔은 '신을 인식하는 것은 불가능하다'고 생각하는 아우구스티누스 이래의 교설에 대항하여 「요한복음」의 한 절을 참조하는 가운데 '그리스도교는 신을 사랑할 뿐 아니라 신을 인식하도록 명령했다'고 말하고, 이러한 역사에서의 신의 인식을 라이프니츠의 용어를 따라 '신의론'(Theodizee)이라고 부른다. '우리는 신의론, 즉 신의 정당화가 세계사에 의해 성취될 것을 의도하고 있다.'(HM 35) 1830년도 강의를 매듭짓는 데서도 동일한 신학적 동기가 되풀이하여 표명되고 있다. '정신의 원리의 발전은 [62]참된 신의론이다. 〔자유의〕 개념은 역사 속에서 완성되었지만, 이것은 신의 소업(That)이다. 왜냐하면 신이 역사 속에서 실현되고 계시되었기 때문이다.'(KH 509)

하지만 자유를 의지하고 실현한다고 하는 자유 개념의 발전이 어떻게 해서 신의 인식론적 정당화이기도 할 수 있는 것일까? 1822년도의 최초년도 강의로부터는 인간의 자기 인식과 타자의 인식, 자유의 개념과 신의 이념과의 불가분한 연관을 읽어낼 수 있었던 데 반해, 최종년도 강의에서는 양자를 연결하는 고리는 분리되어 보이지 않게 된 것으로 보인다. 그것은 무엇보다도 '타자에서의 자기 동일'이라는 정신 개념에서는 간취되었던 '자기 자신의 타자'에 대한 긴장 의식이 단순한 '자기 동일'로서의 자유 개념에서는 사라졌다는 점에서 나타나 있다. 헤겔은 1830년도 강의에서 자유 개념을 전면으로 밀어올리고 신학적 동기를 배경으로 밀어냄에 따라 내적인 타자에 대한 감각을 상실하는 대가를 지불하게 되었던 것이 아닐까? 이러한 우려는 '자기 자신의 타자'를 인간의 자기소외의 산물로 간주하고, 소외로부터의 자기 회복을 요구하는 헤겔 좌파에게서 현실의 것으로 되어

가는 것이다.

(2) 그럼에도 불구하고 헤겔이 자유 개념을 역사의 궁극 목적으로서 집어올리고, 자유의 실현을 신의론으로 명명한 이유는 이전에 맹우였던 셸링의 신의론과 대결하고자 하는 의도로부터 가장 잘 설명될 수 있다. 셸링은 『인간적 자유의 본질에 관한 철학적 탐구』(1809년. 이하에서는 『자유론』이라 부른다)에서 '자연과 정신의 대립'을 대신하여 나타난 '자유와 필연성의 대립'이라는 새로운 과제와 씨름하고 있지만, 이 글은 '자유의 개념과 철학 체계는 양립할 수 없다'고 하는 동시대인의 비판에 대한 논쟁적 성격을 지니고 있었다.[14] 거기서는 이성의 유일하게 가능한 체계는 스피노자의 범신론이며, 범신론은 불가피하게 숙명론에, 그리고 자유의 부정에 빠진다고 하는 야코비의 범신론 비판이, 그리고 F. 슐레겔에 의한 새로운 범신론 비판이 논쟁 상대로서 생각되고 있었지만, 동시에 셸링의 동일 철학을 물리치고 '논리적 [63]필연성만이 사변적이다'라고 선언하는 헤겔의 『정신 현상학』(1807년)에 대한 반비판과 자기주장이 의도되고 있었다.[15] 셸링은 자유의 개념을 두 가지로 나누어 자기 결정이라는 '형식적 자유'와 선과 악의 능력이라는 '실질적 자유'를 구별함으로써 이 이중의 논쟁을 수행하고자 한다(F 25).

실질적 자유를 논의함에 있어 셸링은 '신의 실존'과 이에 선행하는 '실존의 근거'를 구별한 다음, 후자 ── '신 안의 자연' 내지 '근거의 의지'라고

14. F. W. J. Schelling, *Philosophische Untersuchungen über das Wesen der menschlichen Freiheit und die damit zusammenhängenden Gegenstände*, hg. v. Th. Bucheim, Hamburg 1997, S. 4, 9, 11〔인용에서는 F라고 약기한다〕.

15. 藤田正勝「ヘーゲルとシェリング」『ヘーゲル哲學硏究』11호, 2005년, 16-27쪽, 참조. 후지타 마사카쓰의 논문을 토대로 하여 셸링의 반비판에 대한 헤겔의 응답 가능성에 대해 필자는 2005년 10월에 일본에 온 예슈케 씨와 토론했다(權左武志「ドイツ觀念論における精神概念と自由」『ヘーゲル哲學硏究』12호, 2006년, 26-30쪽, 참조).

불린다──가 '깊은 밤의 의식'처럼 인간의 자아성을 근거짓고 있으며 (30-32), 이런 의미에서 인간의 자유는 '삶의 불안'에 사로잡혀 있다고 지적한다. '삶 그 자체의 불안이 인간을 몰아세우고, 인간이 그 속에서 창조된 중심으로부터 바깥에로 쫓겨난다. …… 중심에서 살아갈 수 있기 위해서는 인간은 모든 아집을 버려야만 한다. 그리하여 자아성의 평온함을 추구하여 중심으로부터 주변에로 발을 내딛는 것이 거의 필연적인 시도로 된다.'(53) 근거의 의지에 내몰린 자아성의 탈중심화로부터 악의 자유로운 선택이 생겨난다고 하는 것이다. 여기서 주목되는 것은 신 안의 자연에 대해 '생성'(Werden)이라는 초기 자연 철학으로부터 얻어진 존재관이 되풀이 하여 표명되고 있다는 점인데, 근거의 의지는 '생성하는 자연의 즐거운 충동', 요컨대 생명력의 디오뉘소스적인 발견과 고양에도 비유된다(31, 67, 75).

이에 반해 형식적 자유란 예지적 존재자의 본성으로부터 필연적으로 생겨나는 것인바, 절대적 필연성과 동일하다. 요컨대 자아의 자기 결정은 의식에 선행하는 본래적 존재를 전제하고 있으며, 본래적 존재의 '근원 의욕'은 일체의 시간 바깥에, 즉 창조 이전의 영원에 속한다(53). 셸링에 따르면 '궁극이자 최고의 결정 기관에는 의욕 이외에 존재는 없다. 의욕이야말로 근원 존재이다.' '종교성은 대립물의 선택, 자의의 균형을 허락하지 않으며, 어떠한 선택도 없는, 올바른 것으로 향하는 최고의 결단만을 허용한다.'(23, 64) 신의 자유로운 결단, 특히 자기 계시에 대한 결단에 의해 신이 인격적 존재자로서 생성했던 것인바, 계시의 궁극은 신의 실존에서 발하는 '사랑의 의지'에서 보인다고 한다. 이러한 결단주의적인 [64]신 개념으로부터 신의 실존과 그 근거를 동일화하는 정신 개념에 비판이 가해진다. '신이 정신으로서, 두 개의 원리의 나누기 어려운 통일이며, 이 통일이 인간의 정신 속에서만 현실적으로 존재한다고 한다면, …… 인간은 신으로부터 전혀 구별되지 않게 된다.' '정신은 단지 정신에 지나지 않으며, 사랑의 숨결에 지나지 않는다. 사랑이야말로 최고의 것이다.'(45, 77)

이리하여 셸링은 신의 자유로운 결단으로부터 인간의 형식적 자유(요컨대 자기 결정의 자유)도 필연적으로 생겨난다고 생각하고, 자유와 필연성의 절대적 동일성을 이야기하는 것이다. 거기서는 신이 철저히 주의주의적으로 파악되며, 그 결과 인간의 자유는 신의 자유 속으로 흡수되게 된다. '오직 인간만이 신 안에 있고, 바로 이 신 안에 있다는 것(in-Gott-Sein)에 의해 자유의 능력을 지닌다.'(82)[16] 이에 반해 인간의 실질적 자유가 '생성하는 자연'이라는 존재관을 전제로 하고 선과 악의 선택 능력으로서 파악되는 한에서, 후견인으로서 의욕하는 인격의 결단을 요청하지 않을 수 없다. 고대의 교부 신학은 세계의 악이 신이 창조한 산물이 아니라 인간이 자유의지에 의해 선택한 죄의 결과라고 하는 최초의 신의론을 전개하며, 최대의 교부 아우구스티누스는 이것을 인간 본성에 숙명적으로 따라다니는 원죄의 교의로까지 높였다.[17] 정통 루터파에까지 흘러들어오는 이러한 교부 신학적인 신의론이 자유의 이념을 추구하는 독일 관념론 속에서 부활을 이룬 것인바, 셸링은 『자유론』에 의해 이성의 자율을 부인하는 칸트 이전의 교조적 해결에로 퇴행하게 되었다.

이에 반해 헤겔은 이성과 신앙은 궁극적으로 일치한다고 하는 계몽의 낙관주의를 충실하게 따라, 이 세계는 신이 선택한 최선의 세계이고, 인간 이성도 최선을 선택할 수 있다고 하는 라이프니츠의 새로운 신의론을 계승하고자 한다.[18] 「야코비 저작집 제3권의 서평」(1817년)에서 헤겔은

----

16. 하이데거는 이러한 셸링의 입장을 '자유는 인간의 특성이 아니라 오히려 인간이 자유의 소유물이다'라고 요약하고, 셸링의 논박에 의해 야코비는 '끝나고 말았다'고 평가하고 있지만(vgl. M. Heidegger, *Schellings Abhandlung über das Wesen der menschlichen Freiheit (1809)*, Tübingen 1971, S. 11, 81. 일역 『シェリング講義』(新書館) 30, 151쪽, 참조), 헤겔의 관점으로부터는 다른 평가가 가능하다.

17. Vgl. "Theodizee", in: *Die Religion in Geschichte und Gegenwart*, Tübingen 3. Aufl. 1986, Bd. 6, S. 739-746.

18. 신뿐만 아니라 인간도 이성에 의해 최선을 선택할 수 있다고 하는 라이프니츠의 낙관주의적 윤리학이 칸트에 이르는 계몽의 이념을 선취하는 점에 대해서는 ハンス・

셸링의 논적 야코비를 다루어 매개를 결여한 직접지에 머물렀다는 점에서 야코비를 비판하는 한편, 신을 정신으로서 직접적으로 인식하고 '내 안에 있는 증인으로서의 정신의 이념'을 발견했다는 점에서 높이 평가하고 있었다. '야코비는 절대적 실체로부터 절대적 정신으로의 이행을 마음속 깊은 곳에서 행하고, 저항하기 어려운 확신의 감정에 내몰려 신은 정신이라고 부르짖었다.' '야코비는 이렇게 주장한다. …… 인간 안에 있는 [65]지고의 본질이 인간 바깥에 있는 지고의 존재에 대해 증언한다. 인간 안에 있는 정신만이 신에 대해 증언한다. 인간에게서의 이 존엄은…… 인간의 신적 본성이라고 불린다.'[19] 셸링이 '신 안의 인간'이라는 종교 개혁 이전의 입장으로부터 인간의 자유를 신의 자유 안으로 해소한 데 반해, 헤겔은 '인간 안의 신'이라는 프로테스탄트적인 내면성의 입장을 야코비로부터 받아들여 자유의 개념을 근거짓고자 한다.

1822년도 역사 철학 강의의 로마 세계론에서 헤겔은 '자기 자신의 타자'라는 '정신의 개념'이 그리스도교의 출현에 의해 삼위일체의 형태로 계시되었으며, '신이 인간으로서 인간에게 계시되었다'고 하는 의미에서 '인간 본성과 신적 본성의 통일'이 자각되었다고 한다(V 420 f, 427f.). 그리고 그리스도교의 '세속적 귀결'로서 '인간은 인간으로서 무한한 가치를 지니며, 자유이도록 절대적으로 정해져 있다'라는 자유의 의식이 얻어짐으로써

. .
　ボーザー「ライプニッツとドイツ啓蒙主義の倫理學」『理想』 679호, 2007년, 132-152쪽
　을 참조. 카시러도 18세기의 계몽주의 신학이 라이프니츠를 계승하여 아우구스티누스
　의 원죄 도그마와 결별함으로써 프로테스탄티즘의 이념을 인문주의적으로 변용시켰다
　고 지적하고 있다(vgl. E. Cassirer, *Die Philosophie der Aufklärung*, Hamburg 1998,
　S. 211-214. 일역 『啓蒙主義の哲學』(紀伊國屋書店) 193-196쪽).

19.　Hegel, *Gesammelte Werke* Bd. 15 *Schriften und Entwürfe (1817-1825)*, Hamburg 1990,
　　S. 11, 27. 일역 寄川條路 編譯 『初期ヘーゲル哲學の軌跡』(ナカニシヤ出版) 79, 109쪽.
　　이러한 야코비에 대한 재평가는 신을 신앙의 대상으로서 피안의 저편에 놓는 야코비
　　철학의 초월화 경향을 비판한 「신앙과 앎」(1802년)과는 대조를 이루는데, 예나 초기
　　이래로 헤겔의 입장이 전환했다는 것을 엿보게 한다.

고대 세계의 노예제는 폐지되었다고 지적한다(432f.). 1830년도 강의에서도 그리스도교의 신에 의해 '인간 본성과 신적 본성의 통일'이 '타자 속에서 자기 자신을 아는' 것과 같은 '정신'으로서 자각됨으로써 인류는 자신이 '신의 모상'이라고 하는 자유의 의식에 도달했다고 말한다. '정신은 자신을 자신으로부터 구별하고 타자 속에서 자기 자신을 안다. 신은 일자 속에서 정신으로서 알려진다. 이 원리가 지금 역사 속에서 실현된다.' '인간은 자신이 신적 본질에 속한다고 하는 의식에 도달한다. 이리하여 자유는 그리스도교의 보편적인 근본 원리인 것이다.'(HM 161f.)

하지만 다른 한편으로 헤겔은 인간이 자연적 존재로부터 하여 선이 아니라 충동·정념·욕망과 같은 '자연적인 것의 부정'에 의해 비로소 '신과의 통일이라는 확신'에 이른다고 강조한다(V 428). 요컨대 정신은 자연적 직접성을 자신의 힘으로 극복하고, '부정의 부정'에 의해 자기 자신에게로 복귀함으로써 참된 자유의 의식에 도달한다는 것이다. 1830년도 강의에서는 이러한 정신과 자연의 존재론적 차이가 산출적 발전과 자연적 생성, '낳는' 논리와 '되는' 논리의 대비라는 형태를 취하여 그려지고 있다. '자연은 스스로의 규정으로 생성하는 것인바, 새싹은 나무로 자연적인 방식으로 자기 활동 없이 [66]생성한다. 정신은 의식과 의지에 의해 자기 산출해야만 하지만, 이것이 역사에서의 정신의 노동이다.'(HM 55)

정신은 '생성하는 자연'으로부터 거리를 취하고 자기의 통제 하에 둠으로써 비로소 자유의 의식을 획득한다고 하는 헤겔의 통찰이 셸링 『자유론』에 대한 논쟁적 성격을 지닌다는 것은 분명할 것이다. 셸링은 두 가지 의지의 분열과 항쟁이라는 헤브라이즘에 특유한 자기 분열적 인간관을 아우구스티누스로부터 이어받아 무력한 인간을 초월자의 결단에 맡기고 있었다.[20] 이에 반해 헤겔은 신의 인간화=내재화라는 헬레니즘 기원의 논리에 의해

· ·
20. 아우구스티누스『고백』제7권 3장, 제8권 5장·9장·10장, 『世界の名著 アウグスティヌス』(中央公論社) 222쪽 이하, 265쪽 이하, 277쪽 이하 참조.

그리스도교에서의 신의 계시를 인간 자신의 자기 인식으로서 해석하고, 후견인으로부터 독립한 이성의 자율 능력에 내기를 거는 것이다. 그것은 신을 내면화하는 것에 의해 인류가 '스스로 부른 미성년 상태로부터 벗어나고' 후견인을 부르는 '타자의 지도'로부터 독립한다고 하는, 칸트가 '계몽'이라고 부른 프로젝트의 속행이자[21] '유럽 근대의 세속화 운동'의 사상적 정당화에 다름 아니다.

(3) 이리하여 원죄의 도그마에 의해 인간의 자유를 부인하는 아우구스티누스 이래의 신의론은 역사에서의 신의 인식이라는 형태로 주지주의화됨으로써 인간의 자유를 변증하는 새로운 신의론으로 전환되게 되었다. 그러나 신과 인간을 떼어놓는 심연에 다리가 놓이는 한편, 역사의 궁극 목적과 이것을 실현하는 수단, 즉 자유의 이념과 그 담당자 사이에 새로운 균열이 생기게 된다. 그리하여 헤겔은 '세계사적 개인'을 매개로 하는 '이성의 간지'설로 양자 사이에 다리를 놓고자 한다. 1822년도 강의에 따르면 인간적 자유는 추상적인 이념과 개개인의 정념이라는 두 개의 계기로 이루어져 있지만, 보편자의 이념을 파악하고 그것을 자기의 목적으로서 추구하는 것이 '위대한 세계사적 개인'인바, 이념의 필연성은 그 담당자인 세계사적 개인의 정념을 통해서만 실현된다고 한다(V 25f., 68, 70). 1830년도 강의에 따르면 [67]인간을 활동에로 몰아세우는 충동·정념·이해관심은 '세계정신이 자기의 목적을 실현하는 도구이자 수단'이며, 이런 의미에서 '정념이 없이는 세계의 어떠한 위대한 일도 성취될 수 없었다.'(VM 160, 162) 카이사르의 로마 지배처럼 세계사적 개인의 행위로부터 주관적 의도와는 다른 결과가 생겨난다 하더라도, 거기에는 이성이 포함되어 있으며, '이들 도구를 서로 다투게 하여 파괴에 의해 이성을

---

21. I. Kant, *Werke in zwölf Bänden* Bd. 11, Frankfurt a. M. 1968, S. 53. 일역『啓蒙とは何か』(岩波文庫) 7쪽.

산출하는 것이 이성의 간지(List der Vernunft)이다.'(HM 42) '이성의 간지'
란 본래 초고에서는 보이지 않고 강의 속에서 비로소 덧붙여진 말인데,
이 용어가 역사 철학의 중심 사상으로 받아들여지는 것은 헤겔도 의도하지
않았던 결과일 것이다.

　헤겔의 주지주의화된 신의론은 이러한 '이성의 간지'설과 결부되어
해석된 결과, '도덕적 감정을 경시하고, 정치적으로는 권력 정치의 방종을
초래할 위험'이 있는 '변신론적 낙관주의'로서 칸트학파의 사람들로부터
비판되어 왔다.[22] 확실히 헤겔 우파에서 발단하는 독일 역사주의 사상이
비스마르크의 독일 통일 정책으로부터 빌헬름 시기의 세계 정책을 거쳐
문명에 맞선 문화를 옹호하는 정의의 전쟁론에 이르기까지, 해방된 주권
국가의 권력 충동을 보편적 이념이라는 외관으로 그럴싸하게 꾸미는 기능
을 수행해 왔다는 것은 부정할 수 없다. 그러나 세계사의 궁극 목적의
인식을 신의 인식으로 바꿔 읽는 헤겔의 신의론은 사상에 있어서도 텍스트
에 있어서도 목적을 실현하는 수단에 관계되는 '이성의 간지'설로부터
분리되어 자유 개념의 발전과의 관련에서 별개로 논의할 필요가 있다.
이에 반해 '이성의 간지'설이란 해당 부분에서 카이사르의 이름을 들고
있긴 하지만, 1789년의 이념을 프랑스 국민군의 군사력에 의해 유럽 전역에
전도하고자 한 나폴레옹 지배의 시대 체험을 염두에 둔 것인바, 거기에서
볼 수 있었던 보편주의와 권력 정치의 결합을 이론화한 것으로 생각된다.
이러한 점들에 대해서는 다음 절에서 게르만 세계의 근대사 서술을 살펴본
다음, 다시 생각해 보고자 한다.

· ·
22.　南原繁 『政治理論史』(東京大學出版會) 333쪽, 福田歡一 『政治學史』(東京大學出版會)
　　495쪽 참조. 양자의 헤겔 비판은 둘 다 독일 역사주의를 자기비판한 마이네케의
　　글에 의거하고 있다(vgl. F. Meinecke, *Werke* Bd. 1, *Die Idee der Staatsräson in*
　　der neueren Geschichte, München 1957, S. 432f. 일역 『世界の名著 マイネッケ』(中央公
　　論社) 347쪽, 참조).

제2절 1830년도 강의 게르만 세계론에서 자유의 실현 과정

(1) 이어서 1830년도 강의의 게르만 세계론에서 논의되고 있는, 자유의 개념이 실현되어 가는 역사적 과정을 살펴보고자 한다. 서론에서는 자유의 의식과 그 실현이 범주적으로 구별되어 있었는데, 이 구별은 사유(=개념화)와 의지라는 인간 능력의 이분법에 대응하는 것이다. '정신은 자신이 존재해야 할 모습에 대한 의식에 이르면, 이번에는 자신의 의지에 의해 현실을 개념에 적합하도록 만들며, 개념에 기초하여 세계를 쌓아올린다.'(HM 55) 이러한 가운데 자유의 의식이라는 궁극 목적의 자각화는 로마 국민에게서 그리스도교에 의한 정신 개념의 계시라는 형태로 수행되었던바, 로마 세계론이 일신교 문화와 그리스 문화의 '지평 융합'이라는 사건으로서 문화 접촉설에 의해 재구성될 수 있다는 점은 1822년도 강의에서 본 그대로이다. 1830년도 강의에서도 신인 동형설의 그리스적 이념이 신의 육화라는 그리스도교의 교의로 계승되어 간다고 하고 있는데, 거기서 신의 인간화라는 헬레니즘적 논리를 읽어낼 수 있다. '〔그리스의〕 종교는 충분히 신인 동형설이지 못했다. 왜냐하면 그 신인 동형설은 외면적인 것에 지나지 않았기 때문이다. 그리스도교의 신인 동형설은 훨씬 위대했다. 왜냐하면 인간이 신의 내용으로서 규정되었기 때문이다. 이제 신의 본성에는 아들이 속하게 된다.'(162)

이에 반해 자유의 실현이라는 궁극 목적의 현재화는 외부에서 온 게르만 국민들에게 맡겨지게 되는데, 게르만 세계론은 그리스도교 원리의 육화라는 넓은 의미에서의 세속화 과정으로서 전개된다. '이 세계의 원리는 그리스도교 원리이다. …… 이 국민에게서 자유의 참된 개념이 실현될 것이다.'(173)[23] 확실히 1830년도 강의의 게르만 세계론에서는 종교사적 관점에

---

23. 1822년도 강의에서는 '그리스도교의 세속적인(weltlich) 귀결'로서 노예제의 폐지, 윤리 형식의 변화, 두 개의 세계의 성립, 세속 국가의 체제라는 네 가지 점이 거론되며,

서 보면 1822년도 강의와 마찬가지로 신의 무제한한 감성화가 신의 내면화로 [69]전환되는 형태로 신의 인간화의 논리가 일관되어 있는 데 반해, 국가 체제사적 관점에서 보면 봉건제 질서로부터 군주정에 이르는 주권 국가 형성의 논리가 작용하고 있다고 말할 수 있다. 하지만 초판의 편집자 간스가 지적했듯이 '1830년도에 비로소 헤겔은 중세와 근대를 조금 상세하게 다루게 된' 한에서, 헤겔이 동시대를 세계사 속에서 어떻게 파악하고 있는지는 1830년도 강의로부터 비로소 분명해진다. 그리고 1830년도 강의에서는 게르만 세계에 들어가기에 앞서 종교사적 관점과 국가 체제사적 관점의 교차가 이성과 종교의 분열과 화해의 과정으로서 예고되고 있다. '사람들은 종교와 이성을 대립시키고 이성만이 인간에게 속하는 것으로 생각하지만, 이것은 구별에 지나지 않는다. …… 종교는 개인의 마음속에만 놓이지만 이성은 동일한 내용을 지니는데, 이 내용이 현실 생활에 적용된 것이다. …… 마음속과 생활 속에서 두 개의 [자유의] 전당을 쌓아 올려야 한다. 이후의 역사 전체는 양자의 분열과 동시에 화해를 보여준다.'(162)

(2) 게르만 세계는 고대·중세·근대의 3기로 이루어진다. 그리고 제2기 중세의 시작은 게르만 민족의 대이동을 거쳐 고대 말기에 형성된 프랑크 왕국에 대한 개인과 교회의 반동으로부터 설명된다(HM 173, 182).

첫째로, 스스로를 보호하는 힘을 잃은 개인이 유력자와의 사이에서 보호와 복종의 교환 관계를 맺는 것으로부터 봉건제도가 서서히 형성된다. 거기서는 봉건적 권리가 사유 재산처럼 기득권화 한다고 지적되며, 「독일 헌법론」과 마찬가지로 유럽 봉건제의 형성이 극복해야 할 부정적인 유산이라는 현재의 관점으로부터 파악된다. '봉건적 권리와 특수한 점유가 권리로

· ·
'이러한 귀결들의 발전이 현대까지의 역사를 이루고 있으며, 우리 자신이 이 발전 속에 놓여 있다'고 말해진다(V 436). 덧붙이자면 '그리스도교적 게르만 세계'(chris-tlich-germanische Welt)라는 표제어는 1822년도 강의에서도 칼 헤겔 필기록에서도 발견되지 않아 간스 판에서 덧붙여진 것으로 추정된다.

여겨지게 되지만, 이 권리는 실정적 권리에 지나지 않으며 이성적 법이 아니다. 국유 재산이 사유 재산이 되고, 이것이 자유라고 불린다. …… 이 결과 통일의 유대는 사라지고 만다. 봉건제는 군주정이 아닐 뿐만 아니라 또한 국가도 아니다.'(186) '이러한 봉건 관계는 오늘날에도 우리와 관계되어 있다. 우리는 이것을 극복하지 못했으며, 현대의 모든 투쟁은 [70]이것과 싸우고 있다.'(185)

둘째로, 그레고리우스 7세의 교회 개혁을 통해 교회가 세속 권력으로부터 독립하고 이것을 역으로 지배함으로써 자의적 권력으로 화하게 된다. 여기서는 가톨릭교회의 세속 지배가 비판되지만, 헤겔의 비판의 창끝은 무엇보다도 교회 내부의 성직자 지배에 의한 자유의 원리의 전도로 향한다. 헤겔에 따르면 그리스도교의 본질은 매개의 원리에 의해 '신성과 인간성의 통일'의 의식이 얻어지는 점에 있지만, 가톨릭교회의 예배 양식에 따르면 성찬의 빵에서 양자의 통일이 현전한다고 이해되며 신성한 것이 '외면적인 사물'로서 다루어진다. 이러한 신의 외면화・감각화로부터 '신성한 사물을 소유하는 성직자와 이것을 받아들이는 평신도의 분리'가 생겨남과 동시에, 성직자 및 순교한 성자를 통해 신과 인간의 매개가 꾀해짐으로써 매개라는 자유의 원리는 예속의 원리로 전도된다. '자유의 원리가 전도되는 것에 의해 자유로운 정신의 반대물이라는 관계에 이른다. 이에 따르면 인간의 정신은 자유일 수 없다. 타자를 통하는 것 이외에는 신에 대한 관계를 지닐 수 없다.'(190) 더욱이 지옥의 공포에 의한 처벌에 위협당하고, 청죄 사제에 대한 고해가 부과된 평신도는 '최대의 의존 상태'에 빠지며, '교회가 양심의 대행자, 의지의 대행자가 되어 정신을 뜻대로 조종한다(am Gängelbande führen).'(190f.) 이러한 후견인 의존의 교회 체질이야말로 '신의 대리인'을 사칭하는 로마 교황의 정신 지배를 아래로부터 지탱하는 토양이었다. 가톨릭 교권제가 혼인을 독신에, 노동을 무위와 나태에, 자유로운 복종을 맹목적 복종에 종속시키는 수도원으로 체현됨과 동시에, 교회 원리는 이에 의해 세속의 도덕 원리로부터 분리되는 길을 걸어간다. 이와 같이

성찬과 성인 숭배의 형태를 취한 신의 무제한한 감각화가 이제 신의 인간화의 논리가 그리스도교의 게르만화를 거치며 빠지게 된 편향의 산물로서 엄격하게 물리쳐진다.

다른 한편으로 성유물 숭배의 형태를 취한 신의 감각화가 귀착되는 종착점이 바로 성지 회복의 십자군이라고 한다. 그리스도의 무덤이라는 감각적이고 외면적인 사물을 정복하고 성유물을 획득하고자 한 십자군의 좌절은 '공허한 감성 충동'의 몰락과 동시에 [71]주체적 자유에 대한 '고차적인 욕구'의 각성을 알리는 전환점으로서, 즉 종교 개혁의 전주곡으로서 해석된다. '여기서 그리스도교도는 '그리스도는 여기에 있지 않다, 부활한 것이다', 요컨대 살아 있는 자는 죽은 자 가운데서가 아니라 종교의 살아 있는 정신 속에서 찾아야 한다고 새삼스럽게 고지된다. 그리스도교 세계가 무덤을 소유하더라도 충족을 얻을 수 없다는 것을 안 것이 십자군의 결과이다. 또 하나의 성과는 모든 것이 다시 상실되고 고차적인 욕구가 그들 속에 자각된 것이다. 종교적인 동경은 무덤과 같은 감각적인 것으로 가라앉힐 수 없었다.'(197) 이리하여 십자군을 명령한 교회의 권위, 특히 '지상에서의 신의 대리인'으로서의 교황 권력은 '세속의 권위에 의한 것이 아니라 정신의 내측으로부터 패퇴'하게 된다.

(3) 중세에 이어지는 게르만 세계의 제3기는 간스 판에서 처음으로 '근대'(die neue Zeit)라고 불리지만, 이 제3기 근대는 '종교 개혁', '종교 개혁 후의 상태의 발전', '전세기 중반 이후의 현대'(die neueren Zeiten)라는 세 개의 시기로 구분된다(KH 460). 이 가운데 제1기 '종교 개혁'에서는 중세라는 '두려워해야 할 밤'을 끝내는 자유로운 정신이라는 '태양'에 비유됨으로써 종교 개혁에 의한 주체적 자유의 획득이 논의된다. 헤겔은 종교 개혁의 시작을 루터 개인의 공적으로 돌리는 것이 아니라 '위대한 개인은 시대 그 자체에 의해 산출된다'고 말하고(460), 자유에 대한 시대의 욕구로부터 이것을 설명하고자 한다. 면죄부에 의해 자금이 조달되고

미켈란젤로의『최후의 심판』으로 장식된 성 베드로 교회의 완성은 바로 '교회 그 자체에 대한 최후의 심판'을 가져왔던 것인바, '독일의 평범한 수도사는 정신 속에서 완성을 탐구하고, 이것을 산출했다'고 한다(강조, 곤자 다케시). 헤겔에 따르면 루터의 궁극적인 가르침은 그리스도에 의한 신과 인간의 매개가 빵과 같은 '외면적인 사물'에 의한 것이 아니라 '신앙과 향유에 의해서만' 이루어진다는 점에 놓여 있었다(461). 이리하여 가톨릭 교권제의 외면적 기구를 떠받쳐온 '정신의 예속의 다양한 형태'는 모조리 제거되고, [72]'신성한 사물을 배타적으로 소유하는 계급'과 함께 '성직자와 평신도의 구별'도 사라져 버린다. 다른 한편으로 신도는 그리스도에 대한 '직접적인 관계를 정신 속에서 지니게' 되고(강조, 원문), 인간 정신은 신을 알 수 있다고 하는 '인식과 통찰의 자유'를 얻은 신도가 교회가 명령하는 선행에 의하지 않고 '자기 자신에서 화해의 작업을 수행'한다. '인간은 자기 자신에 의해 자유이도록 규정되어 있다. 이것이 종교 개혁의 본질적 내용이다.'(462) 더욱이 루터의 저항은 교회의 도그마와 제도 전체로까지 파급되었던바, 교회의 권위 그 자체가 부인되고 '성서와 인간 정신의 증언'으로 대체되었다. '성서 그 자체가 그리스도교회의 토대가 된 것은 너무나도 중요하다. 이로부터 각 사람은 성서에 의해 자기 자신을 가르쳐 이끌고, 자신의 양심을 결정할 수 있게 된다. 이것은 엄청난 원리의 변경인바, 교회의 권위 전체, 분열된 존재방식 전체가 전도되어 버렸다.'(463)

이러한 교회 권위의 전복은 교회 분열을 결정적으로 만들었을 뿐만 아니라 세속 질서에까지 미치는 중대한 변경을 불러일으켰다. 그것은 수도원·사교구의 폐지와 교회 재산의 몰수라는 본래적인 의미에서의 세속화(Säkularisation)이다. '비-가톨릭 나라들에서는 수도원과 사교구가 폐지되고, 〔교회 재산의〕소유권은 승인되지 않았다. 교육도 다른 방식으로 조직되고, 금식이나 수난 주간 등은 폐지되었다. 이러한 외면적 상태에 대해서도 세속의 개혁이 행해졌지만, 그런 한에서 세속 군주 없이 종교 개혁은 성취되지 않았다.'(464f.) 종교 개혁의 파급이 약간의 국민에게 한정되고 가톨릭 세계 전체로 침투하지 못했던 이유도 바로 종교 개혁이 '정치 생활에까지 깊이 미치는 변경'을 수반한 점에서 찾아진다. 수많은 수도원과 사교구, 제국 도시가 존재한 서남 독일과 라인란트에서는 '세속의 이해관계가 동시에 공격당했던바, 이것이 자주 종교 개혁에 대한 장애가 되었으며', 개혁의 커다란 진전이 보인 오스트리아와 바이에른에서도 종교 개혁은 '무력과 책략, 설득에 의해 다시 진압되고 말았다.'(466f.)

더 나아가 프로테스탄트 교회가 세속과 맺는 새로운 관계가 양자의 화해의 최초의 형태로서 평가된다. 루터 이후 [73]독신 대신에 결혼이 신성화되고 무위 대신에 노동에 의한 자립이 중요시됨과 동시에, 교회에 대한 맹목적 복종 대신에 국법에의 양심에 의한·자유로운 복종이 권장되었다(470f.). 이 결과, 수도원에 체현되어 있던 순결·빈곤·복종이라는 중세적 가치는 붕괴되고, 가족·시민 사회·국가라는 '윤리적 현실의 체계'가 발전하는 길이 열렸다. 헤겔은 가족·근로·이성적 복종이라는 근대적 가치의 트리아데를 종교 개혁에 의한 세속화의 귀결로서 긍정함과 동시에, '신과 세속의 화해'가 최초에 취하는 '추상적 형식'으로 이해한다(472).

그러나 1822년도 강의에서는 정통 교의 속에 보존된 삼위일체의 도그마를 중시하여 루터 이래의 성서 중심주의로부터 거리를 취하고 있었던 것을 상기하게 되면, 여기서도 헤겔이 프로테스탄트 정신에 대해 거리를 두고 있는 것은 조금도 이상하지 않다. 헤겔에 따르면 프로테스탄트에게 있어 '화해는 주체 그 자체 속에서 생겨나야 하지만', '인간은 자연 본성 그대로 있어야 하는 모습이 아니라, 〔자연적인 것의〕 가공(Umbildung) 과정을 통해서만 진리에 이른다.'(472) 이로부터 신도는 '자신이 악이라고 아는 고통'에 놓이며, '자신의 마음속 깊은 곳의 움직임을 자세히 관찰하고 생각하며 괴로워하면서 이것을 뒤쫓는' 한편, 선한 영이 자신에게 내재하는 것인지 신의 은총이 찾아오는 것인지 '확신을 지니지 않는 고통'에 괴로워한다. '생각하며 괴로워하는 이러한 불안이야말로 우리가 오랫동안 프로테스탄트적 종교심의 근본적 성격으로 보아 왔던 것이다.'(473) 헤겔은 막스 베버에 앞서 프로테스탄트의 내성 정신이 세속화에 의해 떠맡은 새로운 짐의 본질을 적확하게 알아맞히는 한편, 이러한 내면적 극한 상황의 항상화야말로 프랑스 혁명 후에 나타난 낭만주의자들을 가톨릭주의로 전향시킨 요인이라는 것을 날카롭게 꿰뚫어 보고 있다.[24] '여기에서는 영원의 투쟁이 보이지만, 가톨릭주의는 이것으로부터 인간을 해방해 주었던 것이다.'(HM 207) 이에 반해 청년기부터 프로테스탄트 정신을 내측으로부터 상대화하고자 노력해 온 헤겔은 루터주의에 의해 위계제나 기적과 함께 배제된 교회 도그마, 특히 아버지와 아들의 이반과 화해를 내포하는 삼위일체라는 매개의 원리 속에서 신과의 단절에 의해 고립된 개인의 [74]죄책 의식을 치유하고 주체적 자유의 의식을 획득하는 실마리를 발견했던 것이다. 그것은 절대자를 자기 자신에 내면화함으로써 후견인으로부터 자립한 참으로 자유로운 주체가 된다고 하는, 칸트 이래의 '계몽' 프로젝트의 계승이자 '유럽 근대의 세속화 운동'의 가장 심오한 근거짓기에 다름 아니다.

(4) 근대의 제2기 '종교 개혁 후'에서는 종교 개혁이 국가 형성(Staatsbildung)에 미친 영향 작용이 논의된다. 우선 헤겔은 봉건제로부터 군주정에로 이행하는 주권 국가 형성 과정을 자유의 개념을 실현하는 국가 체제사적

••
24. 1822년도 법철학 강의에서는 낭만주의적 주관성은 '완전히 사라져 버린 객체성에 대한 무한한 동경'에서 '노예와 완전한 의존 상태로 몸을 낮추고, 공허함과 부정성의 고통으로부터 달아나고자 한다'고 하며, '사람들이 가톨릭으로 개종하는 현상'이 예로서 들어지고 있다. '그들은 자신의 내면이 내용이 없다고 느꼈기 때문에, 권위라는 확고한 버팀목에 대한 동경에 내몰렸던 것이다.'(Hegel, *Vorlesungen über Rechtsphilosophie 1818-1831*, Bd. 3 *Philosophie des Rechts, nach der Vorlesungsnachschrift von H. G. Hotho 1822/23*, Stuttgart-Bad Cannstatt 1974, S. 475f.) Vgl. Hegel, *Werke in zwanzig Bänden* Bd. 7 *Grundlinien der Philosophie des Rechts*, Frankfurt a. M. 1970, S. 290, § 141 Zusatz〔인용에서는 Rph로 약기한다〕. 낭만주의자의 전향 현상을 가톨릭주의 측으로부터 분석한 것으로서 vgl. C. Schmitt, *Politische Romantik*, Berlin 2. Aufl. 1925. 일역 『政治的ロマン主義』(みすず書房).

전제로서 긍정한다. '봉건적 지배는 우선 복수의 주인과 노예만으로 이루어진 다두정(Polyarchie)이다. 〔이에 반해〕 군주정은 노예제 없는 1인의 지배이며, 이 지배로부터 실질적 자유가 생겨났다. 봉건적 지배를 '독일적 자유'라 부르는 것은 타자를 부당하게 다루는 통치자의 자의를 의미하고 있었다.'(HM 199) 그리하여 군주가 봉건 귀족을 억압하고 가신으로부터 독립한 '국가 권력의 중심점'을 확립하는 것은 한 사람의 자의보다도 오히려 자유의 강화에 기여하게 된다. '폴란드에서 가신의 자유는 주민의 억압을 수반하고 있었다. …… 그리하여 자유는 가신의 억압에 의해 강화되었다. 대내적 국가 권력의 역사는 이 점을 중심으로 하고 있다.'(210) 대외적으로는 '교황을 중심점으로 하는 그리스도교 세계의 통일' 대신에 '유럽의 정치적 균형'의 이념이 나타나 국가들의 자립성을 유지하게 된다(211).

다음으로 헤겔은 대내적 주권을 확립한 군주정은 출생에 기초하는 왕위 계승이라는 '정통성의 근본 규정'에 의해 가능해진다고 말하고, 『법철학 요강』 279절이나 281절과 마찬가지로, 한편으로는 그리스 민주정의 신탁에 의한 결정에 맞서, 다른 한편으로는 신성 로마 제국의 선거 왕정에 맞서 세습 군주에 의한 최종 결정을 옹호한다(209). '그리스인은 자기 결정하는 내적 자유의 깊이를 지니고 있지 않았기 때문에, 외부로 하여금 자기 결정하도록 했다. 군주정에서는 최종 결정이 1인에게 놓여야만 한다. …… 결정은 1인의 주체에게만 속하는 것이며, 이것이 우리의 신탁이다. 이 주체가 출생이라는 자연적 [75]요인에 의해 정해지지 않으면, 국가의 통일은 결여되고 만다. …… 어떤 자는 한편을, 다른 자는 다른 편을 중시하고, 어느 쪽도 양보하지 않기 때문에 합의는 불가능해지고, 투쟁이 그것을 결정하지만 국가는 붕괴하고 만다.'(165) 1820년 『법철학』에서는 고대 그리스에서 최종 결정이 '외부로부터 결정하는 운명'이라는 '인간적 자유의 영역 외부'에 속해 있었던 데 반해, 근대 세계에서 '최종적 자기 결정은…… 정점의 위치를 차지하는 한에서만 인간적 자유의 영역 내에 속한다'고 하며, 정치적 결단이 인간 자신에게 속한다고 하는 이유에서 셸링에 의한 인간적 자유의 부인을 논박하고 있었다(Rph 448f.). 1830년 강의에서도 헤겔은 군주를 최종 결정자로 하는 '이 원리는 자유의 의식으로부터 생겨난 다', '국가 형태는 그리스도교 원리에 의하면 군주정이다'라고 말하여(HM 165, 164) 인간적 자유의 개념으로부터 군주의 최종 결정권을 정당화할 수 있다고 생각하고 있다.

하지만 종교 개혁에 의한 세속화의 결과로서 특히 중시되는 것이 '정치적 생존을 건 프로테스탄트 교회의 투쟁'이다. '세속화된(säkularisiert) 교회 재산을 프로테스탄트로부터 다시 거둬들이고서 침해당한 교회의 소유권을 주장하는 것은 가톨릭 제후들에게 있어 양심에 속하는 사항이 되었다. 이리하여 프로테스탄트 교회의 생존은 전쟁에 의해서만 보장될 수 있었던 것이다.'(KH 484) 30년 전쟁, 영국 내전, 네덜란드 독립 전쟁과 같은 유럽 종교 내전은 모두 세속화의 성공 여부라는 프로테스탄트 교회의 생존을 건 전쟁으로서 논의된다. 특히 30년 전쟁을 종결시킨 베스트팔렌 조약은 1822년도 강의에서는 20년 전의 「독일 헌법론」에 충실하게 영방 군주의 사적 권리를 제국 헌법의 이름으로 확정한 '아나키의 헌법화'이며, 그에 의해 '제국 독일의 종언'을 가져왔다고 비판되고 있었다(V 510f.). 이에 반해 1830년도 강의에서 이 1648년 강화 조약은 독일 프로테스탄티즘이 정치적 자립성을 확보하는 첫걸음으로서, 따라서 '가톨릭교회에게 있어 엄청난 굴욕과 불명예'로서 다시 파악되며, 7년 전쟁에서 승리한 프리드리 히 대왕의 정치적 공적과 관련지어진다. '베스트팔렌 [76]조약에 의해 프로 테스탄트 교회는 교회로서 세속적 생존을 획득하고 자립적 교회로서 승인 되었다. 하지만 이 자립성은 아직 정치권력에 의해 보장되어 있지 않았다. 프로테스탄트 교회는 프리드리히 대왕에 의해 비로소 이 보장을 얻었던 것이다.'(KH 488)

그리고 1822년도에는 '헌법 전쟁'(V 518)이라고 불리고 있던 7년 전쟁이 1830년도에는 독일 프로테스탄티즘의 정치적 존속을 건 '종교 전쟁'이었다 고 분명히 말해진다. '확실히 7년 전쟁은 그것 자체로는 종교 전쟁이 아니었지만, 병사나 열강의 심중에서는 종교 전쟁이었다.' 왜냐하면 가톨릭 세력이 프로이센 포위망을 펼친 주요한 동기는 '프로테스탄트 교회의 보호자인 이 국가(프로이센)를 탄압하는 것'에 있었기 때문이다(KH 488). 따라서 '프로테스탄트 교회의 보호자' 프리드리히 대왕이야말로 '근년에는 볼 수 없었던 그러한 철인 왕'으로서 '프로테스탄트 원리를 세속적 측면으로부터 파악하고, 정신이 최후의 깊이에 도달했다고 하는 의식, 정신이 사유에 도달하고 자신이 사유하는 존재라고 이해했다고 하는 의식을 지니고 있었다'고 평가된다(489). 이미 반세기 전에 순수한 프로이센인인 칸트는 프리드리히 대왕을 '적어도 정부 측으로부터 인류를 미성년 상태로부터 처음으로 해방한 자', '공적 평화를 보장할 수 있는 규율 있는 다수의 군대를 지니는 자'라고 부르며 칭찬하고, 자유롭게 사유하는 '정신의 자유'가 발휘되는 '계몽의 시대'로서 '프리드리히의 세기'에 기대를 걸고 있었다.[25] 30년 전에는 친오스트리아의 제국 애국자였던 헤겔도 라인 동맹의 개혁 체험을 거친 다음에 세속화의 성과를 군사력으로 고수하고, 프로테스탄트 교회의 정치적 독립을 보장한 프로이센의 역사적 의의를 칸트와 마찬가지로 평가하기에 이르고 있다.

(5) 근대의 제3기 '현대'에서는 자유로운 정신의 '일출'에 비유하여 계몽과 혁명에 의한 자유 의지 원리의 발견과 실현이 논의된다. 우선 종교 개혁에 의해 발견된 '내면성 원리'로부터 데카르트의 코기토를 통해 보편적 법칙을 [77]세계 속에서 탐구하는 '자유로운 사유'라는 계몽의 원리가 출현한다. '프로테스탄트 교회에서 내면성과 자기 충족의 원리가 떠올랐지만(aufgegangen)', '내면성의 최종적 정점이야말로 사유(Denken)인바, 사유는 자기 자신에게만 관계하는 보편자를 내용으로 하기 때문에, 그것 자체로 자유다. …… 사유야말로 정신이 도달한 단계(Stufe)이며, 정신은 이제

· ·
25. Kant, a. a. O., S. 59-61. 일역, 16-19쪽.

신이 세계를 이성적으로 창조한 한에서, 자연과 세계가 이성도 내포하고 있을 것이라고 인식한다.'(KH 489f.) 그리고 자유롭게 사유하는 가운데 루소와 칸트에 의해 '의지의 자유와 평등이라는 인간의 자연권'이 발견되는 근대 자연법의 전개 과정이 프랑스 혁명의 전주곡으로서 그려진다. '사유는 정신적인 면으로도 향했다. 이전에 신의 인연이 먼 명령으로 보이고 있던 법과 도덕이 인간의 의지라는 확실한 토대에 기초하는 것으로 간주되었다.'(491) '자연법과 권리의 법은 이성으로 불리고, 이러한 법의 주장은 계몽으로 불렸다. 계몽은 프랑스로부터 독일로 찾아가 거기서 새로운 사상 세계가 출현했다.'(492) '순수한 자유 의지'라는 '이 원리가 이제 사유 속에서 파악되었다. 자기를 의지하는 자유 의지야말로 가장 심오한 최종적 원리이자 모든 권리의 실질적 기초라고 인식되었다. …… 이 원리는 프랑스에서는 루소에 의해 세워졌다. 인간이란 의지이며, 자신이 의지하는 것을 의지하는 한에서만 자유인 것이다. 이러한 이론적 이성은 다음으로 독일에서도 주장되었다.'(493)

따라서 프랑스 혁명이란 이론적으로 발견되었을 뿐인 '자유 의지의 원리'를 '국가의 순수한 사상적 원리'로 간주하고, 그것을 궁정·귀족·성직자의 특권으로 이루어지는 '오랜 불법의 체계'에 대해서 실제로 적용하며, 자연권 사상에 기초하는 '헌법'을 제정하고자 한 시도로서, 즉 근대 자연법 철학의 실현으로서 해석된다. 헤겔에 따르면 '프랑스 혁명은 철학으로부터 시작되었다고 말해졌지만', 철학은 '현세 속에서 살아가는' 이성인 한에서, '프랑스 혁명은 철학으로부터 최초의 자극을 받았다고 하는 주장에 대해 이의를 제기할 필요는 없다.'(496) 그리고 사상에 의한 현실의 개조라는 동일한 맥락에서 프랑스 혁명을 '일출'에 비유하는 저 유명한 구절이 칼 헤겔 필기록에 적혀 있다. '태양이 [78]하늘에 위치하고 행성이 태양의 주위를 돌게 된 이래로, 인간이 머리 위에, 요컨대 사상 위에 서서 현실을 사상에 따라 쌓아올리는 일은 이전에 볼 수 없었다. 아낙사고라스는 이성 (nous)이 세계를 지배하고 있다고 처음으로 말했지만, 이제야 비로소 인간은 사상이 정신적 현실을 지배해야 한다고 인식하기에 이르렀다. 이것은 빛나는 일출(Sonnenaufgang)이었다. 숭고한 감격이 저 시대를 지배하고, 이제 비로소 신과 현세의 화해에 현실적으로 도달했다는 듯이 정신의 열광이 세계를 진동시켰다.'(497f.)

프랑스 혁명의 정치적 성과로서는 첫째로, 자유의 내용에 관련된 '실질적 자유', 즉 봉건적 특권의 폐기를 수반하는 '인격과 소유의 자유', 그리고 '영업의 자유'가 거론된다. '이것에 의해 봉건법에서 유래하는 모든 규정, 교회의 10분의 1세와 영주 지대 등은 폐기되었다.'(498) 둘째로, 개인이 자신의 의지로 정치 결정에 참가하는 '형식적 자유'가 거론된다. 헤겔은 '최종 결정은 군주에 속함'에도 불구하고, '국가가 자유에 기초하는 한에서, 다수의 개인 의지도 이 결정에 참가하고자 한다'는 점에서 지배의 정통성에 관계된 신조의 대립이라는 새로운 문제를 발견한다(499). '현대에는 모든 것이 개인의 의지에 기초하지만, 이 의지가 올바른 신조(Gesinnung)를 지닌다는 보증은 아니다.'(500f.) 그리하여 자코뱅파처럼 '오로지 신조에 의해 지배하는 주관적 덕이 가장 두려운 폭정을 초래했다.' 그리고 왕정복고 후에도 '현존 제도의 부정을 양심에 속하는 사항으로 하는 가톨릭적 신조'와 공화파 사이에 '신조의 대립'이 다시 나타나 1830년 혁명을 불러일으키는 요인이 되었다(503f.).

이와 같이 종교 개혁에서 출현한 내면성 원리의 연장선상에서 계몽사상을 파악하고 프랑스 혁명을 계몽에 의해 발견된 자유 의지 원리의 실현으로 간주한다는 점에서, 1830년도 강의의 근대 서술은 1822년도 강의와 비교하면 종교 개혁-계몽-프랑스 혁명의 정신사적 연관을 전면에 내세우고 있다고 말할 수 있을 것이다. 그뿐만 아니라 1789년 혁명은 봉건적 특권의 폐기에 이어서 교회 재산을 국유화하는 세속화 과정을 수반했다는 점에서 **국가 체제사적으로도** 종교 개혁과 깊이 관련되어 있다. [79]헤겔은 『법철학』의 62절·66절에서 봉건적 토지 소유의 철폐로부터 얻어지는 '인격과 소유의 자유'의 원리를 명확히 지지했지만, 1822년도 법철학 강의에서는 수도원 폐지에 의한 교회 재산 몰수도 시인하고 있다. '국가가 수도원을 폐지했을 때, 국가는 본래의 소유 개념을 회복하고, 스스로 만든 예외를 폐지했던 것이다. 결국 단체(Gemeinwesen)는 인격이 지니는 것과 같은 소유의 권리를 지니지 않는다.'[26] 이리하여 헤겔은 종교 개혁으로부터 프랑스 혁명을 거쳐 1803년의 제국 대표자 회의 본 결의에 이르기까지 보인 국가 주권에 의한 세속화 사업을 자유의 원리의 실현으로서 분명히 지지한다. 이러한 헤겔의 세속화 옹호론이야말로 프랑스 국민 의회에 의한 교회 재산 몰수를 구 유럽적 소유 질서의 침해——'소유권에 대한 두려워해야 할 혁명'——로 보아 격렬하게 비난한 영국인 버크의 세속화 반대론과 선명한 대조를 이루고 있는바,[27] 세속화에 대한 양자의 양립할 수 없는 태도를 볼 수 있는 한에서, 헤겔을 버크와 동일한 보수주의자로 간주하는 속설은 근본적으로 잘못이라고 말하지 않을 수 없다.

이와 같이 종교 개혁과 프랑스 혁명을 결부시키는 이중의 연관에도 불구하고, 1830년도 강의에 따라서 '역사의 궁극적인 정신적 원리는 이미 종교 개혁이 아니라 프랑스에서 성립한 계몽인바, 현대에 자유의 의식의 진보는 이론적으로도 실천적으로도 독일에서가 아니라 프랑스에서 끝난다'고 헤겔의 중심 사상을 요약하는 것은[28] 다음과 같은 두 가지 이유에서 적당하지 않다. 첫째로, 자유 의지의 원리가 루소와 칸트에 의해 발견된 후 '왜 프랑스인이 곧바로 실천으로 이행한 데 반해, 독일인은 이론에 머물렀던가'라는 의문에 대해, 헤겔은 독일인이 바로 종교 개혁을 성취한 프로테스탄트였기 때문에, '현실 속에서 화해하고 있고 오로지 평온하게 행동할 수 있었다'고 대답한다. '독일에서는 계몽이 신학 측에 달라붙었던

· ·
26. Hegel, *Vorlesungen über Rechtsphilosophie 1818-1831*, Bd. 3, S. 212. Vgl. Rph S. 110, § 46 Zusatz.

27. E. Burke, *Reflexions on the Revolution in France* (1789), Middlesex 1982, pp. 204ff. 일역 『フランス革命の省察』(みすず書房) 133-156쪽.

28. Hespe, a. a. O., 86.

데 반해, 프랑스에서 계몽은 곧바로 교회에 대해 반기를 들었다. 독일에서는 현실의 모든 것이 종교 개혁에 의해 이미 개선되어 있고, 독신·빈곤·나태로 이루어진 저 부패한 제도(수도원 제도)는 이미 폐지되어 있었으며, 이루 말할 수 없는 불법이나 정신의 맹목적 예속에 대한 요구도 이미 볼 수 없었다.'(KH 494f.)

[80]둘째로, '자유주의적 제도를 이르는 곳마다 보급한' 나폴레옹의 유럽 정복에 의해 모든 근대 국가가 '프랑스의 원자론적 원리, 이른바 자유주의(Liberalismus)에 대해 열렸음'에도 불구하고, '이 자유주의가 도처에서 파산하고 말았던' 것은 왜인가라는 의문에 대해, 헤겔은 이탈리아·스페인과 같이 자유주의가 통과한 '라틴 세계는 이미 가톨릭주의에 의해 분열되어 있었기 때문에, 오랜 상태로 되돌아가고 말았다'고 대답한다(505). 이에 반해 독일에서는 오스트리아나 영국과 대조적으로 '프랑스의 점령에 의해 구제도의 결함이 유난히 밝혀졌기' 때문에, '봉건적 속박이 철폐'되고 '소유와 인격 등의 자유의 원리가 근본 원리로 되었을' 뿐만 아니라, 무엇보다도 신조와 관련해 '프로테스탄트 교회에 의해 종교와 (세속의) 법의 화해가 이루어져 있는바, 세속의 법으로부터 분리되어 이에 대립하는 것과 같은 신성하고 종교적인 양심은 이미 존재하지 않는다'고 한다(507f.). 이것은 봉건제 질서에 짜 넣어진 교회 권력을 송두리째 제거하고 주권 국가의 세속적 형성을 비로소 가능하게 한 저 세속화 과정을 대담하게 긍정하는 선언에 다름 아니다.

처음에 예고된 이성과 종교의 화해라는 역사의 궁극 목적은 종교 개혁과 국가 체제 개혁을 함께 성취한 프로테스탄트 독일(특히 프로이센)에 의해 이제 국가와 교회의 화해라는 형태로 실현되었다. 이러한 1830년도 강의에서 보이는 헤겔의 현 상황 인식은 바로 1822년도 강의에서 처음으로 표명된 저 테제, 즉 '종교의 변혁 없이 정치적 혁명만이 일어난' 라틴계 나라들과, '종교 개혁과 함께 정치 개혁, 정치적 혁명을 수행한' 프로테스탄트 나라들을 대조시켜 '종교의 변혁 없이 참된 정치적 변혁, 참된 혁명은 성공하지 못한다'고 결론을 내린 근대 서술의 주도 동기를 약화된 형태로 변주하는 것이다(V 520).[29] 따라서 칼 헤겔 필기록에 비추어 보면 최종년도 강의의 근대 이해는 최초년도 강의와 비교하면 특히 프랑스 혁명의 전체적 비중과 평가에 관한 것으로 서술의 중점을 이동시키면서도 [81]여전히 연속성을 유지하고 있다고 볼 수 있다.

프랑스 귀족 토크빌은 1830년대 프랑스에서 '종교의 정신'과 '자유의 정신'의 분열과 항쟁이라는 세속화의 부정적인 유산을 간취하는 한편, 이 시기에 여행한 미합중국 사회에는 양자의 결합이 보인다는 점을 지적하고, 이것을 미국 공화정의 안정적 존속 요인으로 간주했다.[30] 청년기의 프로테스탄트 평가로부터 전환을 이룬 헤겔도 혁명 후 프랑스에서가 아니라 프로테스탄트 프로이센에서 자유의 정신과 종교의 정신의 결합을 발견하고, 이성과 종교의 화해에 세계사의 장래에 대한 기대를 거는 것이다. 그것은 교회 권력을 배제하는 세속화 과정이 동시에 교회 유산의 가장 심오한 계승, 즉 인격과 소유의 자유라는 그리스도교 원리의 육화를 수반한다고 하는 넓고 좁은 두 가지 의미의 세속화가 일치한다는 희망이며, 정신사적으로는 '자기 자신의 타자'에 의한 규범적 구속이야말로 후견인으로부터 독립한 자유로운 사유와 의지를 가능하게 한다고 하는 계몽의 프로젝트에 대한 확신을 의미하고 있었다. 따라서 1830년도 강의를 매듭짓는 결론 부분이 세계사 속에서 '계층들의 평등'에로 향하는 '저항하기 어려운 사회 혁명', 인력으로는 어찌할 수 없는 '신의 위업'을 간취한 토크빌[31]과 동일한 신의론에 대한 감탄으로 끝나는 것도 결코 우연이 아니

---

29. 1830년도 강의의 아카스다이크 필기록에 기초하는 근대 기술에 대한 다른 해석으로서 山崎純 「<歷史の始まり>としての近代」, 加藤尚武(編) 『ヘーゲル哲學への新視角』(創文社) 214쪽 이하, 참조.

30. A. de Tocqueville, *De la démocratique en Amérique*, Paris 1961, pp. 48-50, 90-91, 437-445. 일역 『アメリカのデモクラシー』 제1권(岩波文庫) (上) 23-25, 69-71쪽, (下) 226-236쪽.

다. '정신의 원리의 발전은 참된 신의론이다. [자유의] 개념은 역사 속에서 완성되었지만, 이것은 신의 소업(That)이다. 왜냐하면 신이 역사 속에서 실현하고 계시되었기 때문이다.'(KH 509)

맺는 말

(1) 마지막으로 이상의 고찰로부터 얻어진 성과를 토대로 하여 최종년도 강의에서 보인 헤겔의 역사 철학적 사유가 서로 반대되는 두 가지 사유양식의 통일, 즉 근대 자연법과 역사주의의 양극 지향성으로서 이해될 수 있다는 점을 분명히 하고자 한다. 1830년도 강의의 서론 서두에서 헤겔은 사유에 따라서 '역사를 선험적으로 구성하는' 철학이 소여의 사실을 있는 그대로 [82]파악하는 역사와는 모순된다고 하는 역사가의 비난에 대해, '철학적 역사'로서의 '세계사의 철학의 개념'을 설명하고 있다(VM 139ff.). 헤겔에 따르면 철학이 역사에 가지고 들어오는 유일한 사상은 '이성이 세계를 지배한다'는 단순한 사상인바, 이것은 철학에 의해 '증명된 것으로서 전제된다.' 이에 반해 '오로지 주어진 사실에 전념하고 이것을 받아들일 뿐이라고 자칭하는 통상적인 범용한 역사가도 자신의 사유와 관련해 수동적이 아니라, 자신의 범주를 가지고 들어와 범주를 통해 현존의 사실을 보고 있다.'(143) 요컨대 역사를 충실히 파악한다고 믿고 있는 역사가도 범주에 의한 추상화를 가하여 주어진 사실을 구성하는 한에서, 사실은 철학자와 마찬가지로 범주에 의해 경험적 사실을 사유하고 있다. 이런 의미에서 '세계를 이성적으로 보는 자에게 있어 세계는 이성적으로 보인다'(143)고 하는 자기 언급적 순환의 구조가 역사 기술에는 숙명적으로 따라붙고 있다. 다만 철학자와 역사가를 나누는 차이점은 범주를 자각적으로 구사할

31. *Ibid.*, pp. 37, 41-42. 일역 (상) 9, 14-15쪽.

수 있는가 아닌가 하는 것인바, 이것은 헤겔이 말하는 '철학적 역사'와 '반성된 역사'의 구별에 대응한다.

이리하여 헤겔은 초월론적 이성이라는 칸트 이래의 관념론적 입장으로부터 역사상의 사건을 있는 그대로 가치 판단을 빼고서 파악할 수 있다고 믿는 역사주의적 실증주의를 범주에 의한 사유 작용을 이해할 수 없는 코페르니쿠스적 전회 이전의 실재론으로 물리친다. 역으로 역사의 대상을 주어진 사실의 다발로 보는 것이 아니라 개념에 의해 통일적으로 파악하는 초월론적 통각에 의해 비로소 인류의 역사 경험을 전체성으로서 파악하는 것도 가능해진다고 생각한다. 헤겔에게 있어 그러한 역사의 전체에 대한 통일적 관점을 가능하게 하는 범주야말로 바로 프랑스 혁명의 시대 체험으로부터 얻어진 정신의 자유의 이념이었다. 따라서 우리는 자유의 이념이라는 역사를 넘어선 가치를 역사의 외부에 '역사에서의 이성'으로서, 세계사의 궁극 목적으로서 전제할 때라야 비로소 인류의 역사 전체를 자유의 이념의 실현 과정으로서 통일적으로 파악할 수 있는 것이다.[32] 이런 의미에서 '역사에서의 이성'에 대한 인식은 헤겔에게 있어 프랑스 혁명의 성과를 [83]고대 세계에서의 인간적 자유의 성스러운 기원으로까지 소급하여 역사적으로 파악한다는 의미, 요컨대 역사의 파악이 동시에 현재의 파악이기도 하다는 고차적으로 현실적인 의미를 지니고 있었다.

이와 같이 헤겔은 근대 자연법의 최후의 논자로서 이제 칸트 이후의 과제를 계승하고, 세계사의 철학에 의해 근대의 가장 심오한 규범적 근거짓기를 성취할 수 있었다. 하지만 역사적 단절을 정당화하는 작업이 셸링의

---

32. 이런 한에서 '우리는 역사를 초월하는 것 없이는, 즉 초역사적인 무언가를 파악하는 것 없이는 모든 사상의 역사적 성격을 간취할 수 없다'고 하는 슈트라우스의 역사주의 비판(L. Strauss, *Natural Right and History*, Chicago 1953, p. 25. 일역 『自然法と歷史』(昭和堂) 31쪽)은 논적으로 여겨지고 있는 헤겔에게는 해당되지 않는다. 오히려 헤겔을 따라 자유의 이념을 초역사적 가치로서 세우게 되면, 슈트라우스가 버크의 프랑스 혁명 비판을 도약대로 삼아 시도한 고대 자연법에로의 회귀 운동을 세속화의 길을 밟아 근대 자연법에로 되돌릴 수 있다.

신의론과 대결하는 가운데 삼위일체론으로부터 신의론에 이르는 신학적 전통을 매개로 하여 이것을 바꿔 읽는 형태로 수행되었다는 점도 간과할 수 없다. 후에 역사 철학이란 '그리스도교 신앙의 세속화'이며, 역사의식은 '영원과 시간의 교제를 통해 자각화된다'고 지적되었듯이,[33] 헤겔에게 있어 세계사에서의 자유의 이념의 실현이란 무엇보다도 신의 육화=인간화의 논리가 인간의 자유 의지를 근거짓는다고 하는 세속화 과정을 의미하고 있는바, 그 그리스도교 원리의 육화라는 넓은 의미의 세속화 운동은 주권 국가에 의한 교회 권력 배제라는 좁은 의미의 세속화 사업에 의해 완성된다고 생각되고 있었다.

이러한 넓고 좁은 이중의 세속화로부터 귀결되는 근대 국가와 종교의 관계의 모습이야말로 헤겔에 의해 『법철학』 270절에서 상세하게 논의되고, 후에 뵈켄푀르데에 의해 자유의 이율배반으로서 해석된 바로 그것이다.[34] 헤겔에 따르면 그 내용에서 종교는 국가의 기초를 이루고 있고 '가장 심오한 신조에서 국가를 통합하는 계기'인 한에서, 국가는 교회를 원조하고 교회에 대한 소속을 요구해야 한다(Rph 417, 420). 중세 게르만 세계에서는 국가와 교회의 '추상적 대립'이 현실의 원리였던 데 반해, 이제 양자의 화해에 의해 '현실적 이성'의 이념이 국가의 형태로 존재한다고 한다(424). 다른 한편, 그 형식에서 종교는 국가와 상이한 한에서, 국가와 교회는 사유·개념과 신앙·감정, 자유로운 지성과 교회의 권위라는 인식 형식에서 구별되어야 한다(418, 425). 또한 재산·예배와 같은 외적인 '세속의 영역'은 국가의 관할에 속한다 하더라도, 양심과 같은 '내면의 영역'과 관련하여 국가는 교의의 내용에 개입해서는 안 된다. 따라서 국가는 [84]'퀘이커나 재세례파'

<hr />

33. K. Löwith, *Weltgeschichte und Heilsgeschehen*, Stuttgart 1953, S. 60. 일역 『世界史と救濟史』(創文社) 76쪽, 丸山眞男 「歷史意識の「古層」」 『丸山眞男集』 제10권(岩波書店) 63쪽, 「日本思想史における「古層」の問題」 『丸山眞男集』 제11권, 190쪽 이하.
34. 『법철학』 270절에 대한 다른 해석으로서 vgl. E.-W. Böckenförde, "Bemerkungen zum Verhältnis von Staat und Religion bei Hegel" (1982), in: a. a. O., S. 115-142.

와 같이 병역 의무를 거부하는 종파도 허용하고 '자유주의적인 태도를 취해야' 하며, 해방된 유대인에게도 '공민권을 부여'하여 동화를 촉진해야 한다고 한다(420-422). 이리하여 헤겔은 영방 단위의 국교를 정하는 영방 교회제에 대항하고, 내면과 외면의 루터적인 이분법에 따라 다른 종파나 유대교도에게도 신앙의 자유를 인정하도록 주장하는 점에서, 정교 분리를 성취한 '중립적 국가'라는 자유주의 국가의 이념을 정식화하고 있다. 그러나 시민 사회에 대해 불간섭을 유지하는 중립적 국가의 이념이야말로 일찍이 3월 혁명(1848년) 전야에 종교의 존재와 사회적 편견을 방치하는 불충분한 '정치적 해방'으로서 비판되고, '인간적 해방'에 의한 국가와 사회의 재통일을 통해 극복해야 한다고 주장되는 것이다.[35]

(2) 하지만 헤겔은 근대 자연법론으로부터 역사주의로 시대가 크게 전환되는 분기점에 서 있는 사상가인바, 이런 의미에서 최후의 근대 자연법론자일 뿐만 아니라 최초의 역사주의자이기도 하다. 1830년도 강의의 서론에 따르면 어떠한 개인도 그때그때마다의 시대와 국민에 의해 역사적으로 제약된다고 하는, '모든 개인은 그의 국민의 아들이며, 그것도 일정한 발전 단계의 국민의 아들인바, 누구도 국민과 시대와 무관하지 않다.'(HM 48) 따라서 한 국민에 대한 헌법의 도입은, 시에예스의 헌법 제정 권력론이 말하듯이, '결정의 귀결'이나 '선택의 결과'가 아니라 '국민정신'의 발전에 의존하는 한에서, 나폴레옹이 도입한 스페인 헌법처럼 '이론에서 올바른 헌법이라 하더라도, 일정한 국민의 헌법일 수 없다.' 요컨대 '모든 국민은 그의 정신에 대응하는 헌법을 지니는' 것인바, '그리스인과 가장 상세하게는 로마인에게서 보이듯이, 모든 국민은 상이한 시기에 상이한 헌법을

<hr/>

35. 맑스는 토크빌과 보몽의 미합중국론을 인용하면서 '정치적 해방이 완성된 나라에서야 말로 종교가⋯⋯ 젊디젊고 강력하게 존재하는 것이 발견된다'는 것을 문제로 하고 있다(vgl. K. Marx., "Zur Judenfrage"(1844), *Die Frühschriften*, Stuttgart 1971, S. 177f. 일역『ユダヤ人問題によせて ヘーゲル法哲學批判序説』(岩波文庫) 18쪽 이하).

거쳐 간다.'(53f.) 이러한 역사주의로의 전환이 논적 사비니와 마찬가지로 나폴레옹의 독일 점령과 해방 전쟁의 시대 체험에 의해 크게 규정된 것이라는 점은 틀림없을 것이다.

[85]하지만 일체의 가치가 역사적으로 생성하고 소멸한다고 하는 역사주의의 출현은 역사를 넘어선 가치가 사실을 판가름하고 역사를 방향짓는다는 근대 자연법의 유산을 내버리고, 일체의 가치를 역사의 필연적 발전으로 해소해 버리는 중대한 위험을 내포하고 있었다. 프로이센에서의 이성과 종교의 화해라는 1830년도 헤겔의 현 상황 진단도 복고 체제 하의 독일의 현실에 크게 제약되어 있었을 뿐만 아니라, 현재를 절대화하고 강자가 주도하는 역사의 대세에 추수한다고 하는 역사주의에 특유한 기회주의적 경향을 벗어나 있지 않았다. '모든 것이 역사주의화된 세계 인식은 도리어 비역사적인, 현재의, 그때그때마다의 절대화를 불러일으키지 않을 수 없을 것이다.'[36] 예를 들면 내면에서 양심의 자유를 지키고 외면에서 권력에 순종하며 따른다고 하는 루터파 영방 교회의 가부장제적 유산은 그 후 1세기에 걸쳐 정치적 영역과 예술·학문·문화 등의 비정치적 영역을 공간적으로 나누는 독일 교양 시민층의 비정치적 전통을 형성하게 되었다. 또한 라인 동맹국들이 귀족 세력을 내몰았던 데 반해, 프로이센 개혁의 불철저함은 동-엘베를 중심으로 한 토지 귀족을 잔존시켜 독일 제2제정으로부터 바이마르 공화국에 이르기까지 융커의 군·정부 지배를 허용하는 결과가 되었다.[37] 특히 세계사적 개인의 권력 충동을 통해 보편적 이성이 실현된다고 하는 헤겔의 '이성의 간지'설은 세계정신의 한 단계를 짊어지는 '세계사적 국민'이 '다른 국민들을 복종시키는 절대적 권리'를 지닌다고 하는 '세계사적 국민'의 교설(HM 56)과 결합할 때, 보편주의와 제국 권력,

··
36. 『丸山眞男集』 제10권, 63쪽 이하.
37. Vgl. E. Fehrenbach, *Vom Ancien Régime zum Wiener Kongress*, München 4. Aufl. 2001, S. 82ff., 109ff.; H. A. Winkler, *Weimar 1918-1933*, München 1993, S. 607.

자연법적 이념과 국가 이성이 서로 뒤얽히는 근대 국제 정치의 현실을 통째로 긍정하고, 비스마르크의 독일 통일에서 시작되는 독일 제국의 세계 정책을 정당화하는 기능을 수행하지 않을 수 없었다.

하지만 헤겔의 『법철학』은 '공식적인 근대와 동일한 수준에 있는 유일한 독일사'로 평가되었듯이,[38] 프랑스 혁명의 자유의 이념으로부터 출현하는 국가와 사회의 존재방식을 적확하게 그려내고 헤겔 이후의 시대의 도래를 예고하고 있었다. 추상법으로서 인격의 자유에 의해 근거지어져야 했던 소유의 자유는, 규범적 제약을 벗어던지고서 시장의 승자가 패자를 수탈하는 자유로서 남용될 때, 사회적 균열에 의해 분단된 시민 사회를 산출해 간다. 그리고 '시민 사회의 [86]변증법'에 의해 내몰려 시장을 해외에서 구하는 주권 국가들은 강국이 약소국을 수탈하는 자연 상태를 세계적으로 확대하고 제국 권력을 확립하고자 서로 각축·항쟁한다. 세계적인 대파국으로 돌진하는 이러한 역사의 전개 속에서 헤겔 이후의 역사 철학도 '영원과 시간의 교제'라는 신학적 배경으로부터 풀려나 독일 역사주의처럼 프로이센 중심사관으로 통속화되고, 비스마르크 이후의 권력 정치와 내면적으로 유착한다. 더 나아가 중립적 국가가 자유의 내적 통제력을 잃고 불안정화함에 따라서 사회의 저변으로부터 의사 종교적 통제에 대한 동경을 산출하고, 사회의 생활양식을 전면적으로 통제하는 구 유럽 세계적인 전체성 요구로 퇴행해 간다. 근대 자연법을 부정하는 버크 이래의 반근대주의자가 정교 미분리의 중세 유럽 세계에 대한 예찬으로 귀착된다고 한다면, 근대 자연법을 극복하는 초근대주의자는 의사 종교적 공동체에 대한 낭만주의적 퇴행 원망에 빠지지 않을 수 없다. 이리하여 헤겔이 마지막 역사 철학 강의를 행하고서부터 정확히 1세기 후, 자유의 이념이 역사의 필연으로 해소되어 가는 가운데, 근대 자연법의 참된 위기, 자유의 이념의 위기가 찾아오는

---

38. K. Marx, "Zur Kritik der Hegelschen Rechtsphilosophie, Einleitung" (1844), a. a. O., S. 214. 일역, 81쪽.

것이다. 인류의 연대기에 새겨진 이 세계 위기의 체험은 뵈켄푀르데에 의해 간결하게 정식화되어 있다. '세속화된 자유주의 국가는 자기 자신이 보증할 수 없는 전제에 의해 살아가고 있다. 이것은 자유주의 국가가 자유를 위해 무릅쓴 커다란 모험이다.'

제2부 헤겔 국가론과 법철학 강의

제4장 제국의 붕괴, 라인 동맹 개혁과 국가 주권의 문제
── 헤겔 주권 이론의 형성과 그 역사적 배경 ──

머리말

이전에 칼 슈미트는 '유럽의 대부분의 나라들에서 정치적 통일은 군주의 절대주의의 성과였다'고 말하여 절대주의의 역사적 의의를 요약한 다음, 신성 로마 제국의 존재에서 유래하는 독일의 특수 사정을 젊은 헤겔의 글을 인용하면서 지적했다. '군주가 절대적이 됨으로써, 즉 봉건적 · 신분제적인 기득권을 배제하고 봉건적 상태가 의거하는 현상 유지의 정통성 원리를 타파하고 폐기함으로써 근대 국가가 발전했다. …… 특히 주권 개념은 당시의 (봉건적 · 신분제적인) 현상 유지의 정통성을 극복하는 위대한 세계사적 기능을 수행했다.' 그러나 '독일 제국에서는 중세의 상태가 제국 종언의 해인 1806년까지 꼬리를 끌고 있는데, 제국의 영역 내에 이것과 더불어 프로이센, 바이에른, 뷔르템베르크, 작센과 같은 새로운 정치적 통일이 형성되었다. …… 헤겔은 청년기의 글 「독일 헌법론」에서 이러한 상태를 가장 적절하게 언표하고 있다. '독일의 국가 구조란 부분이

전체로부터 박탈한 권리들의 총체 이외의 아무것도 아니다'라고.'[1]

독일에서는 오랜 세월에 걸친 제국의 존속에 의해 정치적 통일과 국민 국가로의 길이 오랫동안 지연되었다고 하는 최근에도 보이는 [90]지적은[2] 근대 독일 주권 이론을 해석하는 데서도 귀중한 통찰이다. 왜냐하면 독일에서 정치적 통일의 이념이 주권 개념으로서 자각된 것은 영국과 프랑스처럼 16-17세기의 종교 내전의 시기가 아니라 오히려 헤겔이 살아간 19세기 초의 제국 해체기였기 때문이다. 이러한 의미에서 보댕, 홉스와 나란히 서 있는 독일에서의 주권 개념의 최초의 이론가야말로 사실은 헤겔인바, 1801-02년의 「독일 헌법론」으로부터 1820년의 『법철학 요강』에 이르는 헤겔 주권 이론의 발전은 나폴레옹 침공에 이어지는 역사적 전환기를 배경으로 하여 이해할 필요가 있다.

헤겔 정치 철학을 논의하는 데서 1960년대 이래로 지배적이었던 통설은 헤겔이 프랑스 혁명이라는 역사적 단절의 체험을 구 유럽의 형이상학적·실천 철학적 전통의 연속성과 매개하고, 과거와 현재에 다리를 놓았다고 하는 리터와 리델의 해석학적 시각이었다.[3] 그들이 구 유럽을 연속적으로 꿰뚫는 전통으로 생각한 것은 아리스토텔레스 이래의 자연법적 전통, 그것도 근대 자연법으로부터 구별된 고전적 자연법의 전통이었다. 이러한 패러다임이 법실증주의 사상에 대한 반동으로서 자연법적 전통이 되살아나는 전후 독일의 시대 조류에 편승하여 '개념사'라고 불리는 국가 체제사

---

1. C. Schmitt, *Verfassungslehre*, Berlin 1928, S. 47, 48f. 일역 『憲法論』(みすず書房) 67, 69쪽 이하.

2. Vgl. H. A. Winkler, *Der lange Weg nach Westen* Bd. 1 *Deutsche Geschichte vom Ende des Alten Reiches bis zum Untergang der Weimarer Republik*, München 2000. 일역 『自由と統一への長い道I』(昭和堂).

3. J. Ritter, *Hegel und die französische Revolution*, Köln/Opladen 1957, 2. Aufl. Frankfurt a. M. 1965 일역 『ヘーゲルとフランス革命』(理想社); M. Riedel, *Studien zu Hegels Rechtsphilosophie*, Frankfurt a. M. 1969. *Zwischen Tradition und Revolution*, erweiterte Aufl. Stuttgart 1982.

연구 동향을 규정했던 것이다. 이에 반해 여기에서는 헤겔에게 동기를 부여했던 단절의 체험이란 프랑스군의 침공에 따른 신성 로마 제국의 붕괴, 그리고 라인 동맹 하에서 추진된 근대화 개혁이 아니었던가 라는 이의를 제기하고 검토하고자 한다. 요컨대 1820년에 전개되는 국가 주권 개념도 1801-02년에 헤겔이 목격한 제국 해체의 시대 체험, 그리고 1806년 이후 라인 동맹국들에서 보인 주권 개념을 둘러싼 논쟁에서 유래하며, 그로부터 '인격과 소유의 자유'와 맞짝을 이루는 형태로 국가 주권 이론도 추출되었다고 생각되는 것이다.

이 장에서는 제국 공법학과 라인 동맹 공법학에 관한 최근의 국가 체제사 연구의 성과를 받아들이면서 헤겔 주권 이론의 형성 과정과 그 역사적 배경을 탐구하고자 한다. 첫째로, 17세기의 제국 공법학이 종교 내전의 경험으로부터 얻어진 보댕의 주권 개념을 어떻게 독일의 맥락에서 수용했는지를 돌이켜 본 다음, 둘째로 19세기 초기에 제국 붕괴를 아주 가까이에서 [91]경험한 헤겔의 시대 체험이 어떻게 해서 국가 주권 개념을 다시 활성화시켰는지를 살펴보고자 한다. 그리고 셋째로, 라인 동맹 개혁기에 보인 주권 개념을 둘러싼 공법학자의 논쟁을 분명히 한 다음, 마지막으로 이러한 새로운 주권 개념의 수용이 1817-19년도 법철학 강의에서의 주권 개념의 이론적 정식화를 어떻게 규정하고 있는지를 탐구하고자 한다. 그로부터 프로이센 국가와의 관계를 둘러싸고서 논쟁의 과녁이 되어온 1820년 『법철학』의 국가론을 새로운 역사적 시각으로부터 재해석하는 것도 가능해질 것이다.

제1절 1648년 전후의 주권 개념의 수용

보댕(Jean Bodin, 1530-1596)은 프랑스 종교 내전이 한창일 때 공간된 『국가론』(1576년)에서 '주권'(souveraineté) 개념을 정치학사에서 처음으로 도입하고, '국가의 절대적인 동시에 영속적인 권력'이라는 저명한 정의를 행했다. 이때 주권의 절대성이란 전임자의 법에도 자기 자신의 법에도 구속되지 않는 것—로마법에서 말하는 '군주는 법에 구속되지 않는다'(princeps legibus solutus)—을, 주권의 영속성이란 로마의 독재관·선거 왕정·섭정처럼 임기를 한정당하지 않는다는 것을 의미한다고 생각되었다.[4] 이러한 획기적인 주권 개념의 정식화는 16-17세기의 종파 분열의 시대에 대한 해결책으로서 급속하게 보급됨과 동시에, 절대주의 이념을 이론적으로 선취하는 것이 되었다.

독일에서의 보댕 수용은 1591년의 라틴어 판에서 시작되어 1609년까지 이어졌지만, 이때 신성 로마 제국에 관한 보댕의 테제가 논의의 중심이 되었다.[5] 보댕은 황제에게는 주권이 결여되어 있으며 제국 신분들(Reichsstände)—제국 의회에 의석과 투표권을 지니는 제국 직속의 구성원—이 주권을 지닌다고 진단하고 제국은 순수한 귀족정이라고 결론지었지만, 이것이 독일에는 과연 최종적 결정권이 존재하는가, 존재한다면 누가 그것을 지니는가를 [92]둘러싼 논의를 불러일으켰던 것이다. 하지만 프랑스 종교 내란의 맥락에서 전개된 보댕의 테제는 독일의 맥락에서는 전혀 다른 의미를 지니게 되었다.

첫째로, 주권 개념의 수용과 동시에 제국의 설명 모델로서는 폴뤼비오스에게서 유래하고 마키아벨리에 의해 서구에 수용된 혼합 정체론의 전통이 증거로 제시되었다. 특히 림나에우스(J. Limnaeus)는 공동체에 귀착하는

4. J. Bodin, *Les six Livres de la République*, Paris 1576, Nachdruck der Ausg. 1583, Scienta Aalen 1961, Liv. 1, Chap. 8, pp. 122ff.

5. *Ibid.*, Liv. 1, Chap. 9, pp. 161ff. 독일에서의 보댕 수용에 대해서는, vgl. M. Stolleis, *Geschichte des öffentlichen Rechts in Deutschland*, Bd. 1: 1600-1800, München 1988, S. 174-186; R. Hoke, "Bodins Einfluß auf die Anfänge der Dogmatik des deutschen Reichsstaatsrechts", in: H. Denzer (Hg.), *Jean Bodin, Verhandlungen der internationalen Bodin-Tagung in München*, München 1973, S. 315-332.

'물적 주권'과 지배자에게로 귀착하는 '인적 주권'을 분리하는 형태로 불가분해야 할 주권의 기능적 분할을 시도했다. 둘째로, '군주는 법에 구속되지 않는다'라는 정식에 대한 내재적 제약이 보댕에 따라 신법·자연법·국민들의 법·기본법에 대한 주권자의 구속이라는 형태로 전개되어 법치 국가의 교의를 대신하는 기능을 수행했다. 셋째로, 제국의 국가 형태는 보댕이 말하듯이 순수 귀족정이 아니라 귀족정적 요소와 혼합된 혼합 군주정으로 간주되었다. 다만 유일한 예외로서 히폴리투스 아 라피데(켐니츠의 위명)는 보댕을 따라서 황제의 주권을 부정하고, 제국 신분들에게 주권을 인정한 다음, 제국 의회에 권력을 집중하는 의회주의화의 길을 제안했다.[6] 넷째로, 보댕과 달리 교회 고권도 국왕 대권으로 간주되어 주권적 권리의 일부로 짜 넣어졌지만, 최종적으로 이것은 1648년에 영방 군주에게 맡겨지고 제국은 종교 문제에 관한 독자적인 권한을 잃게 된다. 따라서 독일에서의 보댕 수용은 영방 고권(Landeshoheit, superioritas territorialis)의 정식을 제국 차원에서의 주권과의 유비에서 근거짓는다고 하는 얄궂은 결과로 끝났던 것인바, 이러한 귀결은 30년 전쟁 이후 비로소 분명해진다.

30년 전쟁의 강화講和에서 보인 것은 신성 로마 제국이 제국 체제의 중세적 구조를 극복하고 프랑스 형의 제국 절대주의이든 영국 형의 의회주의이든 근대 국가로 이행하는 것에 성공하지 못했다는 점이었다. 베스트팔렌 조약은 제국의 존속이라는 현상 유지를 보장하고 근대화로의 길을 막았지만, 그 결과 절대주의로의 발전은 영방 차원으로 옮겨지고 제국에서는 균형이 중시되게 된다.[7] 구체적으로는 첫째로, 제국 신분들은 대내적인

6.   Hippolithus à Lapide [=B. P. v. Chemnitz], *Dissertatio de ratione status in Imperio nostro Romano-Germanico*, o. O. 1640/47; die deutsche Übersetzung, *Abriß der Staats-Verfassung, Staats-Verhältnis, und Bedürfnis des Röm. Reichs Deutscher Nation*, Mainz/Coblenz 1761. Vgl. Stolleis, a. a. O., S. 203-206.
7.   베스트팔렌 조약의 의의에 대해서는, vgl. E. W. Böckenförde, "Der Westfälische

영방 고권(jus territorii [93]et superioritatis)에 더하여, 프랑스 측 정책에 의해 새롭게 대외적인 동맹권과 교전권을 얻게 되었다. 둘째로, 입법권·선전 강화권·동맹권·최고 재판권과 같은 황제의 주권적 권리는 제국 의회의 동의에 구속되게 되어 황제에 의한 절대주의의 가능성은 근절되었다. 더욱이 이 조약 그 자체가 1654년의 '최신의 제국 결의'에 의해 국제법의 성격을 넘어서서 제국 기본법에로 짜 넣어졌다. 셋째로, 1624년의 신앙상태가 동결됨으로써 개혁파가 비로소 공식적으로 승인되고, 가톨릭·루터파·개혁파의 종파 동권이 오늘날까지 통용되는 교회법의 기본 원리로 높여졌다. 그리고 종파 항쟁을 미연에 방지하기 위해 종교 사항에 관한 다수 결정 원리는 회피되고, 결정에 있어 제국 신분들이 신교단과 구교단으로 나뉘어 협의하는 분리 협의(itio in partes)가 제도화되었다. 이러한 베스트팔렌 조약이 1806년까지 변함없이 제국 기본법으로서 제국 체제의 핵심을 이루게 되었다.

1648년 이후의 제국 공법학에서는 콘링(H. Conring)처럼 로마법 전통으로부터 자립하여 제국사에서 독자적인 기원을 찾는 한편, 푸펜도르프(S. Pufendorf)처럼 아리스토텔레스의 정치학 모델로부터 해방되어 현실주의적인 제국 체제상을 그려내기 위한 시도가 이루어졌다.[8] 푸펜도르프는 『독일 제국 체제론』 초판(1667년)에서 주권의 불가분성에 반한다는 이유에서 아리스토텔레스 이래의 혼합 정체론을 거부함과 동시에, 제국의 국가 형태를 분류 불가능하다는 이유에서 '변칙적이고 괴물과 닮은 것'이라고 진술했다.[9] 그에 따르면 독일 제국은 군주정과 국가 연합의 중간물, 요컨대

• •

    Frieden und das Bündnisrecht der Reichsstände", *Der Staat* Bd. 8, 1969, 449-478; Stolleis, a. a. O., S. 225-228.

8.   1648년 이후의 제국 공법학에 대해서는, vgl. Stolleis, a. a. O., S. 230-236.

9.   Severinus de Monzambano Veronensis [=S. Pufendorf], *De Statu Imperii Germanicii ad Lalium Fratrem, Dominum Trezolani*, Genevae 1667; die deutsche Übersetzung, H. Denzer (Hg.), *Die Verfassung des deutschen Reiches*, Frankfurt a. M./Leipzig 1994,

지도자에게 왕권을 부여한 '복수 국가의 연합(systema)'으로 생각하게 되면 가장 잘 설명될 수 있다는 것이다. 그리고 이러한 제국의 구조로부터 제국의 비효율성을 보여주는 수많은 '중병'——대외적으로는 중추 기능의 결여, 제국 신분들의 상호 불신, 제국 방위의 취약함, 외국 세력의 투표권, 대내적으로는 사법의 지연, 제국 의회의 비효율, 조세 제도의 결함, 제국 통치의 부재——이 생겨난다고 진단된다. 이와 같은 현 상황 진단에 의해 푸펜도르프는 중앙 집권 국가 프랑스의 위협이 다원주의적으로 분할된 제국에 대한 절대주의 국가의 효율성을 보여주었다고 하는, 다른 동시대인에게도 [94]공유되어 있던 일반적 감각을 정식화했다. 어쨌든 보댕에 의한 주권 정의의 특징이 신성 로마 제국에서 충족되어 있지 않은 한에서, 제국에서의 주권의 소재에 대한 물음은 해결되지 않은 채로 남을 수밖에 없었던 것인바, 한 세기 남짓 후에 찾아오는 국가 위기가 비로소 이 물음을 결정하는 것이다.

제2절 제국 해체기의 주권 개념의 재생

헤겔은 「독일 헌법론」(1801-02년)에서 1800년 전후의 제국의 위기에 직면하여 주권의 소재에 대한 물음을 다시 활성화하고자 시도한 최후의 제국 공법학자였다. 하지만 이 글은 그의 생전에는 공간되지 않은 초고에 머문 채 전기 작가에 의해 언급될 뿐이었지만, 약 1세기 후에 공간된 이래로[10] 제2제정기의 독일 역사주의에 강력한 영향을 미치며, 마이네케의 『국가 이성의 이념』(1924년)에서 처음으로 논의되었다.[11] 이 장에서는 이전

* *
S. 198ff.

10. Vgl. Hegel, *Kritik der Verfassung Deutschlands*, hg. v. G. Mollat, Kassel 1893, Neuausg. 1935; ders., *Schriften zur Politik und Rechtsphilosophie*, hg. v. G. Lasson, Leipzig 1913, 2. Aufl. 1923. 일역 『政治論文集』 上(岩波文庫) 수록.

의 프로이센 중심의 국민사관으로부터 거리를 취하는 한편, 최근 편집된 신판의 텍스트에 따르는 가운데[12] 「독일 헌법론」의 성립과 구조를 그의 제국 해체의 시대 체험으로부터 해명하고자 한다.

(1) 헤겔이 제국 체제를 분석하는 계기가 된 것은 혁명 프랑스에 대해 제국이 다른 열강과 함께 행한 간섭 전쟁의 예상할 수 없는 귀결이었다.[13] 1793년 2월에 루이 16세 처형을 계기로 형성된 제1회 대 프랑스 동맹은 다음해 10월에 라인강 좌안을 프랑스군에게 양도하기까지 후퇴했지만, 이것을 본 프로이센은 화평을 요구하는 제국 신분들의 목소리를 대변하여 1795년 4월에 바젤에서 강화 조약을 맺고 전선으로부터 이탈하게 되었다. 이 바젤 강화 조약에 의해 프로이센은 프랑스의 라인강 좌안 영유를 승인하는 대신 그 보호 하에 들어간 북독일의 중립을 보장받았지만, [95]이러한 프로이센의 자세는 제국 애국자로부터 제국으로부터의 이기적인 이반으로서 규탄되었다. 1797년 10월에 캄포 포르미오(Campo Formio) 조약에서 오스트리아는 북부 이탈리아를 포기하고 비밀 조항에서 라인강 좌안의 프랑스에 대한 할양을 승인했지만, 12월부터 라슈타트에서 개최된 제국 강화 회의에서는 라인강을 독일과 프랑스의 국경으로서 인정하는 한편, 교회 재산의 몰수로 배상한다고 하는 프랑스 측 제안이 다음 해 3월에 양해되었다. 영토 확장을 목표로 하는 프랑스에 맞서 1799년 4월에 새롭게 형성된 제2회 대 프랑스 동맹이 러시아의 이탈에 의해 붕괴된 후, 1801년 2월의 뤼네비유 조약에 의해 오스트리아는 라인강을 국경선으로서 다시

11. Vgl. F. Meinecke, *Die Idee der Staatsräson in der neueren Geschichte*, Berlin/München 1924. 일역 『近代史における國家理性の理念』(みすず書房).

12. Vgl. Hegel, *Gesammelte Werke* Bd. 5, Hamburg 1998(이하에서는 GW 5로서 인용).

13. 1789년 이후의 독일에 대해서는, vgl. M. Braubach, "Von der französischen Revolution bis zum Wiener Kongress", in: Gebhardt, *Handbuch der deutschen Geschichte* Bd. 3, Stuttgart 9. Aufl. 1970.

확인할 수밖에 없게 된다. 그뿐만 아니라 남독일 제후들로 이루어지는 '제3의 독일'을 창출한다는 점에 합의한 프랑스와 러시아의 제국 재편 계획이 1802년 11월의 제국 대표자 회의에서 양해되고, 다음 해 2월에는 본 결의로서 채택된다. 이 제국 대표자 회의 본 결의에 의해 성계 제후들이 교회 재산을 몰수당하는 한편, 소국과 제국 도시는 황제 직속의 지위를 박탈당하고 중·대국으로 편입된다. 이러한 세속화(Säkularisation)와 배신화(Mediatisierung)에 의해 소국·도시로 지탱되어 온 오스트리아가 커다란 손실을 입는 한편, 북부에서는 프로이센, 남부에서는 바이에른, 바덴, 뷔르템베르크가 많은 영토를 얻어 독일의 정치 지도는 전혀 달리 그려지게 되었다.

젊은 헤겔은 1789년 이후 단호한 공화주의자로서 각지에서의 공화국의 설립을 환영하는 입장에 서 있었다. 튀빙겐 신학원에서 헤겔은 '당시의 모든 젊은이들과 마찬가지로 혁명의 이념에 심취'해 있었고 친우들과 함께 초원에 '자유의 나무를 심었다'고 하지만,[14] 1793년부터 베른에서 귀족의 가정교사로 일하고, 이웃나라인 바트 지방에서 베른 과두정에 맞서 일어난 저항 운동이 탄압당하는 것을 목격했다. 이러한 경험으로부터 헤겔은 바트 지방의 변호사 카르(J. J. Cart)의 글 『베른 시에 대한 바트 지방의 이전의 국법상의 관계에 대한 친서』를 독일어로 번역하고 서문과 주해를 붙여 1798년 봄에 공간했다.[15] 그것은 프랑스군의 침공에 의해 3월에 스위스 구체제가 뒤집히고 [96]헬베티아 공화국이 창립된 직후의

----

14. Vgl. D. Henrich, "Leutwein über Hegel, Ein Dokument zu Hegels Biographie", *Hegel-Studien* Bd. 3, Bonn 1965, 61.

15. Hegls erste Druckschrift, *Vertrauliche Briefe über das vormalige staatsrechtliche Verhältnis des Waadtlandes zur Stadt Bern* von J. J. Cart, aus dem Franz. übersetzt u. kommentiert v. G. W. F. Hegel, Nachdruck der Ausgabe 1798, Göttingen 1970, Vorerinnerung. 바트란트 글에 대해서는, vgl. F. Rosenzweig, *Hegel und der Staat*, Bd. 1, München/Berlin, 1920, S. 47-54; O. Pöggeler, "Hegels praktische Philosophie in Frankfurt", *Hegel-Studien* Bd. 9, 1974, 76-81.

일로, 이 글에서는 '바트에서의 최근의 사건'으로부터 '많은 교훈'을 이끌어 내도록 독일의 독자에게 경고가 이루어지고 있다. 다른 한편으로 1796년 가을에 헤겔이 고향 슈투트가르트에 돌아왔을 때, 뷔르템베르크 공국에서는 프랑스와의 교섭에서 요구받은 배상금을 증세로 조달하기 위해 26년 만에 영방 의회가 소집되도록 하고 있었다. 영방 의회에 의한 정치 개혁, 더 나아가서는 슈바벤 공화국의 수립을 기대하면서 헤겔은 「시 당국자는 민중(Volk)에 의해 선출되어야만 한다」라는 제목의 팸플릿을 집필하고 대의제의 전면적 변혁을 요구했지만, 1798년 8월, 친구의 조언에 따라 그 공간을 중지했다.[16] 왜냐하면 같은 해 3월에 라슈타트 회의에서 분명해진 라인강 좌안에 대한 프랑스 측 요구는 무엇보다도 '위대한 국민의 대리인'에 의한 '범죄 행위', 즉 1789년의 이념에 대한 배신으로 받아들여졌기 때문이다.

이러한 국가 이성에 충실한 프랑스의 확장 정책, 즉 공화국의 '제국'화에 직면하여 헤겔이 구제국의 현실에 시선을 향했을 때, 그 시야에 들어온 것은 프랑스에 대한 패전에서 드러난 제국의 분열 경향, 요컨대 라인강 좌안의 상실과 독일 제후들의 제국으로부터의 이반이었다. 서구로부터 독일로의 바로 이 전회야말로 제국 체제에 내재하는 결함으로부터 독일 패전의 이유를 설명하도록 헤겔로 하여금 「독일 헌법론」 집필로 몰아세운 중요한 동인이었다. 라슈타트 회의가 시작되는 1799년 초, 헤겔은 「독일 헌법론」의 최초의 초고 집필을 개시하지만, 1801년 2월 뤼네비유 조약 이후 두 번에 걸쳐 집중하여 수많은 구상을 써 모은 후에, 1802년 11월에 개시한 정서 원고를 다음 해 2월의 제국 대표자 회의 본 결의와 함께 중단하게 되었다.[17] 이하에서는 이 네 개의 집필 단계에 따라 시계열 순으로

. .
16. K. Rosenkranz, *Georg Wilhelm Friedrich Hegels Leben*, Berlin 1844, Nachdruck 1977, S. 91-94. 일역 『ヘーゲル伝』(みすず書房, 100-102쪽; R. Haym, *Hegel und seine Zeit*, Berlin 1857, S. 65-67, 483-485. 뷔르템베르크 글에 대해서는, vgl. Rosenzweig, a. a. O., S. 62f.; Pöggeler, a. a. O., S. 81-87.

「독일 헌법론」의 구조를 분석하고자 한다.

(2) 헤겔은 처음에 구조적 관점으로부터 제국 해체의 요인을 봉건적 법 상태에서 찾아내고자 시도한다. 모든 시기에 [97]쓰인 서론(Nr. 88/Nr. 3, 10, 11, 44)은 어느 것이든 '독일은 이미 국가가 아니다'라는 유명한 선언으로 시작된다. '전제정을 제외하면, 독일 제국만큼 국가 전체로서 비참한 국가 체제를 지니는 나라는 없다. …… 누구나 전쟁에 의해 이것을 생생하게 감지했다. 독일은 이미 국가가 아니라는 것이 명확해졌다.'(GW 5, 6) 왜냐하면 '국가의 참된 상태는 평화의 평온에서가 아니라 전쟁의 동란 속에서 분명해지는'(53)바, 즉 국가의 본질은 정상적인 일상적 상황에서가 아니라 비일상적인 극한 상태에서 비추어 나오기 때문이다. 푸펜도르프 이래로 독일의 국가 체제를 분류하고자 한 독일 국법학자들은 그 명칭에 애썼지만, 외국 국법학자 볼테르가 명명한 '아나키'야말로 '가장 좋은 이름'이다(6).

이러한 국가 해체의 상태는 타키투스가 묘사한 게르만 민족의 원초적 상태, 즉 '독일적 자유의 전설'에서 유래한다고 헤겔은 지적한다. 거기서는 각 사람이 획득한 점유물이 법적 권리로서 확정되는 한편, 정치권력은 전체 조직에 따라서 할당된 국가의 관직이 아니라 각 사람이 임의로 처분할 수 있는 소유권으로 화했다. '독일의 국법은 사실은 사법이며, 정치적 권리는 법적 점유, 소유권인'(11) 한에서, 독일의 국법은 '사법의 방식으로 획득된 다양한 국가적 권리의 토지 대장'에 다름 아니다(61). 독일 국법의 사법적 형식이라는 이 정식에 의해 헤겔은 봉건 영주가 재판권·과세권·

..
17. 「독일 헌법론」의 집필 과정에 대해 이전에 필자는 아카데미 판『헤겔 전집』제5권의 편집자 마이스트 씨로부터 가르침을 받았지만(16. 5. 1991), 제5권의 텍스트는 배열순서와 약간의 미공간 단편을 제외하면 주어캄프 판(Hegel, *Werke in zwanzig Bänden* Bd. 1, Frankfurt a. M. 1971)과 동일하다. 그래서 종래의 판과 대비한 다음, G. Schüler, H. Kimmerle의 연대 감정에 의한 청년기·예나 시기 초고의 번호를 덧붙인다.

행정권과 같은 권한을 사유 재산처럼 소유하고 있던 봉건적 법 상태를 멋지게 표현하고 있다.

하지만 헤겔에 따르면 국가 권력을 사유 재산화하는 봉건 귀족의 노력은 '국가를 해체하고 국가 권력을 파괴하는' 것과도 같다. '군주와 의회(황제와 제국 의회)라는 보편적 권력에는 주권(Souveränität)이라는 필연적 성격이 거의 남아 있지 않다. 국가의 성질상, 중심점의 명령 하에 있고 최고 권력(군주와 의회)으로 통합되어야 할 권력……이 법적 최고 권력 하에 없다.'(12) 이러한 주권 부재의 중세적 법 상태로부터 '독일의 국가 구조는 부분이 전체로부터 박탈한 권리들의 총체 이외의 아무것도 아니다'(63)라는 제국에 대한 사망 선고가 내려진다. 요컨대 독일 국법의 사법적 형식이야말로 통일적인 공권력의 부재를 초래했던 것인바, 봉건법을 특징짓는 공적 영역과 사적 영역의 미분화로부터 최고 권력으로서의 국가 [98]주권의 결여도 설명된다.

(3) 헤겔은 국가 해체의 구조적 요인을 봉건 귀족의 사적 특권의 우위에서 발견할 뿐만 아니라, 본론에 해당하는 1801년 5-8월의 장대한 초고(Nr. 12)에서 역사적 관점으로부터 17세기 이후의 제국사 속에서 해체 요인을 찾아내고자 한다. 제국 해체의 역사적 요인으로서 헤겔이 첫 번째로 드는 것은 종파 분열에 따른 국가 결합의 부재, 요컨대 영방 교회제와 제국 신분들의 종파적 분열이라는 종교 내전의 귀결이다. '종교는 자기 분열에 의해 국가로부터 분리되는 것이 아니라, 그 대신에 이 분열을 국가 안으로 옮겨 들여와 국가를 폐기하는 것에 가장 공헌했다.'(GW 5, 96) 헤겔에 따르면 '영방을 지배하는 자가 종교를 지배한다'(Cuius regio, eius religio)는 아우크스부르크 종교화의(1555년)는 일정 종파로의 귀속을 공민권의 조건으로 삼음으로써 신앙의 자유가 아니라 종교적 불관용을 확인했다. 또한 제국 의회가 양 종파의 합의에 의해 종교 사항에 대해 결의를 행할 수 있다고 하는 분리 협의는 다수결에 의한 의지 결정을 불가능하게 만들었다.

하지만 이러한 경험에 의해 국가와 교회의 분리라는 '근대 국가의 원리'가 발견되었다고 헤겔은 말한다. '종교의 분열이 인간의 가장 내면적인 본질을 찢어 발겼음에도 불구하고 결합이 존속해야 한다고 한다면, 외면적으로 결합될 수밖에 없다. 이것이 근대 국가의 원리이다.'(99)

두 번째의 역사적 요인으로서 헤겔은 '독일적 자유'라고 불리는 제국 신분들의 독립, 즉 영방 고권이라는 종교 내전의 또 하나의 귀결을 든다. 베스트팔렌 조약은 '제국의 독립 국가들로의 해체의 원리'를 강화했을 뿐만 아니라 외국 세력에 의한 내정 간섭을 인정하여 '독일의 국가 상실'을 조직화하고, '독일이 근대 국가화하는 것을 방해했다'고 평가된다(105, 124). 그리고 '히폴리투스 아 라피데와 같은 저작가는 국민의 내적 성격과 경향을 분명히 언표했다.'(125) 요컨대 제국은 제국 신분들이 주권을 지니는 귀족정이라고 하는 그의 테제는 1648년 이후, 주권 [99]국가들로의 제국의 해체를 정당화하는 기능을 수행했다고 한다. 더욱이 18세기 후반의 7년 전쟁은 프로테스탄트 나라들이 주장하듯이 종교적 이해관심을 둘러싼 종교 전쟁이 아니라 '독일 신분들의 내전'이었다고 지적한다(109).

종래의 '독일적 자유'가 제국 신분들의 독립을 의미해 왔던 것에 대해 헤겔은 몽테스키외를 따라 대의제에서 발견되는 다른 '독일적 자유'의 전통을 대치시킨다.[18] 종교를 대신하여 '외면적인 법적 유대'를 이루어야 할 대의 제도는 본래 '게르만의 숲'에서 발생하여 '모든 유럽 근대 국가의 제도'가 된 것이다. 대의제는 '세계정신의 제3의 보편적 형태'로서 '진전해 가는 봉건 제도의 본질에 깊이 짜 넣어져 있기 때문에, 이것을 근대의 발명이라고 생각하는 것은 대단히 어리석은 공상이라고 말할 수 있을

· ·
18. Cf. Montesquieu, *De L'esprit des lois*, Liv. 11, Chap. 6, 8, in: *Œuvres complètes* tome 2, Paris 1951, pp. 407, 409. 독일의 몽테스키외 수용에 대해서는, vgl. R. Vierhaus, "Montesquieu in Deutschland", in: *Collegium Philosophicum, Studien Joachim Ritter zum 60. Geburtstag*, Basel/Stuttgart 1965. 일역, 成瀬治 編譯 『傳統社會と近代國家』(岩波 書店) 수록.

것이다.'(111, 115) '10년 동안의 자유를 추구하는 [프랑스] 국민의 투쟁'을 거쳐 '자유라는 맹목적인 부르짖음'은 사라지고, 우리는 '이러한 대의체 없이 자유는 이미 생각될 수 없다'는 것을 배웠다(148, 149).[19] 요컨대 프랑스 혁명의 체험에 의해 루소적인 자유 개념은 변화를 이루어 몽테스키외와 마찬가지로 대표 원리와 결합하게 되었다. 그리고 헤겔은 오스트리아·보헤미아·헝가리의 영방 의회를 증거로 내세워 '독일의 대부분의 국가는 이러한 대표를 갖추고 있다'고 자랑스럽게 말하는 것이다(150).

제국 해체의 세 번째 역사적 요인으로서는 종교적 이해관심과 신분들의 독립에 굳게 결부되어 강대화해 온 프로이센의 대두가 들어진다. 프로이센은 7년 전쟁에서는 '프로테스탄트의 신앙·양심의 자유의 옹호자'로 자처하고, 범汎군주정의 위협에 대해 '독일적 자유'를 구제한다고 선전함으로써 오스트리아와 더불어 '강력한 주권 국가'로 발전을 이루고, 이제 단독 강화 조약을 체결하게까지 되었다(145, 147, 149). 그러나 헤겔에 따르면 요제프 2세 이래의 관용 정책에 의해 가톨릭의 개종 활동에 대한 프로테스탄트의 우려는 사라졌다(145, 147). 게다가 '프로이센 주들의 영방 의회 (Landstände)는 왕권 아래에서 의의를 상실했던' 데 반해, 독일의 영방 의회·제국 도시는 황제로부터 '독일적 자유'에 대한 지지를 기대할 수 있다(150f.). 이와 같이 헤겔은 반프로이센적인 제국사를 그려낸 다음, 대의제의 [100]존재를 이유로 하여 합스부르크가 측에 가담한다.[20] 하지만 입헌주의적 관점으로부터 오스트리아를 선택하는 이러한 그의 판단은

· ·
19. 여기서는 '일반 의지는 대표되지 않는다', '인민은 대표자를 갖자마자 자유가 아니게 된다'는 루소의 근본 사상이 생각되고 있다(cf. J.-J. Rousseau, *Du contrat social*, Liv. 3, Chap. 15, in: *Œuvres complètes* tome 3, Paris 1964, pp. 429, 431). 루소로부터 몽테스키외로의 전회에 대해서는, vgl. H. Maier, "Hegels Schrift über die Reichsverfassung", in: Hegel, *Über die Reichsverfassung*, hg. v. H. Maier, Hamburg 2004 [=Studienausgabe von GW 5], S. 195-217.

20. Vgl. O. Pöggeler, "Hegels Option für Österreich, Die Konzeption korporativer Repräsentation", *Hegel-Studien* Bd. 12, 1977, 83-128.

30년 후의 역사 철학 강의에서는 대극적인 제국사관으로 전환해 가는 것이다.[21]

(4) 이리하여 헤겔은 공화주의자로부터 제국 애국자로 변신하고 제국으로부터의 프로이센의 이반을 규탄하는 한편, 오스트리아를 중심으로 하는 제국의 재건에 내기를 건다. 같은 주요 초고(Nr. 12) 말미에서 헤겔은 제국 체제의 개혁 제안을 제시하고 있지만, 그것에 따르면 독일의 전 병력을 하나의 군대로 융합하여 황제의 최고 지휘 하에 둠과 동시에, 군사 경비는 현행대로 영방으로부터, 다만 황제에게 직접 지불되어야 한다고 한다. 이때 모든 영방 의회는 일체화하여 하위의 군사 구획으로부터 의원을 선출한 다음, 제국 도시로 이루어지는 도시단과 일체가 되어 선제후단이나 제후단과 함께 제국 의회를 구성해야 한다고 주장된다(GW 5, 154-156). 헤겔의 제국 재건안은 이와 같이 제국 체제의 근간에 손을 대지 않고 그 보완·수정에 머무르고 있었기 때문에, 1803년 2월 제국 대표자 회의 본 결의에 의해 세속화와 배신화로 이루어지는 제국의 근본적 재편 계획이 분명해졌을 때 이 개혁 제안으로 매듭지어져야 했던 「독일 헌법론」도 좌절되지 않을 수 없었던 것이다.

하지만 제국 재건안을 집필했던 1801년에서조차 헤겔은 그 실현 가능성에 대해 회의적이었다. 왜냐하면 제국의 존속을 짊어져야 할 영방 의회는 전비 공여에 대해 가장 반대하고 있었기 때문이다. '통찰에서는 영방과 영방 의회의 이해관심이 독일에서의 국가 권력의 존재에 결부되면서,

---

21. 1830년도 역사 철학 강의의 칼 헤겔 필기록에서 베스트팔렌 조약은 프로테스탄트 교회가 세속적 생존을 확보하는 첫걸음으로 해석되며, 7년 전쟁은 '종교 전쟁', 이것에서 승리를 거둔 프로이센은 '프로테스탄트 교회의 보호자'로 평가된다(vgl. Hegel, *Philosophie der Weltgeschichte*, nach den Vorlesungen seines Vaters, von F. W. K. Hegel (Wintersemester 1830-1831), S. 488). 헤겔 아르히프에 보관된 이 필기록의 게르만 세계 부분은 필자에 의해 해독되었다(본서, 제3장, 참조).

행위에서는 이 독일적 이해관심이 영방 자신에게 소원해져 있다. ……
이 나라에 대한 애국심은 어디서 생겨나는 것일까?'(154) 이러한 이론과
실천의 갭에 직면한 제국 애국자 헤겔은 마키아벨리를 따라서 독일 통일은
'정복자의 힘'으로부터 기대될 수 있다고 결론을 내리고, 이 구제자를
고대의 입법자 테세우스에 비유한다(157).[22] 1800년 전후의 독일은 내전과
외국 세력에 의한 전쟁의 무대라는 운명을 15세기 이탈리아와 공유하는
한에서, 국가 통합 하에서만 자유가 가능하다고 하는 마키아벨리의 이탈리
아 구제의 이념은 독일에도 [101]들어맞는다고 한다(131f., 136).

그러나 헤겔은 제국의 구조적 해체 요인이 국가 주권의 부재에 있다고
인식하면서도 왜 제국 체제의 근본적 개조를 요구하지 않는 것인가? 이
의문에 대답하는 실마리는 1802년 11월 이후에 마지막으로 쓰인 정서고(Nr.
44), 그것도 국가의 개념을 논의한 서론에 숨겨져 있다. 거기서 헤겔은
마키아벨리의 '국가 이성'(ratio status)론과 함께 독일에서 보급된 '국
가'(Staat) 개념을 '재산 전체를 공동으로 방위하기 위해 결합한' 인간
집단으로 정의하고, 그 특징으로서 '공통의 무력과 국가 권력'을 들고
있는데, 거기서는 공통의 국가 권력에 있어 필연적인 것과 우연적인 것을
구별하고, 후자를 '시민 자신의 의지와 살아 있는 자유'에 맡겨야 한다고
한다(165f.). 국가 개념에 있어 우연적인 영역은, 첫째로 국가 형태, 둘째로
입법·사법·행정의 각 권력, 셋째로 인간의 사적 권리의 평등·조세의
평등·사법의 동일성, 넷째로 습속·문화·언어·종교의 동일성(167ff.)
으로 대단히 광범위하게 인정된다. 이 결과, 주권 개념의 핵심을 이루는

---

22. 누구를 독일의 구제자 '테세우스'로 생각하고 있었는가에 대해 나폴레옹 설로부터(W.
Dilthey, *Gesammelte Schriften* Bd. 4 *Die Jugendgeschichte Hegels*, Leipzig/Berlin
1925, S. 131, 135f.), 오스트리아 황태자 설(Rosenzweig, a. a. O., S. 125f.), '누구도
아니다'라는 설까지(Pöggeler, a. a. O. (Anm. 20), 99, 110), 다양한 해석이 이루어져
왔지만, 최근에는 나폴레옹 설이 다시 활성화되고 있다(vgl. Stolleis, a. a. O., 329;
Maier, a. a. O., S. 213).

세 개의 주권적 권리, 그리고 국가 주권에 관계되는 개인의 재산 관계의 법적 규정은 국가 개념으로부터 완전히 배제되는 것이다.

헤겔이 국가의 본질에 있어 필연적인 영역과 우연적인 영역을 구별하는 근거는 몽테스키외와 마찬가지로 근대 국가에서의 군주정의 필연성에 대한 통찰에 놓여 있다. '오늘날의 국가 규모에서는 모든 자유인이 일반적인 국사에 관한 협의와 결정에 참가해야 한다는 이상은 전혀 실현 불가능하다. 국가 권력은 정부로서의 집행에서도 그 결정에서도 중심점으로 집중할 필요가 있다. 이 중심점 그 자체가…… 자연 법칙과 출생에 의해 정해진 군주의 인격이라는 불변의 형태를 취해 신성화되게 되면, 국가 권력은…… 사회에 생겨나는 대부분의 관계들과 법률에 의한 그 유지를 하위의 제도와 단체에 자유롭게 맡길 수 있다.'(173) 정치적 집권화와 사회적·행정적 분권화를 동시에 실현하고자 하는 이 구상이야말로 헤겔이 주권 개념으로부터 완전한 귀결을 끌어내는 것을 방해했던 것인바, 여기에는 「최고最古의 체계 구상」으로부터 [102]같은 시기의 피히테 비판에까지 미치는 기계적 국가관에 대한 비판이[23] 결정적 역할을 수행하고 있다. 국가를 '모든 무수한 톱니바퀴에 운동을 전하는 단일한 스프링을 지니는 기계'로 간주하는 '일부는 실행으로 옮겨진 최근의 이론'의 '근본적 편견'을 논박함으로써, 헤겔은 모든 것을 '최고의 국가 권력에 의한 직접적인 활동에 따르도록' 하는 루소-피히테의 인민 주권론뿐만 아니라 프랑스 공화정과 프로이센과 같이 '모든 것을 위로부터 통제하고자 하는 근대 국가', 요컨대 절대주의적·혁명적 국가도 거부한다(174, 172, 177). 그리고 '공민 자신의 활동에

---

23. 「최고의 체계 구상」(1796-97)에서는 '모든 국가는 자유로운 인간을 기계의 톱니바퀴로서 다루지 않을 수 없는' 한에서, '국가는 존재를 그쳐야 한다'고 한다(Hegel, *Werke in zwanzig Bänden* Bd. 1, S. 235). 여기서 기계적 국가관으로서 생각되고 있는 것은 홉스『리바이어던』, 특히 그 서론일 것이다. 차이 논문(1801년)과 자연법 논문(1802-03년)에서 보이는 피히테 국가론에 대한 비판에 대해서는, vgl. Hegel, *Werke in zwanzig Bänden* Bd. 2, Frankfurt a. M. 1970, S. 81-87, 519.

자유로운 활동의 여지를 남기고자' 하는 '구 유럽 국가의 위대한 장점'(172), 즉 구-입헌주의적 전통을 평가하고, 혁명 프랑스의 행정적 집권화를 물리치는 헤겔의 입장이야말로 국가 개념을 너무나 넓게 이해하고 제국 체제의 틀 내에 머무르도록 촉진했던 것이다.

(5) 이상과 같이 「독일 헌법론」의 구조를 개관할 때, 거기에서는 전체 구상에 관련된 이론적 모순을 간취할 수 있다. 헤겔은 독일 국법의 사법적 형식이야말로 제국 해체의 구조적 요인이라고 날카롭게 진단하면서도, 통일적인 공권력을 확립하는 것에 필요한 처방전을 전개할 수 없는 것이다. 봉건 귀족에 의한 정치적 권리의 사유를 참으로 극복하기 위해서는 봉건 영주로부터 중간 권력으로서의 봉건적 특권(과세권, 재판권, 행정권)을 탈취하여 국가의 정점에로 집중시킬 필요가 있지만, 헤겔은 국가 주권을 사회의 저변에까지 미치도록 하는 것을 거부하고 있다. 왜냐하면 그는 제국 체제를 지탱하는 신분제적 기반을 철폐하지 않는 한, 제국 해체의 구조적 요인을 제거하는 것도 통일적인 공권력을 확립하는 것도 가능하지 않다는 것을 깨닫지 못하고 있기 때문이다. 제국 해체의 구조적·역사적 요인에 관한 날카로운 현상 진단과 불완전한 처방전 사이에서는 중대한 자기모순, 요컨대 '군주는 법에 구속되지 않는다'고 하는 주권의 절대성에서의 불철저함이 보인다. 왜냐하면 주권 개념의 수용을 몽테스키외의 수용으로 상쇄했기 때문에, 주권론자 헤겔은 입헌론자 헤겔에 의해 제약되어 있기 때문이다.

[103]헤겔이 마지막에 제시해야 했던 개혁 제안은 정치 정세의 급속한 전개에 추월당하여 지면 위에서의 계획으로 끝났다. 더욱이 이후의 제국 신분들은 그의 바람과는 반대로 원심화 경향을 가속시켜 간다. 1804년 5월, 나폴레옹이 황제에 취임하고 새로운 제국을 창립했을 때, 세속화와 배신화로부터 이익을 얻은 남독일 제후들은 나폴레옹을 지지한다. 1805년 8월에 제3회 대 프랑스 동맹이 결성되었을 때, 북독일 나라들이 계속해서

중립을 지키는 한편, 남독일 3국은 프랑스와 동맹을 체결하고 오스트리아와 싸우는 것이다. 바로 헤겔이 베스트팔렌 조약의 귀결로서 두려워하고 있던 내전이다. 같은 해 12월에 나폴레옹이 아우스테를리츠에서 승리를 거두고 오스트리아가 프레스부르크 조약으로 영향력을 상실했을 때, 남독일 나라들은 1806년 7월 나폴레옹을 보호자로 하는 라인 동맹을 설립하고 구제국으로부터 이탈해 간다. 이 결과, 다음 8월에 프란츠 2세는 황제의 칭호를 포기하고 신성 로마 제국의 1000여 년의 역사를 닫게 되었다. 제국 재생에 내기를 건 제국 애국자 헤겔의 구상도 제국 붕괴와 더불어 '죽음과 싸우는 상대에 대한 애정'(Liebe in Zeiten der Agonie)²⁴과 같이 이루어질 수 없는 꿈으로 화하여 무너지고 말았다. 하지만 「독일 헌법론」에서 직면한 이론적 모순은 해결되지 않은 과제로서 남는 것인바, 헤겔은 새로운 질서의 독일에서 이 과제를 해결하도록 내몰리게 된다.

제3절 라인 동맹 개혁기의 주권 개념을 둘러싼 논쟁

「독일 헌법론」에서 헤겔은 최고 권력으로서의 주권의 결여로부터 대프랑스 패전을 설명하는 한편, 주권 개념 대신에 군주와 의회로 이루어지는 '중심점' 개념을 사용하고 있었다. 1805년도의 예나 대학 정신 철학 강의에서도 주권 개념을 사용하지 않고 '전체의 확고한 직접적인 매듭'을 이루는 세습 군주와, 전체의 '정신적 유대'를 이루는 공론으로 이루어지는 입헌 군주정을 그려내고 있다.²⁵ 그러나 제국의 붕괴로부터 2개월 후, 헤겔은 찾아 헤맨 '테세우스'를 정복자 나폴레옹에게서 발견하고 [104]보나파르트

24. Stolleis, "Reichspublizistik und Reichspatriotismus vom 16. zum 18. Jahrhundert", *Aufklärung* 4. Jg. 2. H., 1989, 7-23, 여기서는 8.
25. Hegel, *Gesammelte Werke* Bd. 8, Hamburg 1976, S. 263.

지지자로 변해 간다. 1806년 10월 13일, 프랑스군이 프로이센군과 승패를 결정하게 되는 예나 회전의 전날 밤,『정신 현상학』을 이제 막 완성한 헤겔은 아주 가까이에서 목격한 나폴레옹에 대한 감탄을 서한에 적는다. '나는 황제, 이 세계정신이 정찰을 위해 말을 타고서 시내를 통과해 가는 것을 보았습니다. 한 점에 정신을 집중하고 말 위에서 세계를 내다보며 세계를 지배하는 개인을 보는 것은 실제로 아주 멋진 기분입니다. …… 지금은 누구나 프랑스군의 행운을 기도하고 있습니다.'[26]

　1807년 3월부터 헤겔은 밤베르크에서『밤베르크 신문』의 편집자를 1년 반 동안 맡아 일하는데, 편집자 헤겔은 결코 중립적 보도자가 아니라 나폴레옹을 선택하는 태도를 숨기고자 하지 않는다.[27] 논설에서는 같은 해 7월 프로이센의 최종적 패배에 이르는 사건을 냉정하게 평가함과 동시에, 나폴레옹에 의해 창출되는 독일의 신질서, 특히 베스트팔렌 왕국의 헌법·입법에 주목하고 독자에게 소개하고 있다. 1807년 8월의 서한에서 헤겔은 이 맥락에서 라인 동맹 공법학자의 논의에 대해 언급하고 있다. '독일의 국법학자들은 주권 개념과 동맹 규약의 의미에 대해 수많은 저작을 계속해서 쓰고 있습니다. 위대한 국법학자는 파리에 있습니다. …… 독일의 제후는 자유로운 군주정의 개념을 아직 이해할 수 없으며 그 실현도 시도하고 있지 않습니다. 나폴레옹은 이것들 모두를 조직해야만 하겠지요.'(Br 1, 185, 강조, 곤자 다케시) 같은 해 11월의 서한에서는 프랑스인으로부터 도입해야 할 정치적 자유——후에 말하는 '주체적 자유'——의 의의를 강조한다. '프랑스인을 모방할 때 우리는 절반만 받아들이고 다른 절반을 생략해 버렸지만, 이 나머지 절반이야말로 인민(Volk)의 자유라는 가장 고귀한 것, 요컨대 인민이 선거와 결정에 참가하고, 적어도 정부의 조치의

26.　J. Hoffmeister (Hg.), *Briefe von und an Hegel* Bd. 1, Hamburg 1952, 3. Aufl. 1969, S. 120f.〔이하에서는 Br 1로서 인용〕.

27.　Vgl. M. Baum/K. Meist, "Politik und Philosophie in der Bamberger Zeitung, Dokumente zu Hegels Redaktionstätigkeit 1807-1808", *Hegel-Studien* Bd. 10, 1975, 87-127.

근거를 인민이 이해할 수 있도록 설명하는 것을 포함하고 있습니다. ……
독일이 프랑스로부터 배운 것은 이미 수많이 있습니다. 독일인의 완만한
성질은 서서히 많은 이익을 얻겠지요.'(198f.) 더 나아가 다음 1808년 2월의
서한에서는 1804년의 나폴레옹 법전을 '강제력을 수반하는 초대장'이라고
부르며 지지하고 있다. '나폴레옹 법전의 중요성도 프랑스 헌법과 베스트팔
렌 [105]헌법의 다른 부분을 도입하는 것으로부터 바랄 수 있는 희망의
중요성과는 비교할 수 없습니다.'(218) 이러한 서한들로부터 읽어낼 수
있는 것은 나폴레옹의 개인숭배에 머무르지 않고 서구에 대해 자국을
개방하며 1789년의 이념으로부터 배운다고 하는 헤겔의 기본자세인바,
그로부터 나폴레옹 법전의 도입을 비롯한 라인 동맹국들의 개혁을 지지하
는 그의 입장도 이해 가능해진다.

　1808년 11월부터 헤겔은 뉘른베르크에서 김나지움의 교장을 8년간 맡는
데, 이 무렵 바이에른에서는 몬젤라 장관에 의해 행정의 재조직을 비롯한
근대화를 지향한 개혁 정책이 실행에 옮겨지고 있었다. 앞의 서한의 수신인
이기도 한 헤겔의 친우 니트함머는 1807년 예나로부터 뮌헨으로 옮겨
중앙 장학관으로서 새로운 교육 제도를 계획하고 있었는데, 튀빙겐의
동창생인 헤겔과 파울루스를 불러들여 교육 개혁에 대한 협력을 요구했
다.[28] 이 몬젤라 시대의 바이에른이야말로 최근의 연구에 의해 '라인 동맹
개혁의 고전적 모델'로 평가되는데, 다음과 같은 근본적 개혁을 추진했다.[29]
첫째로 영주·교회·자치체 등의 중간 권력을 배제하고 중앙 집권적 행정
을 조직하는 행정의 집권화, 둘째로 국민 대표를 규정한 헌법의 공포,
셋째로 평등 원리에 기초하는 기본권의 보장── 즉 법 아래서의 평등,

* *
28.　Vgl. H. Althaus, *Hegel und die heroischen Jahre der Philosophie*, München/Wien
　　1992, S. 229ff. 일역 『ヘーゲル伝』(法政大學出版局) 234쪽 이하.

29.　Vgl. E. Fehrenbach, *Traditionale Gesellschaft und revolutionäres Recht, Die Einführung
　　des Code Napoléon in den Rheinbundstaaten*, Göttingen 1974, S. 133. dies., *Vom
　　Ancien Régime zum Wiener Kongress*, München 4. Aufl. 2001, S. 86-94.

과세의 평등, 관직의 개방, 농노제의 폐지와 인격·소유의 자유, 양심·출판의 자유──, 넷째로 나폴레옹 법전의 도입──특히 분할 상속에 의한 대토지 소유의 해소, 토지 지배에 결부된 분할 소유권의 폐지──이다. 이러한 개혁들의 결과, 봉건 귀족은 과세 특권, 관직 독점, 재판 관할권, 영주 재판권을 잃고, 토지 소유와 결합한 봉건적 특권은 '소유의 자유'의 요청 하에 사법상의 소유권으로 전환했다. 따라서 라인 동맹국들에서 '프랑스 혁명의 성과와의 밀접한 유사성은 개혁기 프로이센에서보다 훨씬 더 감지된다'고 평가되고 있다.

1807년부터 14년까지의 개혁기에 라인 동맹 공법학자들은 헤겔이 지적했듯이 '주권 개념과 동맹 규약의 의미'에 대해 활발하게 논의하고 있었다. 그들의 논쟁의 전체상을 처음으로 분명히 한 슈크의 연구에 따르면, 거기에는 [106]1806년의 배신화에 수반되는 문제와 라인 동맹의 해석이라는 두 가지 논쟁점이 놓여 있었다.[30] 첫째로, 1806년 7월의 동맹 규약은 제24조 및 제26조에서 제국 체제에 구속되지 않는 완전한 주권을 개별 국가에게 인정하는 한편, 제27조에서는 나폴레옹의 귀족 정책에 의해 제국 직속의 지위를 박탈당해 배신화된 귀족(Mediatisierter/Standesherr)에게 종래의 특권을 인정하고 있는데, 이 배신 귀족의 특권은 개혁을 좌우하는 결정적 문제로 주권의 행사를 대폭적으로 제한할 수 있었다. 한편으로 Brauer, Zachariä와 같은 '주권론자'는 제국으로부터 라인 동맹으로의 이행이 국가적 변혁인 한에서, 배신 귀족의 권리 관계는 주권의 자유로운 결정에 따라야 한다고, 그리고 배신 귀족의 권리는 어디까지나 예외적으로 용인된 특권인바, 주권자에 의해 제한·철폐될 수 있다고 논의했다. 이에 반해 Berg, Winkopp과 같은 다수파의 '입헌론자'는 국법상의 관계가 주권자의

30. Vgl. G. Schuck, *Rheinbundpatriotismus und politische Öffentlichkeit zwischen Aufklärung und Frühliberalismus*, Stuttgart 1994, S. 230ff., 256ff. 라인 동맹 공법학에 관한 이하의 서술은 슈크의 이 연구에 의거한다.

자의에 의해 좌우될 수 없다고, 오히려 배신 귀족의 권리야말로 입헌적 구속의 유일한 잔여를 이루는 이상, 참된 권리·소유권으로서 존중되어야 한다고 논의하고, 주권자에 대한 입헌적 구속을 이야기했다.

두 번째 논점은 라인 동맹을 구제국과의 관계에서 어떻게 볼 것인가 하는 것인데, 이 견해에 따라 '라인 동맹 애국주의'의 유형들이 구분된다. 최초의 유형은 라인 동맹을 제국의 계승으로 보는 구제국 지지자, 즉 Johannes von Müller, Winkopp와 같은 '계몽된 제국 애국자'이다. 그들은 라인 동맹은 국민화할 필요가 있고, 국민적 통일이라는 목표를 향해 가맹국은 단일한 연방 국가(Bundesstaat)를 이루어야 하는 한에서 개별 국가의 주권은 제한될 수밖에 없다고 논의함으로써, 1806년 이전의 제국 개혁 논의를 끄집어낸다. 다음 유형이 제국의 전통을 거부하고 각국의 주권을 인정하는 나폴레옹 지지자, 즉 '근대주의적 동맹 애국자'이다. 그들은 혁명의 완성자 나폴레옹을 새로운 칼 대제로 보고 제국의 연속성에 대치하여 1806년의 단절을 명확히 의식하지만, 그 한편으로 나폴레옹에 대한 환상에 사로잡혀 있었다. 제3의 유형이 개별 국가의 주권을 지지하는 Gönner, Aretin과 같은 '주권론자'인데, 그들은 연방 국가적 중앙 권력은 주권과 양립할 수 없다고 하여 거부한 다음, 라인 동맹은 국가 연합(Staatenbund)으로서만 받아들여질 수 있다고 논의하고, [107]국내의 독립 권력을 해소한 공권력의 유일한 담당자로서 국가 주권을 인정한다. 제4의 유형은 국민적 통일을 향해 라인 동맹 헌법을 구상하는 Behr, Pahl과 같은 '국가 연합론자'이다. 그들은 개별 국가의 주권을 상호적으로 승인한 다음, 국가 연합의 형태로 국민적 통일을 생각하는 한편, 주권 원리의 제한은 구제국 구조로의 후퇴라고 보아 연방 재판소의 설치에 대해서는 반대한다.

따라서 라인 동맹 공법학자 진영은 제국과의 연속성을 강조하는 제국 애국적 입헌론자와, 제국과의 단절을 강조하는 주권론자로 크게 구별될 수 있는바, 전자는 개별 국가의 주권을 제한하는 연방 국가적 라인 동맹 헌법을 지향했던 데 반해, 후자는 개별 국가의 주권을 보장하는 국가 연합적 헌법을 선전했던 것이다.[31] 슈크는 '주권론자의 입장은 (특히 칸트 이후의) 관념론적 국가 철학과 이론적으로 밀접히 연결된다'고 지적하고, '헤겔 국가 철학과 (제1의적으로는 프로이센 개혁이 아니라) 라인 동맹 개혁과의 관련은 명백하지만, 종래에는 고려되지 않았다'고 논평하고 있다.[32] 200년 사이에 걸쳐 이 관련이 무시되어 온 것은 라인 동맹 개혁기가 20세기 중반까지 국민 국가적 연속성의 입장에서 '외국 지배의 시대'로서 단죄되어 왔다고 하는 독일사 특유의 사정 탓이다. 하지만 라인 동맹 공법학의 겨냥도 하에서 1817년 이래로 형성된 헤겔의 주권 이론을 보게 되면, 헤겔은 바이에른의 개혁 체험을 통해 앞의 이론적 모순을 깨달은 데 기초하여 제국 애국자로부터 주권론자로의 결정적 전환을 이루었다는 것이 분명히 드러난다. 다음 절에서는 두 세기 사이에 간과되어 온 헤겔 주권 이론과 라인 동맹 개혁과의 관련을 새로운 자료에 기초하여 논증하고 자 한다.

제4절 1820년 전후의 주권 개념의 이론적 정식화

(1) 헤겔은 1814년 4월에 나폴레옹의 몰락을 '일어날 수 있는 가장 비극적인 일'이라고 부르며 한탄하는 한편, 2년 후에는 [108]'이전에 보았던 가장 터무니없는 보나파르트에 대한 반동'에도 불구하고 개혁의 성과는 불가역 적이라고 하는 확신을 표명하고 있다.[33] 1816년 7월의 서한에 따르면,

· ·
31. ゲルハルト・シュック 「ライン同盟の改革と1800年前後の連續性問題」 『北大法學論集』 55권 5호(2005년) 181쪽.
32. Schuck, a. a. O., S. 287f. 라인 동맹 연구사에 대해서는, vgl. Fehrenbach, a. a. O. (2001), S. 213ff.
33. Hoffmeister (Hg.), *Briefe von und an Hegel* Bd. 2, Hamburg 1953, 3. Aufl. 1969, S. 28, 85f.(이하에서는 Br 2로서 인용).

'나는 세계정신이 시대에 대해 전진의 명령을 내렸다는 것에 따릅니다. …… 가장 확실한 것은 전진하는 거인을 확고하게 놓치지 않는 것입니다.' 그리고 같은 해 10월에 하이델베르크 대학에서 교수직을 얻은 후, 1817년 초에 「뷔르템베르크 왕국 영방 의회의 토론의 비평」을 익명으로 발표한다. 이 영방 의회 논문에서 헤겔은 새로운 헌법을 제정하고자 하는 국왕과 이에 반대하는 의회와의 사이에서 일어난 독일 최초의 헌법 분쟁을 다루어 국왕 측에 가담한다.[34]

헤겔에 따르면 독일 나라들에서 최근 일어난 변화는 '제국 봉토(Reich-slehen)의 관계로부터 주권을 지니는 나라들, 즉 국가 간(Staaten)의 관계로의 이행'(GW 15, 56), 요컨대 대외적 · 대내적인 이중의 의미에서의 '국가의 창립'이었다. '주권 성립의 제1기'에서는 '대외적인 주권'이 승인되고 제국에 의한 종래의 제약으로부터 개별 국가의 주권이 해방된 것에 반해, 이제 군주정에 대의제를 결합한 자유로운 헌법을 국민들에게 부여하는 때가 도래했다. 국왕 프리드리히 2세는 '대내적으로 군주정 국가를 창립하는 이 제2보'를 내딛고(32f.), 헌법 제정 권력이라는 대내적 주권을 최초로 행사했다.[35] 그러나 의회, 특히 귀족 세력은 국왕이 부여한 새로운 헌법을 구헌법의 부활이 아니라고 하는 이유에서 거부했다. 이에 대해 헤겔은 '실정적 권리'로부터 출발하는 영방 의회의 잘못을 '이성의 권리'라는 혁명적 명제를 증거로 내세워 '죽은 것은 다시 되살릴 수 없다'고 비판한다 (54, 60). '프랑스 혁명의 시작은…… 수많은 실정적 권리와 특권에 대해 이성적 국법이 도발한 싸움이라고 보아야 한다. 뷔르템베르크 영방 의회의 토론에서도 두 원리의 동일한 싸움이 보이지만, 입장이 바뀌어 있다.'(61)

----

34. Vgl. Hegel, *Gesammelte Werke* Bd. 15, Hamburg 1990, S. 30ff.〔이하에서는 GW 15로서 인용〕. 일역 『政治論文集』 下(岩波文庫) 수록.

35. 헌법 제정 권력론에 대해서는, vgl. Schmitt, a. a. O., S. 20ff., 75ff.; Böckenförde, "Die verfassungsgebende Gewalt des Volkes", in: *Staat, Verfassung, Demokratie*, Frankfurt a. M. 1991, S. 90-112.

요컨대 프랑스에서는 의회의 다수가 이성의 권리를 주장하고 정부가 특권 측이었지만, 여기서는 국왕이 이성적 국법의 측, 의회가 '오랜 좋은 법'이라는 특권의 옹호자로 되어 있는 것이다. 뷔르템베르크 의회는 프랑스 망명 귀족과 마찬가지로 '아무것도 배우지 못하고', 그렇기는커녕 '최근의 [109]25년간이라는 세계사가 지녔던 가장 풍부한 세월, 우리에게 있어 가장 교훈으로 가득 차 있는 세월……을 잠자며 보낸 듯하다.'(61f.)

이리하여 헤겔은 역사적 경험으로부터 아무것도 배우고자 하지 않고 라인 동맹 개혁의 성과를 무로 돌리고자 하는 의회의 반대에 대항하여, 국왕에 의한 위로부터의 개혁에 내기를 건다. 이러한 역설적 상황은 뷔르템베르크뿐만 아니라 베스트팔렌 왕국에서도 보이는 것이다. 거기서도 대표자는 1808년과 10년의 두 번에 걸쳐 과세 특권 폐지 법안을 부결시켜 1807년 헌법에 규정된 평등 조항에 거슬렀다.[36] 요컨대 새로운 헌법의 지지자라는 여기서의 헤겔의 입장은 라인 동맹 개혁의 주권 정책의 속행이라는 맥락 하에서 올바르게 이해될 수 있는 것이다.

(2) 1817년 여름 『철학적 학문들의 엔치클로페디』에서 체계의 골격을 그린 후, 헤겔은 같은 해 겨울 학기에 「자연법과 국가학」 강의를 처음으로 행하며, 베를린 이주 후에도 1818년도와 19년도의 두 차례에 걸쳐 이 강의를 행한다. 1820년 『법철학 요강』에 이르는 이들 3회의 강의에서 헤겔은 국가론의 틀 내에서 주권 이론을 발전시키고 있는데, 그 형성 과정은 최근 공간된 1817년도·19년도의 세 개의 필기록으로부터 해명될 수 있다. 하지만 제1회 강의의 반년만 필기록[37]은 문헌학적으로 신뢰할

---

36. Vgl. Fehrenbach, a. a. O. (2001), S. 85, 89.
37. Hegel, *Vorlesungen* Bd. 1 *Vorlesungen über Naturrecht und Staatswissenschaft (Heidelberg 1817/1818)*, Nachgeschrieben von P. Wannenmann, hg. v. C. Becker u. dgl., mit einer Einleitung von O. Pöggeler, Hamburg 1983(이하에서는 1817로서 인용); ders., *Die Philosophie des Rechts, Die Mitschriften Wannenmann (Heidelberg*

수 있다고 여겨지는 데 반해, 헨리히에 의해 편집된 제3회 강의의 익명 필기록[38]은 그 신뢰도가 오랫동안 논란되어 왔지만, 그 후 공간된 같은 연도의 링기어 필기록[39]에 의해 확증되었다고 말할 수 있다. 왜냐하면 후자의 필기록은 강의 시간 중에 받아쓴 '청취고'(Mitschrift)로 평가되고 있고, 더욱이 양자의 필기록은 서술 형식에서도 내용상으로도 기본적으로 동일하기 때문이다. 이하에서는 1817년도 반넨만 필기록, 1819년도 헨리히 필기록 및 링기어 필기록을 자료로 하여 독일 최초의 주권 이론의 성립 과정을 재구성하고자 한다.

[110]우선 헤겔의 주권 이론에 들어가기 전에 '인격과 소유의 자유'의 원리가 '추상법'에서 어떻게 근거지어지고 있는지를 살펴보고자 한다. 왜냐하면 인격과 소유의 자유야말로 시민 사회의 원리로서 국가 주권의 전제를 이룰 뿐만 아니라[40] 또한 라인 동맹국들의 개혁의 핵심 부분을 표현하고 있기 때문이다. 첫째로, '소유의 자유'가 봉건적 토지 소유의 철폐를 요구하는 원리라는 것은 헤겔 자신에 의해 자각되어 있었다. 1817년 도 강의에 따르면 '그리스도교에 의해 인간은 비로소 자유로 되었지만, 봉건 제도에 의해 소유는 부자유로 되어 이것이 프랑스 혁명의 계기가 되었다. 봉건제를 폐지해야 한다는 원리는 전적으로 그대로이지만, 유상으로 되어야 했다.'(1817 29. 강조, 곤자 다케시) 여기서 '부자유한 소유'라고

<hr>

　　1817/1818) und Homeyer (Berlin 1818/19), hg., eingeleitet u. erläutert v. K.-H. Ilting, Stuttgart 1983〔호마이어 필기록은 이하에서 1818로서 인용〕.

38.　Hegel, *Philosophie des Rechts, Die Vorlesungen von 1819/20 in einer Nachschrift*, hg. v. D. Henrich, Frankfurt a. M. 1983〔이하에서는 1819 H로서 인용〕.

39.　Hegel, *Vorlesungen* Bd. 14 *Vorlesungen über die Philosophie des Rechts (Berlin 1819/20)*, Nachgeschrieben von J. R. Ringier, hg. v. E. Angehrn, M. Bondeli und H. N. Seelmann, Hamburg 2000〔이하에서는 1819 R로서 인용〕.

40.　『법철학』에서의 인격과 소유의 자유에 대해서는, vgl. Ritter, "Person und Eigentum", in: *Metaphysik und Politik*, Frankfurt a. M. 1969, S. 256-280. 소유권의 개념사에 대해서는 村上淳一 『近代法の形成』(岩波書店) 80쪽 이하를 참조.

할 때에 생각되고 있는 것은 분할 소유권이라는 구 유럽적 소유 개념인데, 거기서는 영구 차지 계약에 의해 용익 소유자가 토지를 사용하고, 대가로서 직접 소유자에게 지대를 지불하는 것으로 되었다. 이러한 토지 사용과 추상적 소유의 분리가 봉건 영주의 토지 지배를 법적으로 근거지어 왔던 것인바, 헤겔의 분할 소유권 비판은 이러한 구 유럽적 지배 구조로 향한다. 1817년도 강의에 따르면 '이와 같이 직접 소유권(dominium directum)과 용익 소유권(dominium utile)으로 구분하는 것은 공허한 구분이다. 왜냐하면 직접 소유자는 사용자에 대해 권리를 지닐 뿐으로, 물건 그 자체에 대해 권리를 지니지 않기 때문이다. …… 요컨대 전체는 있어서는 안 되는 형식의 재산 계약인바, 직접 소유자는 공허한 권리밖에 지니지 않기 때문에, 이 공허한 권리를 포기하도록 의무가 주어져 있다.'(28f.) 후의 1820년 『법철학』의 62절에서도 분할 소유권은 동일한 토지에 두 사람의 소유자(domini/Herren)가 병존하는 이중 소유 상태라는 의미에서 '공허한 이중 지배(Herrenschaft)'라고 불리는데, 그것은 전면적 사용과 소유, 즉 자유 의지의 개념과 그 현존재는 불가분하다는 이유에서 '인격성의 광기'로서 물리쳐진다.[41]

프로이센 일반 란트법(1794년)과 칸트의 『도덕 형이상학』(1797년)이 분할 소유권을 공인하고 있었던 것에 맞서[42] 소유의 불가분성에 의해 분할 소유권을 부정하는 헤겔의 입장은 바로 나폴레옹 법전에 합치한다. 나폴레옹 법전을 [111]평가하는 그의 말은 1819년도 강의에서 법전 논쟁 맥락에서 발견된다. 거기서 헤겔은 법률을 공중에게 공개하기 위해 독일에

• •

41. Hegel, *Werke in zwanzig Bänden* Bd. 7, Frankfurt a. M. 1970, S. 132f.〔이하에서는 Rph로서 인용〕. 『법철학』 57절에서도 봉건적 영주제를 염두에 두면서 '이중 지배(Herrenschaft)와 예속의 관계'가 논의되고 있지만(Rph 123f.), 종래에 이 Herrenschaft 는 Herrschaft와 혼동되어 왔다.

42. Vgl. I. Kant, *Werke in zwölf Bänden* Bd. 8 *Die Metaphysik der Sitten*, Frankfurt a. M. 1968, S. 382. 村上, 앞의 책, 103쪽 이하.

서의 법전 편찬의 필요를 이야기하는 하이델베르크 대학의 옛 동료 티보를 지지하는 한편, 프랑스의 선례를 따라서는 안 된다고 주창하는 베를린 대학의 동료 사비니를 날카롭게 비판한다.[43] '교양 있는 국민에게서 법전 작성의 능력을 부정하는 것은 이 국민을 극도로 모욕하는 일이다. …… 나폴레옹 법전은 도입된 곳에서는 언제나 은혜(Wohltat)로 인정되고 있다. 이 법전을 완성한 것은 적어도 나폴레옹의 업적이다. …… 어떤 축전(1817년 10월의 바르트부르크 축제)에서 나폴레옹 법전을 불태운 것은 우리 청년들의 슬퍼해야 할 현상으로 볼 수 있다. …… 나폴레옹 법전에 반대하여 쓴다든지 외친다든지 한 대부분의 사람들은 무엇이 자신들에게 위험한지를 잘 알고 있었을 것이다. 나폴레옹 법전은 소유의 자유와 봉건 시대에서 유래하는 모든 것의 철폐라는 저 위대한 원리를 포함한다.'(1819 H 172f.)[44] 이와 같이 1820년 이전의 강의에서 헤겔은 봉건제의 가차 없는 반대자, 라인 동맹 개혁의 지지자라는 스스로의 입장을 숨김없이 말하고 있지만, 이것이야말로 『법철학』 62절의 다음의 명제에 숨겨져 있는 본래의 의미이다. '인격의 자유가 그리스도교에 의해 개화하기 시작하여 인류의 작은

* *
43. 법전 논쟁의 의의에 대해서는, vgl. H. Hattenhauer, Einleitung in: *Thibaut und Savigny, Ihre programmatische Schriften*, München 1973, S. 9-51; F. Wieacker, *Privatrechtsgeschichte der Neuzeit unter besonderer Berücksichtigung der deutschen Entwicklung*, Göttingen 1952, S. 234ff. 일역 『近世私法史』(創文社) 474쪽 이하. 1818년도 강의에서 헤겔은 법 관계의 '역사적 견해는 한편으로는 현존의 법 상태를 정당화할 필요로부터…… 최근 특히 권장되었다'고 역사 법학파를 비판하고(1818, 205f., vgl. Rph 36f.), 『법철학』 211 · 215 · 216절에서도 사비니의 법전 반대론을 국민에 대한 '최대의 모욕의 하나', '독일적 병'이라고 논박하고 있다(Rph 363, 368f.).

44. 『법철학』의 215절은 프리드리히 대왕이 아니라 나폴레옹을 염두에 두고 있다는 것이 분명하다. '…… 국민들에게 국법을 질서 있는 명확한 법전으로서 준 통치자는 국민들의 최대의 은인(Wohltäter)이 되며, 그들에 의해 감사의 염으로 칭찬될 뿐만 아니라 위대한 정의의 행위를 성취했다.'(Rph 368) 1818년도 강의에서도 마찬가지의 평가가 보인다. '봉건 제도는 소유와 인격의 자유가 완전히 발전하는 것을 방해하는 한에서 법의 이념에 반한다.' '프랑스인은 혁명에 의해 소유의 자유를 곧바로 획득하고 나폴레옹 법전(에 의해) 확인했다.'(1818 207, 271)

일부분에서 보편적 원리가 된 지 1500년이 흘렀다. 그러나 소유의 자유가 여기저기서 원리로서 인정받게 된 것은 겨우 최근이다.'(Rph 133. 강조는 원문)

둘째로, 1817년도 강의에서 헤겔은 물건이 양도 가능한 데 반해, 자기 자신의 인격을 이루는 것(인격성, 자유 의지, 종교)은 타자에게 양도할 수 없다고 하는 이유에서 '인격의 자유'를 근거짓고 있다. '나는 자발적으로 노예가 될 수 없다. 왜냐하면 내가 타자에게 이러한 점유를 인정하더라도, 내가 의지하자마자 사라지기 때문이다. 내가 노예로서 태어나 주인에게 길러지고 나의 부모·조상이 모두 노예라 하더라도, 나는 의지한 순간에, 즉 자유의 의식을 얻은 순간에 자유롭게 된다.'(1817 32) 더 나아가 『법철학』 66절에서는 자유의 개념과 현존재의 통일이라는 정신(Geist)의 개념에 의해 인격의 자유를 근거지은 다음, 정신의 자기반성에 의해 '노예제와 농노제', '소유의 부자유'와 같은 '종래의 관계와 [112]불법'은 폐기된다고 선언한다(Rph 141ff.). 하지만 1819년도 강의에서는 이와 같은 정신 개념에 의한 철학적 근거짓기의 배후에 놓여 있는 신학적 배경이 처음으로 명확히 된다. '인간은 서로 평등하다고 하는 것이 자유의 제1원리라고 말해지는 것은 확실히 올바르다. …… 이러한 사상은 특히 그리스도교에 의해 보편적으로 되었다. 그리스도교는 신이 인간으로 된 것인바, 신의 본성과 인간의 본성이 동일하다고 하는 사상을 포함한다. 거기에는 신이 인간성 그 자체를 지닌다고 하는 고차적인 사상이 놓여 있다. 이 이념이 널리 퍼짐에 따라 노예제는 소멸되지 않을 수 없다.'(1819 H 67f.) 요컨대 헤겔은 신의 육화라는 그리스도교 이념에 의해 인격의 자유와 또한 소유의 자유를 근거짓는 것이며, 세계사에 대해 언급한 부분에서도 아버지-아들-정신의 삼위일체라는 그리스도교적 신의 관념에 대해 언급하고 있다. '신의 육화의 이념, 신성과 인간성의 통일[의 이념]이 국민들 사이에서 보였다. …… 신적 자기는 인간적 자기와의 일체라고 하는 의식이 인간에 의해 얻어졌다. …… 아들은 [아버지로부터] 이반했지만, 신과 일체가 되어 정신이 되었던 것이다.'(1819 R 205) 하지만 이러한 역사 철학적 모티프의 획득에 의해 헤겔은 개인의 명예와 존엄이라는 그리스도교적 이념을 알지 못하는 비그리스도교적 문화권에서 인격의 자유를 어떻게 근거지을 것인가라는 아포리아에 직면하게 되었다.[45]

셋째로, 『법철학』 180절의 가족론에서는 가족 세습 재산에 기초하는 장자 단독 상속제를 다루는데, 단독 상속제는 '소유의 자유의 원리'에 반할 뿐만 아니라 현실의 가족보다 '씨족이나 가문'과 같은 추상물을 우선시하는 것으로 비판하고 있다(Rph 335f., 108). 헤겔의 이러한 장자 상속 비판은 분할 상속 원리의 도입에 의해 봉건적 토지 소유의 가족법적 기초를 철폐하고자 한다는 점에서, 나폴레옹 법전과 동일한 입장에 서는 것이다. 이와 같이 추상법에서 근거지어진 인격과 소유의 자유를 토대로 하여 비로소 헤겔은 1820년 『법철학』에서 '주체적 자유'의 원리에 기초하는 시민 사회의 다양한 제도를 구축할 수 있었다. 직업 선택의 자유(206절, 1808년 슈타인 개혁에서 도입), 법전 편찬에 의한 법률 지식의 공개(215절, 나폴레옹 법전을 가리킨다), 봉건 영주가 맡아 온 재판 제도의 통일과 공개(224절, 슈타인 [113]개혁에서 통일, 프로이센에서 미공개), 배심제의 도입(228절, 나폴레옹에 의해 도입된 후에 폐지), 종교적 관용과 해방된 유대교도에 대한 공민권 부여(270절, 1812년 하르덴베르크 해방령으로 실현)와 같은 시민 사회론에서 전개되는 제도들은 모두 다 1806년의 독일에서는 보이지 않았던 라인 동맹 개혁 및 프로이센 개혁의 성과인바, 독일에서 실현된 지 10여 년밖에 경과되지 않은 것들이다.

(3) 이러한 추상법으로부터 시민 사회에 이르는 전前 단계를 토대로 하여, 1820년 이전의 강의에서 국가 주권의 개념이 추출되는 과정을 살펴보고자 한다. 영방 의회 논문에서는 주권 개념이 독일의 현 상황을 파악하는

45. 아포리아를 해결하는 1822년 이후의 시도에 대해서는 본서, 제1장, 제2장을 참조.

핵심어로서 사용되고 있었지만, 1년 후인 1817년도 강의에서 이 개념은 아직 체계 내로 도입되어 있지 않다. 그러나 이 강의에서는 국가론의 서두에 해당되는 125절에서 '국가의 창립'에 따르는 특권의 폐지가 논의되는데, 이때 '국가의 창립자'로서 나폴레옹이 시사된다. '우리의 시대에는 1000년 동안 볼 수 없었던 국가의 이성적 존재로 향하는 발걸음이 내디뎌졌다. 이성의 권리가 사적 권리의 형식에 맞서 주장되었던 것이다. 사인은 이에 항의하고, 프랑스에서는 망명 귀족이 자신의 특권을 회복하고자 하고 있다. 마찬가지로 독일에서는 배신 귀족이 오랜 특권에 권리라는 명칭을 사용하고 있다. 하지만 국가가 법적으로 배상을 의무로 부여받는 것은 적은 경우뿐이다.'(1817 175) 요컨대 과세 특권, 영주 재판권, 관직 독점은 무상으로, 영구 차지권만이 유상으로 폐지되어야 하는 것이다. 이리하여 헤겔은 이전에 비판된 독일 국법의 사법적 형식이 1806년의 주권 국가 설립에 의해 극복된 한에서, 배신 귀족의 오랜 특권은 이미 근거가 없다고 하는, 요컨대 주권론자와 동일한 입장을 취하고 있다.

다음으로 헤겔은 133절에서 프랑스 혁명의 동시대 경험을 증거로 내세워 군주와 헌법에 의한 이중의 통일을 이야기한다. '프랑스인의 모든 헌법은 정점의 개인적 통일을 결여하는 결함을 지니고 있었다. 그리하여 개인적 통일이 필연적으로 황제 [114]권력으로서, 이제는 국왕 권력으로서 성립했다. 병존하는 권력의 어느 것도 피라미드의 정점을 형성하지 않기 때문에, 끊임없이 한편이 다른 한편을 제압하고 상위에 서는 결과가 된다.'(1817 187f.) 여기서는 프랑스 최초의 공화정의 역사가 입법권과 행정권, 의회와 정부 사이의 끊임없는 상극의 과정으로서 그려지며, 홉스를 따라 국가 내에 두 사람의 주권자가 병존하는 분할 주권의 상태로서 비판된다.[46] 헤겔은 이러한 역사적 경험으로부터 영국을 모델로 하여 군주에 의한

----

46. 영방 의회 논문에 따르면, '국가는 국가이기를 그치고, 국가 내에 있는 두 개의 주권적 권력에 의해 붕괴하고 말 것이다.'(GW 15, 59)

개인적 통일과 헌법에 의한 내적 통일이 동시에 필요 불가결하다고 하는 결론을 끌어낸다(189).

나아가 135절 이하에서는 몽테스키외의 비교 정체론에 의거하여 공화정에 대한 입헌 군주정이 효용이 설명된다.[47] 첫째로, 공화정, 특히 민주정에서는 조국애와 평등애라는 '정치적 덕'이 중시되는 것에 반해, 군주정 하에서는 민주정에서 배제되었던 개인의 사적 이익 추구가 '신분적 명예심'이라는 정체의 원동력으로서 공인된다(194f.). 둘째로, 민주정에서는 모든 권력이 하나로 귀착되는 데 반해, 군주는 한 사람으로 모든 것을 이룰 수 없는바, 권력을 분할하지 않을 수 없다(195f.). 셋째로, 민주정은 작은 나라에서만 보이는 것인바, '국가가 대규모로 되면 될수록, 공통 이익은 개개인에게 소원하게 되어가는' 이상, 대규모의 국가에서는 특수 이익의 원리를 허용하는 군주정만이 실현 가능하다(197f.). 요컨대 특수 이익이 시민 사회로서 발전을 이루고 권력 분할에 의해 정치적 자유를 보장해야 하는 오늘날의 대규모의 국가에서는 고대형 공화정이 아니라 제한 군주정만이 국가 체제로서 채택 가능하다고 하는 것이다.

그러나 몽테스키외에게서 배운 군주 정체에 대한 변증은 중대한 자기모순을 내포하고 있었다. 왜냐하면 군주정의 원동력으로서 거론된 '명예심'이란 봉건 귀족의 신분적 덕을 가리키고 있는바, 그것은 혁명 이전의 신분제 질서를 전제하는 한에서 시민 사회의 원리인 '인격과 소유의 자유'에 저촉될 수밖에 없기 때문이다. 그리하여 1819년도 강의에서 헤겔은 몽테스키외의 군주정 개념을 '봉건 군주정'이라 부르고 그로부터 거리를 두게 된다.

그리고 1819년도 강의에서 비로소 봉건 군주정 비판으로부터 국가 주권의 개념이 전개된다. 첫째로, '다양한 권력의 [115]관념성'이라는 제1의 계기이다. 후에 국가의 '실체적 통일'이라 불리는 통일적 공권력의 이념은

47. Cf. Montesquieu, *op. cit.*, Liv. 3, Chap. 3-7, Liv. 8, Chap. 16-20, Liv. 11, Chap. 6, pp. 251ff., 396ff.

관직·권력을 사유하고 있던 봉건 귀족의 중간 권력을 탈취하여 국가의 정점에 집중시킴으로써 비로소 실현될 수 있다. 링기어 필기록에 따르면 '주권에는 다양한 국가의 직무·권력이 사유 재산이 아니라는 것이 필요하다. 이것이 봉건 국가에 결여되어 있던 근대 국가의 계기이다.' '봉건 군주정에서는 권력이 모두 재산이기 때문에, 국가에 주권은 없었다.'(1819 R 170, 171) 다음으로, 국가의 '주체성'이라 불리는 제2의 계기이다. 고대 공화정에서 볼 수 없었던 최종적 의지 결정의 이념이 칸트가 발견한 자유 의지 개념의 귀결로서 도출된다. '고대 국가에서는 이 최종적 의지가 국가에서의 독자적인 계기를 이루고 있지 않고 외부에 있었다. 이로부터 신탁의 욕구가 생겨났다. 근대에는 인간 정신이 최종 결정을 자기 것으로 하는 무한성을 파악했기 때문에, 최종적 정점도 자유의 영역 내부에 놓여야만 했다.'(172) 마지막으로, '현실의 주체'라는 제3의 계기이다. 직접적 개별성을 이루는 세습 군주의 필요가 구제국에서 보였던 선거 군주정에 대한 비판으로부터 도출된다. 선거 군주정은 '역사의 조언을 구하게 되면, 이미 단순한 국민 사이에서 발견될 수 있다는 것이 드러난다. 요컨대 독일 제국과 폴란드다. …… 독일은 국가가 아니었으며 제국도 아니고 규정할 수 없는 것이었다. …… 국가 권력의 최고 정점에 관한 상이한 당파가 나타나 서로 대립하는 국가를 형성했다. …… 내전이 발생하고 외국 세력이 지원하지 않을 수 없다. …… 독일이 그러했지만, 일격에 공허한 겉껍데기는 산산이 무너졌다.'(176f.) 이리하여 국가 주권을 군주 주권으로서 연역함에 있어 헤겔 자신이 체험한 제국 붕괴의 경험이 상기되는 것이다.

하지만 군주 주권의 최종적 근거짓기에 있어 헤겔은 오히려 칸트가 논박하고자 했던 신 존재의 존재론적 증명을 복권시키고, 신의 존재 증명과 유비하여 세습 군주의 주권을 '개념으로부터 존재로의 이행'으로서 논증하고자 시도한다. 요컨대 데카르트 이래의 신의 존재론적 증명에 따르면 신의 개념이 그 존재를 포함한다고 생각되듯이, 국가의 주체성이라는 개념은 세습 군주라는 현실의 주체를 포함한다고 한다(173). 신의 개념으로부터 그 존재를 도출하는 이러한 신학적 도그마는 [116]ㆍ'개념과 존재의 통일'이라는 헤겔 철학의 중심 이념을 표현하는 것이지만,[48] 세계를 창조한 신이 현실의 인간의 형태를 취하여 현세에 나타났다고 하는 신의 육화 관념을 염두에 두게 되면, 비그리스도교도에게도 이해 가능한 것이다.

그러나 헤겔도 인정하듯이 그리스도교의 신이 삼위일체이고 자유 의지 개념도 보편ㆍ특수ㆍ개별이라는 세 개의 계기를 포함하는 것과 마찬가지로, 국가 주권도 역시 입법권ㆍ통치권ㆍ군주권이라는 세 개의 계기를 내재하게 하는 것인바, 세 개의 정체로 이루어지는 혼합 정체의 구조——권력 분립 원리의 원형——를 형성하게 된다. 이와 같이 국가 주권과 권력 분립이라는 양립할 수 없을 양자를 결합시키는 '대립물의 결합'이라는 점에 헤겔 국가론의 핵심도 놓여 있다. 왜냐하면 1817년 이래로 헤겔은 국가 주권의 추출에 의해 정치적 국가와 시민 사회를 분리할 뿐만 아니라 동업 단체ㆍ자치체의 대표와 세습 귀족을 각각 하원 및 상원의 구성원으로서 도입함으로써 국가와 시민 사회를 매개하기 위해 노력하고 있는바, 여기에서 라인 동맹 개혁과는 다른 프로이센 개혁의 유기적 성격도 표현되고 있기 때문이다.[49] 그뿐만 아니라 17세기 제국 공법학이 주권 개념을 처음으로 수용했을 때에 보였던 독일 특유의 사정, 요컨대 주권의 행사를 내재적으로 제약하는 구입헌주의적ㆍ신분제적 전통이 라인 동맹 공법학과 헤겔에 의한 제2의 수용에서도 되살아나, 프로이센 개혁에서는 손도 대지 못한 채 그대로 남은 정치적ㆍ사회적 영역의 현상 유지에 이바지하는

ㆍㆍ
48. Vgl. Hegel, *Enzyklopädie der philosophischen Wissenschaften im Grundrisse* (1830), Hamburg 1969. S. 78f., 171f.; D. Henrich, *Der ontologische Gottesbeweis*, Tübingen 1960. 일역 『神の存在論的証明』(法政大學出版局) 274쪽 이하.

49. 라인 동맹 개혁과 프로이센 개혁의 비교에 대해서는, vgl. Fehrenbach, a. a. O. (2001), S. 82ff., 109ff.; P. Nolte, *Staatsbildung als Gesellschaftsreform, Politische Reformen in Preußen und den süddeutschen Staaten 1800-1820*, Frankfurt a. M./New York 1990. 시민 사회와 국가의 매개에 대해서는, vgl. M. Riedel, *Bürgerliche Gesellschaft und Staat*, Neuwied/Berlin 1970. 일역 『ヘーゲルにおける市民社會と國家』(未來社).

양의적인 기능을 수행하는 것이다.

맺는 말

　이리하여 「독일 헌법론」에서 보인 현 상황 진단과 처방전 사이의 이론적 모순은 1817년도부터 1819년도 강의에 걸쳐 최종적으로 제거되게 되었다. 왜냐하면 헤겔은 제국 체제를 뒷받침한 신분제적 기반을 철폐함으로써 비로소 제국 해체의 구조 요인을 제거할 수 있다는 것을 라인 동맹의 개혁 체험을 통해 깨달았기 때문이다. 따라서 [117]1820년까지의 법철학 강의에서 발견되는 이론적 성과는 다음의 두 가지로 집약된다. 첫째로, 봉건 귀족으로부터 토지 지배에 기초하는 중간 권력을 박탈하고 소유권을 사법화하는 것에 의해 비로소 '인격과 소유의 자유'에 기초하는 사적 자치의 영역, 즉 국가로부터 구별된 새로운 '시민 사회'가 성립한다. 둘째로, 봉건 귀족으로부터 탈취한 권력·관직을 국가 주권에로 집중하는 것에 의해 독일 국법의 사법적 형식을 극복하고 통일적인 공권력을 '정치적 국가' 즉 국가 기구로서 창출할 수 있다. 이들 양자는 결코 서로 대립하는 것이 아니라 상호적으로 보완하는 맞짝을 이루는 국가 구상인바, 이것에 의해 비로소 『법철학』 260절에서 요청되는 '주체적 자유'와 '실체적 통일'이라는 양극성의 통일도 가능해진다. 이리하여 프랑스 혁명 후의 국가의 본질에 대한 헤겔의 통찰은 무엇보다도 제국 해체와 라인 동맹 개혁이라는 역사적 단절의 체험으로부터 얻어진 것이다.

　하지만 라인 동맹 개혁은 나폴레옹의 후견 하에서 국가 주권에 의한 위로부터의 개혁이라는 권력 정치적 성격을 띰으로써 아래로부터의 입헌주의적 저항을 불러일으켰을 뿐만 아니라, 군사 수단에 의한 실현을 금지하고 있을 1789년의 이념에 대한 신용도 실추시켜 프랑스적 '자유주의'에 대한 국민적인 반감을 널리 퍼지게 하기도 했다. 나폴레옹 지지자였던 헤겔도 해방 전쟁의 경험으로부터 새롭게 제정되어야 하는 헌법은 '국민의 자기의식의 형성'이라는 국민정신의 유기적 발전에 의존해야 하며, 그때 프랑스적인 '원자론'과는 다른 대표 원리를 채택해야 한다고 하는 교훈을 끌어냈다.[50] 그 배경에는 군사력에 의해 보편주의적 이념의 실현을 꾀하는 '정의로운 전쟁'의 문제성이 숨어 있었다. 요컨대 혁명 이념의 전파 전쟁의 귀결은 바로 르상티망의 지속에 의한 독일과 프랑스의 적대 관계의 항구화와 한 세기에 걸친 '서구의 분열'을 초래하게 되었던 것이다.[51]

2006년은 제국의 붕괴와 라인 동맹의 설립으로부터 정확히 200년에 해당된다. 헤겔이 주권 이론을 형성한 지 100년 후인 1918년, 칼 슈미트도 대 프랑스 패전과 제국의 붕괴라는 공통의 체험을 뇌리에 새겨 넣은 다음, [118]철저한 국가 주권의 이론을 전개했지만, 15년 후에 판명되듯이 양자는 역사적 단절의 체험을 처리하는 방식에서 극적으로 갈라지게 되었다. 헤겔이 국가 구상을 완성시킨 1820년 이전의 시기는 독일 내셔널리즘의 최초의 파도가 고양되고, 이윽고 독일이 서구로부터 이반하는 독자적인 길을 걸어 나가는 출발점에 해당된다. 그러나 여기서 보았듯이, 1820년 이전의 헤겔 법철학 강의는 1789년의 이념으로부터 배워 서구 나라들로 합류하고자 하는 다른 가능성을, 요컨대 1990년 이후의 통일 독일이 걷고 있는 '서구에로의 길'을 이미 200년 전에 가리켜 보여주고 있는 것이다. 왜냐하면 라인 동맹이야말로 오스트리아와 프로이센을 제외한 제3의 독일, 제국의 유산과 결별한 독일이라고 하는, 오늘날 볼 수 있는 독일 연방 공화국의 선구적 모델을 이루는 것이기 때문이다.

· ·
50. 헌법 제정 권력과 '프랑스적 추상'에 대한 비판에 대해서는, vgl. Rph § 273 A, § 274, S. 439f.; GW 15, S. 44ff.
51. 權左武志「20世紀における正戰論の展開を考える」, 山內進 編『「正しい戰爭」という思想』(勁草書房), 참조.

[119]제5장 서구 정치사상사에서 헤겔의 국가론
—— 그 기원과 자리매김 ——

머리말

이전에 하임으로부터 포퍼에 이르기까지 반복되어 온 전통적인 헤겔 해석, 즉 프로이센 공인의 복고적인 국가 철학자라는 해석은 제2차 대전 이후 자유주의적인 해석자(아비네리, 동트)와 '실천 철학의 복권'론자(리터, 리델)의 대두에 의해 서서히 지류로 내몰리게 되고, 근간에는 오히려 비프로이센적인 시민 사회의 철학자로서 헤겔을 재평가하는 '자유주의자=헤겔'론에 의해 주류의 지위를 빼앗기게 된 것으로 보인다.[1] 이러한 전후의

····
1. Vgl. R. Haym, *Hegel und seine Zeit*, Berlin 1857; K. R. Popper, *The Open Society and Its Enemies*, London 1945. 일역 『開かれた社會とその敵』(未來社); S. Avineri, *Hegel's Theory of the Modern State*, Cambridge 1972. 일역 『ヘーゲルの近代國家論』(未來社); J. D'Hondt, *Hegel en son temps (Berlin 1818-1831)*, Paris 1968. 일역 『ベルリンのヘーゲル』(法政大學出版局); J. Ritter, *Hegel und die französische Revolution*, Köln/Opladen, 1957. 일역 『ヘーゲルとフランス革命』(理想社); M. Riedel, *Studien zu Hegels Rechtsphilosophie*, Frankfurt a. M. 1969.

새로운 해석 동향은 내부에서의 다양한 뉘앙스의 차이에도 불구하고, 이전에 지나치게 정치화된 헤겔의 철학을 정치적으로 뜨겁게 타오르는 상태로부터 해방시키고 상대적인 탈정치화를 통해 차분하게 만듦으로써 명예 회복을 꾀하고자 한다는 점에서 커다란 공통점을 지니고 있었다. 특히 최근에 동서 냉전의 종결과 때를 같이하여 후쿠야마의 '역사의 종언'론에 의해 자유 민주주의의 승리를 예고한 역사의 예언자로서 헤겔이 새롭게 내세워진 일은 기억에 새롭지만, 이전에 포퍼가 헤겔에게 내던진, 전체주의를 옹호하는 '열린사회의 적'이라는 비판을 상기하면 바로 격세지감을 금할 수 없을 것이다. 그렇지만 '자유주의자=헤겔'론에 대해서는 헤겔 정치 철학의 복권을 지나치게 뜻한 나머지 시민 사회 [120]개념만을 일면적으로 강조하고, 그 배후에 가로놓인 국가 개념에 대한 분석이 등한시되고 있다고 하는 비판이 이미 이른 시기에 제기되고 있었다.[2] 하지만 이와 같이 국가론에 대한 주목을 촉구하는 목소리는 그 후의 법철학 강의를 둘러싼 떠들썩한 논쟁에서 감쪽같이 사라져[3] 오늘날에 이르기까지 충분히 대답되고 있다고는 말하기 어렵다.

그리하여 이 장에서는 굳이 헤겔의 시민 사회론이 아니라 오히려 종래 문제가 많은 영역으로서 경원시되어 온 국가론을 고찰 대상으로서 다루어, 이것을 유럽 정신사라는 한 단계 더 넓은 시야에서 충분한 거리를 두고서 조망할 때 어떠한 파노라마가 눈앞에 펼쳐지는지를 살펴보고자 한다. 다시 말하면 헤겔의 국가상을 유럽 정치사상사라는 플라네타륨의 창공과

• •
2. Vgl. R.-P. Horstmann, "Über die Rolle der bürgerlichen Gesellschaft in Hegels politischer Philosophie", in: M. Riedel (Hg.), *Materialien zu Hegels Rechtsphilosophie* Bd. 2, Frankfurt a. M. 1975.
3. 1980년 전후의 10년 사이에 일팅과 다른 연구자와의 사이에서 펼쳐진 논쟁에 대해서는 본서, 제6장을 참조. 강의 필기록의 편집 권한을 둘러싼 학파들 사이의 다툼이라는 논쟁 무대 배후를 회고하는 것으로서 vgl. R.-P. Horstmann, "Der Kampf um den Buchstaben in der Hegel-Forschung der Gegenwart", in: *Philosophische Rundschau* 37. Jg. Heft 1/2. 1990, 60-79.

도 같은 언어 공간 위로 비추어내고, 다른 사상과의 관련을 성좌의 배치도와
도 같은 사상사적인 겨냥도(Konstellation)로서 그려내 보이고자 하는 것이
여기서의 목표이다. 이를테면 독일 관념론이라는 닫힌 언어 체계의 고리를
열고서 헤겔 국가론을 다른 언어 체계로 옮기는 번역 작업의 일환이라고
말할 수 있을 것이다. 이러한 작업을 통해 한편으로는 정치 속으로 철학을
해소하는 과도한 정치화와, 다른 한편으로는 철학 속으로 정치를 해소하는
탈정치화라는 형태로 재생산되어 온 과거의 헤겔 해석에서의 철학인가
정치인가라는 불모의 양자택일로부터 벗어나, 철학과 정치 이론, 독일
관념론과 유럽 정신사 사이에 실로 많은 대화의 영역을 창출할 수 있을
것이라고 생각한다.

우선 해석의 대상으로 하는 텍스트와 관련해서는 가능한 한에서 한정하
여 1820년 말에 공간된 『법철학 요강』 가운데 국내 공법 부분을 주된
텍스트로서 다루고자 한다. 따라서 시민 사회 이전의 단계와 국제법 이후의
단계는 여기서의 고찰의 중심으로부터 벗어나게 된다. 그에 더하여 헤겔이
1817년도 겨울 학기에 하이델베르크 대학에서 행한 최초의 법철학 강의를
다루는데, 이 가운데서 마찬가지로 국내 공법 부분을 보조적인 텍스트로서
사용한다.[4] 다른 한편으로 텍스트를 다른 언어로 번역하는 개념 장치인
콘텍스트와 관련해서는 가능한 한에서 넓게 잡아 『법철학』이라는 저작이
[121]잇닿아 있는 사상사에서의 계보로서, 하나는 고대 공화주의와 근대
프로테스탄티즘, 또 하나는 근대 주권 개념과 중세 입헌주의라는 두 개의
좌표축을 설정하고자 한다. 이 장에서는 전반부에 헤겔 정치 철학의 발전사

---

4. Vgl. G. W. F. Hegel, *Vorlesungen* Bd. 1 *Vorlesungen über Naturrecht und
   Staatswissenschaft (Heidelberg 1817/1818)*, Nachgeschrieben von P. Wannenmann,
   hg. v. C. Becker u. dgl., mit einer Einleitung von O. Pöggeler, Hamburg 1983(인용에서는
   VW로 약기한다). 1817년도의 첫 회 강의를 다루는 것은 문헌학적 신뢰도에서 가장
   확실한 필기록이고, 게다가 1817년부터 1820년에 이르는 『법철학』의 성립 과정을
   이해하는 데서 가장 유익하다는 이유 때문이다.

를 개관해 가는 가운데 이러한 두 개의 좌표축으로 이루어지는 유럽 정치사
상사의 콘텍스트에 대해서도 언급하고, 후반부에는 앞에서 거론한 텍스트
를 이 사상사에서의 좌표축 아래 새롭게 자리매김하고자 한다.

이와 같이 유럽 정신사라는 시각으로부터 헤겔의 정치사상을 고찰하는
시도로서는 '이념사'(Ideengeschichte)와 '개념사'(Begriffsgeschichte)라는
두 가지 대표적 연구를 곧바로 떠올릴 수 있다. 하지만 아리스토텔레스
이래의 실천 철학 전통이 근대 자연법에서 변용을 겪는 과정에 주목하는
리델의 개념사적 연구[5]의 경우에는 '실천 철학의 복권'론 일반에서 보이는
경향으로서 한편으로는 전통적인 실천 철학에 대해서는 깊은 이해가 보이
지만, 다른 한편으로는 근대 자연법 배후에 놓여 있는 정신사적 전통에
대한 관심은 대체로 희박하며, 또한 국가론에서의 주권 개념이 모조리
무시되게 되었다. 또한 국가 이성이라는 형태를 취하여 정치가 도덕으로부
터 자립화해 가는 과정 속에 헤겔의 사상을 자리매김하는 마이네케의
이념사적 연구[6]의 경우에는 역으로 주권론의 틀로 완전히 수습되지 않는
입헌주의적인 요소가 고려되지 않을 뿐만 아니라, 공화주의적 일원론의
의미가 충분히 검토되지 않는 결과를 초래하게 되었다. 그래서 앞에서
거론한 두 개의 좌표축을 세움으로써 선행 연구들이 함께 빠져든 관점의
일면성과 불균형을 시정할 수 있도록 노력하고자 한다.

제1절 서구 정치사상사의 두 개의 콘텍스트

5. Vgl. Riedel, a. a. O.; ders., *Bürgerliche Gesellschaft und Staat, Grundproblem und Struktur der Hegelschen Rechtsphilosophie*, Neuwied/Berlin 1970. 일역 『ヘーゲルにおける市民社會と國家』(未來社).

6. Vgl. F. Meinecke, *Werke* Bd. *Die Idee der Staatsräson in der neueren Geschichte* (1924), München 1957. 일역 『近代史における國家理性の理念』(みすず書房).

여기서 유럽 정치사상사의 콘텍스트로서 사용되는 것은 공화주의-프로 테스탄티즘과 주권 개념-입헌주의라는 두 개의 좌표축인데, 각각의 축에 서 맞짝을 이루고 있는 두 가지 원리는 플러스와 마이너스의 두 개의 극처럼 [122]서로 대립하는 방향성을 지닌다. 이하에서는 이러한 각 좌표축 에서의 원리적 상반 관계에 주의하는 가운데, 헤겔 정치 철학의 발전사를 살펴보고자 한다.

(1) 첫째로, 1790년대에 집필된 청년기 초고로부터 출발하여 1807년의 『정신 현상학』에 이르기까지의 헤겔의 사상적 발전을 공화주의-프로테스 탄티즘이라는 사상사적 좌표축을 사용하여 정리해 보자.

젊은 헤겔이 튀빙겐 신학원에 입학한 다음 해에 발발한 프랑스 혁명을 횔덜린과 셸링과 함께 환영하고 혁명의 이념에 심취해 있었다는 것은 잘 알려져 있다. 여기서 주의해야 하는 것은 당시의 헤겔이 프랑스 혁명을 구신분제 질서로부터 개인을 사회적으로 해방한 부르주아 혁명이라기보다 오히려 고대 공화정을 부활시키는 것과 같은 공화주의적 이념의 재생으로 서 받아들이고 있었다는 점이다. 젊은 헤겔이 프랑스 혁명을 통해 몰두한 공화주의 이념이란 재산과 생명이라는 개인의 사적 이익을 희생하면서도 조국의 공공 이익을 위해 헌신적으로 활동하는 '정치적 자유'를 의미하고 있으며, 몽테스키외가 공화정의 원리로서 거론한 '덕', 특히 '정치적 덕'(ver- tu politique)의 관념에 따라서 이해되고 있었다.[7] 그리고 공공 정신을 뒷받침 하는 공민의 덕은 토지 재산의 균등한 분배에 의해 사치의 만연과 부의

7. Cf. Montesquieu, *De L'esprit des lois*, Avertissement de l'auteur, Liv. 3, Chap. 3, 5, in: *Œuvres complètes* tome 2, Paris 1951. 포콕에 따르면 르네상스 시기의 이탈리아의 civic humanism에서 다시 살아난 공화주의 전통은 몽테스키외에서도 사치와 부패를 초래하는 상업의 발전에 대해 검소와 평등을 보존하는 덕의 정신을 대치시키는 형태로 보이지만(cf. J. G. A. Pocock, *The Machiavellian Moment*, Princeton/London 1975, pp. 488-493. 일역 『マキャヴェリアン・モーメント』(名古屋大學出版會), 이러한 공화주 의 사상 조류는 몽테스키외와 루소를 통해 젊은 헤겔에게까지 영향을 미치고 있다.

집중을 가능한 한 억제한 소규모의 도시 국가에서만 함양된다고 생각되고 있었다. 이와 같이 검소와 평등을 존중하고 공민의 덕을 공유하는 폴리스적 공동체야말로 젊은 헤겔의 이상인바, 현세의 정치 공동체 속에서── 후에 '윤리적 실체'라고 불린다──정의와 선이라는 보편적 원리가 실현될 것이 기대되었다.[8]

　　하지만 프랑스 혁명에 의해 불러일으켜진 공화주의적 이념은 사실은 그리스도교 전통에서 보면 헬레니즘적인 이교의 원리 이외의 아무것도 아니었다. 왜냐하면 고대 그리스 이래의 공화주의 전통은 이상적인 공동체와 현실의 정치 사회를 피안과 차안, 신의 나라와 지상의 나라라는 형태로 분리하여 생각하는 그리스도교 특유의 이원적 세계상을 정상적인 모습으로는 간주하지 않고, [123]오히려 고대 폴리스에서처럼 피안과 차안, 이상과 현실이 합치된 상태야말로 본래적인 인간 생활의 존재방식이라고 생각했기 때문이다. 역으로 공화주의 측에서 보면 로마 제국에서의 그리스도교의 급속한 보급은 고대 공화정의 해체에 수반되어 내면이 공허해진 사람들의 정신 상황의 표현인바, 신의 초월성이란 내면적으로 고립된 사람들의 정치적 무력함의 산물이라고 간주된다. 베른 시대의 헤겔에 따르면 '인간 정신은 로마 황제의 전제정에 의해 지상으로부터 추방되었던바, 자유를 박탈당했기 때문에 영원한 절대자를 신 안으로 도피시킬 수밖에 없고, 비참한 상태가 확대되었기 때문에 행복을 천상에서 찾을 수밖에 없었다.'(Nohl 227) 거기에서는 '참된 그리스도교도는 노예가 되도록 만들어져' 있으며, '그리스도교적'과 '공화국'이라는 '두 개의 말은 서로 양립할 수 없다'고 하는 공화주의자 루소의 목소리를 들을 수 있을 것이다.[9]

　　나아가 젊은 헤겔은 프랑크푸르트 시기 초고에서 고대 유대교와 칼뱅주

- -
8. 　*Hegels theologische Jugendschriften*, hg. v. H. Nohl, Tübingen 1907, Nachdruck: Frankfurt a. M. 1966, S. 223f.〔인용에 있어서는 Nohl로 약기한다〕.
9. 　Cf. J.-J. Rousseau, *Du contrat social*, Liv. 4, Chap. 8, in: *Œuvres complètes* tome 3, Paris 1964.

의에서 보이는 초월적 인격신이라는 결단주의적인 신 관념과 대결하기 위해 시도하고 있다. 헤겔에 따르면 내적인 도덕적 자기 강제를 이상화하는 칸트의 도덕 철학은 내적인 자연 본성을 근본악으로서 단죄하고, 의무 개념이라는 이름으로 인간의 자기 분열을 고정화한다는 점에서 칼뱅주의와 동일한 도덕적 엄격주의일 뿐만 아니라,[10] 외적인 율법에 대한 합법적 복종을 준수하고 율법에 의한 타자의 심판에서 충족감을 느낀다고 하는 고대 유대교의 바리새주의적인 정신 구조를 넘어서는 것이 아니었다.[11] 요컨대 칸트의 퓨리턴적인 엄격주의는 유대교의 바리새적인 율법주의를 내면화하고 엄격한 심판의 신을 밖으로부터 안으로 옮겼을 뿐으로 헤브라이즘 정신의 한계 내에서 움직이고 있는 데 지나지 않는바, 그리스도교를 특징짓는 이웃사랑의 정신으로부터는 인연이 먼 것으로서 비판되는 것이다. 이에 반해 헤겔은 신앙자의 자연 본성 속에 신적인 것이 내재하고 있으며 신앙 대상 속에서 신적인 것을 재발견함으로써 신성으로 다시 복귀할 수 있는바, 이러한 '신적인 것과의 합일'이라는 구원에의 희망이야말로 동포애의 원천이라고 생각한다(313).[12] 그리고 이러한 비인격적·내

····
10. 베버는 '사랑 없는 의무의 수행은 감정적 박애보다 윤리적으로 높다'고 하는 '그(칸트)의 정식화된 표현의 많은 것은 금욕적 프로테스탄티즘의 사상에 직접 연결된다'고 지적하고 있다(マックス・ヴェーバー『プロテスタンティズムの倫理と資本主義の精神』(岩波文庫) 325쪽, 참조)

11. 칸트는 '도덕의 엄격주의'라는 실러의 비판에 답하여 의무 개념은 '무조건의 강제'를 포함한다고 인정하고, 이것을 모세의 10계명에 의해 설명하고 있다. 칸트에 따르면 '도덕 법칙의 위엄'으로부터 생겨나는 외경의 염은 '시나이 산상의 율법'과 마찬가지로 '복종하는 자가 스스로의 지배자에 대해 지니는 존경'의 감정을 불러일으키지만, 도덕 법칙의 경우 '지배자는 우리 자신 속에 있기' 때문에 '우리의 자기 결정이 숭고하다고 하는 감정'을 산출할 수 있다고 한다(vgl. I. Kant, *Werke in zwölf Bänden* Bd. 7, Frankfurt a. M. 1968, S. 669f.). 칸트의 엄격주의와 유대교의 율법주 간의 내적 친화성에 대해서는 본서, 제7장 3절을 참조

12. 베버는 현세로부터의 구원을 추구하는 종교들 가운데 신의 도구로서 행위하도록 명령하는 활동적인 '금욕'(Askese)과 신성의 그릇으로서 구원을 소유할 것을 지향하는 '신비주의'(Mystik)라는 두 유형을 구별하고, 각각 현세 초월적인 인격신과 현세 내재적

재적인 신 관념을 실마리로 하여 규범을 무로부터 [124]제정하는 세계 창조자라는 유대교 이래의 현세 초월적인 인격신 관념이 내적인 자연의 억압과 외적인 권위에 대한 순종적인 태도를 산출하는 문제의 근원으로서 비판된다.

이와 같이 구약 성서 전통을 극력 배제하고자 하는 젊은 헤겔의 헬레니즘적인 그리스도교 이해는 프로테스탄티즘에 의한 그리스도교의 헤브라이적 순수화에 대한 그리스 정신 측으로부터 반항으로 볼 수 있지만, 다른 한편으로 신학과 정치의 뒤얽힘이라는 다른 맥락으로부터 보면 절대 왕정에 대한 공화주의적 비판과 평행적인 관계에 서는 것이었다. 왜냐하면 절대 왕정으로부터 공화정으로의 혁명적 이행이 초월적 일신론으로부터 내재적 범신론으로의 변용과 병행하여 나아갔다고 말해지듯이,[13] 프랑스에서 보였던 현세의 주권자인 절대 군주의 살해라는 혁명적 사건은 독일 청년층에 의해 초월적 인격신과의 대결도 요청하는 것으로 받아들여졌기 때문이다. 특히 루터주의에 따라 영방 교회제를 취하고 있던 독일의 현 상황에서 영방 절대 군주에 대한 공화주의적인 비판은 「로마인에게 보내는 편지」 13장 이래로 신권설의 논리에 의해 현세의 주권에 대한 복종을 명령하고 있던 인격신의 권위로까지 향해질 수밖에 없었다.[14]

이상과 같은 유대교의 율법주의와 칸트의 엄격주의, 그리고 양자의

    인 비인격적 신이라는 관념에 친화적이라고 지적하고 있다(vgl. M. Weber, *Gesammelte Aufsätze zur Religionssoziologie* Bd. 1, Tübingen 1920, S. 257f., 538f.). 이러한 이념형을 사용하게 되면, 젊은 헤겔이 전제하는 신의 관념은 고대 유대교와 칼뱅주의에서 보였던 '금욕' 형이 아니라 플로티노스로부터 에르하르트에까지 이르는 '신비주의' 형에 이어진다고 말할 수 있을 것이다.

13.   Vgl. C. Schmitt, *Politische Theologie*, Berlin 2. Aufl. 1934, S. 43ff. 일역『政治神學』(未來社).

14.   루터는 현세의 통치와 영적 통치를 구별한 다음, 신에 의해 세워진 권위에 따른다고 하는 「로마인에게 보내는 편지」 13장을 원용하여 현세의 통치에서의 정치권력에 대한 복종을 이야기하고 있었다(「現世の權力について」『ルター著作集』제1집·제5권 (聖文舍) 139쪽 이하, 참조).

근저에 놓여 있는 신학적 결단주의는 젊은 헤겔에 의해 자기와 타자, 이성과 감성, 신과 인간의 각 차원에서의 분열과 대립으로서 파악되는 한편, 이러한 주체와 객체의 분열된 존재방식이야말로 유럽 문화의 현 상황을 특징짓는 것으로서 간주된다. 그리고 분열이라는 근대의 원리야말로 종교적으로는 '주관성'이라는 '프로테스탄티즘의 원리'에서 유래함과 동시에, 철학적으로는 칸트와 피히테의 '주관성 철학' 내지 '반성 철학'에 의해 정식화되었다고 이해된다.[15] 이에 반해 젊은 헤겔에게 많은 영향을 준 횔덜린의 '합일 철학'(Vereinigungsphilosophie)에 따르면, 자아와 세계 사이의 영원한 항쟁을 끝내고 모든 것이 하나인 주체와 객체의 통일을 회복한다는 이상이 내걸리고, 투명한 직접성이 실현되는 것과 같은 '아름다운 영혼'의 공동체가 추구되었다. 그러나 합일 철학을 그대로 받아들여 통일과 분열을 이상과 현실의 형태로 분리하게 되면, [125]원시 그리스도교에서 일어났던 것과 마찬가지로 신의 나라와 지상의 나라, 교회와 국가라는 이원적 세계상에 빠지게 될 수 있다. 그리하여 헤겔은 횔덜린처럼 주체와 객체의 합일인가 그렇지 않으면 분리인가라는 양자택일에 가담하는 것이 아니라, 오히려 '합일과 분리의 합일' 내지는 '동일성과 비동일성의 동일성'(W 2, 96)을 절대자의 개념으로서 세우고, 고대 공화주의 정신과 근세 프로테스탄티즘이라는 서로 대립하는 원리의 종합을 꾀하게 된다. 이리하여 분열이라는 근대의 원리가 절대자에게 불가결한 계기로서 받아들여지는 한편, 현실 세계로부터 격리된 곳에서 이상의 폴리스 공동체를 건설한다고 하는 공화주의적 시도는 단념되며, 현상계 속에서 절대자를 구성하고 현실 속에 내재하는 이성을 파악하는 노력이 이제 이어지는 예나 시대에 시작되게 되었다.

---

15. Hegel, *Werke in zwanzig Bänden* Bd. 2, Frankfurt a. M. 1970, S. 289(인용에서는 W로 약기하고, 권수를 덧붙인다).

(2) 그러면 예나 시기 헤겔은 공화주의 정신과 프로테스탄티즘이라는 '대립물의 결합'이 어떻게 해서 이론적으로 인식될 수 있다고 생각하는 것인가? 예나 초기의 헤겔은 주관성 철학이나 셸링의 동일 철학과 대결하는 가운데, 자기 자신을 대상화하는 자기의식의 반성적 구조, 즉 자기를 이중화하는 '주관성 원리' 속에 동일성과 비동일성이라는 두 개의 계기가 포함되어 있다고 생각한다. 그리고 반성 철학에 따르면 따로따로 분리되어 있는 것으로 보이는 주체-객체 관계는 '산출적 상상력'이라는 삼중성 원리에 따라 자기 이중화에 의해 연속적으로 이어진 주체-주체 관계로서 다시 파악된다. 헤겔에 선행하여 피히테는 자기의식의 반성적 구조를 신의 세계 창조와의 유비에서 객체를 '정립하는'(setzen) 제작 행위로서 이해했던 데 반해, 셸링은 식물적 생장과의 유비에서 내재적 힘에 의해 객체로 '되어가는'(werden) 것과 같은 생성 작용으로서 파악하고 있었다. 이에 반해 헤겔은 창조=제작 모델에서의 주체와 객체의 단절성과 생장=생성 모델에서의 주체와 객체의 연속성이라는 상이한 측면을 자기의식을 구성하는 두 개의 계기로서 받아들이고,[16] 예나 후기에는 '자기 자신의 타자'임과 동시에 '자기 자신에로 복귀하는 운동'이라는 [126]'정신'(Geist) 개념에로 정식화한다. 『정신 현상학』 서문에 따르면, 절대자 속에서 자기 자신을 인식한다고 하는 궁극 목적을 향해 주체와 객체 사이의 미분화되고 직접적인 통일로부터 양자의 분리에 의한 자각화를 거쳐 의식되고 매개된 고차적인 통일에 이른다고 하는 3단계로 이루어지는 의식 경험의 운동이 되풀이된다. 이러한 자기의식의 운동에 의해 열리는 전망이야말로 '실체는 본질적으로 주체다'라는 실체-주체론, 즉 초월자라는 자기에게 소원한 실체란 사실은 주체 자신의 본질을 언표한 것에 다름 아니라고 하는 통찰이다. 이 결과 초월적 인격이라는 신의 가면이 벗겨지고 거기서 인간 자신의 용모가 나타나는 한편, 자기 이중화하는 자기의식의 반성적 구조가 절대자

16. 상세한 것에 대해서는 본서, 제8장 1절을 참조.

의 지위로까지 높여진다. 그리고 실체의 주체화와 주체의 실체화, 신의 인간화와 인간의 자기 신격화라는 두 개의 운동이 만남으로써, 우리는 실체와 주체를 두 계기로 하는 '정신'의 개념, 신과 인간의 합일이라는 '절대지'의 경지——'절대적 타자 존재에서의 순수한 자기 인식'——에 도달할 수 있다고 한다.[17]

이리하여 외면적 제도를 개입시키지 않고서 내면적 주관에서 초월자와 만난다고 하는 프로테스탄티즘의 주관성 원리가 타자 존재에서 자기 외화하는 '정신'이라는 절대자 개념에 받아들여진다. 이것을 국가론 차원에로 전용하게 되면, 정치 공동체를 근거짓는 윤리적 실체는 실체를 자기 자신의 내재적 본질로서 자각하고 이것을 승인하는 주체의 자기 확신 없이는 있을 수 없다고 하는 통찰이 된다. 하지만 처음에는 반항했던 상대와 화해하고 자기의식의 반성적 구조가 절대자의 위치를 차지하기에 이르렀다는 것은, 세계 창조자인 초월신이 수행하고 있던 중심적 역할을 인간 자신이 이어받을 수밖에 없게 되었다는 점에서, 주체의 자기 절대화라는 새로운 문제를 내포하는 것이었다.

예나 시기 헤겔이 몰두한 또 하나의 과제는 공화주의 정신과 프로테스탄티즘이라는 대립물의 결합을 실천 철학으로서 구축하는 작업이다. 이것은 예나 초기에는 아리스토텔레스로 대표되는 고대 그리스의 정치학을 되살리고 폴리스 공동체의 이념을 이론화하고자 하는 방향과, J. 스튜어트와 A. 스미스의 국민 경제학에서 제시된 것과 같은 [127]근대 자본주의의 시장 메커니즘을 적극적으로 받아들이고자 하는 방향이라는 양극적인 방향성을 취하게 되었다. 그리고 이러한 양극 지향적인 정치 철학은 예나 후기에서의 '고차적인 분열'에 대한 승인을 거친 다음, (넓은 의미에서의)

---

17. 이러한 맥락에서 예나 초기의 자연법 강의 초고에서는 엄격한 심판의 신과 죄 깊은 인간을 화해시키는 중개자 예수의 존재에 대해 '신인神人'이라는 사변적 의미가 부여되어 있다는 점이 주목된다. 상세한 것에 대해서는 본서, 제8장 2절을 참조.

국가와 시민 사회 사이의 구별을 산출해 간다. 예나 시기의 정치 철학에서 첫째로 주목되는 것은 아리스토텔레스가 '폴리스는 자연 본성에서 개인에게 선행한다'고 말하는 경우의 '폴리스'(polis)를 프랑스어의 nation, peuple에 해당되는 '인민'(Volk)이라는 독일어로 바꿔 읽고 있다는 점이다(W 2, 505). 거기서는 젊은 헤겔에게서 보였던 고대 폴리스의 공화주의적 이념이 프랑스 혁명에 의해 창출된 '단일 불가분의 국민'이라는 공동체 관념 속으로 육화되어 가는 경위가 제시되고 있는바, 헤겔이 강조하는 '인민'(Volk)에 대한 귀속 의식도 프랑스 혁명으로부터 나타난 네이션과의 동일화라는 내셔널리즘의 의식으로부터 분리해서는 생각될 수 없다. 거기서는 주체로서의 자기 확립도 스스로 귀속되는 공동체와의 동일화를 전제로 하여 비로소 가능해진다고 하는 공동체주의자와의 공통된 인식을 간취할 수 있을 것이다.

둘째로 주목되는 것은 애덤 스미스의 국민 경제학으로부터 받아들인 노동·소유권·상품 교환이라는 근대 자본주의의 전제 조건이 예나 후기에는 피히테에게서 유래하는 '상호 인정' 개념에 의해 논의된 후, 시민 사회의 원리를 구성하는 '인격과 소유의 자유'로서 정식화되고 있다는 점이다. 거기서는 '자립적인 인격의 원리'가 고대 그리스보다 나중 시대에 로마 제정기에서의 그리스도교의 출현과 함께 발견된 원리로 생각되며, 더욱이 고대에는 보이지 않았던 근대에 특징적인 '주체적 자유의 원리'로서 긍정적으로 파악되고 있다(W 7, § 62 A, 124 A, 185 A). 이리하여 헤겔은 공화주의 이념으로부터 점차 거리를 취하고, 이것을 역사적으로 상대화하는 작업을 거쳐 주객의 분열이라는 프로테스탄티즘의 원리가 인식 주체로서뿐만 아니라 실천 주체로서의 자기 확립에도 이어진다고 하는 통찰에 도달했다.

[128](3) 다음으로 예나 초기에 쓰인 초고 「독일 헌법론」을 다루어 거기서 근대 주권 개념과 중세 입헌주의의 전통이라는 다른 사상사적 계보를

더듬어 보고자 한다.

프랑스 혁명이 시작된 처음에 헤겔은 체재지인 베른과 모국인 뷔르템베르크 공국에서 공화정을 실현하기 위해 프랑스군의 개입도 환영한다고 하는 친프랑스적인 정치 자세를 취하고 있었다. 하지만 프랑스 국민군이 혁명의 방위 전쟁이라는 한도를 넘어서서 절대주의 이래의 국가 이성에 따른 영토 확장책으로 전환하자 배신당한 혁명에 대한 환멸을 맛보게 되었다.[18] 그리고 대 프랑스 전쟁에서 오스트리아의 제국군이 예기치 못한 패퇴를 거듭하고 점차로 영토를 잃어가는 독일의 현 상황에 새로운 시선을 보내게 된다. 프랑스와 단독으로 강화 조약을 맺은 프로이센이 전선에서 이탈하고 영토 문제에서 은혜를 얻은 남독일의 영방들이 제국으로부터 이반해 가듯이, 당시의 신성 로마 제국은 정치적 통합력을 완전히 상실하고 오스트리아·프로이센·남독일로 이루어지는 세 개의 극으로 분열되는 국가 존망의 위기에 서 있었다. 이러한 극한 상황에 직면한 헤겔은 '독일은 이미 국가(Staat)가 아니다'(W 1, 452, 461)라는 개탄의 목소리를 내는 한편, 제국에는 국가의 필연적 속성을 이루는 '주권'(Souveränität)이 결여되어 있다고 생각하고(456), 거기서 마키아벨리가 살아간 16세기 이탈리아와 동일한 운명이 다시 도래해 있음을 간취한다.

헤겔에 따르면 독일의 비참한 현 상황은 무엇보다도 제국 체제의 구조에 내재하는 이중의 결함으로부터 역사적으로 설명되어야만 한다. 첫째는, 베스트팔렌 조약에 의해 영방의 독립된 주권이 인정되고 제국의 주권이 사실상 부인되었다는 점이며, 둘째는, 종교 개혁이 초래한 종교상의 분열이 아우크스부르크의 화의에 의해 영방 교회제의 형태로 제도화되었다는 점이다. 헤겔은 첫 번째 결함에 맞서 마키아벨리를 따라 '권력 속에 숨어 있는 진리'(529)를 이야기하고, 군주(구체적으로는 제국 황제)를 중심으로

---

18. 『카르 친서』 독일어 번역과 「뷔르템베르크 글」에서 보이는 젊은 헤겔의 정치적 선택에 대해서는 본서, 제7장 1절을 참조.

한 최소한의 권력의 집중, 요컨대 주권의 확립을 주창하는 한편, 두 번째 결합에 맞서 [129]종교적 통일의 회복을 이야기하는 것이 아니라 역으로 종교상의 차이를 넘어선 외면적 결합이야말로 근대 국가의 원리를 이룬다고 생각한다. 그리고 국가의 개념을 규정함에 있어서는 국가의 본질에 있어 우연적인 것을 차례차례 소거해 간 후에 남겨지는 필연적인 것, 즉 '공통의 무력과 국가 권력'(473)이야말로 본질적이라고 간주하고, 고대 도시 국가와 달리 대규모로 된 근대 국가에서는 종교와 습속, 언어와 같은 문화적 동질성은 이미 불필요하게 되었다고 인정한다. 이리하여 문화적 동질성을 전제로 하는 공화주의적인 국가관과는 다른 '중립적 국가'(neutraler Staat),[19] 요컨대 종교·습속·언어의 영역들에 대해 가치중립적인 국가 개념이 주권 개념의 추출과 병행하여 나타난다.

이와 같이 헤겔은 보댕이나 홉스와 마찬가지로 국가 해체의 위기에 처한 것과 같은 예외 상황 속에서 근대적인 주권 관념을 자각하게 되지만, 여기서 동시에 주목해야 하는 것은 주권의 절대성과는 대립하고 이것을 제약하는 원리로서 작용해 온 중세 입헌주의 전통도 「독일 헌법론」에 받아들여져 있다는 점이다. 우선 헤겔은 '독일적 자유'라는 관념이 전통적으로 영방 고권을 정당화하기 위해 사용되어 왔던 데 반해, 게르마니아의 숲으로부터 생겨난 '대의제'(System der Repräsentation)가 참된 '독일적 자유'에 해당된다고 주장하고, 대의제야말로 종교적 유대를 대신하는 새로운 외면적 결합의 원리가 될 수 있다고 생각한다. 그리고 신분제 의회를 갖춘 제한 군주정의 원리가 동양의 전제정과 고대 공화정에 이어서 나타나는 '제3의 세계정신의 형태'라고 불린다(533). 나아가 1805년도 강의에서는 고대 공화정을 대신하여 세습 군주정이 '고차적인 분열'을 받아들인 근대적 정체로서 적극적으로 평가되게 된다. 이리하여 헤겔은 중세 게르만 세계

19. Vgl. C. Schmitt, *Der Leviathan in der Staatslehre des Thomas Hobbes* (1938), Köln 1982, S. 69f.

이래의 등족 국가等族國家의 유산을 몽테스키외로부터 받아들이는 것에 의해 고대 공화주의를 역사상의 정체로서 상대화하는 탈공화주의화 과정을 밀고 나아가는 것이다.

더 나아가 헤겔은 국가의 개념 규정으로부터 생겨나는 또 하나의 귀결로서 국가의 본질에 있어 우연적인 영역은 시민의 자치에 맡겨야 한다고 생각한다. 요컨대 군주와 의회를 중심으로 하는 권력의 집중은 어디까지나 국가에 있어 필연적인 영역으로 [130]한정되고, 사회에 속하는 다른 영역은 '시민(Bürger)의 자유', 구체적으로는 이런저런 중간 단체에 의한 자치에 맡겨지는 것이다(482). 그리고 정치적 집권화와 사회적 분권화를 모두 필요 불가결하다고 생각하는 입장으로부터, 혁명 프랑스와 프로이센에서 보였던 것과 같은 국가의 필연적 본질에 속하지 않는 영역도 국가 권력 아래 두는 절대주의적 집권화는 엄격하게 비판된다. 이리하여 정치권력이 중간 단체 속에 광범위하게 분산되어 있었던 유럽 세계의 입헌주의적 유산이 근대적 주권 개념과 더불어 받아들여지는 것이다.

제2절 콘텍스트 속의 헤겔 국가론

이어서 지금까지 살펴본 것과 같은 상반되는 두 개의 좌표축 하에 헤겔의 국가론을 자리매김해 보고자 한다. 1820년『법철학』에서 보이는 헤겔의 국가론은 크게 나누어 국가의 개념, 정체론, 주권론, 권력 분립론이라는 네 개의 부문으로 구분될 수 있다. 이 가운데 최초의 부문은 국가의 개념 규정이라는 외적 형식에 관련되어 공화주의 - 프로테스탄티즘이라는 첫 번째 콘텍스트 하에서 이해될 수 있는 데 반해, 나머지 세 개의 부문은 국가의 내적 실질에 관계되는 것이기 때문에, 주권 개념 - 입헌주의라는 두 번째 콘텍스트 하에서 고찰하기로 한다.

(1) 첫째로, 『법철학』에서는 국가의 개념이 넓고 좁은 이중의 의미에서 사용되고 있다는 점을 확인해 두고자 한다. 한편은 가족과 시민 사회를 통일과 분열이라는 두 가지 계기로서 내포하는 넓은 의미의 국가, 요컨대 '윤리적 이념의 현실태'(Wirklichkeit der sittlichen Idee)라고 불리는 공동체로서의 국가(W 7, § 257)인바, 이것은 개인의 정치적 신조라는 주관적 측면과 권력 조직의 제도화라는 객관적 측면으로부터 성립하고 있다. 다른 편은 가족과 시민 사회로부터 형식상 구별된 좁은 의미의 [131]국가, 요컨대 '정치적 국가'(der politische Staat)라고 불리는 권력 기구로서의 국가(§ 267)인데, 구체적으로는 조직적으로 제도화된 세 개의 권력, 즉 입법권, 통치권, 군주권을 가리키고 있다.[20] 여기서는 우선 넓은 의미의 공동체로서의 국가를 고찰하는 것으로 하고, 좁은 의미의 권력 기구로서의 국가는 (2) 이하의 제도론에서 다루기로 한다.

그런데 넓은 의미의 국가 개념에 관한 헤겔의 설명은 편의상 다음의 네 가지로 정리할 수 있다. 첫째가 시민 사회의 발달에 따라 국가의 기반이 변화를 이룬다고 하는 역사적 설명이다. 헤겔에 따르면 윤리적 이념의 실현으로서의 국가는 논리적으로 보면 가족에서의 원초적 통일로부터 시민 사회에서의 분열을 거쳐 고차적인 재통일에 이르는 이념 발전의 성과로서 마지막에 나타나게 되지만, 역사적으로 보면 시민 사회의 형성에 선행하여 존재하는 최초의 형태라고 한다(§ 256 A). 요컨대 고대 그리스에서 윤리적 실체로서의 국가의 이념이 이미 존재하고 있으며, 그 후에 그리스도교에 의해 발견된 '자립적인 인격의 원리'가 서서히 '욕구의 체계'로서의 시민 사회를 형성해 간다고 하는 것이다(§ 185 A). 그리고 미리 존재하는

<hr>

20. 『법철학』에서의 국가 개념의 양의성에 대해서는 cf. Z. A. Pelczynski, "The Hegelian conception of the state", in: Pelczynski (ed.), *Hegel's Political Philosophy*, Cambridge 1971, pp. 13f. 일역 『ヘーゲルの政治哲學』(御茶の水書房) 수록. 인적 공동체와 권력 기구라는 두 개의 국가관의 계보에 대해서는 福田歡一 『國家·民族·權力』(岩波書店)을 참조.

국가의 내부에서 시민 사회가 발전해 감에 따라 국가를 지탱하고 있는 정신적 기반도 근본적으로 변화하지 않을 수 없기 때문에, 최초의 윤리적 실체는 주체성이라는 새로운 형식을 획득하게 된다(§ 256 A, 187 A).[21]

그리하여 둘째로, 개인의 주관적 신조와 객관적 제도 사이에 상호 규정적 관계가 성립한다고 하는 제도론적 설명으로 옮아가게 된다. 주체성이라는 새로운 형식은 '무한히 주체적인 실체성'이라든가 시민의 '정치적 신조' (politische Gesinnung)라든가로 불리고 있지만, 공동체를 스스로의 실체적 본질로서 자각하는 태도를 가리킨다. 요컨대 자신의 특수한 자기 이익이 국가라는 타자의 이익 속에 포함되어 있다는 것이 구성원에 의해 의식되고, 국가의 이익이 보편적 이익으로서 자각되게 되면, 국가는 처음에 생각되고 있었던 것과 같은 타자적 성격을 잃게 된다고 하는 것이다(§ 267f.). 그리고 '정치적 신조'라고 불리는 이러한 공공 정신은 국가의 사회적 기반을 이루고 있는 다양한 제도, 특히 '동업 단체'(Korporation)와 '자치체'(Gemeinde) 속에서 길러진다고 하는 의미에서는 제도의 산물이지만, 역으로 국가 속의 제도들을 내면적으로 뒷받침해 가는 [132]정신적 지주의 역할을 기대 받게 되기도 한다(§ 289 A).[22]

••
21. 이런 의미에서 헤겔의 시민 사회 개념은 호르스트만이 말하듯이(Horstmann, a. a. O. (Anm. 2), S. 302f.) '국가의 필연성을 논증할 목적'에 이바지하는 단순한 '수단'이라는 소극적인 존재에 머무는 것이 아니라, 자기의식이라는 근대의 새로운 기반 위에서서 국가 개념을 다시 규정한다고 하는 적극적인 체계적 기능을 부여받고 있다. 리터와 리델에 의한 시민 사회 개념의 일면적 강조를 바로잡고자 하는 그의 의도는 이해할 수 있지만, 헤겔 정치 철학의 문제가 예나 초기에 완전히 전개되어 있다고 보아, 국가와 시민 사회의 관계를 '목적'과 '수단', '현존하는 이성'과 '잠재하는 비이성' 이라는 단순한 범주로 환원해 버리게 되면, 양자의 내재적 연관을 분리하고 국가 개념의 우위만을 강조하는 다른 일면인 해석에 빠지고 말 것이다.

22. 국가 내의 제도로부터 생겨나는 정치적 신조가 역으로 이 제도를 정신적으로 유지하는 지주의 역할을 기대 받게 된다는 의미에서 제도와 신조라는 양자가 상호적으로 규정하는 불가분의 관계를 이루고 있다는 점에 대해서는, vgl. F. Rosenzweig, *Hegel und der Staat*, Bd. 2, München/Berlin 1920, S. 132-134. 동업 단체에 대해 시민 사회론에서는 계급 분열의 격화를 방지하는 완충 장치라는 사회적 기능이 기대되는 데 반해, 국가론에

이로부터 셋째로, 개인의 권리와 국가에 대한 의무가 불가분의 관계에 놓여 있다고 하는 **권리론적** 설명이 생겨난다. 헤겔에 따르면 시민 사회라는 형태를 취하여 개인의 특수 이익이 남김없이 전개된 국가에서야 비로소 개개의 구성원은 보편적 이익을 자기 자신의 실체적 본질로서 승인할 수 있다. 따라서 개인의 기본적 권리를 승인하는 것과 교환해서야 비로소 국가에 대한 의무의 이행을 개인에 대해 요구할 수 있는 것인바, 오직 개인이 지니는 권리가 국가 속에서 보장되는 한에서만 이러한 국가에 대한 귀속은 개인에게 있어 최고의 의무라고 한다(§ 260f., 261 A).

이상의 것을 근거로 하여 넷째로, 이것들을 가장 추상적인 차원에서 정식화한 **원리적** 설명, 요컨대 윤리적 실체와 자기의식의 동일성이라는 설명이 이루어지고 있다. 헤겔에 따르면 윤리적 이념의 실현인 국가는 '개개인의 자기의식'에 기반을 지니는바, 윤리적 실체는 이것을 스스로의 본질로서 자각하고 이를 위해 활동하는 자기의식 없이는 있을 수 없다(§ 257f.). 그리고 이것이야말로 '주체성 원리 그 자체 속에서 실체적 통일을 보존한다'고 하는 '근대 국가 원리'의 '엄청난 강함과 깊이'라고 불리는 것이다(§ 260). 이리하여 국가의 개념에서 공화주의 전통으로부터 얻어진 윤리적 실체의 이념과 프로테스탄티즘에서 유래하는 주체성 원리가 결합하고 있다는 것이 분명해진다.

이러한 이질적인 두 가지 원리를 결합하고자 하는 헤겔의 의도는 국가와 종교의 관계를 논의한 『법철학』 270절 주해로부터도 읽어낼 수 있다. 헤겔에 따르면 국가와 종교는 내용에서 근본적으로 다른 것이 아니고, 종교는 실질적으로 국가의 기초를 이루고 있지만(W 7, 417), 다른 한편으로 양자는 다음과 같은 세 가지 점에서 형식상으로 구별할 필요가 있다. 첫째로, 양자는 국가와 교회의 분리라는 형태로 제도적으로 명확히 구별되

••

　서는 단체 자치에 의해 공공 정신을 함양하고, 권력 기구로서의 국가를 시민 사회 속에 묶어 놓는 매개 장치라는 정치적 역할을 기대 받고 있다.

어야만 한다(428). 둘째로, 국가가 사상과 개념에 의해 객관적으로 파악될 수 있는 데 반해 종교는 신앙과 감정에 의해 주관적으로밖에 근거지어질 수 없다고 하는 의미에서, 양자는 인식론적으로도 구별되어야만 한다(425). 셋째로, 국가와 종교가 관할해야 하는 영역은 내적인 것과 외적인 [133]것이라는 기본적으로 프로테스탄트적인 구별에 따라 할당된다(420-424). 요컨대 내적인 것은 국가의 영역이 아니기 때문에 교의의 내용이 개인의 내면에 관계되는 한에서 국가가 개입하는 것은 허용되지 않는 데 반해, 외적인 것은 '현실적인 이성태'(wirkliche Vernünftigkeit)인 국가의 영역으로서 자리매김 되는 것이다. 그리고 내적인 영역에서는 병역과 같은 국가에 대한 직접적 의무를 종교상의 이유로 인정하지 않는 종파에 대해서도 참된 국가는 '자유주의적으로'(liberal) 대응해야 한다고 이야기되어, 퀘이커나 재세례파와 같은 종파에 대한 종교적 관용과 유대인에 대한 공민권 부여가 옹호된다(420f.).[23] 이에 반해 외적인 영역에서는 신의 나라와 세속의 나라라는 그리스도교적인 이원론이 비판되고, 국가에서의 피안과 차안, 이성과 현실의 통일이 이야기된다.

이러한 공화주의적 일원론이야말로 '이성적인 것은 현실적이다'라는 『법철학』 서문의 저명한 명제의 숨겨진 의미를 이루는 것이다. 그리하여 헤겔은 국가의 이념을 피안에서 찾는 노력에 맞서 이성의 현실성을 주장하고 있지만(24), 이것은 무엇보다도 그리스도교적인 이원적 세계상에 대한 공화주의적 비판의 연장선상에서 이해되어야만 한다. 세계사를 논의하는 『법철학』의 말미(§ 360)에서도 세속계와 지성계라는 그리스도교적인 대립을 넘어서서 세속적인 것의 이성화와 영적인 것의 현실화를 통해 양자의 화해를 달성한 국가의 존재방식이 '이성의 현실태'(Wirklichkeit der Vernunft)라는 개념으로 특징지어지고 있다. 다른 한편으로 헤겔은 같은 서문에서

23. 이 부분은 헤겔이 본래적인 의미에서의 자유주의적인 감각을 갖추고 있었다는 것을 보여주는 예증으로서 거론될 수 있다.

'사상에 의해 정당화되지 않는 것은 신조에서 인정하지 않고자 하는 완고함'을 '근대에 특징적인 프로테스탄티즘 고유의 원리'라고 부르고, 이 주관성 원리를 명확히 승인하고 있다(27). 거기서는 서로 대립하는 두 개의 원리를 결합하고자 하는 헤겔 자신의 의도를 읽어낼 수 있다. 하지만 그럼에도 남는 의문은 270절에서 받아들여져 있는 내면과 외면이라는 프로테스탄트적인 이분법이 이성의 현실성이라고 하는 그 역사적 배경을 달리하는 공화주의적인 요구와 모순 없이 양립할 수 있는 것인가 하는 문제이다. 헤겔이 자유주의적인 정치 감각을 갖추고 있었다는 것을 강조하는 '자유주의자=헤겔'론도 이 문제에 대해 [134]설득력 있는 해답을 준비할 수 없는 한에서, 그 의의는 인정된다 하더라도 일정한 한계를 지니고 있다고 인정하지 않을 수 없을 것이다.

(2) 그런데 시민 사회가 발달함에 따라 성립 기반이 역사적으로 변화해 가는 것은 넓은 의미의 국가만으로 한정되지 않는다. 세 개의 권력이 구별된 입헌 군주 정체도 '근대 세계의 산물'이라고 특징지어지고 있다(W 7, § 273 A). 그러나 입헌 군주정이 근대의 산물로 불리는 근거에 대한 설명, 요컨대 정체론에 관해서는 1817년도 강의와 1820년 『법철학』 사이에서 커다란 간격이 발견된다.

우선 1817년도 강의의 정체론은 몽테스키외의 정체 구분을 그대로 채택하고, 몽테스키외에 의한 공화정과 군주정의 대비에 크게 의존하고 있다는 점에 특색이 있다. 요컨대 정체의 원리가 개인의 특수 이익을 허용하는가, 권력의 분할이 이루어져 있는가, 어느 정도의 국가 규모에 알맞은 것인가라는 세 가지 기준으로부터 보아, 개인의 특수 이익이 시민 사회라는 형태로 마음껏 발달을 이루고 삼권의 구별에 의해 자유를 보장해야 하는 오늘날의 대규모의 국가에서는 고대적 공화정은 이미 불가능한바, 제한 군주정만이 국가 체제로서 채택 가능하다고 결론지어지는 것이다(VW § 135 A, 136 A, 156 A). 더욱이 몽테스키외에 의한 세 정체의 구분(전제정, 공화정,

군주정)은 헤겔의 경우에 인류의 자기의식의 발전 단계에 대응한 세 개의 세계(오리엔트, 그리스·로마, 게르만)로서 역사적으로 이해되게 되었다. 따라서 1817년도 강의를 보게 되면, 몽테스키외 정체론의 수용은 헤겔이 고대 공화정의 재생이라는 청년 시대의 이상으로부터 결별해 가는 탈공화주의화 과정에서 결정적 의미를 지녔다는 것이 분명히 드러난다.

여기서 주의해야만 하는 것은 헤겔이 국가론의 전제로서 생각하고 있는 사회 질서가 실제로는 몽테스키외와는 근본적으로 다르다는 점이다. 몽테스키외가 혁명 이전의 신분제 질서를 온존시키면서 절대주의적 집권화에 맞서 [135]중세 입헌주의의 유산에 기초하는 통제를 회복하고자 하는 데 반해, 헤겔은 어디까지나 구체제의 전복에 의해 얻어진 '인격과 소유의 자유'라는 시민 사회의 원리 위에 서서 국가 체제의 존재방식을 논의하고자 하고 있다. 다시 말하면 몽테스키외가 군주정의 원리로서 들고 있는 '명예심'(honneur)이 '중간 권력'(pouvoir intermédiaire) 내지 '중간 신분'(rangs intermédiaires)으로서의 귀족의 신분적 덕과 불가분하게 결합되어 있는 한에서,[24] 헤겔이 1817년도 강의에서 행했듯이 이것을 시민 사회의 기반을 이루는 자발적 인격의 원리와 동일시하는 것 등은 가능하지 않은 것이다.

이러한 이유로부터 1820년 『법철학』에서 헤겔은 몽테스키외의 정체론으로부터 거리를 두고서 그의 군주정을 '국가의 주권'을 결여한 '봉건 군주정'(Feudalmonarchie)이라고 부르며 비판하게 된다(W 7, § 273 A, 278 A). 거기서는 국가의 직무와 권력이 독립한 중간 단체의 권한과 귀족의 특권적 사유물로 되어 버린다는 것이다. 다른 한편으로 군주정·귀족정·민주정이라는 아리스토텔레스 이래의 세 정체는 '입헌 군주정에서는 이러저러한 계기로까지 끌어내려진다'고, 요컨대 군주권·통치권·입법권이

---

24. 이 점은 '귀족은 군주정의 본질에 포함되는' 한에서, '군주 없이 귀족은 없고, 귀족 없이 군주는 없다'라는 몽테스키외의 명제에서 표현되어 있다(cf. Montesquieu, *op. cit.*, Liv. 2, Chap. 4).

라는 형태를 취해 동일 정체 속에 짜 넣어진다고 지적한 다음, 곧바로 '이념에 있어서는 어느 것이든 큰 차이가 없다'고 말하여 폴뤼비오스 이래의 혼합 정체론에 의한 제한 군주정의 설명으로부터도 거리를 취하고 있다(§ 273 A). 이리하여 몽테스키외 정체론으로부터 이반함에 따라 헤겔 국가론의 중점은 새롭게 정체론으로부터 주권론으로 옮겨지게 된다.

(3) 첫째로, 주권론을 논의함에 있어 대내적 주권에 논의를 한정하고 대외적 주권은 다루지 않는다는 점에 대해 미리 양해를 얻어 두고자 한다. 1817년도 강의는 국가 속의 주권을 아직 본격적으로 논의하고 있지 않았던 데 반해, 1820년 『법철학』은 국가 주권이라는 주제를 정면에서 다루고 있다. 첫째로, 국가의 주권은 무엇보다도 국가의 '실체적 통일'로서 정의되며, 그 [136]기초에 놓여 있는 공직과 공권력은 단체의 독립된 권한과 개인의 특권적 사유물이 아니라고 하는 의미에서 종속적·비인격적인 성격을 갖출 필요가 있다(W 7, § 276-278). 둘째로, 이 실체적 통일이 국가의 '주체성' 내지 '인격성'으로서 새롭게 파악되어 최종적 의지 결정이라는 결단의 요소가 들어오게 된다(§ 279). 셋째로, 국가의 추상적인 주체성은 현실의 '주체'의 형태를 취하여 특정한 '인격'으로서, 즉 세습 군주로서 존재한다고 주장되어 주권에서의 결단의 요소가 인격적 요소와 결부된다(§ 279, 280). 이렇게 하여 세 개의 추론 단계를 거친 다음, 군주 주권이라는 결론을 도출하는 것이다.

이러한 헤겔 특유의 사변적 주권 이론도 수많은 현실적·이론적인 배경을 지니고 있다는 점에 주의해야만 한다. 1814년에는 정복자 나폴레옹을 몰아낸 데 수반하여 독일에서도 구체제가 부활하지만, 헤겔의 모국인 뷔르템베르크의 영방 의회에서도 신분들의 다수는 '오랜 좋은 법'의 전통에 기초하여 이전의 실정적인 권리의 회복을 요구하게 되었다. 헤겔은 나폴레옹 통치 하의 개혁 성과를 무로 돌리고자 하는 영방 의회의 움직임 속에서 1806년 이전의 독일 국가 체제에서와 마찬가지로 국가 해체에 이르는 위험성을 간취하고 그에 대한 비판을 공표하고 있다.[25] 그리고 구신분제 질서를 극복한 통일적인 주권 국가에 대한 원망이야말로 헤겔의 주권론을 지탱하는 모티프인바, 실체적 통일로서의 국가의 주권이라는 첫 번째 추론은 「독일 헌법론」에서 시도된 구체제의 병적 상태에 대한 진단에 대해 제출된 처방전인 것이다.

이에 반해 국가의 주체성이라는 두 번째 추론은 자유 의지 개념에서 시작되는 주체성의 발전 과정의 결과로서 이해되는바, 그 이전 단계와 관계지어져 있다. 그러나 국가의 주체성은 본래 윤리적 실체와 동일화하는 주체성이 아니라 실체 그 자체가 지니는 주체성인 한에서, 국가의 개념을 근거짓는 주체성으로부터 국가의 속성을 이루는 주체성으로 어떻게 이행할 것인가가 문제로 되어간다. 이 이행의 논리는 윤리적 실체와의 동일화를 기준으로 하여 주체성의 형태가 이중화된다고 생각하는 것에 의해 일단 설명될 수 있다고 생각된다. 요컨대 윤리적 실체 속에서 스스로의 본질을 발견한 주체는 [137]실체가 지니는 고차적인 주체성으로 화하여 실체와 동일화할 수 없는 저차적인 주체성에 대해 우위를 차지하는 것이다. 윤리적 실체와의 동일화를 기준으로 하여 주체성을 이중으로 구분하고 절대적인 가치 서열 속으로 짜 넣는 여기서 사용되고 있는 논리는 『법철학』의 구조 전체에 둘러쳐져 있고 깊은 사상적 근거를 지니고 있긴 하지만, 어쨌든 자기의식의 반성적 구조를 모델로 하는 절대자 개념이 내포하고 있는 문제성도 이 단계에 이르러 비로소 분명해진다.[26]

··
25. 「뷔르템베르크 왕국 영방 의회의 토론의 비평」(1817년)에서 헤겔은 '국가 체제에서는 이성의 권리에 의해 승인되는 것 이외에는 유효한 것으로 인정되어서는 안 된다'고 하는 프랑스 혁명의 자유·평등 원칙에 서서, 오랜 실정적 권리를 고집하는 영방 의회를 '최근의 25년간이라는 세계사가 지녔던 가장 풍요로운 세월'로부터 아무것도 배운 것이 없었다고 비판하고 있다(W 4, 492f., 506-508).

26. 하버마스는 고차적인 주체성으로서의 국가가 개개의 주체에 대해 절대적으로 우위를 차지한다고 하는 도착된 결과가 헤겔에게서 생겨나는 요인을 인식 주체의 자기 관계성을 모델로 하는 절대자 개념 속에서 발견하고 있다(vgl. J. Habermas, *Der philosophische*

이러한 주체성 원리가 내포하는 문제는 여기서의 사상사적인 콘텍스트로부터 보면 헤겔이 반항한 프로테스탄티즘이라는 상대와의 화해로부터 생겨난 것이라고 말할 수 있다. 근대 주권 개념은 칼뱅주의의 신 개념을 세속화한 것이라고 말해지듯이,[27] 일체의 가치 질서를 무로부터 창조하는 초월자라는 결단주의적인 신 관념이 여기서는 어떠한 규범에도 구속되지 않고 법을 제정하는 주권자의 초월성의 형태를 취하여 현세의 국가 속으로 옮겨지게 되었다. 다시 말하면 프랑스 혁명에서 살해되었어야 했던 절대 군주의 상이 독재자 나폴레옹에게서 부활했던 것처럼, 일단은 부인되었어야 했던 초월신이 주권자라는 새로운 의상을 걸치고서 세속의 국가로 되살아났다고 볼 수 있는 것이다. 헤겔에 따르면 주권에서의 최종적 의지 결정이란 고대 공화정에는 결여되어 있던 주체성 원리의 일환을 이루는 것인바, 이것을 '인간적 자유의 영역 내부'에서 실현하는 것이 세 번째 추론에서의 군주의 인격이라고 한다(§ 279 A). 그리고 이것이야말로 1817년도 강의와 달리 1820년 『법철학』에서 군주정이 '근대 세계의 산물'이라고 불리는 이유인 것이다. 그러나 다음으로 솟아나는 물음이 있다. 그것은 이러한 군주 주권의 원리가 권력 분립이라는 또 하나의 원리와 양립할 수 있는 것인가라는 의문이다.

(4) 헤겔의 권력 분립론은 몽테스키외와 같이 삼권을 구별·분리할 뿐만 아니라 각 권력이 전체의 계기로서 유기적 통일을 이루도록 상호적으로 결합하는 유기적 성격을 지닌다는 점에 그 특색이 있다(W 7, § 272 A).

━━

Diskurs der Moderne, Frankfurt a. M. 1985, S. 53f. 일역 『近代の哲學的ディスクルス』(岩波書店). 자기의식 이론에 대한 의사소통 이론적인 비판과 겹쳐진 하버마스의 해석은 여기서 다룬 국가 주권론을 대상으로 하는 한에서 일정한 설득력을 지닌다고 말할 수 있다.

27. Cf. J. N. Figgis, *The Divine Right of Kings*, Cambridge 2nd ed. 1914, p. 325; Schmitt, *Der Leviathan in der Staatslehre des Thomas Hobbes*, S. 49f.

몽테스키외의 권력 [138]분립론은 군주·귀족·인민 대표의 세 요소로 이루어지는 혼합 정체라는 영국의 통치 구조에 대한 관찰로부터 얻어진 것인바, 중세 입헌주의에서 유래하는 주권 제한론이라는 의미를 지니고 있었다. 헤겔의 논의는 이러한 권력의 분할 가능성을 인정하면서 동시에 국가의 실체적 통일을 지키고자 한다는 점에서, 권력 분립론을 주권론 속으로 짜 넣는 최초의 시도라고 말할 수 있다.

그러나 1817년도 강의의 권력 분립론과 비교하면, 1820년『법철학』에서 삼권 사이의 권한 분배는 대단히 불명료하다고 말할 수밖에 없다. 우선 군주권과 통치권, 군주와 정부의 관계에 대해 말하자면, 군주와 개인적으로 인접하는 '최고의 심의직'이 군주의 결정 가운데서 '객관적인 부분'을 담당하고 그 책임을 짊어지는 데 반해, 군주 자신은 정부의 행위에 대한 일체의 책임으로부터 벗어나게 된다(§ 283f.). 그러나 군주의 초월성이 실질적인 결정에 관여하지 않기 때문인지 그렇지 않으면 일체의 법의 구속을 벗어난 주권자이기 때문인지가『법철학』에서는 그리 분명하지 않다. 이에 반해 1817년 강의에서는 군주의 결정이 미리 소관 장관의 서명을 필요로 하는 한에서 군주 개인과 궁정에 의한 자의적인 결정은 일어날 수 없다고 분명히 말해지고 있는바(VW § 140), 군주권의 역할은 배젓의 용어를 사용하자면 제도를 실제로 작동시키는 '실효적 부분'(effi-cient parts)이 아니라 민중 속에서 외경의 염을 불러일으키는 '존엄적 부분'(dignified parts)으로 명확히 한정되어 있다.[28]

- -
28. Cf. W. Bagehot, *The English Constitution* (1867), Fontana 1963, pp. 61ff. 강의에서 보이는 군주권에 대한 입헌주의적 제약이 저작에서는 충분히 전개되고 있지 않는 이유로서는『법철학』이 집필된 당시의 긴박한 정치 상황에서 '군주의 존엄'에 관한 언동과 관련해 과민하기까지 한 신중함을 요구받지 않을 수 없었다고 하는 외재적 사정을 고려하지 않으면 안 될 것이다(vgl. K.-H. Ilting, "Einleitung: Die 'Rechtsphilosophie' von 1820 und Hegels Vorlesungen über Rechtsphilosophie", in: Hegel, *Vorlesungen über Rechtsphilosophie 1818-1831*, Edition und Kommentar in sechs Bänden von K.-H. Ilting, Bd. 1, Stuttgart-Bad Cannstatt 1973, S. 25-126).

다음으로 통치권과 입법권, 정부와 의회의 관계에 대해 살펴보면, 의회는 시민 사회의 이익을 정치적으로 표출하는 담당자일 뿐으로, 보편적 이익을 희생하여 특수 이익을 추구하는 경향이 있다고 여겨진다(W. 7, § 301 A). 요컨대 정치적인 국가와 시민 사회 사이의 잠재적인 대립이 국가 기구 내부로 들여와져 정부와 의회의 대결이라는 형태를 취해 나타날 위험성이 나오게 되는 것이다. 그리하여 양자의 충돌을 회피하고 국가와 시민 사회를 매개하기 위해 다양한 매개 장치가 고안되게 된다. 이러한 매개항의 역할을 기대 받고 있는 것이 첫째로, 시민 사회의 특수 이익을 자주적으로 관리하고 의원을 선출하는 모체가 [139]되기도 하는 동업 단체와 자치체와 같은 중간 단체이며, 둘째로, 세습 재산을 지니고 상원을 구성해야 하는 귀족의 존재이고, 셋째로, 능력에 의해 임용되는 '중간 신분'(Mittelstand) 으로서의 관료이다. 그러나 정부와 의회 사이에서 구체적으로 어떻게 정책 결정이 이루어지는지는 『법철학』에서 명확히 말해지고 있지 않다. 이에 반해 1817년도 강의에서는 군주의 결정을 실질적으로 담당해야 할 '내 각'(Ministerium)의 존립은 의회의 다수에서 지지 기반을 얻는 것을 조건으로 하고 있는데(VW § 156 A), 의원 내각제를 비롯한 다양한 고안에 의해 정부와 의회, 통치권과 입법권 간의 충돌을 미연에 회피하고 양자를 밀접하게 결합할 수 있다고 생각되고 있다(§ 148f., 157). 이 점에서 몽테스키외에 의한 권력의 엄격한 분리를 비판하는 헤겔의 권력 분립론은 후에 배정이 묘사하는 것과 같은 영국의 의원 내각제를 모델로 하고 있다고 말할 수 있을 것이다.[29]

이리하여 『법철학』의 권력 분립론은 주권론 속으로 짜 넣어진 결과 어느 사이엔가 국가와 시민 사회의 매개 이론으로 변질되어 버리게 된다. 그리고 중간 단체·귀족·중간 신분과 같은 몽테스키외의 제한 군주정을 구성하고 있던 중세 입헌주의의 유산이 주권의 확립에 저항하는 거점으로

----

29. Cf. Bagehot, *op. cit.*, pp. 65ff.

서의 정치적 의의를 탈취당하고, 주권의 유지에 협력해야 하는 매개 장치로서 부활하게 되는 것이다. 그러나 정치적 영역에 한정되긴 하지만 신분적 폐쇄성이나 장자 상속제와 결부된 세습 귀족의 존재를 용인함으로써, 헤겔은 인격과 소유의 자유라는 시민 사회의 원리와 정면으로 충돌한다고 하는 체계적 모순을 벗어날 수 없게 되었다.[30] 이런 의미에서 헤겔의 국가론에서 중세 입헌주의 전통이 근대적 입헌주의로 완전히 탈피하고, 자발적으로 결성되는 중간 단체와 중간 계층의 사회적 기반이라는 형태를 취해 새로운 저항의 거점으로서 재생되기 위해서는 여전히 결정적인 한 걸음이 필요했다고 말할 수 있을 것이다.

[140]맺는 말

지금까지 공화주의-프로테스탄티즘과 주권 개념-입헌주의라는 이중의 콘텍스트 하에서 헤겔의 국가론을 다시 파악하고자 노력해 왔다. 그로부터 얻어진 결론을 감히 일원적으로 정식화하자면, 헤겔의 국가론은 그가 청년 시기에 받아들인 공화주의적 이념을 상대화하는 도상에서 나타난 다양한 문제에 대처하고자 하는 악전고투의 궤적으로서 이해할 수 있다. 젊은 헤겔이 프랑스 혁명으로부터 받아들인 공화주의 정신은 본래 유대-그리스도교적 전통과는 격렬한 긴장 관계에 서 있는 헬레니즘적인 이교의 원리였던 데 반해, 그 후의 헤겔은 고대 공화주의 이념을 유지하면서도 프로테스탄티즘 원리와의 화해에 힘써 대립하는 두 원리의 결합을 도모하

---

30. 세습 토지 재산을 지니는 귀족의 매개 기능에 주목하는 헤겔의 논의는, 공화주의적 맥락에서 보면, 상업의 발전에 의한 사치와 퇴폐가 정치적 영역에 침입해 오는 것을 저지하는 방파제로서 세습 귀족의 역할을 적극적으로 평가하는 영국의 컨트리 계열 이론가(새프츠베리 백작과 볼링부르크)의 계보로 이어진다(cf. Pockok, *op. cit.*, p. 514).

게 되었다. 이것이 시민 사회론에서는 인격과 소유의 자유라는 그리스도교 원리를 재평가한다는 점에서, 국가 개념에서는 프로테스탄티즘에 특징적인 주체성 원리를 받아들여 이것을 공화주의적인 윤리적 실체의 이념과 결합한다는 점에서 표현되는 것이다. 더욱이 주권 국가로서의 통일을 결여한 독일의 현 상황에 직면한 것에서 실체적 통일로서의 주권 개념의 도입과 내면적 영역에 대한 국가의 외면적 중립화라는 형태로 국가상의 변용과 탈공화주의화가 추진되게 되었다. 초월신의 관념이 주권자의 모습을 취해 현세의 국가 속으로 옮겨 넣어지는 한편, 주권의 절대성이 자기의식의 반성적 구조를 모델로 하여 이해되게 된 결과, 낭만주의적 아이러니에서 보이는 것과 같은 어떠한 규범에도 구속되지 않는 자기 절대화라는 자아 인플레이션 현상이 고차적인 주체성으로 재현되는 위험성이 나타난다.[31] 헤겔의 국가 개념에 대해 지적해야 하는 문제성이란 이러한 정치적 결단주의에 특유한 자아 비대화의 위험에 맞서 윤리적 실체라는 공화주의적 이념이 반드시 유효한 예방책으로는 되지 않는바, 오히려 (20세기에도 보였듯이) 윤리적 [141]실체를 참칭하는 권력자의 손에 의해 민중 조작의 도구로서 이용될 수도 있다는 점에 놓여 있다. 몽테스키외를 통해 헤겔의 국가론에 받아들여진 중세 입헌주의라는 또 하나의 전통은 이와 같은 결단주의적 정치 개념에 대해 브레이크를 거는 제약 원리로서 다시 파악되게 되면, 오늘날에도 고려되어야 하는 의의를 지니고 있다고 말할 수 있을 것이다.

..

31. Vgl. K. Löwith, "Der okkasionelle Dezisionismus von Carl Schmitt", in: *Sämtliche Schriften*, Bd. 8, Stuttgart 1984, S. 32 ff. 『법철학』의 「도덕성」 말미에서 보이는 낭만주의적 아이러니 비판은 인간의 자기 신격화에 수반하여 나타나는 자아 인플레이션 현상에 대한 선구적 비판으로 이해될 수 있지만, 윤리적 실체와 동일화하기 이전의 주체에서는 억압된 위험성이 실체와 동일화한 이후의 고차적인 주체에서는 다시 회귀해 올 가능성에 대해 헤겔은 너무나도 낙관적이었다고 하는 비판을 면할 수 없을 것이다.

마지막으로 우리와는 다른 시대, 다른 나라에서 살아간 과거의 사상가를 논의할 경우에 반드시 염두에 두어야 하는 사상가로서의 존재 구속성과 관련해 두 가지 점만을 덧붙임으로써 결론을 대신하고자 한다. 하나는, 프로테스탄티즘에 해당하는 사상적 전통이 결핍된 나라에서 공화주의적 전통에 직접 호소하는 것은 젊은 헤겔과 같이 사상적 반항을 의미하기보다는 오히려 고유의 전통에 대한 순응을 의미하는 것이 될 수 있다고 하는 문제이다. 유대-그리스도교 문화의 도그마적인 숭배에 대해서는 내부로부터 엄격한 자기비판이 표명되게 되고 오히려 이질적인 문화권이 서로를 승인하는 '인정의 정치'가 요구되고 있는 오늘날에도 동양과 서양에서의 사상적 전통의 철저한 이질성과 그로부터 생겨나는 동일 사상의 기능 전환이라는 숙명적 역설은 전제로서 분명히 새겨져야 하는 인식이라고 생각된다. 또 하나는 다원적·분권적인 사회 구조가 보존되어 있지 않고, 그렇다고 해서 자발적인 중간 집단의 전통도 충분히 뿌리 내리고 있지 않은 나라에서 '보통 국가'라는 이름 아래 주권 국가의 확립과 정치적 지도력의 강화를 부르짖는 것은 무제약적인 정치적 집권화와 사회적 순응주의를 곳곳에서 만연시키는 것으로 될 수 있다고 하는 문제이다. 이전에 일세를 풍미한 '실천 철학의 복권'론에 대한 반동인 것인지, 비상사태를 명목으로 정치적 결단주의의 망령이 거리를 배회하고 있는 것으로 보이는 오늘날, 전통에 대한 우상 숭배에 빠지지 않고서 상호 주체성에 대한 감각을 되찾아야 할 시기가 다가오고 있는 것으로 생각된다.

제6장 헤겔 법철학 강의를 둘러싼 최근 독일의 논쟁

머리말

신칸트학파의 철학자 카시러는 1933년 이후의 망명 생활 중에 집필한 유작 『국가의 신화』에서 전체주의에 대한 헤겔의 사상적 책임을 고발하는 포퍼와 같은 논의에 맞서 시종일관 이중 감정이 병립된 입장을 취하고 있다. 카시러에 따르면 헤겔의 국가 학설이 제국주의와 파시즘을 준비하는 것에 공헌했다 하더라도, '헤겔에 의한 국가 권력의 이상화와 현대의 전체주의 체제의 특징을 이루는 저 우상화 사이에는 명백한 틀림없는 차이가 존재한다.'[1] 그리고 헤겔 해석상의 이러한 양의성은 프로이센 국가에 대한 칭찬과 특정 국가를 넘어서는 보편주의, 전통의 힘을 옹호하는 보수주의와 프랑스 혁명에 대한 깊은 이해, 자연법적 국가론에 대한 비판과 낭만주의적

---

1.   E. Cassirer, *The Myth of the State*, New Haven 1946, p. 276. 일역 『國家の神話』(創文社) 363쪽.

국가론과의 대결이라는, 헤겔 자신에게서의 서로 대립하는 요소의 혼재로부터 설명된다. '보수주의는 헤겔 윤리학설의 가장 두드러진 특징의 하나다. 그럼에도 불구하고 그것이 모든 것은 아니다. 그것은 특수한 치우친 측면에 지나지 않으며, 그것을 전체로 잘못 보아서는 안 된다. 헤겔의 정치 이론과 역사 철학에서는 상반된 두 가지 경향의 기묘한 뒤섞임이 인정된다.'[2]

현재의 시점으로부터 과거의 헤겔 해석을 돌이켜 볼 때, 카시러가 헤겔 정치 이론 속에서 발견한 서로 [143]대립하는 두 가지 요소의 항쟁은 헤겔 『법철학 요강』(이하 『법철학』이라고 부른다)의 해석사와 관련해서도 마찬가지로 발견될 수 있다. 요컨대 제2차 세계 대전 이전의 전통적 해석에서는 '국가의 신화'에 대한 헤겔의 기여가 국가의 탈신화화·상대화라는 규범의식에 뒷받침되어 비판 대상이 되어 왔던 데 반해, 전후의 해석은 이러한 헤겔 상도 역시 그때그때마다의 역사적 상황에 의해 규정된 또 하나의 신화, 즉 '헤겔 신화'(W. 카우프만)에 다름 아니라는 것을 보여주고 헤겔의 자유주의적인 측면을 발굴하는 것에 의해 헤겔 신화의 해체와 그 정치 이론에 대한 공정한 재해석을 시도해 왔다. 이런 의미에서 종래의 『법철학』 해석의 역사는 그 자체가 서로 대립하는 두 개의 해석이 벌이는 항쟁의 역사였다고 말할 수 있을 것이다.

그러나 헤겔이 1817년부터 하이델베르크 대학과 베를린 대학에서 행한 법철학 강의의 필기록이 최근 두 번에 걸쳐 공간되기에 이르러 『법철학』의 해석은 새로운 국면을 맞이하게 되었다. 이 새로운 자료의 공간을 계기로 하여 카시러가 헤겔에게서 발견한 야누스 상과 같은 양면성을 1820년 말에 공간된 『법철학』과 법철학 강의 사이에서 발견하고, 이에 의해 종래의 오랜 해석과 새로운 해석의 항쟁에 종지부를 찍고 양자를 종합하고자 하는 견해가 필기록의 편집자 일팅에 의해 주창되었기 때문이다. 하지만 저작과 강의의 단절을 지적하는 그의 견해는 곧바로 저작과 강의의 연속성

2. *Ibid.*, p. 252. 일역, 334쪽.

을 주장하는 다른 연구자의 반론을 불러일으키는바, 『법철학』이라는 고전적 텍스트는 강의와의 연속인가 그렇지 않으면 비연속인가를 둘러싼 새로운 논쟁의 소용돌이로 던져지게 되었다.

이러한 착종된 연구 상황 하에서 법철학 강의를 해석 대상으로 받아들이는 가운데 『법철학』의 재해석을 시도함에 있어서는 그 전제 조건으로서 현재에 이르기까지의 해석들을 교통 정리하면서 논점을 추출하는 작업이 불가결하다. 그리하여 이 장에서는 헤겔 『법철학』과 법철학 강의와의 상호 연관을 고찰하기 위한 준비 작업으로서 법철학 강의를 둘러싼 최근의 논쟁을 종래의 해석들과 관련하여 총괄하고, 이후의 고찰 틀을 설정할 수 있도록 시도하고자 한다. 이하에서는 우선 제1절에서 제2차 대전 전·후의 신구 양 해석을 개관한 후, 다음으로 제2절과 제3절에서 법철학 강의를 둘러싼 최근 독일의 논쟁을 [144]세 개의 차원으로 정리하여 고찰하고, 마지막으로 제4절에서는 논쟁을 총괄하고 헤겔 정치 이론을 해석하는 이후의 지침을 제시하고자 한다.

제1절 전후 『법철학』 해석의 기본 동향

(1) 우선 법철학 강의를 둘러싼 최근 독일의 논쟁을 고찰하기에 앞서, 전후 새롭게 전개된 『법철학』 해석에서 발견되는 특징적 동향을 전전의 해석과 대비하여 밝히고자 한다. 그리하여 전전에 형성된 전통적 해석의 원점을 이루고 그 후의 해석을 오랫동안 규정하게 된 하임의 해석을 가장 먼저 살펴보고자 한다.[3]

· ·
3. R. Haym, *Hegel und seine Zeit*, Berlin 1857, Hildesheim/New York 1974. 전전의
    『법철학』 해석을 포괄적으로 기술하는 시도로서는, vgl. M. Riedel (Hg.), *Materialien
    zu Hegels Rechtsphilosophie*, Bd. 1, Frankfurt a. M. 1975, S. 11-49; H. Ottmann,
    "Hegel und die Politik, zur Kritik der politischen Hegellegenden", *Zeitschrift für Politik*

D. 슈트라우스의 사상적 영향을 받고 3월 혁명에서는 프랑크푸르트 국민 의회 의원으로서 소독일주의 입장을 취한 하임에게 있어 헤겔 철학과 프로이센 국가는 이론·실천의 양면에서의 비판 대상으로서 내적으로 연관된다고 전제되어 있다. 하임에 따르면 해방 전쟁 후에 프로이센 국가가 복고기에 들어섬과 동시에 베를린 대학 교수에 취임하여 프로이센과 일체화된 헤겔의 철학은 '프로이센 복고 정신의 학문적 거주지'로 화하여 '공인된 복고 철학자 내지는 프로이센의 국가 철학자'로서 인정되기에 이르렀다.[4] 헤겔 철학과 프로이센 국가를 동일시하는 이 선행 판단은 하임에 따르면 다음과 같은 네 가지 점에서 증명될 수 있다고 한다.

첫째로, 헤겔은『법철학』서문에서 부르셴샤프트의 이론적 지도자 프리스의 심정주의적 철학과, 그가 1817년 10월의 바르트부르크 축제에서 행한 연설을 비판하여 프리스로부터 예나 대학 교수 자리를 박탈한 프로이센 정부의 조치를 추인하고 있다.『법철학』서문에서 보이는 이 프리스 비판은 칼스바트 결의(1819년)에 의해 부르셴샤프트 운동을 억압하고 있던 당시의 복고 체제 하에서는 '학문적으로 정식화된, 칼스바트의 [145]경찰 제도와 데마고그 사냥의 정당화'를 의미했다고 여겨진다.[5]

둘째로, 이 서문에서 말해진 '이성적인 것은 현실적이고, 현실적인 것은 이성적이다'라는 저명한 명제는 1821년의 프로이센에 현존하는 현실을 시인하는 '정치적 보수주의, 정관靜觀주의, 낙관주의의 절대적 정신'을 표현하고 있다고 한다.[6] 확실히 헤겔 자신은 후년에『엔치클로페디』제2판 이후에서 이성적인 참된 현실과 경험적인 현실——그의 용어법에 따르면 '현실태'(Wirklichkeit)와 '현존재'(Dasein, Existenz)—— 을 구별한 다음,『법

· ·
   26, 1979, 235-253.
4.   Haym, a. a. O., S. 359, 367.
5.   Ebd., S. 364.
6.   Ebd., S. 365.

철학』 서문에서의 '현실적인 것'(was wirklich ist)은 후자가 아니라 전자를 의미한다고 변명하고 있다.[7] 그러나 앞의 이중 명제에서는 현실적인 것의 이중의 의미에 대응하는 헤겔의 체계 전체의 양의성이 표현되어 있다고 한다. 요컨대 명제 전반부에서 말해지고 있는 것이 이성적 개념을 구체화·현실화하는 『논리의 학』의 관념론적 입장인 데 반해, 후반부에서 말해지고 있는 것은 현존하는 현실을 이상화·개념화하는 『법철학』의 경험론적 입장인 것이다. 하임에 따르면 '이 철학은 논리학에서는 개념을 현실로 높이는 데 반해, 윤리학에서는 현실에 이성적 가치를 부여하는' 것인바, '논리학적 부문에서는 혁명적이지만, 실천적 부문에서는 보수적이다.'[8]

셋째로, 『법철학』이 실체적 윤리에 비해 도덕성이라는 주체의 내면성에 대해서는 종속적 성격밖에 인정하지 않는 것은 복고 정신이 주체적 자유에 대해 보여주는 억압적 태도를 표현하고 있다. 헤겔은 도덕성의 자립적 존엄을 '교육상의 타협으로부터' 일시적으로 인정하는 데 지나지 않으며, 예나 초기에서 보이는 '도덕성의 단순한 우유적 타당성은 사라진 것이 아니라 오히려 스콜라 철학적 체계 편성을 통해 한층 더 명확히 강조되고 있다. 도덕성은 추상법과 객체적 윤리의 중간 지점에 놓임으로써 자유와 이성적인 것이 생성되는 단순한 통과점이 되었다.'[9] 이와 같이 헤겔이 주체성 일반을 경시하는 요인은 근대적인 자각적 정신과 그리스적인 객체적 정신의 종합을 지향하면서, 궁극적으로 후자가 전자보다 우위에 선다는 점에 놓여 있는바, '개인주의에 대한 조화주의의 승리, 근대 원리에 대한 고대 원리의 승리……는 바로 [146]『법철학』에서 정점에 도달한다.'[10]

넷째로, 이에 대응하여 국가상에서도 고대적 의식이 근대적 현실 속으로

··
7. Vgl. G. W. F. Hegel, *Enzyklopädie der philosophischen Wissenschaften im Grundrisse (1830)*, Hamburg 1969. S. 38f.
8. Haym, a. a. O., S. 368f.
9. Ebd., S. 375f.
10. Ebd., S. 377.

섞여 들어와 프로이센 국가의 전근대적 현실이 정당화된다고 한다. 요컨대 고대적 형식과 근대적 소재와의 부조리한 뒤섞임으로부터 국가의 고대적 신격화와 절대화가 생겨나는 한편, 근대 국가의 생명을 이루는 입헌주의적 원리는 훼손되게 된다. '『법철학』은 고대 공화주의적인 견해와 신조의 이름으로 근대 자유주의의 일정한 요소에 맞서, 즉 복고의 시작에 반대하는 당시의 정신 전체에 맞서 체계적인 싸움을 도발하고 있다.'[11] 이와 같이 '철저한, 거리낌 없는 현존하는 정치적 현실의 이상화'는 달리 유례를 찾아볼 수 없는 것이며, '1821년의 프로이센 국가를 특징짓는 모든 것이 이 국가 철학에서 발견된다.' 이리하여 이성적 개념에 대한 경험적 현실의 우위가 명백한 이상, 헤겔 『법철학』은 '일시적인 것을 절대화한다'는 점에서 일시적인 것의 운명인 몰락을 면할 수 없다고 한다.[12]

하임이 헤겔에게 내린 '프로이센 국가 철학자' 내지 '복고 철학자'라는 선고는 3월 혁명 이전에 『법철학』에 대해 시도된 다양한 해석[13]에 종지부를 찍고, 헤겔 정치 철학을 논의하는 자명한 전제로서 이후 약 1세기에 걸쳐 『법철학』 해석을 규정하게 되었다. 그뿐만 아니라 독일 통일에서 시작되어 제1차 세계 대전을 거쳐 나치 정권 성립에 이르는 그 후의 독일사의 전개 속에서 프로이센의 국가 철학자라는 헤겔 상 위에 '내셔널리스트' 내지는 '국가 사회주의자'라는 새로운 헤겔 상이 겹쳐 쌓여간다.

우선 프로이센에 의한 독일 통일을 다음해에 맞이하게 되는 1870년, 로젠크란츠와 쾨스틀린에 의해 '독일의 국민적 철학자'로 해석된 이래,[14]

• •

11. Ebd., S. 383.

12. Ebd., S. 386.

13. 간스의 자유주의적인 재해석, 슈바르트의 보수주의적 고발, 루게와 맑스의 비판적 주석과 같은 3월 혁명 이전의 해석에 대해서는, vgl. Riedel (Hg.), a. a. O., S. 21-29; Riedel, "Hegel und Gans", in: H. Braun/M. Riedel (Hg.), *Natur und Geschichte, Festschrift für Löwith zum 70. Geburtstag*, Stuttgart/Berlin/Köln/Mainz S. 1967, S. 257-273; S. Avineri, "Hegel revisited", *The Journal of Contemporary History* 3, 1968, 133-147.

이에 이어지는 독일 내셔널리즘의 고양기에 헤겔은 비스마르크의 등장에 앞서 '권력 국가사상'(Machtstaatsgedanke)을 이야기한 내셔널리즘의 철학자로서 이해된다.[15] 이어서 바이마르 공화국의 붕괴와 나치스의 정권 장악이라는 충격 하에서 포퍼는 하임에게서 시작되는 비판을 속류화된 [147]형태로 집약하는 한편, 헤겔과 전체주의 사상의 친화적 관계를 주장한다. 포퍼에 따르면 헤겔은 '국가가 모든 것이며, 개인은 아무것도 아니다'라는 국가 숭배, '힘은 정의라고 하는 학설'을 이야기한 '프로이센주의 최초의 공인 철학자'이며,[16] 프리드리히 빌헬름 3세에게서 시작되고 비스마르크를 거쳐 히틀러에 이르는 프로이센 중심주의의 원점을 이룬다. 그뿐만 아니라 헤겔은 멀리 플라톤까지 소급되는 '열린사회에 대한 투쟁'의 현대적 소생을 의미하는바, 역사상 '플라톤과 현대적 형태의 전체주의 사이의 이를테면 '잃어버린 고리''를 표현하고 있다고 한다.[17]

이와 같은 내셔널리스트 내지 국가 사회주의자라는 헤겔 해석의 배후에는 이것을 적극적으로 촉진하는 일군의 '신헤겔주의자'가 존재했다는 것을 간과할 수 없다. 예를 들면 아돌프 라손, 콜러, 게오르크 라손에 의해 『법철학』은 비스마르크의 대내 · 대외 정책으로 상징되는 전통적 권위주의 체제와 제국주의적 확장 정책을 정당화하기 위해 사용되며, 둘카이트, 빈더,

• •
14. Avineri, "Hegel and Nationalism", *The Review of Politics* 24, October 1962, reprinted in: W. Kaufmann (ed.), *Hegel's Political Philosophy*, New York 1970, pp. 112-114. 1870년 이전의 헤겔은 후년처럼 독일 내셔널리즘의 선구자로는 이해되고 있지 않다. 오히려 나폴레옹을 일관되게 지지한 헤겔의 태도는 하임에 의해 '조국의 이해관계에 대한 배신'으로 비판되고 있다(vgl. Haym, a. a. O., S. 273).

15. 초기의 마이네케는 헤겔과 비스마르크의 이념사에 있어서의 대응 관계를 상정하고, '3인의 위대한 국가 해방자'로서 헤겔, 랑케, 비스마르크의 이름을 들고 있다(vgl. F. Meinecke, *Werke* Bd. 5 *Weltbürgertum und Nationalstaat* (1907), München 1962, S. 236. 일역 『世界市民主義と國民國家』 II(岩波書店) 298쪽).

16. K. R. Popper, *The Open Society and Its Enemies*, London 1945, 4th ed. 1962, pp. 29, 31, 41. 일역 『開かれた社會とその敵』(未來社) 제2부, 34, 36, 45쪽.

17. *Ibid.*, pp. 30. 31. 일역, 36쪽.

라렌츠에 이르러서는 로젠베르크 등 공식적인 나치 이데올로그가 헤겔을 거부했음에도 불구하고, 헤겔에게서 '민족 공동체'(Volksgemeinschaft)의 철학자를 발견할 수 있다고 생각했다.[18] 그럼에도 불구하고 이들의 해석이 1871년·1914년·1933년이라는 그때그때마다의 시대 상황에 의해 규정된 헤겔 상에 의존하고 있었다는 것은 분명하다. 전후의 헤겔 해석은 내셔널리스트 내지 국가 사회주의자라는 헤겔 해석을 논박하면서, 무엇보다도 우선 종래의 해석이 자명한 전제로서 받아들여 온 '프로이센의 국가 철학자'라는 하임의 테제를 다시 묻는 작업으로서 전개되게 되었다.

(2) 전전의 1세기에 걸쳐 형성된 전통적인 해석을 다시 묻는 시도는 이미 제2차 대전이 한창일 때, 헤겔과 전체주의 사상과의 친근성을 주장하는 포퍼 등의 해석에 대항하여 녹스, 마르쿠제, 루카치에 의해 개시되었다.[19] 그리고 [148]전후의 헤겔 해석은 녹스 등의 해석을 출발점으로 하여 프로이센의 국가 철학자 헤겔이라는 전전의 해석에 대한 안티테제로서 전개되었다. 그리하여 전후 새롭게 전개된 해석을 전기적 기술, 이론적 해석, 발전사적 해석이라는 세 개의 차원으로 구분하여 종래의 해석과 대비하면서 고찰하고자 한다.

우선 전기적 기술의 차원에서 전전의 해석을 갱신하는 시도를 녹스, 아비네리, 동트에 입각하여 살펴보자. 영국인 연구자 녹스에 따르면 첫째로, 하임 이래로 자명하게 여겨져 온 헤겔과 프로이센 국가의 동일성은 『법철

18. Riedel, (Hg.), a. a. O., S. 32.

19. T. M. Knox, "Hegel and Prussianism", *Philosophy*, January 1940, reprinted in: Kaufmann (ed.), *op. cit.*, 13-19; H. Marcuse, *Reason and Revolution, Hegel and the Rise of Social Theory*, London/New York 1941, Atlantic Highlands, N. J. 1983. 일역 『理性と革命』(岩波書店): G. Lukács, *Der junge Hegel, Über die Beziehungen von Dialektik und Ökonomie*, Zürich 1948, Frankfurt a. M. 1973. 일역 『ルカーチ著作集』 제10·11권 (白水社).

학』의 공간 과정을 고려할 때 대단히 의심스럽게 된다. 1819년 10월 30일 자의 헤겔의 서한으로부터 칼스바트 결의가 가결된 9월 20일까지 『법철학』의 초고가 완성되어 있었다는 것이 밝혀지지만, 이에 반해 『법철학』의 서문 일자는 다음 1820년 6월 25일이고, 표제에 덧붙여진 공간 연도는 1921년으로 되어 있다. 이와 같이 『법철학』의 공간이 연기되기에 이른 이유는 칼스바트 결의에 의해 출판물 전체에 부과되게 된 '검열에 대한 두려움' 이외에는 생각될 수 없지만, 그것은 헤겔과 프로이센 당국 사이에 일정한 긴장 관계가 존재했다는 것을 시사한다.[20] 둘째로, 녹스는 『법철학』 서문에서 헤겔이 프리스에 대해 행한 비판은 당시의 정치 상황 하에서 일정한 정당성이 있었다고 지적한다. 1819년 3월, 예나 대학의 학생 칼 잔트가 러시아의 스파이라는 혐의를 받고 있던 작가 코체부를 암살하는 사건이 일어났는데, 프리스에 의한 심정과 열광의 강조는 이러한 테러 행위로 귀결될 수밖에 없다고 하는 점이야말로 헤겔이 프리스 비판에서 말하고자 하는 것이었다.[21]

　이스라엘의 연구자 아비네리도 녹스와 마찬가지로 프리스 비판의 정당성을 주장한다. 헤겔이 비판한 프리스와 부르셴샤프트는 반유대주의와 도덕적 주관주의를 고취하고 그 귀결인 정치적 테러를 용인한다는 점에서 후에 나치즘에서 정점에 도달하는 배외적 내셔널리즘을 선취하고 있었던

· ·
20.　Knox, "Hegel and Prussianism", 15-17. Vgl. J. Hoffmeister (Hg.), *Briefe von und an Hegel* Bd. 2, Hamburg 1953, 3. Aufl. 1969, S. 220〔이하에서는 Br 2로서 인용〕.

21.　Knox, *op. cit.*, 18. 카우프만에 따르면 프리스는 「유대인에 의해 독일인의 복지와 특성이 빠져 있는 위험에 대하여」(1816년)에서 반유대주의를 공공연히 부르짖고 있었다(vgl. W. Kaufmann, "The Hegel Myth and Its Method", *The Philosophical Review*, October 1951, reprinted in: Kaufmann (ed.), *op. cit.*, 137-171, 146). 또한 마르쿠제에 따르면 부르셴샤프트의 주장에서 민족 공동체의 이데올로기를 발견하는 것은 특별히 어렵지 않은바, '헤겔의 입장과 국가 사회주의의 관계보다 민족주의와 반합리주의를 부르짖는 부르셴샤프트의 역사적 역할과 국가 사회주의의 관계 쪽이 훨씬 밀접한 것이다.'(vgl. Marcuse, *op. cit.*, p. 180. 일역, 201쪽)

바, 헤겔의 프리스 비판을 가지고서 곧바로 반자유주의의 증명으로 보는 것은 가능하지 않다.[22] 하지만 녹스가 헤겔과 프로이센 국가의 긴장 관계를 [149]시사하는 데 반해, 아비네리는 1818년 당시의 프로이센의 진보적 성격을 강조하고 프로이센 국가와의 동일성이라는 고정 관념의 내용을 의미 전환하고자 한다. 아비네리에 따르면 헤겔을 프로이센 국가와의 동일화를 이유로 하여 비판하는 전전의 해석은 후년의 프로이센 상을 과거로 투영함으로써 성립하는바, 양자의 결합에서 반자유주의·반내셔널리즘을 발견한 하임의 해석은 3월 혁명 당시의 프로이센 상에 기초하는 데 반해, 반자유주의·내셔널리즘을 발견한 포퍼의 해석은 1871년 이후의 프로이센 상에 기초하고 있다. 그러나 1818년에 헤겔이 제휴하게 된 프로이센은 1848년의 프로이센도 1871년의 프로이센도 아니라 슈타인과 하르덴베르크에 의해 개혁되고 근대화된 프로이센이었다.[23]

전기적 기술에서 전통적 해석을 갱신하는 시도는 프랑스인 연구자 동트에 의해 주제로서 다루어졌다. 첫째로, 동트는 아비네리와 마찬가지로 개혁기 프로이센에서 수상 하르덴베르크, 문교부 장관 알텐슈타인, 문교부 참사관 슐체와 같은 헤겔의 보호자들이 지니고 있던 진보적 성격을 강조하는 한편,[24] 녹스와 마찬가지로 1819년 10월 18일의 검열령에 의해『법철학』이 공간을 연기할 수밖에 없게 되었듯이, 궁정 및 경찰·검열 당국과의 사이에 긴장 관계가 존재했다고 지적한다.[25] 그리고 프로이센 정부와의 제휴와 긴장이라는 모순에 가득 찬 관계는 프로이센 정부 내부가 굳건한

..

22. Avineri, *Hegel's Theory of the Modern State*, Cambridge 1972, pp. 119-122. 일역 『ヘーゲルの近代國家論』(未來社) 190-193쪽.

23. *Ibid.*, pp. 115-116. 일역, 185-186쪽. 이러한 지적의 선구로서는, cf. E. Weil, *Hegel et l'État*, Paris 1950, pp. 18-19.

24. J. D'Hondt, *Hegel en son temps (Berlin 1818-1831)*, Paris 1968. 일역『ベルリンのヘーゲル』(法政大學出版局) 56-74쪽.

25. 같은 책, 일역, 94-111, 238-253, 52쪽.

동질성으로 관철된 것이 아니라 알텐슈타인, 슐체 등으로 대표되는 개혁파와, 경찰 장관 비트겐슈타인, 경시 총감 캄프츠로 대표되는 복고파라는 이질적인 두 세력으로 이루어져 있었다는 것으로부터 설명된다.[26]

둘째로, 동트는 녹스, 아비네리와 마찬가지로 프리스와 부르셴샤프트가 유대인 배척의 내셔널리트적인 경향을 띠고 있었던 한에서 헤겔의 프리스 비판에는 정당성이 있었다고 지적할 뿐만 아니라,[27] 헤겔이 부르셴샤프트 회원과의 사이에 오히려 우호적인 관계를 지니고 있었다는 점을 강조한다. '데마고그 사냥'에 의해 박해당한 [150]자들에는 헤닝, 카로베, 푀르스터, 쿠쟁과 같은 헤겔의 제자들이 있었는데, 헤겔은 보석의 탄원과 보석금 지불, 일자리의 주선을 통해 그들을 적극적으로 돕고 있었다.[28] 부르셴샤프트를 비판하면서 옹호하는 헤겔의 대단히 양의적인 관계는 부르셴샤프트 운동과 그 주변에 위치하는 지식인 내부에서 견해의 차이가 존재하며, '헤겔은 대단히 분열되어 있던 부르셴샤프트에 대한 이데올로기상의 감화를 둘러싸고서 프리스와의 경합을 생각하고 있었다'라는 것으로 설명된다.[29] 그것은 무엇보다도 헤겔의 제자 카로베가 부르셴샤프트 내에서 국수주의와 반유대주의에 반대하는 입장을 취하고 있고, 푀르스터와 함께 잔트의 행위에 비판적이었다는 점에서 제시되고 있다.[30]

따라서 동트에 따르면 프로이센 정부와의 제휴와 긴장, 부르셴샤프트에 대한 비판과 옹호라는 이중 차원에서의 헤겔의 양의적 관계를 이해할

<hr />

26. 같은 책, 78-79쪽.

27. 같은 책, 136-139, 149-154쪽.

28. 같은 책, 168-233쪽.

29. 같은 책, 135쪽. 동트는 경찰·검열 당국의 위협을 고려하게 되면, 헤겔의 프리스 비판이 '만약의 경우에는 『법철학』 전체에 있어서의 피뢰침으로서의 역할을 할 수 있었을 것이다'라고 한다(같은 책, 141쪽).

30. 같은 책, 147, 150-153, 185, 231쪽. 유대인 입회를 둘러싸고서 헤겔이 하이델베르크 부르셴샤프트에 준 영향에 대해서는 cf. Avineri, "A Note on Hegel's View of Jewish Emancipation", *Jewish Social Studies* 15, 1963, 145-151.

때에 비로소 '알려지지 않은 헤겔'의 참된 모습을 알 수 있다고 한다. 그것은 '진보적 개혁자', '압정에 괴로워하는 자의 변호자'라는 새로운 헤겔 상의 발견이었다.[31]

(3) 다음으로 이론적 해석 차원에서 전전의 해석을 갱신하는 시도를 리터, 리델, 아비네리에 입각하여 살펴보고자 한다. 헤겔과 복고 정신의 동일시에 대해 이의를 제기하는 해석은 이미 2차 대전 중에 두 사람의 맑스주의자 마르쿠제와 루카치에 의해 시도되고 있었다. 거기서는 종래 1820년대의 복고 체제에 한정되어 있던 시야를 선행하는 시대로까지 확대하여 프랑스 혁명과 영국 산업 혁명과의 관련에서 『법철학』을 파악할 필요가 강조된다. 마르쿠제에 따르면 사상이 현실을 지배해야 한다고 하는 프랑스 혁명의 원리는 헤겔 철학의 핵심을 이루고 있으며, 그의 이성 개념에 논쟁적인 성격을 부여하고 있다.[32] 그리고 헤겔의 중심적 문제는 산업화에 따라 나타나는 시민 사회의 무정부 상태인바, 그의 권위주의적 국가관은 시민 사회가 지니는 적대적 구조에 의해 어쩔 수 없게 되었던 것이라고 한다.[33] 루카치에 따르면 헤겔은 [151]·'말의 가장 깊은 의미에서 독창적으로 시대의 문제들에 접근하고 있다. 칸트 이후 유일한 시대의 철학자'이며, '변증법의 모든 문제는…… 그 시대의 두 가지 세계사적 사실, 요컨대 프랑스 혁명과 영국 산업 혁명과의 대결에서 생겨났다'는 것이 헤겔의 발전사로부터 밝혀진다고 한다.[34]

헤겔과 근대 혁명의 연관에 주목하는 관점은 구 유럽적 전통 속에서 헤겔을 파악하는 리터와 리델에 의해 전통주의적 변용을 겪으면서 계승되

• •
31. 동트, 앞의 책, 165, 295쪽.
32. Marcuse, *op. cit.*, pp. 6, 11. 일역, 7, 12쪽.
33. *Ibid.*, pp. 59-61, 202. 일역, 67쪽 이하, 225쪽.
34. Lukács, a. a. O., S. 871. 일역 제11권, 548-549쪽.

었다. 리터는 우선 전전의 해석의 원점을 이루는 하임의 헤겔 비판으로 소급하여 하임에 의해 이성과 경험적 현실의 동일시, 국가의 신격화를 의미한다고 생각되었던 명제가 전통적 형이상학에서 유래하며, 정치 이론 과 전통적 형이상학이 헤겔에게서는 나누어질 수 없게 결합되어 연속되고 있다고 지적한다. 리터에 따르면 헤겔의 독자성은 무엇보다도 전통적 철학과 현재의 해석, 존재의 인식과 시대의 인식이 일체를 이루고 있다는 점에 놓여 있다. '헤겔은 전통적 형이상학을 그대로 시대와 현재의 인식과 동렬에 놓고 있다. 존재의 역사로서의 철학은 동시에 '사상에서 파악된 그 시대'이다.'[35]

더욱이 헤겔에게 있어 철학이 파악해야 하는 현재란 전통적 형이상학으 로부터 해방되고 있는 시대인바, 이러한 전통과의 단절은 프랑스 혁명과 영국의 산업 혁명이라는 이중의 혁명에 의해 수행되었다고 생각되고 있다. 리터에 따르면 '헤겔의 철학과 같이 그 내적 깊은 곳에 이르기까지 오로지 혁명의 철학인 그러한 철학은 달리 존재하지 않으며,' '헤겔의 정신적 발전을 보더라도, 혁명에 대한 이러한 적극적 관계만큼 두드러진 것은 아무것도 없다. 이 관계는 그의 정신적 발전의 처음과 끝을 모두 규정하고 있다.'[36] 하지만 근대의 정치 혁명의 본질은 '그 근저에 놓여 있는 사회적 해방' 속에서 '역사적·전통적 소여를 모두 배제하는 것과 같은 질서'를 확립하는 것에 놓여 있는바, '해방이라는 이 혁명은 다양한 형태를 취하고 있지만, 결국은 시민 사회로 귀착한다.'[37] 그리하여 헤겔의 시대 인식은 '혁명의 철학'으로서의 시민 사회론으로 집약되게 된다. 다른 한편, 혁명은 과거와 미래의 역사적 단절을 초래하고, 시민 사회는 추상적 역사 상실을

..
35. J. Ritter, *Hegel und die französische Revolution*, Köln/Opladen 1957, Frankfurt a. M. 1965, S. 13. 일역 『ヘーゲルとフランス革命』(理想社).

36. Ebd., S. 18, 40.

37. Ebd., S. 63f.

가져오게 [152]되었지만, 헤겔은 혁명에 대해서는 세계사의 연속성에 의해, 시민 사회에 대해서는 국가의 역사적 존재에 의해 대응했다고 한다.[38]

이와 같이 형이상학적 전통과의 연속과 단절이라는 관점으로부터 헤겔을 파악하는 리터의 해석은 '역사주의에 의해 계몽된 전통주의'의 입장에 입각한다고 말할 수 있을 것이다.[39] 리터의 입장을 계승하여 이것을 실천 철학적 전통과의 연속과 단절이라는 형태로『법철학』해석에서 구체화한 것이 리델이다.[40] 리델에 따르면『법철학』은 이론 철학인『논리의 학』과 나란히 존재하는 실천 철학의 글로 파악되는데, 그 구성은 아리스토텔레스 이래의 고전적 실천 철학을 참조하는 가운데 전통과 연속적인 것으로서 이해된다. '추상법'과 '도덕성' 부문은 정치 사회로부터 해방된 인간의 전前정치적 존재를 각각 외면성과 내면성에서 다루며, 그런 점에서 정치학 으로부터 분리된 자연법과 도덕학으로서의 윤리학에 대응한다. 이에 반해 '윤리'(Sittlichkeit) 부문은 가족 · 사회 · 국가 속에서의 윤리적 · 정치적 존재를 다루며, 그런 점에서 정치학과 윤리학의 전통적 통일을 나타낸다. 따라서 '추상법과 도덕성은 이를테면 전통적 정치학이 알지 못했던 근대적 내용을 다루는 데 반해, …… 윤리는 명백히 습속(Sitte)이라는 구 유럽적

* *
38. Ebd., S. 45, 69, 108-109.
39. 하버마스는 사회적 근대를 승인하면서 그 부채를 문화적 전통의 주입에 의해 보완하는 '보상 이론'(Kompensationstheorie)을 주창하는 리터의 입장을 헤겔 우파의 흐름을 흡수한 '신보수주의'로 규정하고, '역사주의에 의해 계몽되었기 때문에 장래가 없어진 전통주의의 역설'을 지적하고 있다(vgl. Ritter, *Subjektivität*, Frankfurt a. M. 1974; J. Habermas, *Der philosophische Diskurs der Moderne*, Frankfurt a. M. 1985, S. 91.).
40. Riedel, "Der Begriff der 'Bürgerlichen Gesellschaft' und das Problem seines ge-schichtlichen Ursprungs"(1962), "Tradition und Revolution in Hegels 'Philosophie des Rechts'"(1962), in: *Studien zu Hegels Rechtsphilosophie*, Frankfurt a. M. 1969, erweiterte Aufl.: *Zwischen Tradition und Revolution*, Stuttgart 1982. 그의 학위 논문으로 부터 하이데거의 해석학적 틀과 더불어 리터의 이론적 영향을 엿볼 수 있다(vgl. Riedel, *Theorie und Praxis im Denken Hegels*, Stuttgart 1965, Frankfurt a. M./Berlin/Wien 1976, S. 204ff.).

전통의 입장으로 후퇴하고 있다.' 그러나 '이 오랜 전통의 반복을 목격하게 될 때, 다름 아닌 윤리 개념의 고대적 이해가 근대에서의 정치 혁명과 산업 혁명의 내용을 포함하고 있는 것은 그것만으로 한층 더 놀라운 일이다.'[41] 확실히 언뜻 보면 가족·시민 사회·국가라는 윤리의 삼분법도 구 유럽적 전통에 의거하는 것처럼 보이지만, 형식상으로는 동일한 말이 새로운 내용을 얻고 있다는 점에서 전통과의 **단절**이 나타나 있다고 한다.

요컨대 첫째로, 가족과 국가가 오랜 의미의 윤리를 나타내는 데 반해, 시민 사회에서는 습속이라는 전통으로부터의 일탈이 분명하다. 왜냐하면 아리스토텔레스로부터 칸트에 이르는 실천 철학의 전통에서는 국가(polis, civitas)와 사회(koinōnia politikē, societas civilis)가 등치되고 있었던 데 반해, 헤겔에서 비로소 국가와 시민 사회, 정치적인 것과 사회적인 것이 [153]구별되었기 때문이다. 동시에 이전에 국가의 구성원인 '공민'(politēs, civis, citoyen)을 의미했던 Bürger 개념이 사인私人으로서의 '시민'(bourgeois)을 가리키게 되고, 여기서 헤겔의 '시민 사회'(bürgerliche Gesellschaft) 개념이 성립한다. 리델에 따르면 '헤겔이 '시민 사회'에 의해 시대의 의식으로 높였던 것은 근대 혁명의 성과 이외의 아무것도 아니다. 즉, 군주정 국가와 혁명 국가에서의 정치의 집권화에 의해 성립한 탈정치화한 사회, 그리고 이 사회가 같은 무렵에 산업 혁명에 의해…… 경험한 경제로의 중점의 이행이다.'[42]

둘째로, 외견상 전통과의 연속성을 보여주는 가족과 국가도 시민 사회 개념의 성립과 함께 내용이 변화되고 있다. 우선 이전에 집(oikos, societas domestica)에 국한되어 있던 경제적 기능이 가정학(oikonomikē)으로부터 경제학(Staatsökonomie)으로의 발전과 병행하여 시민 사회로 옮겨지는 한편, 남편과 아내·아버지와 아들·주인과 노예 사이의 작은 사회로 이루어

· ·
41. Riedel, *Zwischen Tradition und Revolution*, S. 184, 186.
42. Ebd., S. 160.

진 전통적인 집 개념이 해체된다. '헤겔에게서는 칸트와 달리 구 유럽적 가족의 '가정적' 성격은 상실되고, 18세기 후반의 '정서적' 가족 개념으로 대체된다.'[43] 다음으로 국가도 고대적 폴리스 이념이라는 정지된 자연 모델에 머물지 않고, 분리된 시민 사회의 존재를 전제로 함과 동시에 역사의 진행 속에서 상대화된다. 따라서 '혁명의 성과와 유산으로서 시민 사회와 역사라는 두 가지 요소가 『법철학』 속으로 들어와 있으며, 양자는 동시에 고대 이래의 정치 철학의 전통이 표현하고 있던 가족과 국가의 내적 구조를 전환시키고 있다.'[44]

이와 같이 리델은 『법철학』을 아리스토텔레스 이래의 실천 철학의 전통에 연속되는 것으로서 자리매김하는 한편, 그 시민 사회 개념 속에서 전통과의 단절을 지적한다. 『법철학』 속에서 전통과 혁명의 공존을 발견하는 리델의 해석은 한편으로 전통적 실천 철학・형이상학의 역사적 연속성을 찾는 아리스토텔레스 영향사에 대한 연구로,[45] 다른 한편으로 헤겔에게서의 전통과의 단절 과정을 해명하는 발전사에 대한 연구로 전개되어 간다.

이론적 해석에서의 갱신의 시도로서는 리터와 리델의 해석과 더불어 또 하나 아비네리의 자유주의적 해석이 [154]주목된다. 첫째로, 아비네리는 헤겔이 '시민 사회의 변증법'을 적확하게 파악하고 있다는 점을 높이 평가한다. 요컨대 시민 사회가 노동에 고유한 해방의 계기를 표현하는 까닭에 자유 의식의 진보의 필연적 계기로서 체계 내에 도입되는 한편, 시민 사회는 궁핍과 소외라는 반대물로 전화되는 까닭에 근본적 비판이 가해진다고 하는 양의성이 그것이다.[46] '1820년 전후에 근대 산업 사회의 곤경과

· ·
43. Ebd., S. 198.
44. Ebd., S. 201-202.
45. Riedel, *Metaphysik und Metapolitik*, Frankfurt a. M. 1973. 아리스토텔레스 연구의 선구로서는, vgl. Ritter, *Metaphysik und Politik*, Frankfurt a. M. 1969.
46. Avineri, *Hegel's Theory of the Modern State*, pp. 144, 147ff. 일역, 225, 229쪽 이하.

19세기 유럽사의 미래의 진로를 이 정도로 깊게 파악한 사람은 거의 존재하지 않는다.[47] 둘째로, 헤겔은 시민 사회의 원자화를 통합에로 이끌기 위해 동업 단체의 조직화와 Stände의 구별을 요청하지만, 이 경우 동업 단체는 전통적 길드가 아니라 자발적 결사를 의미하는바, Stände는 세습에 의한 신분이 아니라 능력에 의한 계급을 의미한다. 따라서 헤겔은 다원주의와 사회적 유동성이라는 '열린사회의 이념'을 최대한 인정하고 있으며, 이것은 플라톤 비판으로부터도 분명하다.[48] '플라톤의 『국가』(Politeia)에 대한 헤겔의 비판은 플라톤을 전체주의의 선구자의 한 사람으로 간주하는 현대의 논자들의 견해와 동일한 것이다.'[49] 셋째로, 헤겔의 국가론에서 군주는 국가의 일체성의 상징으로서 실질적 권력을 박탈당하고 있는바, 대의제론은 영국을 모범으로 하여 프로이센의 현 상황을 비판한 것으로 해석될 수 있다. 헤겔의 사후에 슈바르트 등의 정통주의 측으로부터 헤겔에게 가해진 비판이 무엇보다도 헤겔 정치 이론의 비판적 내실을 증명하고 있다.[50]

이러한 아비네리의 해석에서는 포퍼가 묘사한 전체주의자 헤겔이라는 상이 자유주의자 헤겔로 일변하게 된다. 하임 이래로 간과되어 온 헤겔과 계몽주의와의 연관을 회복하고자 하는 시도는 근대 혁명과의 관련에 주목하는 마르쿠제와 루카치에서 시작되어, 이것을 형이상학적·실천 철학적 전통과의 단절 속에서 발견하는 리터와 리델을 거쳐, 헤겔 정치 이론의 자유주의적 측면을 발굴하는 아비네리에 이르러 완결되었다고 말할 수 있을 것이다.

그리하여 전기적 기술과 이론적 해석 차원에서 전후에 전개된 해석은

----

47. *Ibid.*, pp. 154ff. 일역, 238쪽.
48. *Ibid.*, pp. 164, 155f., 167, 171ff. 일역, 256, 245, 259, 264쪽 이하.
49. *Ibid.*, pp. 172. 일역, 266쪽.
50. *Ibid.*, pp. 187f., 164, 189. 일역, 290쪽 이하, 255쪽 이하, 292쪽.

전전의 해석과 비교하면 다음과 같이 요약될 수 있을 것이다. 우선 콘텍스트를 대상으로 하는 전기적 기술에 있어서는 헤겔과 프로이센의 동일성이라는 점에서는 동일성의 ^[155]의미 전환과 양자의 긴장 관계가 지적되고, 프리스 비판이라는 점에서는 비판의 정당성과 부르셴샤프트와의 적극적 관계가 강조된다. 이에 반해 텍스트를 대상으로 하는 이론적 해석에 있어서는 헤겔과 복고 정신의 동일시라는 점에서는 프랑스 혁명과의 이론적 연관이 지적되고, 헤겔의 국가 개념이라는 점에서는 그 시민 사회 개념이 해석의 중심에 놓인다. 이 결과 생겨난 것은 전전의 해석이 정립한 프로이센의 국가 철학자라는 헤겔 상에 대한 안티테제, 즉 비프로이센적인 시민 사회의 철학자라는 새로운 헤겔 상인바, 한마디로 말하면 '자유주의적인 헤겔'의 발견이었다.

(4) 그러나 아비네리로 대표되는 헤겔 정치 이론의 자유주의적 해석은 그때까지 자명한 것으로 여겨지고 있던 하임 이래의 전통적 해석에 반성을 강요한다는 점에서는 공헌했지만, 그 반면에 자유주의로 집약될 수 없는 헤겔의 다른 측면을 간과하고 헤겔 정치 이론을 일면화하고 있다는 인상을 지우기 어렵다. 이것은 정치 이론과 철학과의 불가분성을 자명한 전제로 하는 리터 등에 맞서, 헤겔 정치 이론을 철학으로부터 분리하여 논의하는 영미의 연구자들에게 공통된 경향이다.[51] 왜냐하면 정치 이론과 철학이 분리 가능하다는 암묵적인 이해 하에서는 스스로의 해석 틀의 철학적

---

51. 아비네리는 '헤겔 철학의 체계적 구조에 대한 설명에 깊이 들어가 언제까지라도 정치 이론에 도달할 수 없다'고 하는 두려움을 피하기 위해 '헤겔 정치사상과 철학 체계 전체와의 관계'를 근본적으로 묻는 것을 처음부터 단념하고 있다(cf. *ibid.*, Preface p. 9. 일역 14쪽). 펠친스키도 헤겔 연구에서의 주요한 진보는 '헤겔의 순수한 철학적 개념들에 대한 계속적인 주석과 재해석'에 의한 것이 아니라 '사회·정치 이론가로서의 헤겔'에 주목함으로써 달성될 수 있다고 말하고 있다(cf. Z. A. Pelczynski, "An Introductory Essay", in: *Hegel's Political Writings*, Oxford 1964, p. 134. 일역 『ヘーゲルの政治哲學(上)』(御茶の水書房) 일본어판 서문).

근거짓기, 요컨대 자유주의의 메타 정치관 그 자체는 이론적 반성의 범위 바깥에 놓이기 때문이다. 이에 반해 1970년대 이후에는 전전의 해석에 대한 대항 의식으로부터 해방된 해석의 흐름, 즉 문명의 현재에 대한 긴장 의식 하에서 근대 이념의 의미를 비판적으로 다시 묻는 가운데 리터와 리델, 아비네리에서 이어지는 제3의 이론적 해석의 흐름이 산출되었다. 다음으로 찰스 테일러와 하버마스를 다루는 가운데 최근에 보이는 이 새로운 해석의 시도를 살펴보고자 한다.

찰스 테일러는 17세기 이후의 영국과 프랑스에서 형성된 계몽주의 조류에 대항하여 18세기 말의 독일에서 전개된 '포스트 계몽주의' 사조, 요컨대 헤르더에서 시작되고 괴테와 실러를 거쳐 낭만주의로 계승된 [156]'표현주의'(expressivism) 계보 속에서 헤겔 철학을 이해하고자 한다.[52] 테일러에 따르면 계몽주의는 자연과 사회로부터 고유한 의미를 박탈하여 객체화함으로써 자기 결정적 주체를 추출했지만, 그 반면에 주체 자신이 객체 세계의 일부이기 때문에 주체로서의 전능은 객체로서의 무력함에 의해, 요컨대 자유는 필연성에 의해 침식될 수밖에 없었다. 계몽주의의 원자론적 사회관, 기계론적 자연관, 공리주의적 인간관이 이 아포리아를 해결할 수 없었던 데 반해, 표현주의는 인간 주체를 객체 속으로 자기를 표현할 수 있는 능력이 있는 존재로서 파악하고, 자기실현 활동을 통해 자아와 타아, 인간과 자연, 이성과 감성 사이에 새로운 공동성을 창출할 수 있다고 생각했다. 헤겔의 '정신'(Geist)이란 이러한 표현주의의 이상을 구체화한 것인데, 이때 칸트의 도덕적 자유의 사상과 결합할 것이 의도되고 있다. 따라서 헤겔 철학은 주체와 객체의 표현주의적인 통일과 주체와 객체의 구별에 입각하는 도덕적 자유, 즉 자기실현과 자율의 양자를 종합하는

----

52. Ch. Taylor, *Hegel*, Cambridge 1975, pp. 11ff. 테일러는 expressivism 개념을 스승인 벌린이 헤르더의 사상을 특징짓기 위해 사용한 expressionism으로부터 얻었지만, 20세기 초의 예술 운동으로부터 구별하기 위해 expressivism이라는 용어를 사용한다고 단언하고 있다(cf. *ibid.*, p. 13).

시도이며, 이 점에서 낭만주의자와는 다르다.[53] 요컨대 F. 슐레겔처럼 무한히 이어지는 주체의 예술적 창조에 의한 것이 아니라 원환과 같이 자기 자신으로 돌아가는 무한성 개념에 의해, 또한 셸링처럼 주객의 통일을 직접적으로 파악하는 미적 직관에 의한 것이 아니라 주체와 객체의 통일과 분열을 포함하는 것과 같은 이성 개념에 의해 표현주의적 통일을 근거짓고자 하는 점에 헤겔의 독자성이 놓여 있는 것이다. 테일러는 1968년 5월의 파리로 상징되듯이 '표현주의적 통일과 철저한 자율이라는 두 가지 강력한 원망은 현대의 사람들의 중심적 관심사인바, 양자를 결합하고자 하는 바람은…… 다양한 형태를 취하여 나타나지 않을 수 없는' 한에서, '우리는 스스로의 중심적 딜레마를 해결하고자 한 최초의 위대한 종합에로 돌아가지 않을 수 없다'고 헤겔의 현대적 의의를 평가한다.[54]

전후의 헤겔 해석이 역사적 전통과의 단절과 시민 사회론에 대한 주목에 의해 헤겔과 계몽주의의 연관을 회복하고자 노력한 것과는 대조적으로, 테일러는 오히려 계몽주의의 원자론적 사회관, 도구주의적 자연관, 공리주의적 인간관을 미래로 향해 극복하는 포스트 계몽주의의 선구자로서 헤겔을 이해한다. 이에 반해 도구적 이성을 대신하는 선택지로서 [157]의사소통적 이성을 제창하는 프랑크푸르트학파의 철학자 하버마스는 이론적 지향에서는 테일러와 겹쳐지는 가운데 헤겔을 포스트 근대의 제1인자가 아니라 근대를 그것 자신의 원리로부터 파악한 주체성 철학의 완성자로서 파악하고, 그 근저에 놓여 있는 '주체 중심화된 이성'(subjektzentrierte Vernunft)을 비판 대상으로 한다.

하버마스에 따르면 과거의 전통적 규범으로부터 해방되는 과정 속에서 근대는 그 규범적 근거짓기를 다른 시대로부터 차용하는 것이 아니라 자기 스스로 창출한다고 하는 과제와 마주하게 되었다. 근대의 자기 확증이

<hr>

53. *Ibid.*, pp. 36ff., 76ff.
54. *Ibid.*, pp. 49f.

라는 이 문제를 철학적 물음으로까지 높인 최초의 철학자가 바로 헤겔인바, 그런 의미에서 헤겔은 근대 담론의 서두에 위치한다.[55] 확실히 젊은 헤겔은 칸트-피히테의 주관적 관념론을 비판하는 가운데 근대를 '분열'의 시대로서, 근대의 원리를 '주체성'으로서 파악하는 한편, 아도르노 등의 '계몽의 변증법'을 선취하여 주체 중심화된 이성의 권위주의적 성격을 비판하고 상호 주체적 이성에 기초하는 합일의 가능성을 모색하고 있었다. 거기서는 자기의식의 자기 관계적 구조가 본래적으로 억압적 성격을 내재하고 있는바, 대등한 주체들 사이의 이해理解 관계는 그리스 폴리스와 원시 그리스도교를 패러다임으로 하는 윤리적 전체성의 재흥을 통해 회복될 수 있다고 생각되고 있었다.[56] 그러나 고대적 공동체가 근대의 모델일 수 없는 이상, 예나 시기의 헤겔은 주체 중심화된 이성을 근대 그 자체의 원리에 의해 극복하는 것과 같은 절대자 개념을 전개하지 않을 수 없다. 요컨대 참된 동일성은 통일과 차이를 내포하는 주체의 자기 관계성으로서, 다시 말하면 자기 자신을 산출하는 자기 관계의 과정으로서 파악된다.[57]

하지만 하버마스에 따르면 근대를 그 자신의 원리에 의해 근거짓는 성숙한 헤겔의 해결책은 젊은 헤겔 속에서 숨 쉬고 있던 시대 비판의 충동을 고갈시켜, 역사 철학에서는 현재와의 화해를, 법철학에서는 '강고한 제도주의'를 초래하게 되었다. 왜냐하면 해방의 성과를 시민 사회라는 형태로 승인하는 가운데 국가로 지양함으로써 시민 사회의 대립을 해결하는 헤겔의 방책은 인식 주체의 자기 관계성을 모델로 하는 절대자 개념을 전제로 하고 있는바, 인식 대상과 [158]마주하는 보편적 주체와 대상 세계의

• •

55. Habermas, *Der philosophische Diskurs der Moderne*, Frankfurt a. M. 1985, S. 26. 일역 『近代の哲學的ディスクルス』(岩波書店).

56. Ebd., S. 39ff.

57. Ebd., S. 43ff. 헤겔 철학을 주체성 원리로부터 내재적으로 해석하는 연구로서는, vgl. K. Düsing, *Das Problem der Subjektivität in Hegels Logik* (=Hegel-Studien Beiheft 15), Bonn 1976.

일부를 이루는 개별적 주체는 모노로그적인 자기 인식 속에서만 합일된다고 생각되기 때문이다. 따라서 '구체적 보편에서는 보편적 주체가 개별적 주체보다 우위에 선다'라는 '이 논리로부터 윤리적 영역에서는 국가라는 고차적인 주체성이 개인의 주체적 자유보다 우위에 선다는 귀결이 생겨난다.'[58] 헤겔이 주체성의 극복을 주체성 철학의 한계 내에서밖에 수행할 수 없고 그로 인해 국가 중심주의에 빠졌던 데 반해, 하버마스는 젊은 헤겔 속에서 열려 있던 또 하나의 선택지, 윤리적 전체성을 의사소통적 이성으로서 해석하는 가능성을 다룬다. 그리고 사회적 근대가 초래하는 역사 상실을 문화적 전통에 의해 메우려고 하는 헤겔 우파로부터 신보수주의에 이르는 시도와 이성 비판의 전면화에 의해 주체의 탈중심화를 시도하는 니체로부터 포스트구조주의에 이르는 시도를 함께 물리치면서, 주체 중심화된 이성으로부터의 탈출구를 의사소통 공동체에서의 상호 주체적인 강제되지 않는 의지 형성 속에서 찾고자 한다.

이와 같이 하버마스는 잃어버린 과거의 전통에 집착하는 전통주의뿐만 아니라 또한 도구적 이성의 횡행을 방치하고 현재에 만족하는 자기반성 없는 자유주의와도 달리, 근대의 자기비판적인 자기 확증 속에서 이성의 미래를 찾는 가운데 헤겔을 파악하고자 한다. 하버마스에 따르면 헤겔에 의한 국가의 절대시와 개인의 종속은 하임의 해석에서처럼 헤겔에게서 근대 원리에 대해 고대 원리가, 개인주의에 대해 조화주의가 우위에 서는 것으로부터 생겨나는 귀결이 아니라, 역으로 근대를 특징짓는 주체성 원리가 절대화됨으로써 주체성에 내재하는 억압적 성격이 현재화한 결과로 파악된다. 이리하여 하임에게서 시작된 헤겔 『법철학』에 대한 이론적 해석 계보는 하버마스에 이르러 마치 뫼비우스의 띠처럼 반전하여 최초의 출발점과는 정반대의 결론에 도달하게 되었다.

••
58. Ebd., S. 53.

(5) 전기적 기술, 이론적 해석과 더불어 제2차 대전 후의 헤겔 연구를 특징짓는 제3의 동향으로서 발전사적 해석에 [159]의한 초기 헤겔의 발견이 거론된다. 앞의 이론적 해석이 베를린 시기(1818-31년)의 체계적 사상을 주요한 고찰 대상으로 했던 것에 반해, 발전사적 해석은 베를린 시기 이전으로 소급하여 헤겔의 사상 형성 과정을 청년기(1788-1800년)와 예나 시기(1801-06년)에서 찾고자 한다. 이러한 발전사적 해석을 가능하게 한 전제 조건으로서는 20세기 초에 시작되어 1960년대 이후 아카데미 판 『헤겔 전집』의 간행을 향해 급속하게 진전된 문헌학적 연구의 존재를 간과할 수 없다. 마지막으로 루카치에서 시작되는 전후의 발전사적 해석 동향을 문헌학적 작업과의 관련에서 살펴보기로 하자.

발전사적 해석의 단서는 놀에 의한 『청년기 신학 논집』의 공간과 호프마이스터에 의한 『예나 실재 철학』의 공간을 출발점으로 하며,[59] 후에 루카치에 의해 개척되었다. 루카치는 이러한 초기 초고들을 해석 대상으로 받아들이는 가운데, 딜타이에 의한 젊은 헤겔의 종교적·신학적 해석[60]에 대항하여 헤겔의 사상이 당시의 정치적·사회적 현실과 맞서는 가운데 형성되었다는 점을 강조한다. 루카치에 따르면 젊은 헤겔의 공화주의적 태도 속에는 프랑스 혁명이 가져온 정치적 이상이, 예나 시기 헤겔의 경제학적 기술 속에는 J. 스튜어트와 A. 스미스로부터 얻은 영국 산업 혁명의 경험이 새겨 넣어져 있으며, 이런 의미에서 헤겔의 사상적 발전사는 두 개의 근대 혁명에 의해 근본적으로 규정되어 있다.[61] 그리고 루카치는 딜타이가

- -
59. *Hegels theologische Jugendschriften*, hg. v. H. Nohl, Tübingen 1907, Frankfurt a. M. 1966; Hegel, *Jenenser Realphilosophie I, Die Vorlesungen von 1803/04*, hg. v. Hoffmeister, Leipzig 1932; *Jenenser Realphilosophie II, Die Vorlesungen von 1805/06*, hg. v. Hoffmeister, Leipzig 1931.
60. W. Dilthey, *Die Jugendgeschichte Hegels* (1905), in: *Gesammelte Schriften* Bd. 4, Stuttgart 1959, 5. Aufl. 1974.
61. Lukács, a. a. O., S. 20ff., 26ff. 일역, 제10권, 32쪽 이하, 38쪽 이하. '헤겔은 독일에서 프랑스 혁명과 나폴레옹 시대의 본질에 대한 가장 고차적이고 가장 올바른 통찰을

'범신론으로의 전환'이라고 명명한 프랑크푸르트 시기 헤겔의 사상을 그 종교적 측면이 아니라 정치적 측면에 주목하고, 혁명의 공화주의적 이상으로부터 산업 혁명 하의 현실에 대항하기에 이르는 과정으로서, 즉 '시민 사회의 필연성에 대한 승인에서의 커다란 한 걸음'으로서 해석한다.[62] 더 나아가 루카치에게서는 헤겔과 계몽주의적 성과와의 연관이 회복됨에 따라 딜타이가 지적한 셸링 등 낭만주의와의 친근성은 부정되고, 양자의 사상적 단절이 일관되게 강조되고 있다.[63]

　루카치의 해석은 튀빙겐 시기로부터 예나 시기에 이르는 헤겔의 발전사를 통일적으로 파악하고자 의도한 것이지만, [160]초고의 성립 연대가 확정되지 않고 초고에 대한 해석이 엄밀함을 결여한다는 점에서 동요할 가능성을 피할 수 없었다. 이에 반해 전후의 발전사적 해석은 호프마이스터에 의한 서간집의 공간과 슐러, 킴멀레에 의한 청년기·예나 시기 초고의 연대 감정에 뒷받침되는 가운데[64] 해석의 대상과 시각을 한정한 데 기초하여 분석의 엄밀화를 추구해 갔다. 우선 젊은 헤겔의 발전사적 해석은 프랑크푸르트 시기의 사상적 전환을 동시대적 맥락으로부터 해명한다는 점에서 새로운 성과를 산출했다. 새롭게 발견된 횔덜린의 철학적 단편 「판단과 존재」에 주목하는 헨리히의 해석[65]과 종래 셸링에게 귀속되어 온 「독일 관념론 최고最古의 체계 구상」의 사상 내용을 헤겔에게 돌리는 푀겔러의

* *
　　지니고 있었지만, 그뿐만 아니라 동시에 영국 산업 혁명의 문제들과 진지하게 대결한 유일한 독일의 사상가이기도 하다.'(ebd., S. 26. 일역, 38쪽)

62.　Ebd., S. 290, 27. 일역, 326, 39쪽.

63.　Ebd., S. 13f. 일역, 23쪽.

64.　G. Schüler, "Zur Chronologie von Hegels Jugendschriften", *Hegel-Studien* Bd. 2, Bonn 1963, 111-159; H. Kimmerle, "Zur Chronologie von Hegels Jenaer Schriften", *Hegel-Studien* Bd. 4, 1967, 125-176; ders., "Die Chronologie der Manuskripte Hegels in den Bänden 4 bis 9", in: Hegel, *Gesammelte Werke* Bd. 8, Hamburg 1976, S. 348-361.

65.　D. Henrich, "Hölderlin über Urteil und Sein", *Hölderlin-Jahrbuch* 14, 1965/66, 73-96.

견해[66]에서 시작되어, 횔덜린을 중심으로 하는 '정신의 동맹'과의 관련에서 젊은 헤겔을 파악하고 셸링의 동일 철학이 아니라 횔덜린의 '합일 철학' (Vereinigungsphilosophie)이 가져온 사상적 영향으로부터 헤겔의 프랑크푸르트 시기의 전환을 해석하는 유력한 견해가 최근 주창되고 있다.[67]

다음으로 예나 시기 헤겔에 대해서는 주된 이론적 관심이 예나 초기로부터 후기에 걸친 철학 체계의 발전을 해명하는 작업으로 향해졌다.[68] 하버마스는 일찍이 예나 후기의 『실재 철학』이 헤겔의 발전사에서 차지하는 특수한 위치에 주목하고, 거기서 언어·노동·상호 행위를 통해 정신이 형성된다고 하는 독자적인 체계 구성의 시도를 발견했다.[69] 이에 이어서 리델은 예나 초기와 대비했을 때에 보이는 『실재 철학』의 독자성을 전통적 실천 철학으로부터 근대 자연법의 입장에로의 '전회'로 해석한다.[70] 요컨대 예나 초기의 정치 철학이 아리스토텔레스 이래의 고전적 정치학에 의거한 근대 자연법 비판의 시도였던 데 반해, 예나 후기의 『실재 철학』은 정신의

••

66. O. Pöggeler, "Hegel, der Verfasser des ältesten Systemprogramms des deutschen Idealismus", *Hegel-Studien Beiheft* 4, Bonn 1969, 17-32.

67. Henrich, *Hegel im Kontext*, Frankfurt a. M. 1971, Kap. 1, 2; Ch. Jamme, "Ein ungelehrtes Buch", *Die philosophische Gemeinschaft zwischen Hölderlin und Hegel in Frankfurt 1797-1800* (=Hegel-Studien Beiheft 23), 1983. 일본어 문헌으로서는 藤田正勝『若き ヘーゲル』(創文社)을 참조.

68. 예나 시기에서의 체계의 발전 일반을 다루는 연구로서는, vgl. H. Kimmerle, *Das Problem der Abgeschlossenheit des Denkens* (=Hegel-Studien Beiheft 8), Bonn 1970; R. P. Horstmann, "Probleme der Wandlung in Hegels Jenaer Systemkonzeption", *Philosophische Rundschau* 19. Jg. 1972.

69. Habermas, "Arbeit und Interaktion, Bemerkungen zu Hegels Jenenser Philosophie des Geistes"(1967), in: *Technik und Wissenschaft als Ideologie*, Frankfurt a. M. 1968, 9-47.

70. Riedel, "Objektiver Geist und praktische Philosophie"(1968), "Hegels Kritik des Naturrechts"(1967), "Die Rezeption der Nationalökonomie"(1969), in: *Zwischen Tradition und Revolution*. 덧붙이자면 고전적 실천 철학으로의 회귀와 이반이라는 관점으로부터 헤겔을 파악하는 리델의 해석 시각은 '실천 철학의 복권'이라고 불리는 전후 독일의 유력한 사상 조류를 형성했다.

자기 형성에 있어 노동이 수행하는 역할이 제작보다 실천을 우위에 두는 전통과의 단절을 보여주며, 또한 상호적으로 인정하는 운동이 개인적 자유를 출발점으로 하는 근대 자연법의 정당화를 보여주고 있다고 한다. 이에 반해 지프는 실천 철학의 원리로서 '인정'을 다루는데, 헤겔은 두 단계로 이루어지는 인정론을 통해 고전적 실천 철학으로부터 근대 자연법 에로 '전회'했다기보다 [161]양자의 '매개' 내지 '화해'를 성취했다고 반론하고 있다.[71]

이러한 최근의 발전사적 해석을 개관할 때, 거기서는 분석의 정밀화와 병행하여 해석 대상이 되는 시기가 청년기와 예나 시기, 더 나아가서는 프랑크푸르트 시기와 그 이전, 예나 초기와 후기로 세분화되고, 해석의 관점도 합일 철학, 실천 철학의 복권, 상호 인정론, 의사소통적 이성과 같이 다양화해 가는 경향을 간취할 수 있다. 확실히 루카치 이래로 문헌학의 진전에 따라 분석은 좀 더 정밀하게 되었지만, 그 대가로서 해석의 대상과 시각은 점점 더 확산되어 헤겔의 발전사의 전체상을 꿰뚫어 보기가 오히려 어려워지고 있다. 더구나 발전사적 해석의 성과를 베를린 시기 헤겔의 이론적 해석과 결부시켜 『법철학』 해석으로 살려내고자 하는 시도는 아직 발견되지 않는다. 따라서 전후의 문헌학과 발전사적 해석의 축적을 전제로 하여 이들을 통합하고, 후년의 체계적 사상에 대한 해석에 다리를 놓고자 하는 작업은 이후로 남겨진 과제라고 말할 수 있을 것이다.

제2절 제1차 법철학 강의 공간을 둘러싼 논쟁

앞 절에서는 전후 새롭게 전개된 헤겔 해석의 특색을 전기적 기술,

---

71. L. Siep, *Anerkennung als Prinzip der praktischen Philosophie, Untersuchungen zu Hegels Jenaer Philosophie des Geistes*, München 1979.

이론적 해석, 발전사적 해석의 3자로 구분하고, 전전의 전통적 해석과 대비하면서 고찰했다. 이러한 새롭고 오랜 두 해석의 대비를 염두에 둔 데 기초하여, 이어서 최근 두 차례에 걸쳐 공간된 법철학 강의 필기록을 둘러싸고서 교환된 논쟁을 살펴보고자 한다.

전후의 발전사적 해석은 1960년대 이후의 문헌학적 연구를 전제로 하여 비로소 가능해졌지만, 1970년대 초에 초기 헤겔을 대상으로 하는 문헌학의 진전과 대비할 때, 『법철학』에 관한 문헌학의 뒤떨어짐, 이론적 해석과의 불균형은 두드러진 것이 되어 있었다. 왜냐하면 종래의 해석이 모두 다 의거해 왔던 베를린 판 전집 [162]텍스트는[72] 편집자 간스가 제5회·제6회 법철학 강의의 필기록으로부터 골라 편집한 '보론'(Zusatz)이 각 절에 덧붙여져 있다는 점에서 1820년에 공간된 『법철학』 텍스트와는 다름에도 불구하고, 1820년의 저작과 강의로부터 취해진 보론과의 사이에 명확한 구별이 이루어져 오지 않았기 때문이다. 이러한 문헌학적 결함을 자각한 호프마이스터는 1955년 자신이 편집하는 전집 판에서 법철학 강의의 재현을 약속하고 있었지만,[73] 같은 해에 그가 사망했기 때문에 수행되지 못했다. 1973년부터 74년에 걸쳐 일팅이 공간한 제2회 및 제5회·제6회 법철학 강의 필기록[74] (이하에서는 '제1차 법철학 강의 공간'이라고 부른다)은 일면에서는 호프마

- -
72. 간스가 편집한 베를린 판 전집의 텍스트(1)는 호프마이스터 판(4)을 제외하면, 글로크너 판(2)과 전후의 주어캄프 판(3)에서도 기본적으로 계승되어 있다. (1) Hegel, *Werke, Vollständige Ausgabe durch einen Verein von Freunden des Verewigten* Bd. 8, hg. v. E. Gans, Berlin 1833; (2) ders., *Sämtliche Werke, Jubiläumsausgabe in zwanzig Bänden* Bd. 7, hg. v. H. Glockner, Stuttgart 1928; (3) ders., *Werke in zwanzig Bänden* Bd. 7, hg. v. E. Moldenhauer und K. M. Michel, Frankfurt a. M. 1970〔이하에서는 Rph로서 인용〕.

73. J. Hoffmeister, "Vorwort des Herausgebers", in: (4) Hegel, *Sämtliche Werke, Neue Kritische Ausgabe* Bd. 12, hg. v. J. Hoffmeister, Hamburg 1955, S. 16f.

74. Hegel, *Vorlesungen über Rechtsphilosophie 1818-1831*, Edition und Kommentar in sechs Bänden von K.-H. Ilting, Bd. 1 Stuttgart-Bad Cannstatt 1973, Bde. 2-4 Stuttgart-Bad Cannstatt 1974〔이하에서는 V로서 인용, 권수를 로마 숫자로 덧붙인다〕.

이스터의 의도를 계승하여, 1820년『법철학』과 법철학 강의 사이의 문헌학상의 구별을 가능하게 함으로써 이론적 해석과 문헌학 사이의 불균형 상태를 해소한 것이라고 말할 수 있다.

그러나 법철학 강의의 공간을 통해 일팅이 의도하고 있었던 것은 저작과 강의의 구별을 가능하게 한다는 순수하게 문헌학적인 의의에서 다 드러나는 것이 아니었다. 일팅은 강의 필기록의 서두에 붙인 논문「1820년의『법철학』과 법철학 강의」에서 저작과 강의 사이의 이론적 모순을 지적하고, 저작에서 보이는 프로이센 복고 정책에 대한 타협을 당시 헤겔이 놓여 있던 정치 상황으로부터 설명하는 한편, 헤겔 본래의 사상을 아는 데서『법철학』의 자료상의 신뢰성은 낮다고 주장했기 때문이다.[75] 일팅에 따르면 종래의 신구 해석 사이의 대립은 헤겔 자신에게서, 그것도 법철학 강의와『법철학』사이의 모순에서 유래하게 된다.

더 나아가 10년 후인 1983년에는 헨리히에 의해 제3회 법철학 강의가,[76] 또한 헤겔 아르히프와 일팅에 의해 제1회 법철학 강의[77]가 계속해서 공간되자(이하에서는 '제2차 법철학 강의 공간'이라고 부른다), 일팅은 새롭게 발견된 이들 강의에 대해서도 공간된『법철학』과의 이론적 모순을 지적하고 스스로의 견해의 보강을 시도했다. 하지만 일팅의 견해에 대해 저작과 강의의 연속성을 주장하는 다른 연구자가 이의를 제기함으로써『법철학』은 이제 그것이 강의와 연속되어 있는지, [163]그렇지 않으면 비연속인

••
75. K.-H. Ilting, "Einleitung: Die 'Rechtsphilosophie' von 1820 und Hegels Vorlesungen über Rechtsphilosophie", in V I S. 25-126.

76. Hegel, *Philosophie des Rechts, Die Vorlesungen von 1819/20 in einer Nachschrift*, hg. v. D. Henrich, Frankfurt a. M. 1983〔이하에서는 1819로서 인용〕.

77. Hegel, *Vorlesungen über Naturrecht und Staatswissenschaft (Heidelberg 1817/18)*, Nachgeschrieben von P. Wannenmann, hg. v. C. Becker u. dgl., mit einer Einleitung von O. Pöggeler, Hamburg 1983〔이하에서는 1817a로서 인용〕; Hegel, *Die Philosophie des Rechts, Die Mitschriften Wannenmann (1817/18) und Homeyer (1818/19)*, hg., eingeleitet u. erläutert v. K.-H. Ilting, Stuttgart 1983〔이하에서는 1817b로서 인용〕.

것인지를 둘러싼 논쟁의 한가운데로 던져지게 되었다. 이 절에서는 우선 1973-74년의 제1차 법철학 강의 공간에 관한 일팅의 견해를 다루고, 이에 대한 다른 논자들의 비판과 아울러서 논점을 정리하고자 한다.[78]

(1) 1973-74년에 공간된 3회의 법철학 강의를 둘러싼 일팅의 견해는 첫째로, 당시의 정치 상황과 『법철학』 공간 과정에 관한 전기적 기술, 둘째로, 저작과 강의의 차이에 관한 이론적 해석, 셋째로, 필기록의 자료상의 신뢰성에 관한 문헌학적 견해라는 세 개의 차원으로 구분될 수 있다. 우선 전기적 기술 차원에서의 일팅의 견해를 종래의 신구 해석과 대비하여 살펴보기로 하자.

일팅은 1819년 3월, 예나 대학 신학생 칼 잔트에 의한 코체부 암살 사건을 계기로 하여 프로이센의 개혁기는 종언되고 새롭게 복고기가 시작되는바, 이러한 시대의 전환은 같은 해 7월 이후의 이른바 '데마고그 사냥', 9월의 칼스바트 결의를 통해 서서히 나타나게 된다고 지적한다(V I 44). 그리고 그는 1819년 여름에 프로이센이 개혁기로부터 복고기로 전환했다

78. 네 개의 강의록과 거기에 수록된 각 연도 강의의 대조표를 아래에 제시한다. 덧붙이자면 최후의 제7회 강의는 1831년 11월 10일에 시작되었지만, 같은 달 14일의 헤겔의 돌연한 죽음으로 중단되어 서론만으로 끝나기 때문에 여기서는 고찰의 대상에서 제외된다.

법철학 강의 일람

	연도	필기자	강의록
제1회	1817년 겨울 학기	Wannenmann	1817a(1983, Hegel-Archiv)
			1817b(1983, Ilting)
제2회	1818년 겨울 학기	Homeyer	V I(1973, Ilting)
제3회	1819년 겨울 학기	(불명)	1819(1983, Henrich)
제4회	1821년 겨울 학기		
제5회	1822년 겨울 학기	Hotho	V III(1974, Ilting)
제6회	1824년 겨울 학기	Griesheim	V IV(1974, Ilting)
제7회	1831년 겨울 학기	Strauss	V IV(1974, Ilting)

고 하는 상황 인식에 따라 종래의 신구 양 해석을 함께 비판한다(95-100). 요컨대 프로이센의 복고 체제를 자명한 것으로 바라보는 하임 이래의 오랜 해석은 복고기가 헤겔의 베를린 대학 교수 취임(1818년 10월) 이전에, 즉 1817년 10월의 발트부르크 축제로부터 시작되었다고 보는 점에서 잘못하고 있는 데 반해, 프로이센의 진보적 성격을 강조하는 아비네리 등의 새로운 해석은 개혁기가 1830년대 초까지 계속되었다고 보는 점에서 잘못이라는 것이다.

그런 다음 일팅은 이와 같은 정치 정세의 급변에 따라 헤겔이 정치적 입장을 어쩔 수 없이 전환하게 되었다고 지적하고, 입장의 전환 이전에 대해서는 전후의 해로운 해석이, 전환 이후에 대해서는 전전의 전통적 해석이 들어맞는다고 생각한다. 한편으로 일팅은 [164]동트와 마찬가지로 헤겔이 부르셴샤프트 운동에 직접·간접으로 관여하고 있으며, 부르셴샤프트 내부에서도 잔트의 행위를 둘러싸고 견해의 차이가 존재했다는 점을 인정한다(44-57). 1819년 2월 9일과 5월 2일의 두 차례에 걸쳐 헤겔은 동료인 신학자 데 베테와 슐라이어마허와 함께 부르셴샤프트가 주최한 축전에 참석하며, 부르셴샤프트의 정신적 지도자의 한 사람으로 간주되고 있었다. 사실 헤겔의 제자 카로베, 푀르스터는 부르셴샤프트의 회원이며, 7월 초의 '데마고그 사냥'의 희생물이 된 헤닝과 아스베루스도 헤겔의 제자였을 뿐만 아니라, 헤겔은 체포된 아스베루스를 위해 보석의 탄원서를 쓰고 공직 추방된 푀르스터에게 일자리를 주선하고 있다. 그러나 헤겔과 카로베, 푀르스터가 잔트의 테러 행위에 대해 비판적이었던 데 반해, 데 베테는 잔트의 어머니에게 보낸 서한에서 잔트의 행위를 옹호하고 있으며, 프리스의 영향 하에 있던 예나 부르셴샤프트의 급진파는 개인 테러의 이론까지 주창하고 있었다.

다른 한편으로 헤겔은 칼스바트 결의 이후 자신의 몸에 위험이 미치는 가운데, 부르셴샤프트 운동과 손을 잡는 정치적 입장을 전환했다고 일팅은 생각한다(58-66). 1819년 9월 20일의 연방 의회에서 칼스바트 결의가 가결되고, 마음에 들지 않는 교수와 학생의 대학 추방, 20보겐(즉 320쪽) 이하의 출판물에 대한 검열이 결정되었다. 10월 18일, 같은 결의가 프로이센에서도 실시되고, 검열의 대상은 모든 출판물로 확대되었다. 이에 선행하는 9월 30일, 동료인 데 베테는 잔트를 옹호한 서한을 이유로 해서 프로이센 정부에 의해 해임되며, 헤겔도 10월 30일의 서한에서 악화되는 시대에 대해 근심을 표명하게 된다. 실제로 당시의 밀고에서는 헤겔이 슐라이어마허와 함께 반정부 세력으로서 고발되어 있었다고 한다. 그리고 11월 13일의 어떤 회합에서 헤겔은 대학 교수를 파면하는 국가의 권리를 승인하며, 이 발언을 '비열하다'고 부르며 비난한 슐라이어마허와의 사이에서 격렬한 언쟁이 교환되었다고 전해진다. 일팅에 따르면 이것은 '분명히 보신을 의식하여 이루어진 입장의 전환'의 표현에 [165]다름 아니라고 해석된다 (65).

그리고 일팅은 이러한 입장의 전환과 관련하여 헤겔이 출판을 예정하고 있던 『법철학』 초고를 개정했다고 주장한다(64-66). 10월 30일자의 서한에서 헤겔은 '연방 의회의 결의가 다가왔을 때, 저는 마침 인쇄를 시작하려고 하고 있었습니다. 지금 우리는 검열로부터의 자유와 관련해 어떠한 상황에 있는지 알고 있기 때문에, 저는 그것을 금후 머지않아 인쇄할 것입니다'(Br 2, 220)라고 말하고 있지만, 일팅은 이 구절을 다음과 같이 해석한다. 1819년 9월의 칼스바트 결의에 의해 20보겐 이하의 출판물에 대해 검열이 부과되었기 때문에 예정하고 있던 『법철학』 초고를 인쇄에 부칠 수 없게 되며,[79] 이어서 프로이센에서 검열 대상이 확대되었을 때 헤겔은 초고의 변경을 결심했다. 초고의 개정 작업은 1819년 겨울 학기에 제3회 법철학 강의와 병행하여 이루어지며, 서문 일자인 1820년 6월 25일에 완료했다고 추정된

79. 여기서 일팅은 1819년 9월의 시점에서 초고 전체가 완성되어 있으며, 그것도 20보겐 (320쪽) 이하였다고 전제하고 있다. 덧붙이자면 공간된 『법철학』의 분량은 24보겐(380 쪽)이다.

다.

하지만 실제의 인쇄는 검열로 인해 통상적인 경우보다 오래 끌며, 같은 해 10월 10일에 이르러 겨우 이제 막 인쇄된 『법철학』이 문부 장관 알텐슈타인에게 보내졌다. 다음해인 1821년 6월 9일자 서한에서 헤겔은 '나는 데마고그적인 곤경을 위기에 빠지지 않고서 넘어섰다'(271)고 말하여 안도의 뜻을 표명하고 있다. 그리고 8월 24일에야 겨우 도착한 알텐슈타인의 답장에서는 '당신은 현존하는 것을 인식하지 않고서 거부하고, 국가에 대해 내용이 없는 이상을 말하는 나쁜 자부심으로부터 청강자를 지키는 데서 충분히 성공했습니다'(287)라고 공인되고 있었다. 이리하여 '프로이센의 국가 철학자'로 인정되는 것에 의해, 헤겔의 신변에 다가온 정치적 위험은 지나갔다고 한다(VⅠ67-69).

일팅은 이러한 정치 상황 하에서 『법철학』 서문에서 헤겔이 행한 프리스 비판은 일정한 정당성이 인정될 수 있다 하더라도 정당한 한도를 넘어선 것이라고 비판한다(70-77, 49f.). 그에 따르면 『법철학』 서문에서 보이는 프리스와의 대결은 프리스나 데 베테로부터 선을 긋는 시도로서 이해될 수 있는바, 프리스 등의 비합리주의야말로 [166]테러리스트적인 심정 윤리에 대해 책임이 있다고 헤겔이 생각한 것에는 일정한 정당한 근거가 있었다. 하지만 『법철학』 서문은 질서를 파괴하는 행위뿐만 아니라 이와 같은 행위로 귀결되는 사상의 표현도 경찰의 단속 대상으로 삼는 것을 인정함으로써 경찰국가에 이르는 길을 열고 있는바, 정당한 비판의 한계를 일탈하고 있다고 한다.

마지막으로 일팅은 이러한 묘사를 총괄하면서 헤겔이 하르덴베르크를 포함하는 프로이센 개혁의 많은 지도자들과 유사한 상황 하에 놓여 있었다고 한다. 메테르니히에 의해 주도된 정치 정세의 어두운 전환 속에서 '그들 지도자들도…… 훔볼트처럼 사임하여 체념하든가, 그렇지 않으면 하르덴베르크나 알텐슈타인처럼 순응하여 무원칙이라는 비난을 당하면서 구제해야 할 것을 구제하든가 하는 양자택일을 하지 않을 수 없게 되었던 것이다. 1819년 11월 이후의 헤겔의 행동은 본질상 하르덴베르크나 알텐슈타인과 동일한 길을 선택하고, 바로 그런 까닭에 알텐슈타인의 계속적인 도움을 확보했다고 하는 것 이외로는 생각될 수 없다.'(100f.)

이상의 전기적 기술을 요약하면, 일팅은 한편으로 부르센샤프트 운동에 대한 헤겔의 관여, 잔트 평가와 관련되는 한에서의 프리스 비판의 정당성, 경찰·검열 당국과의 긴장 관계, 프로이센 정부 내의 개혁 지도자와의 입장의 공유를 인정하고, 이런 한에서 헤겔을 '압정에 괴로워하는 자의 변호자', '진보적 개혁자'로 바라보는 동트 등의 새로운 해석은 들어맞는다고 생각한다. 하지만 다른 한편으로 1819년 여름에 복고기가 개시됨에 따라 헤겔은 정치적 입장을 전환하여 『법철학』의 초고를 개정하고, 이후 1820년대 초에 이르기까지 프로이센 복고 정책에 타협하지 않을 수 없었다고 보며, 이런 한에서 헤겔을 '프로이센의 국가 철학자'로 간주하는 전통적 해석은 들어맞는다고 생각한다. 요컨대 프리스 비판에서의 정당한 한계의 일탈, 프로이센 정부에 의한 데 베테 해임의 승인에서 나타났듯이 부르센샤프트를 옹호하면서 비판하고, 프로이센 정부와 긴장을 유지하면서 제휴하는 헤겔의 이중 감정 병립적인 입장은 분명히 균형을 잃고 반권력의 옹호를 결여한 비판으로, 권력과의 긴장을 결여한 제휴로 기울었다고 여겨지는 것이다.

[167](2) 다음으로 일팅은 전기적 기술에서 보인 헤겔의 입장 전환을 이론적 해석 차원에서는 1820년 『법철학』과 법철학 강의 사이의 이론적 차이라는 형태로 확인할 수 있다고 생각한다. 저작과 강의를 나누는 차이점으로서는 첫째로, 군주권의 서술을 특징짓는 깊은 모순이 거론된다(VI 25-32). 종래에 헤겔의 군주 상에 대해 궁극적인 결정권을 부여받은 절대적 존재임과 동시에 실효성을 박탈당한 형식적 존재에 지나지 않는다고 하는 '깊은 사상적 모순'이 지적되어 왔다. 예를 들어 로젠츠바이크에 따르면 '군주는 체계적으로 보면 국가 활동 전체의 원천, 제1의 권력임과

동시에, 실천적으로 보면 거의 내용이 없는 궁극적인 형식적 의지에 지나지 않는다.'[80] 그러나 군주권의 형식성을 지적하기 위해 그가 의거한 280절 보론의 구절──'우리는 군주로 다만 '그렇다'라고 말하며 I 위에 점을 찍는 사람만을 필요로 한다'(Rph 451)──은 제5회 법철학 강의의 필기록(V III 764)으로부터 간스가 발췌한 것인데, 1820년『법철학』에서는 어디에서 도 발견되지 않는다. 역으로『법철학』은 군주에 대해 절대적 권력을 부여하 고 있으며, 1821년 8월의 친우의 서한에서는 '당신은 연달아 왕당파 철학자 라든가 철학적 왕당파라든가로 비난받고 있다'고 보고되고 있었다(Br 2, 279). 따라서 로젠츠바이크가 지적하는 '깊은 사상적 모순'이란 실제로는 제5회 강의와『법철학』과의 모순을 의미하고 있는 것이다. 그렇지만 마찬가 지의 모순이 다른 강의와의 사이에도 존재한다. 예를 들면 제6회 강의에서는 '군주가 이루어야 할 것은 이러한 궁극적인 결정을 내리는 것 이외에는 없으며, 이것도 제한되어 있다'고 하며(V IV 677), 제2회 강의에서는 '근거에 기초하는 객관적 결정'이 아니라 '공허한 궁극적인 결정이 군주권의 특색을 이루는' 한에서, 군주는 '거기에 이름을 써 넣을' 뿐이라고 하고 있다(332).

저작과 강의를 나누는 두 번째 점은 자연법론과 역사 철학적 시야와 관련하여 자유의 실현이 아직 달성되어 있지 않다는 것을 보여주는 제2회 강의의 기술이『법철학』에서는 말소되어 있다는 점이다(77-82). 우선 제2회 강의에서는 현재에서의 자연법과 [168]실정법의 대립 가능성이 분명히 말해지고 있는 데 반해,『법철학』에서는 자연법과 실정법의 대립이 오해에 기초하는 것으로서 부정된다. 요컨대 강의에 따르면 '내용상 실정적인 것은 반이성적이고 부정不正일 수 있지만'(238), 저작에 따르면 '자연법…… 이 실정법과 다른 것을 양자가 서로 대립하고 모순하고 있는 것이라고 곡해하게 되면, 그것은 커다란 오해일 것이다'라고 한다(Rph 35). 다음으로 제2회 강의에서는 이성과 현실의 화해가 장래에 달성되어야 할 과제로

⁚
80.   Vgl. F. Rosenzweig, *Hegel und der Staat*, Bd. 2, München/Berlin 1920, S. 141.

간주되는 데 반해, 『법철학』에서는 이성과 현실의 화해가 이미 실현된 것으로 생각되고 있다. 강의에 따르면 세속계와 지성계, 현실과 이성의 '대립은 그 자체에서는(an sich) 극복되고 양자의 화해가 이루어져 있지만, 이제 국가를 발전된 이성의 형태, 이성의 현실로 형성해야만 한다'고 하는 데 반해(Ⅵ 350), 저작에 따르면 '대립은 그 자체에서는 무력한 형태로 되어 사라져 버렸다. …… 참된 화해가 객체적으로 되어 국가를 이성의 형태, 이성의 현실로 전개하고 있다'고 한다(Rph 512).

세 번째 차이점은 제2회 강의 서문과 『법철학』 서문 사이에 역사적 현 단계의 파악과 철학의 과제, 이성과 현실의 관계 일반에 관해 심각한 차이가 존재한다고 하는 점이다(Ⅵ 35-42, 82). 제2회 강의에서는 '현재의 시대정신은 유럽 국민들의 현 상황을 여전히 고통스럽게 하고, 법 개념의 순수한 발전을 방해하고 있는 계기들과 대결하고' 있으며, '정신이 고차적 인 의식에 도달한 곳에서는 어디서나 이러한 제도와의 투쟁은 필연적이다' 라고 하여(232, 234) 자유가 달성되어 있지 않다는 것이 전제되어 있다. 그리고 헤겔은 철학의 과제가 시대정신과 제휴하면서 '자유의 개념과 현실과의 일치를 지향하는 투쟁을 넘어서는' 것에 있다고 선언한다(231). '철학은 개개의 외적 현상이 아무리 반하는 것으로 보인다 하더라도, 이성적 인 것만이 일어날 수 있다는 것을 인식한다.' '철학적 법학의 대상은 자유의 본성의 고차적인 개념인바, 실제로 타당화되어 있는 시대의 관념을 고려하 지 않는다.'(232, 234)

이에 반해 『법철학』에서는 역사적 발전의 목표가 이미 달성된 것처럼 하고 있는바, 있어야 할 국가를 말하는 것은 거부되고 있다. 그리고 철학의 과제는 '자유의 개념과 현실과의 일치를 지향하는 투쟁을 넘어서는' 것이 아니라 어디까지나 [169]'이성적 통찰'에 의한 '현실과의 화해'에 놓인다. '이성을 현재라는 십자가에서의 장미로서 인식하고, 그에 의해 이 현재를 향유하는 것, 이러한 이성적 통찰이야말로 철학이 사람들에게 주는 현실과 의 화해다.'(Rph 26f.) 일팅에 따르면 '이성적인 것은 현실적이고, 현실적인 것은 이성적이다'(24)라는 명제도 이러한 맥락에서 이해되어야 하는바, 복고 정신이 독일 전체를 뒤덮은 상황에서 이 명제는 '현 상황의 철학적 축복'을 의미하고 있었다. 하지만 '이성적인 것의 현실성이라는 말을 헤겔에게 강요한 것은 바로 현실적인 것 속의 비이성이었다.'(ⅤⅠ 82)

이상과 같이 일팅은 1820년 『법철학』과 법철학 강의 사이의 이론적 차이에 주목함으로써 서로 다투는 오랜 해석과 새로운 해석 사이의 대립을 조정할 수 있다고 생각한다(101-105). 요컨대 헤겔 정치 철학을 자유주의적이라고 특징짓는 아비네리 등의 최근의 해석은 실체적 핵심에 대해 말하는 한에서 올바른 데 반해, 헤겔 정치 철학을 복고적·타협적이라고 보는 종래의 해석은 외적 현상에 대해 말하는 한에서 올바르다는 것이다. 법철학 강의, 특히 제2회 강의로부터 읽어낼 수 있는 헤겔 정치 철학의 내적 실체, 즉 근본 사상은 자유주의적이고 진보적이지만, 『법철학』에서의 외적인 현상은 복고 정책에 대한 타협을 보여준다고 하는 것이다.[81]

(3) 마지막으로 일팅은 이러한 이론적 해석을 전제로 하여 법철학 강의의 자료상의 신뢰성에 관한 문헌학적 견해를 이끌어낸다(ⅤⅠ 113f., 120-126). 요컨대 정치적 혐의와 검열에 대한 끊임없는 고려에 의해 이론적으로 규정되어 있는 한에서 1820년 『법철학』의 신뢰성은 의심스러운 데 반해, 이와 같은 정치적 외압을 당하지 않는 법철학 강의, 특히 제2회 강의의 신뢰성은 저작의 신뢰성보다 우위에 서 있다고 일팅은 주장하는 것이다. 그렇지만 강의 그 자체의 자료상의 신뢰성은 이것과는 별개로 순수하게 문헌학적인 문제로서 논의되어야 한다. 이 점에 관해 일팅은 [170]베를린판 전집 '보론'의 편집자 간스, 그리고 '보론'의 저본을 이루는 제5회·제6회

---

81. 일팅은 실체와 현상 사이의 모순이 법철학 강의와 1820년 『법철학』 사이의 통시적 모순일 뿐만 아니라 『법철학』 그 자체에 내재하는 공시적 모순이기도 하다고 생각하지만(ⅤⅠ 102, 108-111), 두 모순의 논리적 연관에 대해서는 설명되어 있지 않다.

강의의 필기자 호토와 그리스하임에 대해 호프마이스터가 가한 비판[82]을 다루어 하나하나 반론을 제기한다. 우선 간스가 편집한 '보론'에 대한 호프마이스터의 비판은 '보론'과 강의 사이의 조회 작업을 결여한 근거가 없는 단정이라고 지적한다. 다음으로 제5회·제6회 강의에 대해서는 동일한 필기자 호토와 그리스하임에 의해 기록된 1824년도 겨울 학기의 종교 철학 강의 필기록을 다루어 이것을 헤겔 자신의 초고와 비교 대조하는 작업을 행하고, 양자의 필기 능력이 신뢰할 만하다는 것을 증명하고자 시도하고 있다(V III 51ff.). 더 나아가 구술 필기된 본문과 이에 대한 주해로 이루어지는 제2회 강의와 관련해서는 적어도 제5회·제6회 강의에서는 보이지 않는 구술 필기록 부분에 대해서는 저작과 같은 정도의 신뢰성이 인정된다고 주장한다(V I 219ff.).

따라서 제1차 법철학 강의 공간을 둘러싼 일팅의 견해는 다음과 같이 요약될 수 있다. 프로이센에서 칼스바트 결의가 실시되는 중압 하에서 헤겔은 1819년 11월까지 정치적 입장을 전환하며, 이미 인쇄 준비가 마무리되어 있던 『법철학』 초고에 개정을 가하여 당시의 복고 정책에 타협을 행했다(전기적 기술). 이로부터 1818년도 겨울 학기의 제2회 법철학 강의와 1820년 10월에 공간된 『법철학』 사이에서 발견되는 중대한 이론적 모순이 설명될 수 있는바, 헤겔 정치 철학의 근본 사상은 자유주의적임에도 불구하고 현상 측면에서는 복고 정책에 대한 타협에 의해 왜곡되어 있다(이론적 해석). 따라서 검열에 의해 왜곡되지 않은 헤겔 본래의 사상은 1820년의 『법철학』이 아니라 법철학 강의로부터 비로소 밝혀질 수 있다(문헌학적 견해).[83]

82. 호프마이스터에 따르면 '간스의 보론의 일부는 강의 필기록이라는 소재로부터 불완전한 채로 자의적으로 골라내져 있으며, 일부는 오해를 부르는 잘못된 것이다'라고 하며, 그리스하임의 필기록에서는 '제자의 정신과 스승의 정신이 한눈에 알 정도로 혼재'되어 있고, 호토의 필기록에서도 '제자의 정신을 충분히 고려해야만 한다'고 한다(Hoffmeister, a. a. O., S. 12f.).

전기적 기술, 이론적 해석, 문헌학적 견해에 걸친 위와 같은 일팅의 견해는 헤겔 정치 이론을 둘러싼 종래의 해석상의 대립을 이를테면 헤겔 자신 속에서 읽어냄으로써 새롭고 오랜 두 해석을 종합하고자 노력하는 것이라고 말할 수 있을 것이다. 여기서 해석하는 주체들 사이의 종래의 대립은 해석 대상 그 자체로 전위되게 되었던 것이다. 하지만 서구 정치사상 사에 [171]절대적인 영향력을 미친 거인 속에서 야누스와 같은 두 개의 얼굴을 발견하고자 하는 시도가 다른 연구자들의 반론을 불러일으켰다는 것은 상상하기 어렵지 않다.

(4) 법철학 강의를 둘러싼 일팅의 견해에 대해서는 네 개의 서평과 두 개의 논문이 제시되어 있는데, 이 가운데 케른과 리델이 전면적 내지 조건부의 동의를,[84] 누서가 호의적 비판[85]을 표명하고 있는 데 반해, 호르스트만이 다양한 의문을,[86] 오트만과 루카스, 라마일이 정면에서 반론[87]을

---

83. 일팅의 견해에서는 전기적 기술, 이론적 해석, 문헌학적 견해라는 세 가지 차원이 나누기 어려운 상호 의존 관계에 놓여 있지만, 이러한 3자의 상호 의존적 관계는 전체로서의 설득력을 늘리는 반면, 그 일각이 무너지면 전체가 부정된 것 같은 오해를 줄 수 있다. 그리하여 이 장에서는 전기적 기술, 이론적 해석, 문헌학적 견해의 3자를 구별하고, 각각 독립적으로 그 적합성 여부를 검토하는 방법을 채택한다.

84. W. Kern, "Rezension: G. W. F. Hegel, Vorlesungen über Rechtsphilosophie 1818 bis 1831", *Zeitschrift für Katholische Theologie* Bd. 96, 1974, 441-443: Riedel, *Materialen zu Hegels Rechtsphilosophie*, Bd. 1, 1975, S. 15-18.

85. K.-H. Nusser, "Hegel, ein Philosoph in der Verfolgung?", *Philosophisches Jahrbuch* 83. Jg., 1976, 221-230.

86. R. P. Horstmann, "Ist Hegels Rechtsphilosophie das Produkt der politischen Anpassung eines Liberalen?", *Hegel-Studien* Bd. 9, 1974, 241-252; ders., "Besprechung: G. W. F. Hegel, Vorlesung über Rechtsphilosophie 1818-1831 Bd. 2-4", *Hegel-Studien* Bd. 11, 1976, 273-277.

87. Ottmann, "Hegels Rechtsphilosophie und das Problem der Akkommodation, Zu Iltings Hegelkritik und seiner Edition der Hegelschen Vorlesungen über Rechtsphilosophie", *Zeitschrift für philosophische Forschung* Bd. 33, 1979, 227-243; H.-Ch. Lucas/U. Rameil, "Furcht vor der Zensur? Zur Entstehungs- und Druckgeschichte von Hegels

제기하고 있다. 그러나 이러한 반응들은 일팅의 견해에서의 세 개의 차원을 똑같이 취급하고 있는 것이 아니라, 케른과 호르스트만을 제외하면, 리델과 루카스, 라마일은 전기적 기술 차원, 그중에서도 『법철학』 공간 과정을, 누서와 오트만은 이론적 해석 차원을 주된 대상으로 하고 있다. 그리하여 일팅에 대한 이의 제기를 전기적 기술, 이론적 해석, 문헌학적 견해의 각 차원으로 구분하여 고찰하고자 한다.

첫째로, 전기적 기술에서의 일팅의 견해는 1819년에서의 헤겔의 입장 전환을 도출하는 정치 상황에 대한 기술과, 『법철학』 초고의 개정을 지적하는 『법철학』 공간 과정에 대한 기술로 이루어져 있었다. 이 가운데 정치 상황의 기술에 대해서는 다른 점에서 비판적인 호르스트만 등도 찬성의 뜻을 표명하고 있다. 호르스트만에 따르면, '헤겔과 부르셴샤프트 온건파의 양호한 관계, 코체부 살해 후에 그들이 놓인 곤란한 상황, 데마고그 사냥에 관련된 헤겔의 몇 사람의 제자의 체포,…… 프로이센에서의 칼스바트 결의의 강화, 그리고 프리스, 데 베테 등, 헤겔과 동일한 대학 교수의 운명, 이것들은 스스로 조심스럽다고 인정하는 자가 장래에 대한 불안을 지니기에 충분했다. 일팅은 이러한 어려운 헤겔의 상황을 보여주기에 성공했다.'[88] 마찬가지로 오트만도 일팅에 의한 시대 상황의 서술을 '의심할 바 없이 멋지다'고 인정하고 있다.[89] 이에 반해 리델은 동트를 따라 헤겔의 보호자들의 진보적 [172]성격을 지적하고, 1819년 11월에 이루어진 헤겔의 전향이라는 테제를 '지나치다'고 비판한다.[90]

그러나 『법철학』 공간 과정에 관해 리델은 일팅이 주창하는 초고 개정설에 동의를 표명한다. 1819년 10월의 프로이센에서 칼스바트 결의가 실시되

Grundlinien der Philosophie des Rechts", *Hegel-Studien* Bd. 15, 1980, 63-93.

88. Horstmann, "Ist Hegels Rechtsphilosophie das Produkt der politischen Anpassung eines Liberalen?", 246.

89. Ottmann, a. a. O., 230.

90. Riedel, a. a. O., S. 41, Anm. 13.

는 '상황 하에서는 하이델베르크의 1817년도 강의, 베를린의 1818년도 강의에서 헤겔이 작성하고, 1819년 봄과 여름에 완성한『법철학』텍스트는 출판될 수 없었을 것이다.『법철학』의 출판이 조급히 이루어져야 했던 한에서, 출판을 확실히 하기 위해서는 인쇄의 준비가 마무리되어 있던 초고를 그만두고, 헤겔이 크로이처에게 보낸 서한(1819년 10월 30일자)에서 시사하고 있듯이, 새롭게 다시 편집해야만 했다.'[91]

이에 반해 호르스트만은 '정치 상황과 헤겔의 행동을 면밀히 서술한다 하더라도, 그에 의해 곧바로『법철학』의 성립사가 밝혀지게 되는…… 것은 아니다'[92]라고 말하고, 초고 개정설의 근거가 된 10월 30일의 서한에 대해 다른 해석 가능성을 지적한다.[93] 첫째로, 1819년 9월의 시점에서 초고가 완성되어 있었는지 아닌지는 이 서한으로부터 분명하지 않은바, 『정신 현상학』의 경우와 마찬가지로 초고가 완성되기 이전에 최초의 부분을 인쇄에 부치고, 인쇄가 진행되는 동안에 초고를 완성했을 가능성이 있을 수 있다. 둘째로, 가령 초고를 완성해 놓았다 하더라도, 일팅이 전제하듯이 20보겐 이하였다고는 한정되지 않는다. 역으로 20보겐 이상이었을 경우에 초고가 검열의 대상이 아니라고 알았던 헤겔은 앞의 서한 속에서 예정대로 '금후 머지않아' 인쇄에 부칠 의도를 표명했다고 해석될 수 있다. 셋째로, 완성된 초고를 개정했는지 아닌지도 이 서한으로부터 분명하지 않다. 문제의 초고가 현존하지 않는 한에서, 일팅의 초고 개정설은 제2회 법철학 강의가 그 초고에 해당한다고 하는 주장, 더 나아가서는 제2회 강의와『법철학』사이의 이론적 차이에 기초하지만, 양자의 차이에 의해 곧바로 초고의 개정이 증명되는 것은 아니다.

호르스트만이 지적한 세 가지 가능성 가운데 두 번째에 대해서는, 후에

● ●
91.   Ebd., S. 16.
92.   Horstmann, a. a. O., 246.
93.   Ebd., 247-248.

루카스와 라마일도 비판했듯이,[94] 프로이센에서는 [173]검열 대상이 모든 출판물로까지 확대되었다는 것을 헤겔이 알고 있었던 한에서 상정하기 어렵다. 세 번째에 대해서는 후에 누서가 호르스트만에게 반론을 행하고 있다.[95] 남은 첫 번째 가능성을 집어 들고서 일팅 등의 초고 개정설에 이의를 부르짖은 것이 루카스와 라마일이다. 그리하여 『법철학』 공간 과정에 관한 루카스 등의 이론을 다루어 검토해 보고자 한다.

루카스와 라마일은 『법철학』 성립의 초기·중기·말기에 대응하는 세 개의 서한을 다루는데, 이것에 일팅이나 리델과 다른 해석을 가하고자 시도한다. 첫 번째 서한은 1819년 3월 26일, 제2회 법철학 강의 종료 다음날에 쓰인 니트함머에게 보낸 서한인데,[96] 여기서 헤겔은 다음과 같이 말하고 있다. '저는 교수로서 이제 막 시작했을 뿐입니다. 저 개인에게서도 작업에서도 해야 할 일이 아직 많이 남아 있습니다. …… 저는 라이프치히의 견본시까지 다시 한 권의 책을(저의 자연법을 패러그래프로 구획하여) 써야만 합니다.'(Br 2, 213) 우선 루카스 등에 따르면, '해야 할 일이 아직 많이 남아 있습니다'라는 표현이 보여주듯이, 헤겔은 제2회 강의에서 사용한 구술필기 초고를 그대로 인쇄할 것을 생각하고 있었던 것이 아닌바, 제2회 강의가 『법철학』의 초고에 해당한다고 하는 주장은 의심스럽다. 다음으로 여기서 『법철학』의 출판 기한(!)으로서 거론되고 있는 '견본시'란 부활제 견본시(5월 2일)와 미카엘 축일 견본시(9월 29일 이후의 일요일)의 어느 쪽인가를 가리킨다고 생각된다. 리델이 부활제 견본시를 가리킨다고 생각하는 데 반해, 루카스 등은 1819년 3월 말에 공간 준비가 진행되고 있었다고 상정할 수 없다는 이유에서 미카엘 축일 견본시를 가리킨다고 생각한다.[97] 사실 1819년 8월 집필로 추정되는 같은 해 겨울 학기 강의

94. Lucas/Rameil, a. a. O., 84.
95. Nusser, a. a. O., 223.
96. Lucas/Rameil, a. a. O., 66-70.

예고에서 「자연법과 국가학」 강의가 '머지않아 출판되는 편람을 실마리로 하여' 행해진다고 예고되었다.

그러면 왜 『법철학』은 예고대로 1819년 가을에 출판되지 못했던 것인가? 거기서 두 번째 서한, 1819년 10월 30일자의 크로이처에게 보낸 서한이 문제가 된다.[98] 이 서한에서 헤겔은 '연방 의회의 결의가 다가왔을 때, 저는 마침 [174]인쇄를 시작하려고 하고 있었습니다. 지금 우리는 검열로부터의 자유와 관련해 어떠한 상황에 있는지 알고 있기 때문에, 저는 그것을 금후 머지않아 인쇄할 것입니다'라고 말하고 있다. 우선 루카스 등에 따르면, 여기서 염두에 두어져 있는 『법철학』의 초고는 초고 전체가 아니라 그 최초의 부분으로 생각해야만 한다. 왜냐하면 같은 서한에서 헤겔은 크로이처의 선물에 대해 '법철학에 관한 2, 3보겐으로 이루어진 패러그래프'로 보답할 의도를 표명하고 있는데, 『정신 현상학』, 『논리의 학』, 『엔치클로페디』 초판과 제2판을 공간할 때에도 초고의 최초 부분을 인쇄를 위해 보낸 후에 나머지를 작업하는 방법을 취했기 때문이다.

다음으로 '인쇄를 시작하려고 하고 있었습니다'란 어떤 시점을 가리키며, 왜 인쇄를 연기했던 것일까? 9월 20일 연방 의회에서 승인된 칼스바트 결의의 내용은 10월 2일, 5일, 12일로 서서히 분명해져 갔기 때문에, 인쇄 개시의 시기로서는 10월 초를 예정하고 있었다고 생각된다. 그리고 결의의

· ·

97. 리델은 '이미 하이델베르크에서 1817년도 겨울 학기가 끝날 무렵, …… 헤겔은 저작의 기초를 시작했다'고 상정하고, 여기서의 '견본시'는 부활제 견본시를 가리킨다고 생각한다(Riedel, a. a. O. (Anm. 84), S. 14). 그리고 논거로서 1818년 2월 1일의 서점주 빈터에게 보낸 서한에서 헤겔이 후고의 『로마법사 교본』을 보내줄 것을 의뢰하고 있고, 후고와의 대결이 『법철학』의 최초의 부분에 있다는 점을 들고 있다. 이에 반해 루카스 등은 제2회 강의에 후고에 대한 언급이 보이지 않는다는 점, 『법철학』에서의 후고와의 대결은 주해에 한정되어 있는 한에서, 저작의 최초가 저술 활동의 최초를 의미하는 것은 아니라는 점, 1819년 4월에 후고의 책을 구입했다는 점을 지적하고 있다. 그리고 1819년 3월 말에 저작의 공간 준비가 진행되고 있었다고 상정할 수 없는 한에서, 앞의 서한에서의 '견본시'란 미카엘 견본시를 가리킨다고 생각한다.

98. Lucas/Rameil, a. a. O., 74-85.

내용을 알았을 때, 헤겔은 프로이센에서의 결의 실시 규정의 내용을 알기 위해 인쇄를 연기했음에 틀림없다. 10월 18일에 프로이센에서 결의가 실시되었을 때의 구체적 규정이 분명해지는 것은 26일인데, 서한에 있는 대로 30일의 '지금 우리는 검열로부터의 자유와 관련해 어떠한 상황에 있는지 알고 있다.' 일팅처럼 초고가 20보겐 이하였기 때문에 인쇄를 연기했다고 생각하기 위해서는, 프로이센에서 결의가 실시될 때 20보겐이라는 검열의 한계가 유지될 것을 헤겔이 10월 초에 기대하고 있었다고 가정해야만 한다.

또한 루카스 등에 따르면, '금후 머지않아 인쇄할 것입니다'라는 표현으로부터는 초고 개정의 의도가 읽혀지지 않는바, 오히려 '이제 인쇄 개시에 대한 장애가 원칙적으로 이미 아무것도 없다'라고 말하고자 했다고 이해해야만 한다. 그러면 왜 헤겔은 '금후 머지않아 인쇄한다'는 결정을 실행에 옮기지 않았던 것일까? 프로이센의 검열 규정에 따르면, 출판물의 검열에 관해 원고 전체를 검열에 붙인 후에 인쇄하는 방법과, 원고를 부분으로 나누어 검열에 붙이고 차례로 인쇄하는 [175]두 가지 방식이 가능했다. 루카스 등은 후자의 방법을 채택하는 경우, 도중의 원고가 허가되지 않게 되어 이미 인쇄된 부분에 영향이 미치게 되더라도 그 손실은 출판사가 지지 않으면 안 되었기 때문에, 전자의 방법을 채택했다고 추정한다. 하지만 완성된 원고가 아직 존재하지 않았기 때문에, 인쇄 개시를 연기하지 않을 수 없었다고 한다.

세 번째 서한은 1820년 6월 9일자의 니콜라이 서점 내지 웅거 인쇄소에 보냈다고 생각되는 서한인데,[99] 거기서 헤겔은 '저는 여기에 한 꾸러미의 원고——절반(또는 그 이상)——를 검열을 위해 보냅니다. 그러나 머지않아 보내드릴 예정의 나머지 부분이 검열로부터 돌아오기까지 인쇄를 시작하지 않기를 바랍니다'[100]라고 말하고 있다. 루카스 등에 따르면, 이것은

99. Ebd., 88-89.

검열에 대한 헤겔의 두려움을 엿볼 수 있게 하는 것이 아닌바, 오히려 서한의 후반부는 원고의 전반 부분에 관한 검열이 빠르게 완료될 것을 헤겔이 예상하고 있었다고 상정하는 경우에 비로소 의미를 지닌다고 한다. 다만 이 해석에서는 원고 전체를 검열에 붙이는 방법을 헤겔이 알지 못하거나 또는 잊고 있었다(!)고 전제되고 있다. 그리고 6월 9일부터 25일(서문 일자)까지의 사이에『법철학』초고가 완성되고, 검열·인쇄·교정을 거쳐 미카엘 축일 견본시(10월 전반)에『법철학』은 공간되었다. 이 사이의 3개월 남짓을 일팅처럼 '통상적인 경우보다 길다'고 볼 수는 없다.[101]

이상의 해석에 따라 루카스, 라마일은 다음과 같이 결론을 내린다. '『법철학』성립사는 인쇄……가 예정된 초고를 작성할 때에 헤겔이 통상적으로 경험하는 서술의 어려움에 돌릴 수 없다. 『법철학』의 경우에는 그것에 검열 절차에 따르는 불편함이 덧붙여진다. …… 많은 해석자들처럼, 헤겔이 검열을 전체로서 벗어나기 위해 특별한 노력·주의·시간을 들였다고 상정할 확실한 근거는 지금까지의 것에 비추어 볼 때 존재하지 않는다.'[102]

루카스와 라마일의 이러한 이의 제기에 대해서는 개별적인 해석에 관한 의문점이 두 가지 거론된다. 우선 첫 번째 서한(1819년 3월 26일자)에서의 '라이프치히의 견본시까지'를 루카스 등처럼 출판 기한으로 풀이할 필요는 없는바, '써야만 합니다'라는 표현에 주목하게 되면 이것은 오히려 원고 마감으로 풀이할 수 있다. 이 경우 리델처럼 '견본시'를 5월의 부활제 견본시로 생각하는 쪽이 자연스럽다. 다음으로 세 번째 서한(1820년 6월 9일자)으로부터 원고를 적어도 두 번으로 나누어 검열로 보냈다는 것이 분명해진다. 이 사실에 비추어 보면, 두 번째 서한(1819년 10월 30일자)에서

· ·
100. H. Schneider, "Neue Briefe aus Hegels Berliner Zeit", *Hegel-Studien* Bd. 7, 1972, 100.

101. Lucas/Rameil, a. a. O., 91.

102. Ebd., 92-93.

표명된 '금후 머지않아 인쇄한다'고 하는 예정이 연기된 이유를 검열 절차에 대한 고려——요컨대 원고 전체를 검열에 붙이는 방법의 채택——에 의해 설명하는 것에는 분명한 무리가 생겨난다.

이와 같은 두 가지 부자연스러운 해석은 한편으로 리델에 맞서 초고 작성을 가능한 한 늦은 시기——1819년 8월, 더 나아가서는 1820년에 들어서서부터[103]——로 설정하고자 하는 의도, 다른 한편으로 일팅에 맞서 인쇄 개시 시기의 연기를 검열에 대한 배려라는 정치적·실체적 이유가 아니라 오로지 검열 절차라는 비정치적 이유에 의해 설명하고자 하는 의도 때문이라고 생각된다. 요컨대 루카스와 라마일의 해석은 '편견에 사로잡히지 않은 고찰'[104]을 표방함에도 불구하고, 전체로서 일팅과 리델에 대한 대단히 논쟁적인 태도로 일관되어 있다고 말하지 않을 수 없는 것이다.

(5) 둘째로, 이론적 해석에서 일팅에 대해 제출된 호르스트만과 오트만의 이의 제기에 대해 살펴보자. 우선 호르스트만은 일팅의 이론적 해석에 대해 세 가지 점에 걸친 의문을 지적하고 있다. 첫째로, 일팅이 거론하는 것과 같은 저작과 강의 사이의 이론적 차이에 의해 헤겔의 입장의 전환을 명확히 논증할 수 있는가라는 점이다. 우선 군주권의 서술에 대해 헤겔은 상이한 시기에 상반되는 두 가지 입장을 대변하고 있다고 일팅은 생각하지만, 법철학 강의에서의 헤겔의 입장을 특징짓는 두 가지 점, 요컨대 군주의 성격이라는 특수성은 형식적 결정의 정점이라는 군주의 직무와 관련해 우연적이며, 군주도 국가 체제에 구속되어 있다고 하는 견해는 『법철학』의 277절과 285절에서도 각각 발견된다고 한다. '군주에 관한 견해의 차이라고 불렸던 것은 오히려 동일한 근본 [177]사상을 서술할 때의 강조점의 차이로 이해되어야만 한다. 물론 이 근본 사상은…… 그 자체가 모순을 벗어나

• •
103. Ebd., 73, 88.
104. Ebd., 65.

있지 않다.'[105] 다음으로 역사적 현 단계의 파악에 대해『법철학』서문이 제2회 강의 서문과 다른 것은 현존하는 정치 제도에 대해 명확한 언명을 피하고 다의적 표현을 사용하고 있다는 점인데, 무엇보다도 서문을 둘러싼 이후 1세기 반의 논쟁이 이것을 이야기해 주고 있다. '두 서문에서 말해지고 있는 것은 서로 다른 범위의 해석의 여지가 있는바,『법철학』서문은 호마이어 필기록에 비해 훨씬 넓은 해석의 가능성을 포함하고 있다.'[106] 호르스트만에 따르면, 저작과 강의 사이의 차이는 실제로는 동일한 근본 사상에서의 강조점의 차이 내지는 다의성과 일의성의 차이에 지나지 않는 다고 한다.

둘째로, 호르스트만은 일팅이 논증하고자 하는 '입장의 전환'의 의미가 불명확하다고 지적한다. 일팅이 말하는 '입장의 전환'이란 체계적 사상의 변화, 구체적인 정치적 견해의 변화, 본래의 자유주의적인 견해의 은폐라는 3자를 의미할 수 있다. 이 가운데 첫 번째 의미의 전환은 논증되어 있지 않다 하더라도, 일팅은 1819년 이후의 '복고적 프로이센 국가에 대한 선 택'(ⅤⅠ 100), 즉 두 번째 의미의 전환을 말하는 한편, '헤겔은『법철학』 개정에 있어…… 준비되어 있는 텍스트를 수정하고 자신의 실제의 견해를 숨기고자 시도했다'(82)고 말하여 제3의 의미의 전환에 대해서도 말하고 있다. 하지만 호르스트만에 따르면 정치적 견해의 변화와 본래의 견해의 은폐라는 양자는 서로 양립할 수 없다고 한다.

셋째로, 호르스트만은 헤겔의 근본 사상을 자유주의적이고 진보적이라 고 하는 일팅의 전제를 문제시한다. 일팅이 헤겔의 사상적 핵심을 자유주 의적이라고 특징짓는 논거는 자유 개념이 정신 발전의 기초를 이룬다는 점에 놓여 있다(101f.). 그러나 헤겔에게 있어 개인의 자유란 추상적이고 한정된 형식이고 자유의 참된 형식은 국가에서 실현된다는 것은 예나

105. Horstmann, a. a. O., 244.
106. Ebd., 245.

시기 헤겔이 근대의 개인주의적 자연법에 대해 행한 비판에서 제시되어 있다. '자유주의적이라는 개념은 아마도 근대 자연법사상에밖에 결부될 수 없기 때문에, 바로 근대 자연법에 대한 비판으로부터 얻어진 [178]헤겔의 자유 개념에 기초하여 그의 정치 철학의 근본적으로 자유주의적인 성격을 어떻게 논증할 수 있는지 알아차리기 어렵다.'[107]

다음으로 오트만은 일팅의 '역사적·문헌학적 논증 양식'에 대해서는 '체계적 해석의 관점'을, 또한 헤겔의 입장 전환에 대해서는 '헤겔 사상에서의 연속성'을 대치시킴으로써, 호르스트만이 지적하는 근본 사상의 동일성을 한층 더 강조하고 있다.[108] 첫째로, 군주권에 대해 일팅이 주장하는 입장의 전환은 군주의 권한 문제, 요컨대 공허한 결정만이 군주에 속하는가, 그렇지 않으면 군주의 절대적 권한에 의해 통치권은 군주에 의한 결정의 집행과 적용으로 환원되는가에 관계되지만, 군주의 권한의 절대성과 공허성은『예나 실재 철학』이래로『법철학』과 법철학 강의의 양자에서 똑같이 발견된다. 물론 군주권의 근거짓기는 자연에 의한 세습 군주의 정당화가 자연으로부터 자유로 향하는 객관적 정신의 발전과 일치하는가라는 문제를 포함하지만, 이 체계적 문제는 복고에 대한 타협이라는 문제와는 직접 결부되지 않는다고 한다.[109]

둘째로, 역사 철학적 시야의 은폐와 관련해서도 헤겔은 이미 제2회 강의에서 '궁극적인 화해는 학문에 의한 이성적인 것의 인식이다'(Ⅵ 351)라고 말하고 있는바, 1818년도 헤겔에게서도 그 자체에서 일어난 화해는 대자적인 것으로 되어 있다고 한다. 이 화해의 객체화는 '분열 속에서도 실현되는 이성의 궁극적 파악'으로서 예나 시기에 이미 정식화되어 있는데, 화해의 요소로서 분열을 포함하는 이성의 승인은 역사적 기원과의 혁명적

••
107. Ebd., 249f.
108. Ottmann, a. a. O., 230.
109. Ebd., 233f., 235.

단절과 과거의 복고적 찬양을 매개하는 헤겔 자신의 입장을 보여준다. 그리하여 '1820년도 서문의 악명 높은 표어도 혁명과 복고 사이를 조정하는 철학의 양의적인 정식으로 이해되어야만 한다.' 물론 거기에는 체계에서의 타협의 경향을 물을 여지는 남아 있다.[110]

셋째로, 자연법론의 수정과 관련해서도 『법철학』 212절에서는 '법률(Gesetz)은 그 자체에서 법(Recht)인 것과 내용상 차이나는 것이 있을 수 있다'고 하여, 자연법과 실정법 사이의 차이가 분명히 말해지고 있다고 한다. 물론 헤겔에게 있어 [179]자연법과 실정법은 전적으로 종류를 달리하는 것이 아닌바, 개인이 자연 상태에서 정치 이전의 권리를 지닌다고하는 것과 같은 자연법을 헤겔은 알지 못한다. '그러나 헤겔이 국가 바깥에서의 어떠한 권리도 개인에게 인정하지 않는다 하더라도, 이것은 복고로 규정된 이론이 아니라 예나 시기 이래로 존재하는 그의 아리스토텔레스주의의 귀결이다.' 따라서 일팅이 『법철학』에서 간취해 낸 복고에 대한 타협은 이미 예나 시기에서 유래하는 것이며, 헤겔에게서의 타협 문제는 역사적·문헌학적 방법이 아니라 체계의 분석에 의해 논의될 수 있다고 한다.[111]

따라서 이론적 해석에서 호르스트만과 오트만이 제기한 이의 제기는 다음의 두 가지 점으로 요약될 수 있다. 첫째로, 일팅이 상정하는 헤겔 정치 철학의 자유주의적 성격에 대해 호르스트만은 자유주의적 성격의 한정성을, 오트만은 체계에서의 타협 경향을 주장한다. 둘째로, 일팅이 지적하는 정치적 견해에서의 모순에 대해 호르스트만은 근본 사상의 동일성을, 오트만은 체계적 사상에서의 연속성을 주장한다. 첫 번째 이의 제기가 실질적으로는 새로운 해석과 오랜 해석의 대립의 연장을 의미하는 데 반해, 두 번째 이의 제기는 저작과 강의 사이의 관계를 둘러싼 단절설과 연속설 사이의 새로운 대립이라고 말할 수 있을 것이다. 이를테면 해석

● ●
110. Ebd., 237f., 238f.
111. Ebd., 239f., 242.

대상으로 전위됨으로써 조정되는 것처럼 보인 해석 주체 사이의 대립은 대상에서의 연속과 비연속을 둘러싼 대립으로 되어 다시 해석 주체 측으로 되돌려졌던 것이다.

(6) 셋째로, 문헌학적 견해에서 일팅에게 제출된 이의 제기를 살펴보고자 한다. 우선 누서는 '호프마이스터가 간스 판을 비난한 방식을 일팅이 비판한 것은 전적으로 옳다'고 인정하는 한편, '호토와 그리스하임의 두 개의 필기록(제5회·제6회 강의)에 관한 불확실성은 그에 의해 제거되지 않는다'고 말하고, 공간된 저작은 '문헌학적으로 특별한 지위'를 차지한다고 지적한다.[112] 오트만도 '헤겔이 정식으로 인가한 텍스트가 지니는 특별한 지위', 더 나아가서는 '구술필기에 기초하여 작성된 호마이어 필기록(제2회 강의)이…… 호토와 그리스하임의 필기록에 [180]대해 지니는 우월한 지위'를 강조하고 있다.[113] 본래 법철학 강의는 검열에 대한 두려움에 의해 이론적으로 규정되어 있지 않다는 점에서 『법철학』에 대해 자료로서 우위에 선다고 하는 일팅의 문헌학상의 견해는 이론적 해석으로부터 얻어진 결론에 기초하는 것이지만, 법철학 강의의 신뢰성은 이론적 해석으로부터 분리하여 순수하게 문헌학적 문제로서 검토해야만 한다. 이 경우 누서와 오트만이 말하듯이, 『법철학』이 법철학 강의보다 자료상으로는 우위에 서며, 게다가 법철학 강의 중에서도 제2회 강의와 제5회·제6회 강의 사이에는 신뢰성에 차이가 보인다는 점은 인정되어야만 할 것이다.

제3절 제2차 법철학 강의 공간을 둘러싼 논쟁

112. Nusser, a. a. O., 224, 223.
113. Ottmann, a. a. O., 229.

앞 절에서는 제1차 법철학 강의 공간을 둘러싼 일팅의 견해와 이에 대해 제출된 이의 제기를 전기적 기술, 이론적 해석, 문헌학적 견해의 세 가지로 나누어 고찰했다. 하지만 새로운 자료의 공간은 제2회·제5회·제6회 강의로만 그치지 않았다. 새롭게 발견된 제3회·제1회의 법철학 강의가 1983년에 공간되기에 이르러 법철학 강의를 둘러싼 논쟁은 새로운 경기장에서 속행되게 되었다. 우선 제3회 강의에 의거하여 헨리히가 일팅의 견해에 비판을 가하며, 이에 대해 제1회·제3회 강의에 의거하여 일팅이 반비판을 시도하는 한편, 루카스가 양자에 대한 전면적 비판을, 지프가 일팅에 대한 한정적 비판을 행한다. 이 절에서는 이 제2차 법철학 강의 공간을 둘러싸고서 헨리히와 일팅 등에 의해 교환된 논쟁을 살펴보고자 한다.

(1) 우선 제3회 법철학 강의의 편집자 헨리히가 **이론적 해석** 차원에서 일팅에게 가한 비판을 살펴보자.[114] [181]첫째로, '이성적인 것은 현실적이며, 현실적인 것은 이성적이다'라는『법철학』의 명제에 대응하여 제3회 강의의 서두에서는 '이성적인 것은 현실적으로 되고, 현실적인 것은 이성적으로 된다'(Was vernünftig ist, wird wirklich, und das Wirkliche wird vernünftig)(1819 51)라는 명제가 발견되지만, 헨리히에 따르면 양자는 이념의 실현을 둘러싼 동일한 사상의 양면을 표현한다고 한다. 전자에서는 개념에 대한 현실의 우위에 기초하여 역사적으로 성립한 제도가 이성적 성격을 지닌다고 하는 '제도 이론적 관점'이 강조되는 데 반해, 후자에서는 현실에 대한 개념의 우위에 기초하여 이성적인 제도가 역사적으로 실현될 수 있다고 하는 '역사 이론적 관점'이 강조되고 있다. 이 강의에서는 '어떠한 힘도 국민(Volk)이 '개념에서' 도달한 것에 저항할 수 없다는 것이 상태가

- -
114. Henrich, "Einleitung des Herausgebers: Vernunft in Verwirklichung", in: 1819 S. 9-39.

아니라 생성을 강조하면서 정식화되어 있다. 이념은 이 개념으로부터 주관성을 넘어서서 실제로 있는 구체적인 것으로 된다.'(14f.) 다시 말하면 전자의 명제에서는 발전의 요소가 이성과 현실의 동일성에 종속해 있는 데 반해, 후자의 명제에서는 이성과 현실의 궁극적 통일이라는 사상에 따르는 가운데 이성의 현실화와 현실의 이성화의 양면으로 이루어지는 운동이 제시되어 있다고 한다. 헨리히에 따르면 두 개의 명제의 차이는 모순이 아니라 '강조점의 차이'로 이해해야 하는바, '통일적 연관을 이루는 동일한 사상의 각각의 서로 다른 국면이 본래적 서술(제3회 강의)과 파생적 서술(저작)에서 강조되고 있을 뿐이다.'(17)

둘째로, 군주권론에 대해서도 제3회 강의에서는 군주에 의한 결정이 국가 체제상의 제도에 의해 구속되어 있는 한편, 제도에 기초하는 결정이 군주의 자기 통치로 이행하는 시점과 그 정도를 결정하는 권리가 군주에게 귀속되어 있다고 한다. 헨리히에 따르면 입헌주의와 절대주의라는 이론적 양의성은 헤겔의 이론 그 자체에 짜 넣어져 있는바, 어느 쪽의 계기에 악센트를 두는가에서 차이가 생겨난다. 요컨대 법철학 강의에서는 군주의 결정의 형식성이 강조되는 데 반해, 『법철학』에서는 군주의 결정의 절대성이 강조되고 있으며, 더욱이 제3회 강의에서는 '헤겔은 군주의 결정의 단순한 형식성을 호토가 필기한…… 강의(제5회 강의) 이상으로 강조하고 있다.'(25) 하지만 강조점의 '어느 쪽도 헤겔이 [182]국가의 개념을 논리적 개념 체계 그 자체에 짜 넣은 방식으로부터 직접적으로 생겨난다.'(26)

이와 같이 헨리히는 이성과 현실의 이중 명제와 군주권론에 관해 『법철학』과 법철학 강의 사이에서 보이는 차이는 동일한 양의적 사상을 서술할 때의 강조점의 차이에 지나지 않는다고 주장한다. 헨리히는 강조점의 이론적 차이를 인정한다는 점에서 일팅의 견해에 동의하지만,[115] 다른 한편

115. '인쇄된 『법철학』이 종래 사용할 수 있었던 그 이전의 자료(제2회 강의)와 비교해 차이를 보이는 한에서, 일팅의 기술은…… 설득력이 있었다. 그러한 차이는 현실적으로

으로 이 차이점을 동일한 양의적 사상이라는 내재적 근거로부터 설명한다는 점에서는 일팅과 견해를 달리 한다.

제3회 강의에 관한 이론적 해석에 기초하여 헨리히는 전기적 기술 차원에서도 일팅에 비판을 가한다. '바로 헤겔이 『법철학』의 공간을 준비한 반년 사이에 행해진 강의는…… 복고에 대한 호의적 태도에 의해 이전과 이후의 강의로부터 구별되는 것이 아니라, 그렇기는커녕 '자유주의적'인 이론적 해석을 허용하는 요소에 대한 강조에서 다른 강의를 상회한다. 거기서는 드라마틱하게 전개되는 시대 상황의 어떠한 흔적도 발견되지 않는다. …… 헤겔은 교실에서 역사 이론적 관점을 은폐하고 군주의 행위에서의 자유를 역설할 정도로는 불안을 지니고 있지 않았다고 인정해야만 한다.'(28) 헨리히는 1819년도 겨울 학기 강의가 자유주의적인 성격을 보여준다고 지적하고, 1819년 11월에서의 정치적 입장의 전환이라는 일팅의 테제를 반박하는 것이다.

하지만 헨리히는 저작과 강의 사이에서 강조점이 이행하는 외재적 근거로서 검열에 대한 고려라는 일팅의 견해를 인정한다. '저작과 강의 사이의 차이를…… 의도로부터 설명하는 것과 같은 근거를 고려하게 되면, 상사〔알텐슈타인〕에 대한 고려와 더불어 오직 하나, 즉 검열에 대한 고려를 들 수 있다. …… 초고의 후반 부분이 검열로부터 돌아오기까지 전반 부분의 인쇄를 연기할 것을 의뢰하는 헤겔의 서한〔1820년 6월 9일자〕은 검열에 관한 불안으로부터 설명될 수 있다.'(29) 루카스 등이 검열을 비정치적인 절차상의 문제로 환원하는 데 반해, 검열의 존재가 『법철학』 성립에 미친 정치적·실체적인 영향력을 인정한다는 점에서 헨리히는 일팅과 공통된다고 말할 수 있다.[116]

· ·

존재한다. 그중에서도 특히 서문에서는…… 역사 이론적 관점이 제도 이론적 관점에 의해 배제되어 있으며, 정도는 적지만 군주권 장에서도 군주의 결정권이 결정의 형식성에 비해 전면에 나와 있다.'(1819 27f.)

116. 일팅 학설에 맞선 헨리히의 견해에 대한 다른 해석으로서, 加藤尙武「ヘーゲル硏究の曲

[183]물론 앞에서와 같은 이론적 해석은 제3회 강의의 신뢰성을 전제하고 있지만, 헨리히는 문헌학적 신뢰성이라는 점에서는 낙관적이다. 헨리히에 따르면 『법철학』은 '강의에서 좀 더 상세한 설명을 필요로 하도록 구상되어 있는' 데 반해, 제3회 강의는 '4분의 2 부분부터 헤겔 정치 이론의 다른 자료에 비해 좀 더 만족할 만한 작품이 된다'(1819 9, 11)고 한다. 그러나 제3회 강의가 저작과 다른 강의에 대해 자료상으로 대등한 위치를 차지한다고 하는 헨리히의 암묵적인 상정은 다음과 같은 기술을 보게 될 때 위태로운 것이 된다. 첫째로, 이 필기록은 제2회 강의와 달리 구술필기 부분을 포함하고 있지 않은바, '헤겔은 구술 내지 공간된 일련의 패러그래프에 따르지 않았다.'(11) 둘째로, '강의 청강자는…… 강의 개시 때에 헤겔의 설명을 이해할 수 없었을 뿐만 아니라, 그다지 열심히 강의에 집중하지 않고 아마도 몇 시간인가를 결석했다'고 생각된다(11). 셋째로, '필기록은 직업적 필기자에 의해 청강자의 메모로부터 작성되었다'고 추정되는 한에서, '여기에 공간된 초고가 헤겔의 강의 시간 중에 성립하지 않았던 것은 확실하다.'(11, 302) 이러한 헨리히의 기술을 고려하게 되면, 제3회 필기 기록의 문헌학상의 신뢰성은 저작뿐만 아니라 다른 강의에 비해서도 열등하다고 말할 수밖에 없을 것이다.[117]

(2) 제3회 법철학 강의에 기초하는 헨리히의 비판에 대해 일팅은 스스로 편집한 제1회 법철학 강의 필기록의 서문과 서론에서 다음과 같이 대응한다. 1973-74년의 강의록 공간에 의해 분명해진 '새로운 헤겔 상'은 헨리히의 제3회 강의 공간에 의해 '놀라울 정도로 확증되고', 제1회 강의 공간에 의해 '이제 최종적으로 확증되었다고 볼 수 있다.'[118] 그리고 제1회 강의는

ーがり角」『理想』 620호(1985년 1월) 239쪽을 참조.

117. 헨리히 필기록의 신뢰성에 관한 다른 견해로서, 加藤尚武「最近のヘーゲル研究事情」 『理想』 605호(1983년 10월) 58쪽을 참조.

'오랫동안 프로이센의 국가 철학자로서 여겨져 온 헤겔이 남독일에서의 초기 입헌주의의 걸출한 이론가였다는 것을 증명하고 있다.'[119] 그러면 1983년에 공간된 두 개의 법철학 강의가 어떻게 '새로운 헤겔 상'을 증명하고 있는 것일까? 이어서는 제3회 강의 필기록의 서평 형식을 취한 일팅의 [184]논문을 다루어[120] 제1회·제3회 강의록을 둘러싼 일팅의 견해와 헨리히에 대한 반비판을 이론적 해석과 전기적 기술과 관련하여 살펴보고자 한다.

우선 저작과 강의의 관계를 둘러싼 이론적 해석에 관해 일팅은 헤겔의 정치적 견해와 체계적 사상을 구별한 다음, 전자의 정치적 견해에 대해서는 헨리히와 마찬가지로 '제3회 강의 필기록이 복고 정책에 대한 양보를 담고 있지 않으며, 그 서술은 나머지 법철학 강의들에 못지않게 자유주의적이다'라고 인정한다.[121] 그리고 제1회·제2회·제3회 강의 사이의 이론적 공통점과 더불어 이 강의들과 저작 사이의 차이점을 두 가지 점에 걸쳐 지적한다. 첫째로, 『법철학』 강의에 선행하는 세 차례의 강의에서는 이성과 현실의 연관을 보여주는 다음과 같은 명제가 발견된다. '국민정신 (Volksgeist)은 실체다. 일반적으로 국가 체제(Verfassung)는 그것의 발전이기 때문에, 이성적인 것이 일어나는 것은 필연적이다.'(1817b 157) '모든 국민은…… 필연적 단계에 기초하며, 자유의 개념과 현실과의 일치를 지향하는 투쟁을 넘어서지 않으면 안 된다.'(VⅠ 231) '국민 개념 속에 존재하는 것만이 현실 세계에서 타당하다는 것을 철학은 알고 있다. …… 이성적인 것은 현실적으로 되고, 현실적인 것은 이성적으로 된다.'(1819 50f.) 일팅에 따르면 이 명제들은 어느 것이든 이성이 국민정신의 형태를

• •
118. Ilting, "Vorwort", in: 1817b S. 5, vgl. S. 18.
119. Ilting, "Einleitung des Herausgebers: Die neue Quellenlage", in: 1817b S. 19f.
120. Ilting, "Zur Genese der Hegelschen ≪Rechtsphilosophie≫", *Philosophische Rundschau* 30. Jg. Heft 3/4, 1983, 161-209.
121. Ebd., 174.

취해 역사적으로 발전하고 현실 속에서 구체화될 필연성을 보여주는바, 당시의 상황에서는 이성적인 것과 현실적인 것 사이에 모순이 존재한다고 전제하고 있다.[122] 이에 반해 『법철학』 서문에서는 이성과 현실 사이의 모순을 발견할 수 없으며, '이성적인 것은 현실적이다'라는 말에 의해 과거에 시작되어 미래에 완성되는 것과 같은 발전이라는 역사의 이념은 폐기되어 있다.[123] 강의에서 보이는 '역사 이론적 관점'은 '역사적 현실은 아직 이성적이지 않다'라는 사상에 귀착되고, 저작에서 보이는 '제도 이론적 관점'은 '현존하는 국가 제도가 이미 이성적이다'라는 사상에 귀착되는 바, 양자를 동일한 사상에 속하는 것으로 생각할 수는 없다.[124]

둘째로, 최초의 세 번의 강의에서는 군주의 결정은 형식적인 성질밖에 지니지 않고 실질적인 결정은 내각에 속한다고 여겨지는 데 [185]반해, 『법철학』에는 두 개의 서로 다른 해석을 허용할 여지가 있다고 한다. 헤겔은 이 세 개의 강의에서 1814년 헌장의 콩스탕에 의한 자유주의적인 해석에 따라 군주는 바로 정치적으로 무의미한 존재이기 때문에 책임을 면제받는 데 반해, 내각은 바로 정치적인 권한을 지니기 때문에 책임을 짊어진다고 설명하고 있다.[125] '군주권의 책임은 장관에 속하기 때문에, 오로지 개인에 의해 결정된다든지 군주의 개인적인 측근이나 궁정에 의해 결정된다든지 하는 것과 같은 군주의 행위는 일어날 수 없다. 군주의

• •
122. Ebd., 181.
123. Ebd., 181f.
124. Ebd., 182, 195.
125. 일팅에 따르면 콩스탕도 '왕의 인격은 신성한 동시에 불가침이다. 왕의 장관이 책임을 짊어진다'라는 헌장 제12조를 다음과 같이 해석하고 있었다. '우리의 헌법은 장관의 책임을 규정하는 것에 의해 내각의 권력과 왕의 권력을 명확히 분리한다. 내각의 권력은 왕의 권력에서 유래함에도 불구하고, 실질적으로 이것과는 별개의 존재를 지닌다.' '자유로운 헌법에서는 내각의 권력이 행정의 유일한 원동력이기 때문에, 장관의 중개에 의하지 않는 한에서 군주는 제안을 행하지 않는다.'(B. Constant, "Principe de politique"(1815), in: *Cours de politique constitutionelle* I, Paris 1872, pp. 18, 26)

모든 결정은 해당 장관에 의해 서명되어야만 한다.'(1817b 165) '이러한 객관성과 주관성의 구별에 의해 내각만이 정부의 행위에 대해 책임을 지고, 이에 반해 군주는 모든 책임을 벗어나 있다.'(Ⅵ 332f.) '군주와 내각에서는 주관적인 것과 객관적인 것의 분리가 나타나기' 때문에, '책임은 장관에게만 돌릴 수 있다. …… 군주의 존엄은 정부의 행위에 대해 아무런 책임을 지지 않는다.'(1819 253) 이에 반해 『법철학』에서는 한편의 해석에 따르면 '군주는 '형식적'으로뿐만 아니라 '실질적'으로도 모든 결정을 행하고, 정부는 이 결정을 실시·적용하기 위해서만 존재한다.' 다른 편의 해석에 따르면 '정부는 군주권의 하나의 계기로서 '결정의 객관적 측면'(284절)을 군주에게 가져오는 한편, 군주권과는 다른 계기로서 '군주에 의한 결정의 실시·적용'(287절)에 관계한다.' 이러한 군주권의 절대주의적 관념은 강의에서 보이는 '왕은 군림하지만 통치하지 않는다'는 견해와는 서로 양립할 수 없는 것인바, 양자의 차이는 '검열과 그 배후에 놓여 있는 권력에 대한 양보'로 해석될 수 있다.[126] 강의와 저작의 이론적 차이는 헨리히처럼 제도에 기초하는 결정과 군주의 자기 통치가 공존하는 것과 같은 양의적 사상에서의 강조점의 차이로 이해되어서는 안 된다. 군주의 자기 통치로 이행하는 시점을 결정하는 권리가 군주에게 속하게 되면, 그것은 군주의 자기 통치 이외의 아무것도 아니며 제도에 기초하는 결정과는 양립하지 않는다. 여기서는 군주의 권한이 문제이기 때문에 모든 것은 규범적으로 해석되어야만 하며, 복고기에 양자가 공존할 수 있었던 것은 사실상의 권력 상태에 기초한 것에 지나지 않는다. '사실과 규범의 구별을 말소하는 경우에만…… '양의성'에 대해 말할 수 있는' 것인바, "양의성'으로 생각된 것은 본래는 모순인 것이다.'[127]

[186]이러한 정치적 견해에서의 강의와 저작 사이의 모순과 더불어, 일팅

126. Ilting, "Zur Genese der Hegelschen ≪Rechtsphilosophie≫", 191, 200.
127. Ebd., 199.

은 체계적 사상에서도 양자 사이의 일정한 차이를 지적한다. 제1회 강의와 『법철학』 사이에는 보편적 규범으로서의 자연법적 이성 개념으로부터 양극을 결부시켜 통일하는 제3자로서의 사변적 이성 개념으로 바뀌는 것과 같은 '지향의 전환'(Umorientierung)이 존재하는데, 이것이 이성과 현실의 관계에 관한 견해의 차이를 근거짓고 있다고 한다. 물론 이 지향의 전환은 강의와 저작 사이의 '체계적인 비연속성'을 의미하는 것이 아니다. 양자 각각에게서 자연법적 이성 개념과 사변적 이성 개념이 혼재되어 있는바, '지향의 전환이란 원리적으로 다른 두 개의…… 과제가 함께 사상 속에 포함되어 있고, 서술에 있어 양자 사이에서 중점이 이동하고 있다는 점에 놓여 있다'고 한다.[128]

이상과 같은 이론적 해석, 특히 정치적 견해에서의 모순에 기초하여 일팅은 헤겔이 정치적 입장을 전환했다고 하는 테제를 다시 주장한다. 헤겔은 1817년 이래로 '자유로운 자기의식의 발전에 의해 역사적으로 넘어서진 법 제도를 극복하고, 이성에 적합한 국가 체제를 창출하는 노력을 지지하는' 입장을 강의에서 표명하고 있으며, 이 사상은 '1819년도 겨울에 도 여전히' 유지되고 있었다. '그러나 헤겔은 불과 수개월 후인 초여름에는 1817년부터 20년까지의 철학적·정치적 사상을 본질적인 점에서 부정하는 것과 같은 입장을 공간된 『법철학』에서 취했다.' 요컨대 '헤겔은 현존하는 법적·국가적 상황에 반대하는 입장으로부터 당시 존재한 국가뿐만 아니라 그것의 억압적 복고 정책도 명확히 정당화하는 입장으로 이행했다. …… 여기에 존재하는 것은 바로 '정치적 입장의 전환'이라고 불리는 것이다.'[129] 물론 헨리히가 지적하는 제3회 강의(1819년도 겨울 학기)의 자유주의적인 성격에 동의하는 한에서 1819년 11월까지의 입장의 전환이라는 처음의 테제는 수정되지 않을 수 없는데, 일팅은 전환의 시기를

128. Ebd., 205.
129. Ebd., 192.

1819년 11월로부터 1820년 초여름으로 변경하여 수정에 부응하고 있다. 그러나 이전에 전기적 기술에 기초하여 말해지고 있던 입장의 전환 시기가 여기서는 제3회 강의를 새롭게 받아들인 이론적 해석에 기초하여 변경되고 있다는 점에서, 이 수정이 충분한 [187]설득력을 지닌다고는 말하기 어렵다.

다음으로 일팅은 제1회·제3회 강의의 필기록으로부터 그때그때마다의 『법철학』의 체계적 완성도에 대해 판단을 내리는 가운데, 전기적 기술에서도 『법철학』 성립 과정에 대해 새로운 기술을 시도하고 있다. 일팅에 따르면 이들 필기록으로부터 분명해지는 것은 1817년도 겨울 학기의 제1회 강의가 나중의 제2회·제3회 강의에 비해 훨씬 더 커다란 체계적 완성도를 보여준다는 점이다. 1817년에 공간된 『엔치클로페디』 초판(서문 일자 5월)의 「객관적 정신」에서는 추상법의 이론만이 완성되고 도덕성과 윤리는 아직 완성되어 있지 않았기 때문에, 제1회 강의에서의 『법철학』의 체계 구성은 미완성에 머무른다고 상정되고 있었다. 그러나 이 상정이 잘못이었다고 판명된 것인바, '제1회 강의에서의 서술은 많은 점에서…… 제2회 강의보다 구체적으로 완성되어 있다.'[130] 이것은 제2회 강의 필기록에서 단편적으로 전해지고 있는 주해 부분뿐만 아니라 구술필기 부분에도 해당되는데, 제2회 강의는 142개의 패러그래프에 지나지 않는 데 반해, 제1회 강의는 170개의 패러그래프로 이루어진다. 이에 반해 제3회 강의 필기록에서 엿볼 수 있는 것은 '헤겔이 이전의 두 개의 강의처럼 패러그래프의 본문을 노트에 구술필기하게 하는 것을 보류했다'는 점인데, 이 필기록에서는 원고에 기초하여 강의한 흔적은 발견되지 않는다. 그리하여 '헤겔은 제3회 강의에서는 법의 철학의 소재……를 초고에 의하지 않은 강의로 이야기했다고 상정하지 않으면 안 된다'고 한다.[131]

따라서 일팅은 『법철학』의 성립이 다음과 같은 과정을 밟았다고 요약한

130. Ebd., 168.
131. Ebd., 164f.

다. '헤겔은 1817년 봄에 추상법의 개략적 서술을 완성한 후, 여름휴가(9-10월)에 다음 겨울 학기 강의를 준비하며, 이것에 『법철학』에서 알려진 것과 같은 형식을 부여했다. 제1회 강의(1817년도 겨울 학기)는 나중의 모든 강의에 비해 훨씬 더 커다란 체계적 완결성과 통일성을 보여준다. …… 하이델베르크로부터 프로이센으로 이주한 후(1818년 10월), 헤겔은 제2회 강의(1818년 겨울 학기)에서 강의의 본문을 축소했다……. 1819년 여름에는 인쇄를 예정한 텍스트(『법철학』 초고)를 [188]작성했지만, 이것은 제3회 강의에 직접 반영되지 않으며, 이 강의는 오히려 원고에 의하지 않고 메모에 기초하여 이루어진 것으로 보인다. 그러나 1819년 가을부터 20년 초여름까지 사이에 헤겔은 준비된 원고에 손을 더해 『법철학』의 최종적 텍스트를 썼다.'[132] 일팅은 루카스 등의 비판에 대해 '『법철학』 초고가 1819년 9월 말에 완성되어 있었다고 상정하기 위한 증거를 가지고 있지 않다'고 인정하는 한편, 10월 30일자의 서한에서 예고했음에도 불구하고 헤겔이 인쇄를 곧바로 개시하지 않은 이유는 헨리히와 마찬가지로 검열에 대한 고려로부터 설명할 수 있다고 주장한다.[133]

마지막으로 새로운 자료의 문헌학적 신뢰성에 대해 일팅은 다음과 같이 말한다. 우선 제3회 강의에 대해서는 '필기록의 최초 부분은 주목해야 할 미숙함에 의해 두드러진다. 그것의 필기자는 강의 개시 때에는 말해진 것에 대해 특별한 관심을 지니지 않았으며, 충분히 이해할 수 없었다'고 추정될 뿐만 아니라, '이 익명의 필기자에 의한 강의록은 한층 더 능력이 부족한 필기자에 의해 모사되었음에 틀림없다.' 따라서 제3회 강의의 필기록에는 '아마도 강의 그 자체 이상으로…… 유감스러운 점이 많다'고 한다.[134] 이에 반해 제1회 강의 필기록은 '의심할 바 없이 종래 알려져

· ·
132. Ebd., 172.
133. Ebd., 164 (Anm. 7), 168.
134. Ebd., 169f., 173.

있었던 모든 필기록 중에서 철학적으로 가장 내용이 풍부한 동시에 문헌학적으로 가장 신뢰할 수 있는' 것인바, 그것은 구술 필기된 본문뿐만 아니라 주해 부분에 대해서도 들어맞는다.[135]

(3) 지금까지 살펴보았듯이 헨리히와 일팅은 강의와 저작의 이론적 차이와 이것을 근거짓는 검열에 대한 두려움을 인정하는 한편, 이론적 차이가 동일한 사상에서의 강조점의 차이인가 그렇지 않으면 서로 양립할 수 없는 사상들 사이의 모순인가를 둘러싸고, 또한 이론적 차이의 주요한 요인이 양의적 사상이라는 내재적 요인인가 그렇지 않으면 당시의 복고정책이라는 외재적 요인인가를 둘러싸고 견해를 달리 하고 있었다. 이에 대해 루카스는 주로 문헌학적인 관점에서 양자에게 전면적 비판을 가하고 있다.

[189]우선 루카스는 헨리히가 편집한 제3회 강의록의 서평에서 이 필기록이 지니는 문헌학적 신뢰성에 의심을 표명한다. 루카스에 따르면 '이미 입수 불가능한(청강자에 의한) 원본이 '초고에서 다루어진 소재에 대해 아무런 관계도 지니지 않는'…… 직업적 필기자에 의해 정리된' 사정, 즉 말해진 것과 쓰인 것 사이에 개재하는 '이중의 필터'를 고려하게 되면, 헨리히가 제3회 강의 필기록에 대해 놓은 고도한 자료 가치는 의심스럽다.[136] 그러나 루카스는 제3회 강의 필기록의 신뢰성만을 문제로 삼는 것이 아니라 본래 강의 필기록 일반의 신뢰성이 의문이라고 말한다. '호토와 그리스하임의 필기록에서는 제자의 정신과 헤겔의 정신이 검증 불가능한 형태로 혼재되어 있다고 하는 이유에서 호프마이스터가 헤겔의 텍스트를 강의로부터 작성된 '보론'과 동일시하는 것에 유보를 표시한 것은 내 생각으로는

· ·
135. Ebd., 169, 173.
136. Lucas, "Altes und Neues zu Hegels Rechtsphilosophie", *Hegel-Studien* Bd. 20, 1985, 291-302, 여기서는 297, 298.

전적으로 옳았다.' 그러나 일팅 이래로 저작과 강의가 자료로서 대등하다고 전제하고 강의에서 '헤겔의 참된 얼굴'을 발견하고자 시도되었지만, '헤겔의 손으로 이루어지지 않은 원고를 저작에서…… 말해진 헤겔에 맞서 가지고 나오는 것에 대한 경고'가 필요하다고 한다.[137]

하지만 루카스에 따르면 이러한 경고는 이미 1839년에 파른하겐에 의해 이루어져 있었다.[138] 슈바르트는 헤겔의 입헌 군주정이 '군주의 옷을 걸친 공화정'이며, 현존하는 국가가 국가의 이념에 대응하는 완성된 국가가 아니라는 확신을 불러일으키는 한에서 '모반과 반란의 교사'라고 단정하고, 헤겔 『법철학』의 비프로이센적·혁명적 요소를 고발하고 있었다.[139] 이에 반해 파른하겐은 슈바르트의 비난이 간스에 의해 헤겔의 텍스트에 덧붙여진 '보론'으로 향해 있으며, '보론은 본래의 텍스트에 대해 이차적 관계에서 있는' 이상, '이 보론을 이론 그 자체로 주장하고 이론을 보론에 기초하여 비난하는 것은 몰이해와 중상으로 가득 찬 방식이다'라고 말하며 헤겔을 변호하고 있었다.[140] 루카스에 따르면 오늘날에도 강의와 보론 속에서 헤겔의 자유주의를 찾아내고자 [190]하는 자는 파른하겐에 의해 '1839년 이래로 이미 그 타당성을 비판받고 있는 방식에 따르고 있다'고 한다.[141]

그러나 루카스에 의해 신뢰성을 의심받은 제3회 강의 및 '보론'의 소재가 된 제5회·제6회 강의와 달리, 제1회·제2회 강의는 헤겔에 의해 구술된 본문을 포함하며, 그 신뢰성의 정도도 제3회·제5회·제6회 강의와는 당연히 다를 것이다. 전자에 대해 루카스는 다음과 같이 말하고 있다.

••
137. Ebd., 297, 302.
138. Lucas, "'Wer hat die Verfassung zu machen, das Volk oder wer anders?', Zu Hegels Verständnis der konstitutionellen Monarchie zwischen Heidelberg und Berlin", in: Lucas/Pöggeler (Hg.), *Hegels Rechtsphilosophie im Zusammenhang der europäischen Verfassungsgeschichte*, Stuttgart-Bad Cannstatt 1986, S. 175-220, 여기서는 185-192.
139. Riedel (Hg.), *Materialien zu Hegels Rechtsphilosophie* Bd. 1, S. 252, 256.
140. Ebd., S. 318, 319.
141. Lucas, "Wer hat die Verfassung zu machen, das Volk oder wer anders?", S. 192.

'호마이어[제2회 강의의 필기자]가 받아쓴 본문이 어느 정도 신뢰할 수 있는지 판단하기는 어렵다. 어쨌든 그것은 반넨만[제1회 강의의 필기자]이 받아쓴 본문 이상으로 교정을 필요로 한다고 전제해야만 한다. 반넨만에 의한 본문도 잘못을 면치 못하고 있지만, 그 신뢰성은 가로베에 의해 보증되었다고 간주할 수 있다.'[142] 신중한 에두른 표현이지만, 루카스도 제1회 강의에 대해 다른 강의보다 우수한 자료 가치를 인정하고 있는 것은 의심할 바 없으며, 스스로 제1회 강의를 대상으로 하는 이론적 해석을 전개하고 있다.[143]

더 나아가 루카스는 전기적 기술과 관련해서는, 임박한 정치적 탄압에 직면하여 헤겔이 개인적 동기로부터 프로이센 복고 정책에 타협했다고 하는 일팅의 설명은 헤겔 개인을 비난하고 헤겔 철학 전체의 신용을 실추시키고자 하는 하임의 방법과 궤를 같이 한다고 비판한다.[144] 이전에 하임은 헤겔에 의한 복고 정신의 철학적 정당화의 기원을 1817년의 영방 의회 논문에서의 뷔르템베르크 정부에 대한 타협에서 찾고, 개인적 동기로서 튀빙겐 대학 사무국장 자리를 얻고자 하는 공명심을 들고 있었다.[145] 하임의 사후 공간된(1902년) 유고에서는 개인적 동기의 정보원으로서 K. T. 벨커의 이름이 들어지며, '확실히 이러한 대단히 당파적인 인간의 증언을 꼼꼼한 검증 없이 받아들여도 좋은 것인지 생각해야 했다'고 회상되고 있었다. 하지만 하임은 '자신의 당파성을 극복하기에 충분할 정도로 순수한 의미에서 역사가는 아니었다'고 인정하면서도, '그것이 나의 저작에 생생한 색채를 부여한 이상, 오늘날에도 [191]후회할 수 없다'고 생각하고 있었다. 왜냐하면 하임에게 있어서는 '학문을 자유주의적이고 국민적인 선전에 봉사하게

142. Ebd., S. 197.
143. Ebd., S. 200-220.
144. Ebd., S. 175-185.
145. Haym, a. a. O., S. 350.

하는 것'이 목적이었기 때문이다.[146] 헤겔 철학 전체의 신용을 실추시키기 위해 개인적 중상이라는 수단을 사용한 하임의 비판은 헤겔 철학이 자유주의적인 내셔널리즘과 서로 양립할 수 없다는 것을 증명하는 의도에 기초하고 있었지만, 오늘날에는 일팅 등에 의해 '개인적 공명심으로부터, 아니 매수에 응해 파괴적인 정치 논문을 썼다고 하는 종래의 비난이 개인적 박해의 가능성에 대한 두려움으로 다시 해석되고 있다.' 루카스가 보는 바로는, '이제 새로운 전설이 이전의 전설을 대신하려고 하는 것으로 보인다.'[147]

(4) 이렇게 하여 루카스가 문헌학적 관점으로부터 일팅과 헨리히에 대해 비판을 가하는 데 반해, 지프는 이론적 해석에서 일팅에 대해 비판을 행한다. 가장 먼저 제1회 강의의 **문헌학적 신뢰성**에 관한 지프의 견해를 제1회 강의록의 서평에 기초하여 살펴보고자 한다. 지프에 따르면 제1회 강의 필기록은 '텍스트의 의미와 신뢰성'에서 보아 '헤겔 법철학 강의 중에서도 가장 중요한 필기록'으로 간주될 수 있다.[148] 우선 텍스트의 의미라는 점에서 이 필기록은 1817년도 겨울 학기에 『법철학』의 사상의 개략이 이미 완성되어 있었다는 것을 분명히 해 주는바, 이것은 『엔치클로페디』나 영방 의회 논문과 같은 텍스트, 즉 같은 시기의 공간된 텍스트로부터는 예상될 수 없었다. 더 나아가 제1회 강의록은 다음과 같은 세 가지 점에서 다른 필기록보다 높은 정도의 신뢰성을 보여준다. 첫째로, 헤겔의 제자 가로베는 1841년 3월의 『할레 연보』에서 제1회 강의의 137절과 140절을

---

146. Lucas, "Wer hat die Verfassung zu machen, das Volk oder wer anders?", S. 183, 184.

147. Ebd., S. 188f.

148. Siep, "Hegels Heidelberger Rechtsphilosophie", *Hegel-Studien* Bd. 20, 1985, 283. Vgl. ders., "Endlich das wahre Gesicht Hegels?", *F. A. Z.* 25. November 1983, S. 25.

인용하고 있는데,[149] 이것은 반넨만이 필기한 제1회 강의의 해당 부분과 완전히 일치한다. 둘째로, 제1회 강의록과 호마이어가 필기한 제2회 강의록 사이에서 특히 서론과 관련해 일치가 보인다. 셋째로,『법철학』과 가장 크게 다른 국내 공법 부분과 관련해서는 영방 의회 논문에 기초하여 검증이 가능하다. 이리하여 지프는 제1회 강의의 의미와 신뢰성에 관해 일팅에게 기본적으로 [192]동의한다. 다만 반넨만이 필기한 제2회 강의·서론의 주해 부분(1817a 269ff.)이 제2회 강의의 필기자 호마이어의 필기와는 상이한 한에서, 반넨만에 의한 제1회 강의의 주해 부분도 충분히 신뢰할 수는 없다고 지적한다.

다음으로 지프는 이론적 해석 차원에서 종래 다툼의 대상이 되어 온 이성과 현실의 이중 명제와 군주권의 자리매김이라는 두 가지 점에 관해, 제1회 강의에 입각하여 다음과 같이 생각한다. 첫째로, '이성적인 것이 일어나는 것은 필연이다'라는 제1회 강의의 명제는 제3회 강의에서의 '이성적인 것은 현실적으로 된다', 저작에서의 '이성적인 것은 현실적이다' 에 대응하지만, 지프에 따르면 이러한 표현들은 모두 헤겔에게서의 동일한 존재론적 사상, 즉 자연과 역사의 질서와 발전은 '논리학적 이념'에 의해 결정된다고 하는 근본 사상을 표현하고 있으며, 이것에 따르면『법철학』과 같은 규범적 학문도 역사적 발전의 근본 경향을 무시하고 순수 이성에만 기초할 수 없다. 하지만 다른 한편으로 '현실적인 것은 이성적이다'라는 저작의 명제는 철학적 법학이 현행법을 실증주의적으로 긍정할 수 있다는 것을 의미하는 것이 아니다. 제1회 강의에서는 '철학적 법학에서는 어떠한 법률(Gesetz)도 법(Recht)의 기준이 아니다'(10)라고 되어 있듯이, 이성에 기초하는 법과 공동체의 현행법 사이에는 차이가 존재할 수 있으며, 또한 존재해야만 한다.[150]

---

149. F. Nicolin, "Hegel über konstitutionelle Monarchie", *Hegel-Studien* Bd. 10, 1975, 79-86.

둘째로, 지프는 국가의 삼권 상호 간의 관계와 관련해 '1817년의 헤겔은 사실상 1820년에 비해 서구에서의 의회 군주정의 자유주의적인 초기 단계에 두드러지게 접근하고 있다'고 인정한다.[151] 다른 논문에 따르면 제1회 강의의 1817년도와 1820년 사이에서는 군주권·통치권·입법권이라는 삼권 사이의 중점의 이동을 세 가지 점에 걸쳐 간취할 수 있다고 한다.[152] 첫째로, 제1회 강의에 따르면 군주의 결정은 해당 장관의 동의(부서)를 필요로 하며, 더욱이 장관의 임명과 면직은 의회의 다수에 의존한다고 되어 있지만(205, 241), 제2회 강의에서는 후반부의 명제가, 1820년의 『법철학』에서는 어느 쪽의 명제도 발견되지 않는다. 둘째로, 제1회 강의에서는 영방 의회 논문과 마찬가지로 정부와 반대파의 대립, 의회 내에서의 [193]여당과 야당의 대립이 입법권의 본질로 여겨지고 있지만(240ff.), 그것은 이후의 텍스트에는 존재하지 않는다. 셋째로, 입법권 그 자체의 비중 및 정부에 대한 비중이 1817년에 비해 1819년 이후에는 저하되고 있다. 예를 들면 제1회 강의에서는 적극적 의미에서의 선거가 문제인 데 반해, 『법철학』 311절에서는 선거가 '불필요한 것'으로 생각되고 있으며, 또한 제1회 강의에서는 관료의 권력 남용에 대한 통제 기능이 의회에 대해 인정되고 있는 데 반해(218), 『법철학』 295절에서는 그것이 군주에게 기대되고 있다.

이상의 세 가지 점으로부터 『법철학』에 비해 제1회 강의에서는 의회가 정부와 군주에 대해 좀 더 커다란 비중을 지닌다는 것이 분명한바, 이런

• •
150. Siep, "Hegels Heidelberger Rechtsphilosophie", 288.

151. Ebd., 287. 다만 국가의 삼권에 관한 헤겔의 구상은 당시의 영국과 프랑스에서는 현실적으로 발견되지 않는 이상, 독일에서의 초기 자유주의·입헌주의의 걸출한 대변자 헤겔이라는 일팅의 테제는 '조건부로만 받아들일 수 있다'고 한다. 왜냐하면 헤겔은 군주를 의회의 다수에게 의존하게 하는 한편, '군주의 최종 결정권'을 인정하여 영국과 같은 군주의 의회 의존을 거부함과 동시에 신분들로 편제되는 대표에 의해 '보통 선거라는 프랑스적 추상'도 거부하고 있기 때문이다(ebd., 287).

152. Siep, "Hegels Theorie der Gewaltenteilung", in: Lucas/Pöggeler (Hg.), a. a. O., S. 387-420, 여기서는 401-403.

한에서 1817년에 헤겔은 '영국과 프랑스를 모델로 하여 의회 군주정으로의 발걸음을 내딛었다'(1817b 26)고 하는 일팅의 견해에 동의할 수 있다고 한다.[153]

그러나 지프는 이러한 비중의 변화가 헤겔에게서의 근본 사상의 전환을 의미하는 것은 아니라고 지적한다. 지프에 따르면 헤겔의 권력 분립론은 군주에게 놓여 있는 불가분한 주권과, 국가 체제에 기초하는 권력 분립을 체계적으로 통일하는 시도로서 이해될 수 있다. 그리고 군주와 국가 체제의 통일이 이성적 국가의 기반을 이룬다고 하는 사고방식은 예나 말기 이래로 확정된 사상인바, 이 결과 삼권 중에서도 군주권이 최종적 결정을 내리는 '중립적 권력'(콩스탕)으로서 우월적 지위를 차지하게 되었다. 따라서 삼권 사이의 비중의 변화는 헤겔의 권력 분립론의 '근본적 특징'에 관계되는 것이 아니라 오히려 상황에 대한 이론의 '정밀한 적용'에서 생겨나는 차이로 보아야만 한다.[154]

루카스와 지프가 가한 비판에 대해 일팅 측으로부터의 반론을 기대하는 것은 이미 가능하지 않다. 왜냐하면 제1회·제3회 강의가 공간된 다음 해인 1984년에 일팅은 세상을 떠났기 때문이다. 여기서 법철학 강의를 둘러싸고서 교환된 논쟁은 한편의 당사자를 잃게 됨에 따라 막을 내리게 되었다.

[194]제4절 회고와 전망

(1) 마지막으로 두 차례에 걸친 법철학 강의의 공간을 계기로 하여 전개된 논쟁을 되돌아보면서 논점을 집약하고, 법철학 강의를 해석 대상에

153. Ebd., S. 403f.
154. Ebd., S. 387, 398, 419.

받아들여 『법철학』에 대한 재해석을 시도하는 데서의 고찰 틀을 제시하고 자 한다.

첫째로, 이론적 해석에서 법철학 강의와 『법철학』의 관계를 둘러싸고서 교환된 논쟁을 요약해 보자. 일팅이 강의와 저작 사이의 이론적 모순을 주장한 데 반해, 호르스트만과 오트만이 제2회·제5회·제6회 강의를 토대로 하여, 또한 헨리히가 제3회 강의를 토대로 하여, 그리고 또한 지프가 제1회 강의를 토대로 하여 반론을 가하고 있다. 이러한 반론들에 공통된 것은 헤겔의 근본 사상 내지 체계적 사상과 구체적인 정치적 견해를 구별한 다음, 근본 사상에서의 연속성을 지적하는 점이었다. 그리하여 언뜻 보면 양자의 대립은 단절설과 연속설이라는 양립하기 어려운 이율배반인 것처 럼 보이지만, 실제로 그것은 '이것인가 저것인가'(Entweder-Oder)의 양자택 일을 강요하는 '모순 대립'의 관계가 아니라 '가상의 모순'에 지나지 않는다. 왜냐하면 일팅이 중점의 이동이라는 형태로 체계적 사상에서의 일정한 연속성을 인정하는 데 반해, 호르스트만, 헨리히, 지프도 강조점의 차이라는 형태로 구체적 견해에서의 일정한 비연속성을 인정하기 때문이다. 따라서 겉보기에 안티노미로 생각된 것은 사실은 동일한 틀을 공유하는 자들 사이의 역점의 차이를 의미한다고 말할 수 있을 것이다. 물론 각 사람 각자가 연속 측면과 비연속 측면을 인정한다 하더라도, 연속과 비연속의 비중에 대해 견해의 차이가 존재하는 것은 확실한바, 연속과 비연속의 비중에 관해 최종 판단을 내리는 작업은 남은 과제이다.

더 나아가 두 학설에 의해 똑같이 인정된 비연속 측면을 설명하는 근거에 대해서도 마찬가지의 것이 말해질 수 있다. 확실히 헨리히 등이 [195]사상적 양의성이라는 사상 체계에 내재하는 근거를 드는 데 반해, 일팅은 정치적 입장의 전환이라는 외재적 근거를 들고 있다. 그러나 헨리히가 검열에 대한 고려라는 외재적 요인을 인정하지 않을 수 없었듯이, 일팅도 사상 체계에서의 중점의 이동이라는 내재적 요인을 인정하고 있으며, 이러한 점에서도 양립하기 어려운 이율배반은 문제가 아니라고 말할 수 있을 것이다. 요컨대 강의와 저작 사이의 비연속 측면을 고찰하는 경우에는 개개의 논점에 따라 외재적 요인과 내재적 요인 중의 어느 쪽인가를 고려할 수 있을 것이다.

둘째로, 당시의 정치 상황과 『법철학』 공간 과정에 관한 전기적 기술을 둘러싸고서 교환된 논쟁을 살펴보자. 우선 헤겔이 놓인 정치 상황에 대한 기술은 일팅의 견해 중에서도 가장 이의 제기가 적은 부분인바, 하임에 따른 개인적 중상이라는 루카스의 비판은 학술적으로 실질이 있는 비판이라고 말할 수 없다. 그러나 1819년 11월에 헤겔이 정치적 입장을 전환했다고 하는 일팅의 테제는 제3회 강의를 대상으로 하는 이론적 해석에 기초하여 어쩔 수 없이 수정될 수밖에 없었던바, 전환의 시기에 관한 그의 수정은 충분한 설득력을 지니지 못했다. 하지만 여기에는 다른 수정의 가능성, 요컨대 전환의 의미를 구체적인 정치적 견해의 변화로부터 저작에서의 본래적인 견해의 은폐로 변경할 가능성이 남아 있는 것으로 보인다. 요컨대 1819년 7월 이후의 '데마고그 사냥', 9월의 칼스바트 결의라는 어려운 정치 상황은 헤겔의 정치적 견해를 전환시키기보다 오히려 저작에서 본래의 견해를 표출하는 것을 방해하도록 작용했다고 해석될 수 있지만, 이 경우에 전환의 시기를 특정할 필요는 존재하지 않는다.

다음으로 『법철학』 성립 과정에 관해서는 초고 개정설을 부르짖는 일팅이나 리델과 이것을 부정하는 루카스 등이 양극에서 대치하고 있지만, 학설의 적합성 여부를 결정하기에는 명확하지 않은 점이 많다. 첫째로, 170개의 패러그래프로 이루어진 제1회 강의가 제2회 강의에서 142개의 패러그래프로까지 왜 축소되었는가 하는 점이다. 특히 축소 부분이 주로 시민 사회와 국가의 서술에 관계되는 만큼, 두 강의의 분량의 차이는 그냥 지나쳐 볼 수 없다. 두 번째는 1819년의 시점에서 초고의 [196]완성도가 어느 정도였는가 하는 점이다. 다른 저작의 경우를 생각하면 확실히 여기서도 최초의 부분이 완성되어 있었던 것에 지나지 않는다고 하는 루카스 등의 설에는 일정한 설득력이 있지만, 제1회 강의의 높은 완성도를 생각하면 리델과 일팅과 같이 대부분이 완성되어 있었다고 상정할 수도 있다. 다만 이상의 두 가지 점이 불명확한 채로 남아 있는 데 반해, 다음의 두 가지 점은 확정되어 있다고 말해도 좋을 것이다. 첫째로, 제1회 강의가 보여주는 체계적 완성도의 높이인데, 일팅과 지프가 지적하듯이 『법철학』의 체계가 하이델베르크에서 이미 완성되어 있었다는 것은 틀림없다. 둘째로, 1819년 10월 30일자와 1820년 6월 9일자의 서한이 보여주듯이, 『법철학』의 구체적 서술은 칼스바트 결의에 의해 도입된 검열을 전제로 하여 쓰이며, 실제로 검열을 통과했다고 하는 점이다. 강의와 저작 사이의 이론적 차이는 검열이 미친 정치적·실체적 영향력을 고려할 때에 비로소 설명될 수 있다.

마지막으로 현재 알려져 있는 다섯 개의 강의 필기록의 문헌학적 신뢰성을 검토해 보자. 우선 필기록들 사이에서 신뢰성에 차이가 보인다는 점을 확인하지 않으면 안 된다. 다섯 개의 강의 중에서도 제1회와 제2회 강의(특히 그 본문)가 높은 정도의 신뢰성을 보여주는 데 반해, 제3회 강의의 신뢰성은 낮으며, 제5회와 제6회 강의에는 중간 정도의 신뢰성이 놓여 있다고 말할 수 있다. 다음으로 강의와 저작 사이의 신뢰성의 차이가 문제로 되지만, 이때 강의들 사이의 신뢰성의 차이를 고려해야만 한다. 요컨대 제1회와 제2회 강의의 본문은 『법철학』과 같은 정도의 신뢰성을 지니지만, 다른 강의는 『법철학』보다 자료상 뒤떨어져 있으며, 이것은 제3회 강의에서는 특히 두드러진다고 말할 수 있을 것이다. 이러한 강의들 상호 간의, 그리고 강의와 저작 사이의 신뢰성의 차이를 인식한 다음, 법철학 강의를 이론적 해석의 대상으로 받아들이는 것은 가능할 뿐만 아니라 연구에서도 유익하다. 루카스처럼 신뢰성의 차이만을 이유로 하여 강의와 저작의 비교를 처음부터 거부하는 태도는 지지할 수 없다.

(2) 이상과 같은 법철학 강의를 둘러싼 최근의 논쟁과 이에 선행하는 전전과 전후의 해석을 토대로 하여, 법철학 강의와 [197]『법철학』 사이의 관계를 해명하는 기본적 시각에 대해 생각해 보고자 한다. 법철학 강의를

해석 대상에 받아들여 『법철학』에 대한 새로운 해석을 시도함에 있어서는 다음의 세 가지 관점을 설정할 수 있다.

첫 번째가 텍스트의 세계로 몸을 옮기고, 이것을 내측으로부터 이해하는 내재적 관점이다. 이 관점으로부터 과거의 이론적 해석을 되돌아 볼 때, 거기서는 네 가지 논점을 발견할 수 있다. 처음 두 가지 점은 강의와 저작의 관계를 둘러싼 최근의 논쟁에서 다툼의 대상이 된 헤겔에게서의 이성과 현실의 관계 그리고 군주권의 자리매김이라는 논점이다. 논쟁의 경과가 보여주듯이 양자를 논의함에 있어서는 표층에 나타난 정치적 견해에 주목할 뿐만 아니라 심층에 가로 놓인 체계적 사상으로까지 거슬러 올라갈 필요가 있다. 전자와 관련해서는 헨리히처럼 헤겔의 역사적 사유에 있어 개념과 현실의 양의적 관계를 고려해야만 하며, 후자와 관련해서도 지프처럼 군주권을 권력 분립론 속에서 다시 파악하고 그 체계적 근거까지 물어야만 한다.

나머지 두 가지 점은 전전과 전후의 해석들 사이에서 다툼의 대상이 된 헤겔의 국가 개념과 주체성에 대한 파악이라는 논점이다. 전전의 해석이 헤겔의 국가 개념을 『법철학』 해석의 중심에 놓고 거기서 복고의 철학을 간취했던 데 반해, 전후의 해석은 시민 사회 개념을 추출하고 이것을 혁명의 철학을 구체화하는 것으로 보아 왔다. 그러나 오로지 헤겔의 시민 사회 개념에 관심을 집중하는 전후의 해석은 이전에 일면적으로 강조된 국가 개념의 이론적 검토를 소홀히 하게 된 한에서, 이후 헤겔의 국가 개념과 이론적으로 대결하는 작업을 피할 수 없다. 국가 개념을 재검토함에 있어 출발점이 되는 것은 하임의 고전적인 헤겔 해석, 요컨대 고대 공화주의 원리의 우위가 근대의 자유주의적 원리를 왜곡하고 국가의 고대적 신격화를 초래했다고 하는 테제인데, 동시에 하임에게서는 근대적 주체성의 경시가 국가의 절대화와 표리일체의 관계에 놓여 있다고 생각되었다. 헤겔에 의한 주체성의 자리매김은 국가 개념과 더불어 전후의 자유주의적인 해석에서는 간과되어 온 논점이지만, 헤겔과 자유주의의 거리를 생각하는 데서는 결정적인 징표라고 말할 수 있을 것이다.

[198]헤겔의 국가 개념과 주체성 개념을 다시 문제로 삼는 것은 하임의 테제의 갱신을 의도하는 것이 아니다. 첫째로, 우리는 법철학 강의라는 새로운 자료를 손에 넣고 있으며, 일팅과 지프에 의해 제1회 강의에서의 헤겔과 근대 입헌주의와의 친화성이 지적되고 있고, 헨리히에 의해 '반넨만 필기록은 베를린 시대의 다른 필기록 이상으로 개별성·주체성이 〔실체성과〕 대등한 본래적 의의를 지닌다고 강조하고 있다'(1819 375)고 지적되고 있기 때문이다. 둘째로, 하임의 고전적 해석에 대해 이것과 대극에 위치하는 해석이 최근 하버마스에 의해 주창되고 있기 때문이다. 하버마스에 따르면 근대의 주체성 원리를 절대시하고 주체 중심화된 이성에 머물렀기 때문에 헤겔은 국가주의에 빠졌던 것인바, 국가에 대한 개인의 종속은 주체성 원리에 내재하는 억압적 성격이 현재화한 것이다. 그리하여 법철학 강의를 논의 범위 내로 모음과 동시에, 서로 대립하는 해석도 고려하면서 하임의 테제를 근본적으로 다시 검토할 필요가 있다.

이때 영국과 미국의 해석에서 보였듯이 정치 이론과 철학의 밀접한 연관을 간과하는 것은 허용되지 않는다. 오히려 정치와 철학이 교차하는 메타 정치 차원으로까지 소급하여 정치 이론을 논의함으로써 강의와 저작을 연속적으로 꿰뚫는 체계적 사유를 명확히 할 수 있다. 그리고 체계적 연속 측면을 분명히 한 후에야 비로소 이성과 현실, 군주권, 국가상, 주체성이라는 네 가지 점에 걸쳐 강의와 저작의 연속과 불연속을 검토하는 작업이 가능해진다. 강의와 저작의 관계를 논의할 때에, 주된 검토 대상이 되는 것은 제1회·제2회 강의, 특히 제1회 강의이며, 제3회·제5회, 제6회 강의는 오로지 부차적으로만 고려된다. 왜냐하면 첫째로, 『법철학』 공간 이후의 강의가 기본적으로 저작에 대한 주해의 성격을 지니는 데 반해, 공간 이전의 강의는 독립된 본문과 구성을 지니며, 『법철학』의 성립 과정을 분명히 하는 의미를 지니기 때문이다. 또한 둘째로, 제1회·제2회 강의의 본문이 강의들 중에서도 높은 정도의 신뢰성을 보여준다는 점에 논자들이 일치하고 있고, 더 나아가 일팅에 따르면 제1회 강의의 주해 부분에도 충분한 신뢰성이 있기 때문이다.

[199]내재적 관점과 더불어 둘째로, 콘텍스트에 주목하여 텍스트를 바깥쪽으로부터 설명하는 외재적 관점이 거론된다. 우선 모든 정치 이론은 시대 상황과 관계하는 가운데 형성됨과 동시에 상황에 대한 하나의 대응이기도 하기 때문에, 사상과 상황 사이의 상호 작용에 주목할 필요가 있다. 이 상호 관계를 파악하는 첫 번째 방법으로서 당시의 정치 상황에 관한 전기적 기술을 들 수 있지만, 1820년 전후의 헤겔에 관한 전기적 기술로서는 동트와 일팅에 의한 최근의 성과를 참조할 필요가 있다. 물론 양자 사이에는 이 시기의 헤겔 상과 관련하여 차이가 보인다. 동트가 프로이센 정부와의 제휴와 긴장, 부르셴샤프트의 비판과 옹호라는 이중의 차원에서 헤겔의 양의적 입장을 지적하는 데 반해, 일팅은 1819년의 복고기 개시를 전기로 한 헤겔의 입장의 전환을 강조하고 있다. 그러나 이미 말했듯이 일팅이 말하는 입장의 전환의 의미를 한정적으로 해석하게 되면, 양자의 견해의 거리는 언뜻 보기보다 커다란 것이 아니라고 말할 수 있을 것이다. 사상과 상황의 상호 작용을 파악하는 두 번째 방법으로서 헤겔의 시사론에 주목할 가능성이 거론된다. 『법철학』과 이에 이어지는 논고가 헤겔의 원리론을 말하고 있다면, 예나 초기에는 「독일 헌법론」, 1817년에는 영방 의회 논문, 1831년에는 「영국 선거법 개정 법안론」과 같은 시사론이 존재하는데, 이들 시사론과 원리론의 연관을 탐구할 필요가 있다. 사상과 상황의 상호 관계에 관련되는 콘텍스트를 정치사적 콘텍스트라고 부른다면, 다른 한편으로 개념·용어의 연속성에 관련되는 언어 세계적 콘텍스트도 존재한다. 리터와 리델에게서는 형이상학적 전통이나 실천 철학의 전통과 같은 콘텍스트와의 연속과 단절의 관점이 헤겔 해석의 중심에 놓여 있었지만, 헤겔에게서의 전통과 혁명의 뒤얽힘은 무엇보다도 사상적 발전사 속에서 찾아낼 필요가 있다.

지금까지의 두 개의 관점이 공시태로서의 텍스트와 콘텍스트에 주목한다고 하면, 셋째로, 통시태로서의 텍스트와 콘텍스트에 주목하는 발전사적 관점을 들 수 있다. 이성 개념과 현실, 권력 분립론, 국가상, 주체성의 [200]위치와 같은 앞의 네 개의 논점을 메타 정치 차원에서 분명히 하기 위해서는 헤겔의 사상을 시대 상황과 관계하는 가운데 태어난 생성의 산물로서 파악하고, 정신적 연대기를 더듬어 예나 시기 헤겔로부터 젊은 헤겔로까지 소급하는 작업이 필요해진다. 그것은 1820년 전후의 복고기로부터 혁명기로 시야를 넓혀 당시의 정치적·경제적·사상적 혁명과의 관련에서 헤겔의 발전 과정을 이해함과 동시에, 헤겔이 시대의 과제와 씨름함에 있어 서구 문화의 다양한 전통을 섭취하는 과정을 해명하는 작업을 의미한다. 이러한 혁명과 전통의 뒤얽힘을 초기 헤겔의 발전사에서 찾는 시도는 루카치를 비롯하여 다양한 형태로 나타났지만, 전후의 발전사적 해석은 문헌학의 진전에 따라 분석이 치밀하게 되어가는 대신, 대상과 시각이 끝없이 확산되어 간다고 하는 대가를 지불하게 되었다. 그리하여 발전사적 해석의 성과를 종합적 관점 하에서 재통합함으로써 헤겔의 사상적 발전의 전체상을 구축함과 동시에, 베를린 시기 헤겔에 대한 이론적 해석에 다리를 놓는 것이 새로운 과제가 된다.

이 장에서는 전전과 전후의 주요한 『법철학』 해석을 개관하고 법철학 강의를 둘러싼 최근의 논쟁을 분석한 다음, 지금까지의 논쟁을 집약하고 『법철학』과 법철학 강의의 관계를 파악하는 고찰의 틀을 설정하고자 시도해 왔다. 앞에서 말한 세 가지 관점으로부터 1817년 이후의 법철학 강의와 1820년 『법철학』 사이의 착종된 관계를 해명하는 작업은 이후 헤겔 정치이론을 해석하는 데서 피해갈 수 없는 과제이다. 이에 대해서는 금후를 기약하고자 한다.

[201] (보론) 그 후의 논쟁의 경과

　이 장(1990년 공표)은 법철학 강의를 둘러싼 최근의 논쟁이 1984년에 일팅의 죽음에 의해 '막을 내렸다'고 매듭짓고 있지만, 사실은 그 후에도 논쟁은 계속되었다. 이하에서는 자료 해석상의 커다란 전환을 중심으로 하여 1990년 이후의 논쟁 경과를 보고하고자 한다.

　첫 번째 논점은 헨리히가 편집한 1819년도 강의록의 문헌학적 신뢰도에 대해서는 그 후에도 의심이 표명되었다고 하는 것이다. 헤겔 아르히프의 연구원 바이서-로만은 첫째로, 이 필기록이 패러그래프로 구분되어 있지 않으며, 전년도 강의로부터의 패러그래프 숫자가 강의 후에 덧붙여져 있다는 점, 둘째로, 필기록의 제목 「법철학과 정치학」이 헤겔의 강의 제목과 다르고, 제자 헤닝의 보습 강의 「정치학과 자연법」을 생각나게 한다는 점을 이유로 들어 이 필기록은 '자료의 수집'(Kompilation)이라고 결론을 내렸다. 전임 소장 푀겔러도 마찬가지로 '1819년도 강의도 포함한다 하더라도, 이와 같이 불명확한 자료의 수집을 기초로 하여 체계화의 길을 논의하고자 하는 것은 헛된 노고다'라고 말했다.[1]

그러나 2000년이 되어 앙게른이 편집한 같은 1819년도의 링기어 필기록
이 공간되는데, 이것은 강의 후에 다시 쓰인 '정서고'(Nachschrift)가 아니라
강의 중에 받아 적은 '청취고'(Mitschrift)라고 하는 [202]일치된 평가를
얻었다.[2] 그뿐만 아니라 이 링기어 필기록은 구술 필기된 패러그래프로
구분되어 있지 않은데, 이러한 서술 형식에서도 개개의 내용에서도 헨리히
필기록과 서로 겹쳐진다는 점에서 헨리히 필기록의 신뢰성에 대한 종래의
의문을 불식시키고 그 신뢰도를 현격히 향상시키게 되었다.[3] 이 결과 우리는
1819년도 강의에 관해 상호 보완적인 두 개의 필기록을 새롭게 이용할
수 있게 되어, 헤겔 국가론을 논의하는 자료상의 대상도 일거에 확대되었다
고 말할 수 있을 것이다.

링기어 필기록의 내용에서 주목되는 것은 우선 서문에서 헨리히 필기록
과 같이 '이성적인 것은 현실적으로 되고(wird), 현실적인 것은 이성적으로
된다'고 말하지 않고, '이성적인 것은 현실적이고(ist), 역도 같다'고 적혀
있다는 점이다(1819 R 8). 편자 앙게른은 링기어 필기록이 직접 듣고 받아
적은 청취고라는 이유에서 후자의 정식이 '헤겔이 말한 것의 문자 그대로의
재현'이 아닐까라고 추정하고 있다.[4] 다음으로 주목되는 것은 제1회와

· ·
1.   E. Weisser-Lohmann, "Hegels rechtsphilosophische Vorlesungen", *Hegel-Studien* Bd.
     26 (1991), 1992, 65f.; O. Pöggeler, "Nachschriften von Hegels Vorlesungen",
     Hegel-Studien Bd. 26, 166.

2.   G. W. Hegel, *Vorlesungen* Bd. 14 *Vorlesungen über die Philosophie des Rechts (Berlin
     1819/20)*, Nachgeschrieben von J. R. Ringier, hg. v. E. Angehrn, M. Bondeli und
     H. N. Seelmann, Hamburg 2000(이하에서는 1819 R로서 인용). 바이서-로만의 서평은
     링기어 필기록의 신뢰성에 동의하는 한편, 헨리히 필기록에 대한 종래의 평가를
     수정하지 않는다는 점에서 문제가 있다(vgl. Weisser-Lohmann, "Besprechung von
     Nachschrift Ringier und Nachschrift Heyse", *Hegel-Studien* Bd. 36 (2001), 2003,
     253-255).

3.   E. Angehrn, "Einleitung", in 1819 R S. XVIIff. 「日本語版への序文」, ヘンリッヒ編
     『ヘーゲル法哲學講義錄 1819/20』(法律文化社, 1819의 일역) 2쪽 참조

4.   Ebd., S. XXI.

제2회 강의에서 아직 보이지 않았던 국가론상의 테마, 특히 주권 개념이 1819년도 강의에서 비로소 전개되었던 것이 새롭게 확인될 수 있다는 점이다.[5] 이런 의미에서 1819년도의 두 개의 강의록은 『법철학』 성립의 최종 단계를 재구성하는 데서 대단히 귀중한 자료로 평가될 수 있다.

두 번째 논점은 지금까지 알려지지 않았던 1821년도 강의로 추정되는 익명의 필기록이 킬에서 발견되어 2005년에 홉페의 의해 공간되었다고 하는 것이다.[6] 이 필기록에서는 '이성적인 것은 현실적이다'라는 서문의 명제와 더불어, '참된 현실'과 '미형성'된 현실과의 구별이나 '이성적인 것은 타당해야 한다', '일어나야 할 것은 일어날 것이다'라는 다른 명제가 발견되지만(1821 37, 234f.), 국가론에 들어선 직후에 중단되어 미완성인 채로 끝난다. 더 나아가 호토 필기록과 동일한 1822년도 강의의 하이제 필기록이 1999년에 쉴바흐에 의해 공간되었다.[7]

----

5. Vgl. Weiser-Lohmann, a. a. O. (2003), 259. 1819년도 강의록을 실마리로 하여 헤겔 주권 이론의 형성 과정을 재구성하는 시도로서, vgl. GONZA, Takeshi, "Reichsauflösung, Rheinbundreformen und das Problem der Staatssouveränität: Entstehung der Hegelschen Souveränitätstheorie und ihr geschichtlicher Hintergrund", *Hegel-Studien* Bd 41 (2006), 2007, 113-147. 일본어판은 본서의 제4장을 참조.

6. Hegel, *Die Philosophie des Rechts, Vorlesung von 1821/22*, hg. v. Hoppe, Frankfurt a. M. 2005(이하에서는 1821로서 인용). Vgl. Hoppe, "Hegels Rechtsphilosophie von 1821/22", *Hegel-Studien* Bd 26, 74-78.

7. Hegel, *Die Philosophie des Rechts, Nachschrift der Vorlesung von 1822/23 von K. W. L. Heyse*, hg. v. E. Schilbach, Frankfurt a. M. 1999(이하에서는 1822로서 인용). 일곱 개의 강의록과 각 연도 강의의 새로운 대조표는 다음과 같다.

법철학 강의 일람(계속)

	연도	필기자	강의록
제1회	1817년 겨울 학기	Wannenmann	1817a(1983, Hegel-Archiv)
			1817b(1983, Ilting)
제2회	1818년 겨울 학기	Homeyer	V I(1973, Ilting)
제3회	1819년 겨울 학기	(불명)	1819(1983, Henrich)
		Ringier	1819R(2000, Angehrn)

제3의 논점은 1819년 10월 칼스바트 결의에 직면한 헤겔이 정치적 입장을 전환시켜 『법철학』[203]초고를 개정했다고 하는 일팅의 테제가 새로운 찬동자를 얻어 부활하는 현상이 보인다는 것이다. 슈네델바흐는 『법철학』의 주석서에서 일팅의 학설을 다루고, 1818년도 강의 서문과 『법철학』 서문에서 보이는 두드러진 차이를 '칼스바트 결의의 귀결에 대한 불안'으로부터 '자신의 철학이 박해당한 반대파의 동향에 가깝다고 하는 의혹을 풀기 위해, 헤겔이 가능한 한에서 행한' 개정의 결과라고 설명했다.[8] 링기어 필기록의 편집자 앙게른은 '헤겔이 (1819년도의) 이 강의에서 『법철학』의 결정적인 개정 작업을 행했지만, 이 개정은 이전의 강의와 비교해, 1820년에 공간된 『법철학』이 증명하는…… 정치적 전환을 나타낸다'고 지적한다. '『법철학』의 운명은 1819년이라는 정치적 격동의 시대로 휘말려 들어가 있으며, 이 시대 배경으로부터만 이해될 수 있다. 『법철학』의 개정 작업이 본질적인 점에서 칼스바트 결의와 이에 결부된 프로이센의 검열령에 대한 응답으로서 이해될 수 있다는 것은 다툼의 여지가 없다.'[9] 앙게른에 따르면 1819년 10월의 크로이처에게 보낸 서한이 보여주듯이, '헤겔이 1819년도 겨울 학기 초에 이전의 구술필기안과 더불어 계획대로 인쇄를 시작해야 했을 상당량의 텍스트 소재를 갖고 있었다는 것은 의심할 여지가 없다.' 개정이 어느 정도였는지는 분명히 말할 수 없지만, '헤겔이 최초 예상하고 있었던 것 이상으로 오랜 시간을 필요로 한 것으로부터, 또한 1818년도 강의에 비해 확대되고 실질적으로 변경되고 있는 것으로부터, 근본적으로

제4회	1821년 겨울 학기	(불명)	1821(2005, Hoppe)
제5회	1822년 겨울 학기	Hotho	V III(1974, Ilting)
		Heyse	1822(1999, Schilbach)
제6회	1824년 겨울 학기	Griesheim	V IV(1974, Ilting)
제7회	1831년 겨울 학기	Strauss	V IV(1974, Ilting)

8.   H. Schnädelbach, *Hegels praktische Philosophie*, Frankfurt a. M. 2000, S. 170f.
9.   Angehrn, a. a. O., S. XIII.

개정되었다고 생각된다.' 『법철학』과 비교하면 '헤겔이 [1819년도의] 겨울 학기 강의를 기본적으로 1820년 가을에 공간되는 저작을 마무리하기 위해 이용했다'고 확신할 수 있을 뿐만 아니라, '동시대인과 후의 비평이 불만을 털어놓았던 것과 같은, 『법철학』에서 표명된 입장의 전환——자연법 비판, 프랑스 혁명 평가, 군주권 옹호에 관한——이 이미 강의의 처음에서 행해지고 있다'는 것이 밝혀진다고 한다.[10] 이것은 1819년도 강의를 대상으로 한 일팅 테제의 재현인바, 새로운 논쟁을 불러일으킬 가능성이 있다.

[204]네 번째 논점은 헤겔 아르히프를 중심으로 간행되어 온 아카데미판 『헤겔 전집』의 제23권 이후에서 강의 필기록 부문의 공간이 예고되어 있는데,[11] 제26권으로 예정된 법철학 강의의 편집 작업이 편집자 펠겐하우어에 의해 개시되어 있다는 것이다. 거기서는 각 연도의 강의록이 다시 해독되어 재현될 예정이지만, 법철학 강의의 새로운 필기록이 수록된다는 정보는 없다.

이전에 법철학 강의를 둘러싼 논쟁의 당사자였던 호르스트만은 1990년에 논쟁의 무대 뒤에서는 필기록의 편집 권한을 둘러싼 학파 간의 다툼이 있었다는 것을 냉정하게 회고하고 있다.[12] 새로운 자료를 둘러싼 학술적 논의는 편집 권한을 둘러싼 학파 간의 적대 관계로부터 선을 긋고 상호 존중에 입각한 공정한 의사소통의 형태로 행해지는 한에서만 학술의 생산적 발전에 기여할 수 있다. 최초의 당사자들이 무대에서 물러나고 20여 년을 거치고 나서도 법철학 강의를 둘러싼 논쟁은 계속되고 있는 것으로

• •
10. Ebd., S. XIV.

11. 상세한 것은 權左武志「ヘーゲル歴史哲學講義に關する硏究報告——クロイツァー論爭の影響作用と1830年度講義の近代敍述」『ヘーゲル哲學硏究』9号, 2003年, 112쪽 참조. 법철학 강의에 관한 정보는 2005년 5월에 헤겔 아르히프에 체재할 때, 현 소장인 예슈케 씨로부터 얻었다.

12. Vgl. R.-P. Horstmann, "Der Kampf um den Buchstaben in der Hegel-Forschung der Gegenwart", *Philosophische Rundschau* 37. Jg. Heft 1/2, 1990, 60-79.

보이지만, 독일과 일본의 연구 환경이 엄혹함을 늘려가는 가운데 이후의 논의에서는 상호적으로 배우며 잘못을 바로잡는다고 하는 페어플레이 정신이 무엇보다도 요망된다.

제3부 초기 헤겔의 사상 형성*

* **약호표**(다음 문헌들로부터의 인용은 약호로 표시한다. 필요에 따라서 약호 뒤에 권수를 덧붙인다)

(1) 헤겔의 전집 및 자료

W=G. W. F. Hegel, *Werke in zwanzig Bänden*, hg. v. E. Moldenhauer u. K. M. Michel, Frankfurt a. M. 1970f.

GW=G. W. F. Hegel, *Gesammelte Werke*, In Verbindung mit der Deutschen Forschungsgemeinschaft hg. v. der Rheinisch-Westfälischen Akademie der Wissenschaften, Hamburg 1968ff.

Br=*Briefe von und an Hegel*, Bde. 1-3, hg. v. J. Hoffmeister, Hamburg 1952-54, Bd. 4: hg. v. F. Nicolin, Hamburg 1977/81.

Dok=*Dokumente zu Hegels Entwicklung*, hg. v. J. Hoffmeister, Stuttgart-Bad Cannstatt 1974.

Haym=R. Haym, *Hegel und seine Zeit*, Berlin 1857, Nachdruck: Hildesheim/New York 1974.

Nohl=*Hegels theologische Jugendschriften*, hg. v. H. Nohl, Tübingen 1907, Nachdruck: Frankfurt a. M. 1966.

Ros=K. Rosenkranz, *Georg Wilhelm Friedrich Hegels Leben*, Berlin 1844, Nachdruck: Darmstadt 1969.

(2) 칸트, 피히테, 셸링, 횔덜린의 전집 및 서한

FA=J. G. Fichte, *Gesamtausgabe der Bayerischen Akademie der Wissenschaften, Werke*, hg. v. R. Lauth u. a. Stuttgart-Bad Cannstatt.

FW=*Fichtes Werke*, 11 Bde., hg. v. I. H. Fichte, Berlin 1971 (Nachdruck von: J. G. Fichtes *sämtliche Werke*, 8 Bde., Berlin 1845/46; J. G. Fichtes *nachgelassene Werke*, 3 Bde., Bonn 1834/35).

HW=F. Hölderlin, *Sämtliche Werke*, hg. v. F. Beißner, Stuttgart 1946ff.

KW=I. Kant, *Werke in zwölf Bänden*, hg. v. W. Weischedel, Frankfurt a. M. 1968.

SA=F. W. J. Schelling, *Historisch-kritische Ausgabe*, Reihe I: *Werke*, Im Auftrag der Schelling-Kommission der Bayerischen Akademie der Wissenschaften hg. v. H. M. Baumgartner u. a. Stuttgart-Bad Cannstatt 1976ff.

SB=F. W. J. Schelling, *Briefe und Dokumente*, 3 Bde., hg. v. H. Fuhrmanns, Bonn 1962ff.

SW=F. W. J. Schelling, *Sämtliche Werke*, 10 Bde., hg. v. K. F. A. Schelling, Stuttgart/Augsburg 1856-61.

제7장 **젊은 헤겔에게서 정치와 종교**

머리말

헤겔은 1770년 8월 뷔르템베르크 공국의 수도 슈투트가르트에서 태어나 거기서 김나지움 졸업까지 유소년기를 보낸 후, 1788년 가을부터 5년간 튀빙겐 신학원에서 동급생인 횔덜린 및 2년 밑의 셸링과 함께 신학을 공부했다. 그리고 신학원을 졸업한 후, 우선 스위스의 베른에서(1793년 가을-96년 가을), 다음에는 프랑크푸르트에서(1797년 1월-1800년 말) 가정 교사로서 20대의 수업 시대를 보내게 되었다. 그 후 1801년 1월에 헤겔은 대학 교수 자리를 구해 셸링이 사는 예나로 이주하는데, 직전인 1800년 11월 2일에 셸링에게 보낸 서한에서 자신의 정신적 편력을 돌아보며 다음과 같이 말하고 있다. '인간의 저차원의 욕구로부터 시작된 학문적 자기 형성 속에서 나는 학문에로 내몰릴 수밖에 없었으며, 청년 시대의 이상은 반성된 형식에로, 동시에 체계로 전환될 수밖에 없었네. 나는 지금도 이에 관여하는 한편으로, 인간의 삶으로 되돌아가기 위해서는 어떠한 길이 발견될 수 있을 것인지 스스로 묻고 있다네.'(Br 1, 59f.) 헤겔 철학의 기원을 이룬다고 생각되는 '청년 시대의 이상'을 베른 시기와 프랑크푸르트 시기의 초고를 검토하여 구체적인 형태로 해명하는 것, 그리고 젊은 헤겔의 이상이 학문의 체계라는 [208]'반성된 형식'으로 전환되지 않을 수 없었던 이유를 탐구하는 것이 이 장의 과제이다.

청년기 헤겔의 초고를 검토하는 한에서, 젊은 헤겔이 이상으로서 떠올리고 있었던 것은 정치와 종교라는 두 개의 분야로 크게 구별될 수 있다. 당시의 헤겔이 궁극 목표로서 들고 있었던 것의 하나는 프랑스 혁명에 의해 역사의 저편으로부터 다시 불러내진 고대 공화주의의 이념이며, 또 하나는 철학에 의해 원리적으로 근거지어진 이상적 종교의 구상이었다. 정치와 종교의 양자는 젊은 헤겔에게 있어 근본적인 차원에서 서로 통하지만, 이것들의 의미를 해석하고자 할 때 양자 사이에는 자료상의 제약이라는 점에서 커다란 격차가 보인다. 예를 들면 젊은 헤겔의 정치관을 아는 데서 불가결한 자료들 가운데는 원본이 분실된 까닭에 초고의 연대 확정이 어려운 것과, 초고의 내용을 간접적으로밖에 추측할 수 없는 것이 상당수 존재한다. 전자의 예로서는 로젠크란츠가 전하는 역사 연구 단편을,[1] 후자의 예로서는 칸트『도덕 형이상학』과 스튜어트『경제학 원리 탐구』(1767년)에 대한 주해를 들 수 있다. 이에 반해 종교적 구상의 경우에는 놀이 편집한 현존하는 초고에 대해 필적의 변천에 기초한 엄밀한 연대 감정이 이루어지

1. Ros S. 515-532. 역사 연구 단편은 성립 연대가 불확정한 까닭에 연구자에 의해 무시되어 왔지만, 젊은 헤겔의 정치관을 아는 데서는 중요한 자료이다. 로젠크란츠는 이것을 모두 베른 시기에서 유래한다고 판단하며(Ros 60), 루카치도 이 판단에 따르고 있지만(G. Lukács, *Der junge Hegel*, Zürich 1948, Frankfurt a. M. 1973, Bd. 1, S. 92ff.), 다른 초고의 경우를 생각하면 그의 연대 감정에 전폭적인 신뢰를 둘 수는 없다. 이에 반해 호프마이스터는 프랑크푸르트 시기에 성립했다고 생각하며(Dok 257-277), 푀겔러도 단편의 다수가 '내용상' 프랑크푸르트 시기에 속한다고 말하고 있지만, 그 이상의 근거를 들고 있지 않다(O. Pöggeler, "Hegels praktische Philosophie in Frankfurt", *Hegel-Studien* Bd. 9, Bonn 1974, 73-107, 여기서는 74, 99-101).

고 있으며,[2] 베른 시기로부터 프랑크푸르트 시기에 걸친 그리스도교 이해의 전환에 대해 깊이 파고든 논의를 전개할 수 있다. 그리하여 이 장에서는 제1절에서 젊은 헤겔의 원초적 정치관을 현재 남아 있는 자료에 기초하여 재구성한 후, 제2절과 제3절에서는 베른 시기와 프랑크푸르트 시기의 상이한 종교 구상을 그 배후에 놓여 있는 철학의 전환에 주목하면서 고찰하고자 한다.

제1절 원초적 정치관으로서의 공화주의

자유의 나무 전설로 상징되듯이 프랑스 혁명에 대한 젊은 헤겔의 열광적인 환영은 잘 알려져 있으며, 만년의 [209]역사 철학 강의에서도 프랑스 혁명은 '인간이 거꾸로 서서, 요컨대 사상 위에 서서 사상에 기초하여 현실을 쌓아 올리고자' 했다는 점에서 '빛나는 일출'에마저도 필적하는 사건으로서 묘사된다(W 12, 529). 헤겔 철학과 근대 혁명의 내면적 관련을 회복하고자 하는 전후의 헤겔 해석은 프랑스 혁명에 대한 적극적인 관계가 헤겔의 정신적 발전의 처음과 끝을 모두 특징짓고 있다는 점에 끊임없이 주목해 왔다. 그때 프랑스 혁명은 만년의 헤겔의 이해에 따라 사회적 노동을 통해 획득된 개인의 해방을 추상법과 시민 사회라는 형태로 정착시킨 과정으로서, 요컨대 영국의 산업 혁명과 맞짝을 이루는 최초의 근대적 혁명으로서 파악된다.[3] 하지만 이러한 헤겔 해석에서는 젊은 헤겔을 시야에

---

2. G. Schüler, "Zur Chronologie von Hegels Jugendschriften", *Hegel-Studien* Bd. 2, Bonn 1963, 111-159. 이 장에서는 젊은 헤겔의 초고를 인용함에 있어 슐러에 의한 집필 연대와 문헌 번호를 제시한다.

3. 리터는 '헤겔 철학과 같이 그 속 깊은 곳에 이르기까지 오로지 혁명의 철학인 것과 같은 철학은 달리 존재하지 않는다'는 테제를 주창하고, 근대 혁명의 본질은 '그 근저에 놓여 있는 사회적 해방'에, 즉 '역사적·전통적 소여를 모두 배제하는 질서'인

넓은 발전사적인 고찰이 소홀히 되고 있다. 그리하여 늙은 헤겔의 혁명관은 그의 사상적 발전 과정에서 비로소 확립된 것이고, 젊은 헤겔의 눈에 비친 최초의 혁명관은 그것과는 다른 상을 보여주고 있다는 점이 간과된다. 왜냐하면 젊은 헤겔의 공화주의적 견해는 무엇보다도 고대 폴리스를 모델로 하고, 근대에서의 그 재현을 희구하는 것과 같은 혁명 상에 의해 근본적으로 규정되고 있기 때문이다.[4] 요컨대 젊은 헤겔은 프랑스 혁명이 제기한 과제를 고대 공화주의의 재생이라는 형태로 받아들이고, 이것에 자기 나름의 성찰을 가함으로써 원초적 정치관을 형성해 가는 것이다. 이하에서는 우선 프랑스 혁명과 관련된 정치적 동향에 대해 젊은 헤겔이 취한 상황적인 태도의 선택을 현재 알려져 있는 자료에 의해 재현한 후, 헤겔이 프랑스 혁명의 공화주의 이념에 대해 가한 원리적인 통찰을 살펴보고자 한다.

  • •

    시민 사회의 성립에 있다고 생각한다(vgl. J. Ritter, *Hegel und die französische Revolution*, Köln/Opladen 1957, Frankfurt a. M. 2. Aufl. 1965, S. 18, 63f.) 이에 대해 하버마스는 '헤겔은 혁명 그 자체를 극복하는 것과 같은 철학을 찾고, 혁명을 철학의 원리로 높이고 있다'는 다른 테제를 대치시키고, 헤겔은 혁명이 산출한 질서와 그 실현 작업을 분리하여 전자를 추상법으로서 역사 과정에 짜 넣음으로써 혁명에 의해 변혁된 질서를 시인함과 동시에, 그 실현에 관여한 혁명가의 의식을 비판할 수 있다고 한다(vgl. J. Habermas, "Hegels Kritik der Französischen Revolution", in: *Theorie und Praxis*, Frankfurt a. M. 1971, S. 128ff.). 그러나 하버마스가 전제하는 프랑스 혁명 상은 리터와 기본적으로 동일한바, 이 결과 추상법이 사회적 노동의 해방 형식임과 동시에 고대적 윤리(Sittlichkeit)의 해체의 산물이기도 하다는 양의성이 설명되지 못한 채 끝나고 있다.

4.   젊은 헤겔의 고대적 혁명관을 최초로 지적하고 이후의 사상적 발전을 고대 숭배로부터 벗어나는 과정으로서 그려낸 것으로서, vgl. Lukács, a. a. O., S. 81ff., 92ff. 루카치의 해석을 계승하는 한편으로 이후의 헤겔과 관련해 다른 해석을 내리는 것으로서, vgl. Pöggeler, "Philosophie und Revolution beim jungen Hegel", in: *Hegels Idee einer Phänomenologie des Geistes*, Freiburg/München 1973, S. 13-78.

1. 프랑스 혁명을 둘러싼 상황적 선택

프랑스 혁명이 시작된 것은 헤겔이 튀빙겐 신학원에 입학한 다음 해인 1789년 7월이었는데, 젊은 헤겔이 많은 독일 지식인과 마찬가지로 이것을 열렬하게 환영한 모습이 전해지고 있다. 신학원의 전 동급생 로이트바인의 [210]회상에 따르면 '헤겔은 자유와 평등의 대단히 열렬한 주창자이며, 당시의 모든 젊은이들과 마찬가지로 혁명의 이념에 심취해 있었다. …… 어느 일요일 아침, 그때는 활짝 개인 봄날 아침이었는데, 헤겔과 셸링은 다른 몇 사람의 친구들과 함께 튀빙겐에서 그리 멀지 않은 들판으로 나가 거기에 한 그루의 자유의 나무를 심었다.'[5] 로젠크란츠에 따르면 신학원에서는 정치 그룹이 결성되고 프랑스 신문이 빠짐없이 읽혔는데, 헤겔은 이 그룹에서 '명확한 참가자였을 뿐만 아니라 스스로 주창자이기도 했다'고 한다(Ros 33). 그 후의 혁명의 경과에 대해 젊은 헤겔이 보여준 정치적 태도를 아는 것은 현재로서는 쉽지 않지만, 1790년대에 헤겔이 베른과 프랑크푸르트에서 출판하고자 한 두 개의 정치적 저작으로부터 이것을 간접적으로 추정할 수 있다.

(1) 1793년 가을에 신학원을 졸업한 헤겔은 스위스의 베른으로 가 베른 시장을 배출한 귀족 명문가인 슈타이거 가의 가정교사가 되었는데, 이 베른에도 프랑스 혁명의 여파는 미치고 있었다. 1564년 이래로 베른 주에 종속해 있던 바트 지방에서는 프랑스 혁명 이래로 베른의 과두정적 지배에 대한 불만이 높아지고, 1791년의 바스티유 함락 기념일에는 정치적 시위운동이 행해지기까지 했다. 하지만 베른 주 당국은 이러한 민중의 저항 운동을 군사 개입에 의해 탄압하고, 특별 재판에서 엄격하게 처벌하는

5. Vgl. D. Henrich, "Leutwein über Hegel, ein Dokument zu Hegels Biographie", *Hegel-Studien* Bd. 3, 1965, 39-77, 여기서는 61, vgl. 74.

대응에 나섰다. 파리로 망명하여 지롱드파에 가담하고 있던 바트 지방의 변호사 장 자크 카르는 이러한 베른 정부의 조치에 항의하는 서한 형식의 팸플릿을 1793년에 파리에서 공간했다. 젊은 헤겔은 베른에서 발매 금지가 된 카르의 저작(이하에서는 『카르 친서』로 약칭)을 독일어로 번역하고, 스스로의 서문과 주해를 붙여 1798년 봄에 프랑크푸르트에서 『베른 시에 대한 바트 지방의 이전의 국법상의 관계에 관한 친서, 베른 의회에서의 종래의 과두정의 완전한 폭로』라는 제목 하에 익명으로 공간했다.[6] 헤겔의 이 최초의 저작은 그가 프랑크푸르트로 옮기고 나서 공간되었지만, 번역의 [211]계기가 된 것은 베른 체재 중의 경험이며, 번역 작업도 베른 시대에 준비되었다고 추정된다. 헤겔은 1795년 4월의 서한에서 베른의 최고 의회에서 10년마다 행해지는 의원의 보충이 모두 소수의 명문가 일족에 의해 차지되고 있다는 것을 셸링에게 알리고 있는데(Br 1, 23), 베른 시대의 헤겔은 '베른의 재정 제도를 대단히 상세하게 통행세 등에 이르기까지 철저하게 연구했다'고 전해지고 있다(Ros 61).

하지만 헤겔의 『카르 친서』 번역이 공간되기 직전인 1798년 3월에는 프랑스군의 진공에 의해 베른을 비롯한 스위스의 구체제는 전복되며, 4월에는 헬베티아 공화국이 성립하기에 이르러 베른에 대한 바트 지방의 종속 관계도 해소되게 되었다. 그리고 로베스피에르 정권 이후 미국으로 망명해 있던 집필자 카르도 모국으로 귀국하여 공화국의 의원을 맡게 되었다. 이와 같이 『카르 친서』가 지향한 직접적인 목표가 이미 달성된 한에서는 헤겔의 손으로 이루어진 독일어판은, '이전의'라는 책 제목 속의

· ·
6. Hegels erste Druckschrift, *Vertrauliche Briefe über das vormalige staatsrechtliche Verhältnis des Waadtlandes zur Stadt Bern* von J. J. Cart, aus dem Franz. übersetzt u. kommentiert v. G. W. F. Hegel, Nachdruck der Ausgabe 1798, Göttingen 1970. 『카르 친서』 독일어판의 역자가 젊은 헤겔이라는 것은 1909년에 비로소 밝혀졌다(vgl. H. Falkenheim, "Eine unbekannte politische Druckschrift Hegels", *Preußische Jahrbücher* 138, 1909, 193-210).

글귀가 보여주듯이, 공간되기 전에 일찌감치 정치 정세의 변화에 의해 추월되고 말았다고 말할 수 있다. 그러나 베른 귀족정이 현실에서 붕괴한 것은 헤겔에게 있어 이 책의 공간을 단념할 이유로는 되지 않는바, 1789년의 이념이 프랑스 이외의 나라에서도 유효성을 증명했다고 하는 의미에서 역으로 독일에서의 공간을 정당화하는 근거로 생각되었던 것이다.[7] 『카르 친서』 독일어판의 서문에서 헤겔은 독일의 독자들을 향해 이웃나라에서의 경험으로부터 역사의 교훈을 끌어내도록 경고를 발하고 있다. '이 서한의 내용을 바트에서의 최근의 사건과 비교하게 되면, 또한 1792년에 강요받은 평온의 외관이나 스스로의 승리에 대한 정부의 자부를 이 나라에서는 현실적으로 정부가 약체이고 나라의 인심이 돌연 정부로부터 이반했다고 하는 사실과 서로 비추어보게 되면, 수많은 교훈을 끌어낼 수 있다. …… 시대의 사건은 '너희, 교훈으로서 정의를 배워라'라는 소리 높은 외침으로서 대지에 울려 퍼지고 있지만, 이 목소리에 귀를 기울이는 자는 그 운명에 의해 매섭게 사로잡히게 될 것이다.'[8]

[212](2) 1796년 가을에 헤겔이 베른으로부터 고향인 슈투트가르트로 돌아왔을 때, 뷔르템베르크 공국에서는 26년 만에 영방 의회가 소집되게 되었다. 1770년의 협정에 의해 새로운 과세를 위해서는 전시 중이라 하더라도 의회의 합의가 필요로 되었기 때문에, 뷔르템베르크 공公은 프랑스와의 정전 교섭에서 요구받은 배상금을 증세에 의해 조달하기 위해 의회의 양해를 얻어내고자 했던 것이다. 하지만 영방 의회가 실제로 개최되는 1797년 3월까지의 사이에는 의회에 의한 개혁에 대한 기대가 민중들 사이에서 높아지고, 수많은 정치 팸플릿이 출판되었다. 헤겔도 1798년 여름까지

7. 『카르 친서』 번역의 역사적 배경과 의의에 대해서는 F. Rosenzweig, *Hegel und der Staat*, Bd. 1, München/Berlin, 1920, S. 47-54; Pöggeler, "Hegels praktische Philosophie in Frankfurt", 76-81.

8. Hegels erste Druckschrift, Vorerinnerung; W 1, S. 257.

「시 당국자(Magistrat)는 민중(Volk)에 의해 선출되어야만 한다. 뷔르템베르크의 민중에게」라는 원제의 팸플릿(이하에서는 「뷔르템베르크 글」로 약칭)을 집필하고, 이러한 개혁의 움직임에 하나의 돌을 던지고자 했다.[9]

뷔르템베르크 글의 서론에서 헤겔은 '현존하는 국가 구조는 이미 유지될 수 없다'라는 확신에서 출발하며, '정의'를 '유일한 기준'으로 하여 구제도 속의 어느 부분이 유지될 수 없는지를 가려내고, '정의를 행사하는 용기'에 의해 이것을 제거해야 한다고 제창하고 있다(W 1, 259). 그리고 본론에서는 군주라는 '신의 뜻에 의해 모든 권력을 한 몸에 모으고 있지만, 인권을 승인하고 이것을 존중하는 보증을 하지 않는 자'(Haym 67)와 그를 둘러싼 궁정에 대해 의회 측에 서서 선거 제도와 관료제의 개혁을 요구하고 있었다고 전해진다. 뷔르템베르크에서 영방 의회의 의원은 시 당국자를 모체로 하여 선출되며, 이 시 당국자의 단체는 스스로 구성원의 보충을 행한다는 점에서 베른 의회와 마찬가지로 민중으로부터 유리된 존재였다. 헤겔은 이러한 '뷔르템베르크의 대의제 전체는 그 자신이 결함이 있는바, 전면적 변혁이 필요하다'(65)고 간주하고, 프랑스어 원서의 서명이 보여주듯이 이 시 당국자의 단체를 민중으로부터 직접 선출함으로써 1789년의 이념을 모국에서 실현하고자 생각했던 것이다. 또한 의회가 개최되지 않는 사이에는 의회로부터 [213]선출된 상임 위원회가 입법과 행정의 책임을 맡게 되어 있었지만, 헤겔은 이것을 지도해야 할 고문역(Advokat)과 상담역(Konsulent)과 같은 관료가 궁정과 군주 측에 서서 의회의 이해관심을 배반해 온 것을 비판하고 있다(483-485). 하지만 구체적인 개혁 제안에 이르면, 헤겔은 '몇 세기나 세습 군주정을 시행하고 있는 나라에서 계몽되어

9. 헤겔은 처음의 제목에서 '민중에 의해'라는 부분을 '시민(Bürger)에 의해'라고 고쳐 쓰고 있지만, 제목 전체는 후에 말소되며, 타인의 손에 의해 「뷔르템베르크의 최근의 내정에 대하여, 특히 시 당국자 제도의 결함에 대하여」라고 덧붙여 쓰여 있다. 이 공간되지 않은 팸플릿은 그중의 서문에 해당되는 부분(W 1, 268-271)의 초고가 현존할 뿐이며, 본론의 내용은 하임에 의해 단편적으로 전해지고 있다(Haym 65-67, 483-485).

있지 않은, 즉 맹종하는 것에 습관 들린…… 군중에게 대표자의 선거를 맡기는 것이 현명한 것인가'라고 자문한 끝에 '민중이 자신의 권리를 알지 못하고 공공 정신(Gemeingeist)이 존재하지 않으며 관료의 권력이 제한되어 있지 않은 동안에는, 민중에 의한 선거를 실시하는 것은 우리의 국가 체제의 완전한 붕괴를 초래하는 것에 도움이 될 뿐일 것이다'라고 말하고, '계몽된 성실한 사람들로 이루어진, 궁정으로부터 독립된 단체'에 선거권을 부여한다고 하는, 최초의 의도와는 다른 결론에 도달하고 있다(66).[10]

헤겔이 이 글에서 보여준 개혁에 대한 전망은 『카르 친서』와 같이 현실 정치에서 실현되지는 못했으며, 뷔르템베르크 글 그 자체도 공간되기에 이르지 못했다. 이 글을 읽은 슈투트가르트의 친우들 가운데 한 사람이 1798년 8월 7일자의 서한에서 공간할 생각을 그만두도록 헤겔에게 충고했기 때문이다. '가장 친애하는 벗이여, 우리의 신용은 완전히 하락해 버렸다네. 위대한 국민의 대리인들은 인류의 가장 신성한 권리를 우리의 적에 의한 경멸과 조소에 내맡겨 버린 것이네. 그들의 범죄에 대해서는 어떠한 복수가 어울릴 것인지, 나로서는 알지 못하네. 이러한 상황 하에서는 자네의 논문을 공표하는 것은 우리에게 있어 이익이 되기보다 오히려 재앙이 될 것이네.'(Ros 94) 1797년 12월부터 라슈타트에서 개최된 강화 회의에서는 라인강 좌안의 할양이 프랑스 측의 요구이고, 오스트리아 측도 10월의 캄포포르미오 조약에서 내밀하게 결정되어 있었듯이 제국의 영토적 일체성을 포기하고 이 요구를 받아들일 용의가 있다는 것이 서서히 분명해져 갔다. 그뿐만 아니라 마인츠 점령과 스위스와 로마에서의 공화국의 창립이라는 사태의 진행으로부터 보면, 프랑스는 앞의 조약에 사로잡히지 않고 한층 더한 영토 확장을 목표로 [214]하고 있는 것이 아닌가라는 의혹이 농후해져 갔다. 1798년 전반부에 라슈타트 회의에서의 프랑스 측 대표——

---

10. 로젠츠바이크는 최초의 의도와 결과의 불일치로부터 이 글에 덧붙여진 원제의 변경을 설명하고 있다(vgl. Rosenzweig, a. a. O., S. 61).

'위대한 국민의 대리인들'——의 행동에서 볼 수 있었던 이러한 국가 이성에 따르는 권력 정치는 헤겔 등의 입장에서 보면 그들이 충실하고자 한 1789년의 이념을 부정하는 배반 행위——그것에 어울리는 복수마저도 생각되지 않는 '범죄'——에 다름 아니었다.[11] 같은 무렵 뷔르템베르크에서는 과세 문제에 대한 합의가 이루어지지 않은 채, 이웃나라인 헬베티아 공화국 창립에 수반하여 슈바벤 공화국에 대한 희망을 품는 의회 측과 이것을 우려하는 군주와의 사이에서 정치 대립이 격렬함을 늘려가고 있었다. 그리고 1799년 겨울에 프리드리히 2세는 프랑스의 지지를 잃은 영방 의회를 해산하고 그 지도자를 반역죄로 처벌하는 한편, 프랑스의 비호 하에 오스트리아로부터 독립한 통일적인 주권 국가로 향하는 길을 걷기 시작한다.

(3) 젊은 헤겔은 『카르 친서』 번역에서 프랑스군에 의한 헬베티아 공화국의 창립을 지원하고, 이어지는 뷔르템베르크 글에서는 슈바벤 공화국의 도래를 대망하고 있었지만,[12] 이러한 헤겔의 정치적 바람은 외교 면에서는 프랑스 공화국의 확장 정책에 의해, 내정 면에서는 뷔르템베르크 개혁 세력의 좌절에 의해 뼈저리게 배반당하게 되었다. 1799년 4월에 라슈타트

----

11. 로젠츠바이크는 헤겔의 친우의 서한에 대해 축어적 해석을 베풀어 이러한 결론에 도달하고 있다(Rosenzweig, a. a. O., S. 62f.). 푀겔러는 로젠츠바이크의 해석을 받아들이는 한편, 앞의 서한의 문면을 라슈타트 회의에서의 프랑스 측의 행동에 한정하지 않고 프랑스 혁명에 대한 환멸로 해석한다(Pöggeler, "Hegels praktische Philosophie in Frankfurt", 86f.; ders., "Philosophie und Revolution beim jungen Hegel", S. 31).

12. 이러한 친프랑스적인 태도를 취하는 자는, 프랑스 점령 하의 마인츠에서 공화국을 지도한 포르스터와 젊은 괴레스에게서 보이듯이, 당시의 독일 지식인들 사이에서는 결코 예외적이지 않았다. 헤겔은 1798년 봄과 1800년 9월의 두 차례에 걸쳐 프랑스령이 된 마인츠를 방문했으며(Br 1, 58, Ros 142), 헤겔이 포르스터의 글(G. Forster, Ansichten vom Niederrhein, Bd. 1, 1791)을 읽었다는 것을 보여주는 메모와 발췌도 전해지고 있다(Nohl 366f., Anhang 5, 6). 신변에서는 튀빙겐 신학원의 선배에 해당하고 프랑스로 건너가 '외무부에서 중요한 의미를 지니는 자리에 올라 있는 라인하르트'에 대한 언급이 헤겔의 서한에서 발견된다(Br 1, 11f., vgl. Ros 61).

회의가 결렬되기 이전, 늦어도 이 해 초에는 후의 「독일 헌법론」에 속하는 최초의 초고(Nr. 88)가 집필되지만,[13] 거기서 헤겔은 프랑스군을 지지하고 공화국의 실현을 향한 개혁을 요구하는 최초의 정치적 태도를 고쳐, 공화주의 이념으로부터 자기 나라 독일의 현 상황으로 시선을 돌리기에 이른다.[14] 그때 헤겔이 목도한 것은 프랑스 공화국에 대한 간섭 전쟁에서 오스트리아의 지휘를 받은 제국군이 충분한 결속을 보여주지 못한 채 패퇴를 거듭한 끝에 라슈타트 회의에서 라인강 좌안의 양도를 승인하기까지 된다고 하는, 신성 로마 제국의 현 상황이었다. 앞의 초고에 따르면 '독일 제국이 프랑스와 주고받은 파멸적 전쟁의 결과는 가장 아름다운 [215]영토의 몇 개인가와 수백만에 이르는 사람들이 탈취된다……고 하는 것으로 좋은 것일까, 많은 독일의 애국자들은 이와 같이 스스로 물었던 것이다.'(Dok 282)

하지만 헤겔에 따르면 이러한 독일의 비참한 현 상황에 책임이 있는 것은 전쟁 상대인 프랑스가 아니라 오히려 독일의 국가 구조 그 자체라고 한다. '전제 국가, 요컨대 헌법을 지니지 않는 국가를 제외하면, 어떠한 국가도 독일 제국만큼 참혹한 국가 체제를 지니고 있지 않다는 것은 이제 상당히 널리 퍼져 있는 확신인바, 계속되고 있는 평화 교섭에 의해 종결된 앞의 전쟁으로부터 누구나 이러한 강렬한 인상을 지니게 되었다.'(283) 헤겔은 제국 체제에 내재하는 결함으로부터 대 프랑스 전쟁의 패배를 설명하고자 하는 것인데, 그때 프랑스 공화정과 대비하여 찬양된 '독일적 자유'—— 구체적으로는 '독일 등족等族의 긍지'를 이루는 '영방

··
13. 「독일 헌법론」의 초기 초고로서 1799년 초까지 집필된 최초의 초고 「제1서론」(Nr. 88, Dok 282-288) 외에, 1799년에 성립한 단편(Nr. 90, W 1, 603f.), 1799년부터 1800년까지 성립한 초고 「제2서론」(Nr. 91, W 1, 457-460)이 거론되지만, 이 가운데 최초의 초고는 1801년 봄에 고쳐진다(vgl. Dok 282-288, am Rande, W 1, 451-456).
14. 로젠츠바이크는 앞의 친우의 서한과 「독일 헌법론」의 초기 초고를 실마리로 하여 1798년 겨울의 헤겔의 '사상의 전환'을 주장하지만(Rosenzweig, a. a. O., S. 63, 88ff.), 새로운 사상을 '운명으로서의 국가관'으로 이해하는 해석에는 재검토의 여지가 있다.

고권'(Landeshoheit)——야말로 역으로 독일을 국가 해체의 위기로 이끈 재앙의 원인으로서 비판된다(Dok 284ff., W 1, 603). 하지만 1789년의 이념이 권력의 획득·유지·증대를 중심으로 하여 움직이는 가혹한 국가 이성의 현실을 앞에 두고서 그대로 타당한 원칙은 아니라는 것을 헤겔은 이미 뼈저리게 느끼고 있었다. 이리하여 프랑스 공화정이 무조건적으로 개혁의 본보기가 되어야 하는 모델이 아니라는 것이 명확해진 한에서, 헤겔은 「독일 헌법론」에서 독일이 나아가야 할 독자적인 길을 모색해야만 했던 것이다.

2. 공화주의 이념을 둘러싼 원리적 고찰

다음으로 젊은 헤겔의 프랑스 혁명관을 규정하고 있는 고대 공화주의 이념을 살펴보기로 하자. 이때 집필 시기를 확정할 수 있는 베른 시기·프랑크푸르트 시기의 초고뿐만 아니라 성립 연대를 특정하기가 어려운 역사 연구 단편도 고찰 대상으로 받아들이기로 한다. 그리고 공화정에 관한 몽테스키외의 고찰과 대비하여[15] 이들 청년기 초고를 검토해 보게 되면, '정치적 인문주의'(civic humanism)라고 불리는 고대 공화주의의 사고 틀이 몽테스키외, [216]루소 등 18세기 프랑스의 사상가들뿐만 아니라 청년기 헤겔도 크게 규정하고 있는바, 젊은 헤겔도 공화주의적인 사상 조류에 연결되어 있다는 것이 분명히 드러난다.

●●
15. 젊은 헤겔이 몽테스키외의 『법의 정신』을 읽었다는 흔적은 1794년에 쓰인 단편(Nr. 40, Nohl 40)에서 보이는데, 몽테스키외의 사상적 영향이 나타나는 것은 1796년의 초고(Nr. 55)가 최초이며, 로젠크란츠가 베른 시기 헤겔이 '교회사에 관해, 특히 기본과 몽테스키외를 연구했다'고 전하고 있는 것도(Ros 60) 이 초고를 가리킨다고 생각된다. 덧붙이자면, 몽테스키외의 인용은 Montesquieu, De L'esprit des lois, in: Œuvres complètes tome 2, Paris 1951에 의하며, 해당 부분의 권과 장을 적는다.

(1) 헤겔은 1796년 봄부터 여름에 집필된 초고(Nr. 55)에서 왜 고대 그리스·로마에서의 전래 종교가 그리스도교라는 새로운 종교에 의해 밀려나게 되었는지를 묻고 있다. 그리고 이것을 '시대의 정신에서의 고요한 눈에 보이지 않는 혁명'으로부터, 그것도 '지성의 계몽'과 같은 진보사관의 관점으로부터가 아니라 고대 공화정의 몰락에 수반되는 '자유의 상실'로부터 설명하고자 한다(Nohl 220f.). 헤겔에게 있어 그리스인과 로마인의 자유란 개개인이 '자기 자신이 부여한 법에 복종한다'고 하는 자발적인 형태로 자신의 조국이라는 고차적인 이념——'세계의 궁극 목적'——을 위해 활동한다는 점에서 성립하는 '정치적인 자유'를 의미하는데(221-223), 그것은 몽테스키외가 공화정(république)을 군주정과 전제정으로부터 나누는 징표로서 거론한 '덕'(vertu)과 동일한 것이다. 몽테스키외에 따르면 공화정, 특히 민주정의 원리를 이루는 덕이란 '조국에 대한 사랑, 참된 영광에 대한 욕구, 자기 방기, 스스로의 가장 귀중한 이익의 희생'과 같은 '우리가 고대인들에게서 발견하는…… 저 영웅적인 덕의 모두'를 의미한다(Liv. 3, Chap. 3, 5). 젊은 헤겔은 바로 '몽테스키외가 덕(Tugend)이라 이름 짓고 공화정(Republik)의 원리로 삼은 의식', '공화주의자의 조국에서 실현되어 있는 것과 같은 이념을 위해 개인을 희생할 수 있다는 각오'가 공화정의 해체와 함께 상실되었다고 생각한다(Nohl 223).

몽테스키외에 따르면 덕을 원리로 하는 공화정에서는 개인적 이익의 추구를 목적으로 하는 영리 활동은 자유인에게는 어울리지 않으며 사치가 적을수록 공화정은 완전하다고 간주되는바(Liv. 4, Chap. 8; Liv. 7, Chap. 2), 역으로 상업 활동이 활발해져 사치가 만연함에 따라 조국에 대한 헌신에 의해 뒷받침된 공화 정체도 쇠퇴로 향하지 않을 수 없다. 헤겔도 [217]대외 전쟁의 승리가 초래한 '부의 증대'와 '사치와의 만남'이 아테네와 로마에서 '명성과 부를 지니는 귀족 계층'을 산출하고 그들이 '다수의 사람들에 대한 지배'를 독점하게 되었다는 점에서 공화정의 해체 요인을 간취한다

(Nohl 222). 이 결과, '국가라는 기계(Staatsmaschine)의 통치는 적은 수의 공민(Bürger)에게 맡겨지며, 이 사람들도 다른 것과 결합됨으로써 겨우 가치를 지니는 개개의 톱니바퀴로서 봉사하는 데 지나지 않는다.'(223) 이리하여 공민의 영혼으로부터 '스스로의 활동의 산물로서의 국가상'은 사라지며, 무수한 톱니바퀴로 이루어진 '기계'로서의 국가로 대체된다. '신민'(Untertan)으로 화한 다른 사람들에게 기대되는 것은 '국가에서의 유용성'이며, 그들이 추구하는 목적으로 말하자면 스스로의 '영리와 생계' 밖에 없다. 요컨대 '이념'에 바쳐진 정치적인 활동은 '개인적인 것'에 대한 경제적 배려로 변모하고, '공민의 권리'는 '재산의 안전에 대한 권리'로 변모했다고 하는 것이다.

이리하여 공화주의자를 넘어서서 살아남는 '공화정'이라는 '영원자' 내지 '절대자'(das Absolute)가 없어진 후, 남겨진 정신적 공백을 메우기 위해 나타난 것이 그리스도교의 신이라고 헤겔은 생각한다. 개인의 생명을 넘어서서 존속하는 절대적 존재는 이제 '인간의 의지 안'이 아니라 '우리의 의지의 영역 바깥'에 놓여 있는 초월자에게서 찾아졌던 것인바, 이전에 '자유로운 국가'가 차지하고 있던 정신적 지위를 '교회의 이념'이 차지하게 되었다(223f., 227). '인간 정신은 로마 황제의 전제에 의해 지상으로부터 추방되었으며, 자유를 박탈당했기 때문에 영원한 절대자를 신 안으로 도피시킬 수밖에 없고, 비참한 상태가 확대되었기 때문에 행복을 천상에서 구할 수밖에 없게 되었다.'(227) 이러한 의미에서 공화정의 해체에 수반되는 '인간의 타락 상태'와 그리스도교에서의 '신의 객체성'은 헤겔에 따르면 동일한 '시대정신'의 상이한 현상 형태에 지나지 않는다.[16]

이와 같이 고대 공화정의 몰락과 그리스도교의 출현을 상관적으로 파악

---

16. 1795년의 단편(Nr. 48)에서 헤겔은 그리스도교가 출현한 시대 배경을 고찰함에 있어 기본, 『로마 제국 쇠망사』(E. Gibbon, *The History of the Decline and Fall of the Roman Empire*, 6 vols. 1776-88)를 이용하고 있는데(Nohl 364-366), 기본의 반그리스도 교적인 로마사관이 여기에 반영되어 있다고 생각된다.

하는 헤겔의 논의에서는 공화정을 군주정과 전제정에 대비되는 정체로서 파악하고, 정체 간의 차이를 그 근저에 놓여 있는 원리로까지 소급하여 설명하는 몽테스키외의 영향을 알아볼 [218]수 있다. 몽테스키외는 공화정의 원리가 조국에 대한 사랑이라는 정치적인 '덕'인 데 반해, 군주정의 원리는 자기 이익의 추구를 정당화하는 '명예심'(honneur)이라고 말했지만 (Liv. 3, Chap. 7), 헤겔도 1795년에 포르스터의 저작을 읽고서 '공화정에서 사람들은 이념을 위해 살아가지만, 군주정에서는 언제나 개별적인 것을 위해 살아간다'고 적어두고 있다(Nr. 51, Nohl 366).[17] 그러나 주목해야 하는 것은 헤겔이 몽테스키외와 동일한 사고 틀을 채택하여 두 개의 정체에 대해 전적으로 정반대의 평가를 내리고 있다는 점이다. 몽테스키외의 의도가 전제정과 군주정을 대비시켜 고대 공화정의 회복이라는 급진적 수단에 의하지 않고서 프랑스 왕정의 점진적 개혁을 호소하는 점에 놓여 있었던 데 반해, 헤겔은 포르스터 등 혁명의 이념에 심취한 공화주의자와 마찬가지로 '이기심과 동맹을 결합한' 군주정을 전제정으로부터 구별하지 않고 공화주의적 혁명에 의해 전복시킬 것을 바라는 것이다.[18]

하지만 헤겔이 말하는 '공화정'이란 하나의 정체에 머물지 않고 특정한 국가관도 나타내는 것인바, 공화정과 군주정이라는 정체 간의 차이는 고대와 근대 사이의 국가관의 차이로까지 확장되고 있다. 요컨대 고대인의 공화정이란 '공민의 활동의 산물'이라는 국가상, 즉 자유인의 자발적 활동에 의해 담보된 공동체적 국가상을 전제로 한 것인 데 반해, 공화정 붕괴

• •
17. 공화정과 군주정의 대비라는 동일한 맥락에 속하는 것으로서는 '국가 체제가 공화정으로부터 군주정으로 이행하는 것에 의해 군사 제도에서 생겨나는 변화'에 대해 프랑스어로 집필된 논문의 일부가 역사 연구 단편의 하나로서 전해지고 있다(Ros 62, 532).

18. 헤겔은 1795년 4월자의 셸링에게 보낸 서한에서 다음과 같이 말하고 있다. '현재 국가 체제의 정신은 이기심과 동맹을 맺고 이기심 위에 지배를 확립하고 있지만, 이념이 지니는 활력은── 설령 조국과 그 국가 체제와 같은 제한을 지니고 있다 하더라도── 사람들의 마음을 높일 것이며, 이에 의해 사람들은 이념에 몸을 바치는 것을 배울 것이다.'(Br 1, 24)

후의 로마는 무수한 톱니바퀴로 이루어진 '기계'라는 권력 기구적 국가관에 의해 특징지어지고 있다. 더욱이 헤겔 자신이 살아가는 근대의 국가는 정치적 자유와는 무관하다는 점에서, 제정기 로마에서의 기계적 국가와 근본적으로 동일하다고 생각되고 있다. 역사 연구 단편의 하나에 따르면 '근대 국가의 내적 관계들'은 고대인과 같은 '자유로운 생활'이 아니라 '법적 형식'에 의해 유지되고 있는바, 거기서는 '신분'에 따른 지위가 사람들에게 할당되고 있을 뿐이어서 어떠한 자도 '행위를 전체로서 행하는' 것이 아니다. 국가에서의 행위는 그 대부분이 '명령 또는 복종'이며, '행위의 전체는 대단히 많은 부분으로 분열되어 있고, 전체 속에 있는 단편만이 각각의 행위자에게 속한다.' 요컨대 '모든 것이 질서지어져 있고, 폭력이 이 질서를 지배하고 있기' 때문에, 대다수의 사람들은 '기계의 톱니바퀴'와 동일한 대체 가능한 존재일 [219]뿐이다(Ros 529).

더 나아가 젊은 헤겔은 공화정의 해체 후에 성립한 기계적 국가상을 근대 국가를 특징짓는 징표로 간주할 뿐만 아니라, 장래에서의 이러한 국가의 사멸도 요구하고 있다. 1796년 초여름에 쓰인 「독일 관념론 최고의 체계 구상」(Nr. 56)에 따르면,[19] '기계의 이념이 존재하지 않는 것과 마찬가지로, 국가(Staat)의 이념은 존재하지 않는다. 왜냐하면 국가는 기계적인 것이기 때문이다. 자유의 대상만이 이념으로 불린다. 따라서 우리는 국가를 초월해야만 한다! 왜냐하면 모든 국가는 자유로운 인간을 기계의 톱니바퀴로서 다루기 때문이다. 국가는 그와 같은 것을 하지 않아야 하는바, 요컨대 국가는 존재하기를 그쳐야 한다.'(W 1, 234f.) 개개인을 넘어선 이념을

●●
19. 이 체계 구상은 1917년에 로젠츠바이크에 의해 비로소 존재가 밝혀졌지만, 사상 내용으로부터 셸링의 체계 구상을 헤겔이 베껴 쓴 것으로 간주되어 왔다(vgl. Dok 455). 이에 반해 횔덜린의 영향 하에 헤겔 자신이 집필했다고 보는 학설이 최근 유력해지고 있는데, 이 장도 헤겔 저자설을 따른다(vgl. O. Pöggeler, "Hegel, der Verfasser des ältesten Systemprogramms des deutschen Idealismus", *Hegel-Studien Beiheft* 4, Bonn 1969, 17-32).

위해 헌신하는 공민의 자발적 활동은 스스로의 영리와 생계에만 배려하는 신민의 수동적 태도로 대체되고, 공민 한 사람 한 사람의 활동에 의해 부단히 유지되는 고대 폴리스는 대체 가능한 다수의 톱니바퀴로 이루어진 기계라는 근대 국가로 변모하고 말았다고 한다. 젊은 헤겔에게 있어 이러한 국가는 '존재하기를 그쳐야' 하는 것인 데 반해, 고대 공화정이 이것을 대신하는 유토피아적인 희망의 상으로서, 요컨대 지나가 버리긴 했지만 재흥되어야 하는 영원한 모범으로서 나타난다. 이와 같이 고대 공화정이 사라져 간 원인을 시대정신 속에서 찾는 젊은 헤겔의 공화주의 사상의 배경에는 지나가 버린 역사상의 한 시기에 대한 관심이나 고대와 근대의 비교를 넘어서서, 이전에 고대인이 살아가고 있던 낙원의 재생을 도래해야 할 시대의 과제로 삼는 장래에 대한 전망이 숨어 있는바, 이러한 역사의 지평이야말로 프랑스 혁명에 의해 열린 것인 것이다.[20]

(2) 하지만 젊은 헤겔은 잃어버린 공화주의의 재생이라는 원초적 정치관에 언제까지나 충실하게 머물렀던 것이 아니다. 오히려 프랑스 혁명으로부터 얻어진 공화주의 이념에 역사적 성찰을 가하는 것에 의해 최초의 입장을 상대화하고 넘어설 수밖에 없었던 것인바, 이러한 새로운 발전의 단서도 같은 시기의 초고로부터 읽어낼 수 있다.

[220]헤겔이 공화주의를 상대화하지 않을 수 없었던 첫 번째 이유는 공화정이라는 정치 형태가 재산의 평등과 사치의 억제라는 사회적 기반에 의해 뒷받침되고 있어, 소유권의 보장이라는 근대 국가의 원리에 역행하고

---

20. 로젠츠바이크는 과거에 잃어버린 그리스적인 것의 되찾음이라는 헤겔의 원초적 역사 관이 실러의 「인간의 미적 교육에 대한 서한」의 영향 하에 성립했다고 지적한다 (Rosenzweig, a. a. O., S. 44). 확실히 실러의 글 중에서 그리스인과 근대인을 대비시키는 제6서한에는 젊은 헤겔과 마찬가지의 기계적 국가관에 기초하는 근대 국가 비판이 발견된다(F. Schiller, *Sämtliche Werke* Bd. 5, hg. v. G. Fricke und H. G. Göpfert, München 1980, S. 583f.).

있었다는 점이다. 공화정의 원리가 평등과 검소함이라는 사회적 조건을 요청한다는 점은 몽테스키외가 일찌감치 지적하고 있었다. 몽테스키외에 따르면 공화정의 원리를 이루는 덕은 민주정 하에서는 '평등에 대한 사랑'과 '검소함에 대한 사랑'으로 이루어지는바, 이에 의해 야심과 소유욕과 같은 개인적 정념을 억제하고 '공화정에 대한 사랑'이라는 일반적 정념에만 몸을 맡길 수 있었다. 고대의 입법자들은 평등과 검소함이라는 원칙을 확립하기 위해 토지를 균등한 동시에 적은 양으로 분할하는 것과 더불어, 이것을 유지하기 위해 농지법을 제정하고 개인의 소유권을 제한했으며, 자산의 공평한 분배에 의해 사치의 가능성을 최소한으로 억제한 국가야말로 이상적인 공화정이라고 여겨졌다(Liv. 5, Chap. 2, 3, 5, 6; Liv. 7, Chap. 1, 2).

헤겔도 소유권에 대한 고대와 근대의 사고방식의 차이가 국가 체제의 존재방식과 밀접하게 관련되어 있다는 점을 지적하고 있다. 역사 연구 단편에 따르면 '근대의 국가에서 재산(Eigentum)의 보장은 전체 입법이 이루어지는 중심이자 공민의 대다수의 권리가 관계되어 가는 중심'인 데 반해, '고대의 많은 자유로운 공화국에서는 엄밀한 소유권(Eigentumsrecht) 이라는, 우리의 모든 정부가 배려하고 우리의 국가가 자랑하는 대상은 국가에 의해 이미 침해되고 있었다.' 왜냐하면 고대의 아테네·로마와 메디치가의 역사가 가르치듯이, '소수의 공민이 지나치게 큰 부를 소유하는 것은 가장 자유로운 국가 체제의 형식에 있어 위험이자 자유 그 자체를 파괴할 수 있다'고 고대인은 알고 있었기 때문이다(Ros 525). 근대 국가가 개인의 재산을 보장하는 것과 교환하여 부의 불균등 분배를 용인하고 공민의 덕의 상실을 감수하는 데 반해, 고대 공화정은 정치적 자유를 확보하기 위해 사치의 형태를 취해 나타나는 자산의 불평등을 배격하고 개인의 소유권에 다양한 규제를 가했던 것이다.

더 나아가 헤겔은 부의 균등 분배와 사치의 억제로 이루어진 공화정의 존립 구조에 기초하여 재산의 평등 원칙에 따라 소유권을 [221]제한한다고 하는 프랑스 혁명에서의 상퀼로트의 사회적 요구—정치적으로는 로베스피에르파가 실행에 옮긴 요구—를 이해함과 동시에, 동시대인의 오해에 맞서 옹호하고 있다. '엄밀한 소유권 가운데 얼마나 많은 것이 공화정의 형식을 지속시키기 위해 희생되어야만 하는가는 하나의 중요한 연구 대상일 것이다. 사람들이 프랑스에서의 상퀼로트주의의 제도가 의도한 재산의 평등을 강화하는 시도의 원인을 그들의 강한 욕망에서만 찾았을 때, 필시 이 제도에 대해 부당한 취급을 했던 것이다.'(525)[21]

그러나 젊은 헤겔은 정치적 자유를 유지하기 위해 재산에 관한 권리를 제한한다고 하는 공화정의 구조뿐만 아니라 개인의 소유권의 보호를 가장 우선시하는 것으로부터 생겨나는 근대 사회의 다양한 문제에도 눈길을 돌리기에 이른다. 로젠크란츠에 따르면 프랑크푸르트 시기의 헤겔은 당시 잉글랜드에서 가장 광범위하게 발달하고 있던 '영리와 소유의 형식들'에 대해 커다란 관심을 지님과 동시에, '영국의 신문으로부터의 발췌'를 작성하고 '구빈세에 관한 의회의 심의'를 정성껏 추적하고 있었다(85). 또한 1799년 2월부터 5월까지 헤겔은 J. 스튜어트의 『경제학 원리 탐구』(1767년)

----

21. G. 르페브르는 프랑스 혁명의 역학을 산출한 의회 내 당파의 항쟁을 의회 바깥에서의 사회 계층들 사이의 역관계에 입각하여 아래로부터 이해함으로써 프랑스 혁명을 귀족의 혁명·부르주아의 혁명·민중의 혁명·농민의 혁명이라는 각각 자율적인 네 개의 혁명의 복합체로서, 이를테면 네 개의 힘의 합성으로부터 생겨나는 하나의 합력으로서 해석했다(G・ルフェーブル『1789年——フランス革命序論』(岩波文庫) 참조). 이 해석에 따르게 되면, 전형적인 부르주아 혁명이라는 통설적인 프랑스 혁명관은 혁명 전체의 합력의 하나를 이루는 부르주아의 혁명이라는 중심적 계기에만 주목했던 것이며, 이에 반해 젊은 헤겔의 프랑스 혁명관에 두드러지는 고대적인 특징을 부여하는 것은 바로 혁명의 또 하나의 원동력을 이루고 있던 민중의 혁명·농민의 혁명이라는 측면이라고 말할 수 있을 것이다. 본문의 인용 부분은 젊은 헤겔의 공화주의관이 사회적으로는 상퀼로트의 운동과 친화적 관계에 놓여 있다는 것을 보여준다. 다른 한편으로 헤겔은 일찍이 1794년 12월자의 셸링에게 보낸 서한에서 국민공회의 의원 카리에가 길로틴에서 처형되었다는 프랑스의 신문 기사를 읽었는지의 여부를 물은 후, '이 재판은 대단히 중요하며, 로베스피에르 일파의 저열함을 모두 공개하고 말았다'고 말하여, 정치적으로는 로베스피에르파를 혹독하게 비난하고 있다(Br 1, 12).

독일어역의 주해를 집필하는데, 거기에는 '시민 사회의 본질, 욕구와 노동, 분업과 신분들의 자산, 구빈 제도와 행정, 조세 등에 관한 헤겔의 모든 사상'이 집약되어 있었다고 전해진다. 이 주해는 후에 분실되어 남아 있지 않지만, 로젠크란츠에 따르면 거기서 '헤겔은 경쟁의 한가운데 놓여 있는 노동과 거래의 기구 속에서 인간의 심정을 구하고자 노력하는 가운데, 고귀한 열정을 담아 흥미로운 실례를 풍부하게 사용하여 중상주의라는 죽은 것과 싸웠다'고 한다(86).[22] 당시의 헤겔이 여전히 공화주의적인 접근 태도를 지니고 있었다 하더라도, 이러한 작업들에 의해 그가 알게 된 영국의 시장 경제는 그 자신이 이 근대 세계에서 실제로 생활하고 있으며, 그로부터 벗어날 수 없다고 하는 역사적인 제약 조건을 헤겔로 하여금 의식하게 만들었을 것이다.

이것과 관련하여 주목해야 하는 것은 1799년에 쓰인 「그리스도교의 정신과 그 운명」의 주요 부분에서 재산이 필연적인 [222]·운명'(Schicksal)으로서 말해지고 있다는 점이다. 1798년 가을부터 겨울에 집필된 유대교의 정신을 논의한 초고(Nr. 82)에서는 '부의 불평등이 자유를 위협하는 위험을 스스로의 국가로부터 제거하기 위해' 재산에 관한 권리를 다양하게 제한한 그리스의 입법자 솔론과 뤼쿠르고스의 행위가 아무런 의심도 받지 않고, 그리스 민주정에서는 '모든 자가 자유롭고 자립적이었다'는 증거로서 찬양되고 있었다(Nohl 254f.). 그러나 다음 해에 집필된 그리스도교의 정신을 논의한 초고(Nr. 89)에서 생활에 대한 배려를 버리고 부를 경멸할 것을 요구하는 예수의 가르침은 '설교와 격언시에서만 허락되는 상투어'이자

---

22. 푀겔러는 '심정'(Gemüt)이라는 말이 실러나 젊은 헤겔에게서는 인간의 삶 전체를 의미하고 있었다는 점에 주목하고, 스튜어트 경제학 주해는 고대 폴리스에서의 인간의 존재방식을 이상으로 하는 입장에서 이루어진 영국 경제학 비판이었다고 추정하고 있다(Pöggeler, "Hegels praktische Philosophie in Frankfurt", 96f.). 이에 반해 루카치는 운명으로서의 재산이라는 관념 속에서 헤겔의 경제학 연구의 직접적 성과를 발견하고 있다(Lukács, a. a. O., S. 288-290).

'우리에게 있어 아무런 진실도 지니지 않는다'고 하여 물리쳐지고 있다. '재산이라는 운명은 우리에게 있어 너무나 강대하게 되었기 때문에, 그것을 반성하는 것에 대해서는 견딜 수 없으며, 우리로부터 분리하는 것도 생각될 수 없을 정도이다.'(273) 더 나아가 「1800년의 체계 단편」(Nr. 93)에서도 '재산의 필연성'은 이미 '폐기될 수 없는' 것과 같은 '운명'으로 불리고 있다(349f.). 이와 같이 재산을 필연적인 '운명'으로 보는 사상[23]이 생겨났던 배경은 뒤에서 국가와 종교의 관계를 고찰할 때에 다시 검토되지만, 어쨌든 재산이 '우리'에게 있어 벗어날 수 없는 '운명'이라고 말해질 때 거기서 자각된 것은 헤겔 자신을 제약하고 있는 근대 세계의 조건, 이를테면 역사적 차원에서의 존재 구속성인 것이다.

이러한 재산의 필연성과 더불어 헤겔이 공화주의 이념을 상대화하지 않을 수 없었던 두 번째 이유는 국가 규모의 확대에 따라 통치 형태도 변경을 강요받았다는 점이다. 몽테스키외는 공민이 서로 얼굴을 알고 있는 소규모의 공동체에서만 공공 이익에 전념할 수 있고 구성원의 수가 늘어남에 따라 이익이 개인화되어 간다고 하는 이유로부터, 소규모 국가의 특질은 공화정의 통치이고 중간 정도의 국가의 특질은 한 사람의 군주에 대한 복종이며 대제국의 특질은 한 사람의 전제 군주의 지배라고 말했다 (Liv. 8, Chap. 16-20; Liv. 4, Chap. 7). 헤겔도 공화 정체의 실현은 소규모의 국가에서만 가능하며, 국가의 규모 확대는 정치적 자유의 유지와는 양립하기 어렵다고 주장한다. 역사 연구 단편에 따르면 [223]이전에 페리클레스가 추도 연설에서 사용한 '우리'라는 표현은 '소규모의 자유로운 국가에서의 인민 집회(Volksversammlung)'에서 비로소 진실성을 지니고 있었다. 그러나 '공민의 수가 증대됨에 따라 우리라는 말은 이 말을 입에 올리는 자에게

* *
23. 로젠츠바이크는 처음으로 운명으로서의 재산의 사상에 주목하고, 새로운 재산관을 1798년 겨울의 '사상의 전환'의 일환으로서 해석했다(Rosenzweig, a. a. O., S. 159ff., vgl. Lukács, a. a. O., S. 238f.; Pöggeler, "Hegels praktische Philosophie in Frankfurt", 94).

있어 소원한 것으로 되어간다. 개개인이 하나의 행위에 관여하는 비율은
대단히 적기 때문에, 이 행위를 자신의 행위로서 말할 수 없게 된다.'
요컨대 대규모화된 국가에서 개인은 오로지 '전체에 의해 지배되는 객체'이
고 그 행위는 '무한히 작은 하나의 단편'에 지나지 않기 때문에, '대규모이자
자유로운 국민'이라는 표현은 현실에서는 있을 수 없는 논리적인 '자기모
순'이라고 여겨지는 것이다(Ros 520).[24]

공화정의 존속이 국가의 규모에 좌우된다고 하는 통찰은, 파리라는
하나의 도시에 한정되지 않고 프랑스의 광대한 영토에 공화정의 통치를
수립하고자 하는 프랑스인의 시도의 성공 여부를 생각할 때, 그것이 처음부
터 커다란 어려움에 부딪쳐 있다는 것을 헤겔로 하여금 자각하게 했을
것이다. 특히 1798년의 라슈타트 회의의 진행에 따라 영토 확장에 의한
대국화를 지향하는 프랑스 측의 야심이 서서히 분명해져 갔을 때, 프랑스
공화정의 앞길에 대한 헤겔의 전망은 비관적으로 되지 않을 수 없었다.
그리고 이 회의가 결렬되기 직전인 1799년 초에 헤겔은 베른과 뷔르템베르
크와 같은 소규모의 주・영방에서 프랑스에 따른 공화정의 수립을 기대하
는 종래의 태도를 고쳐 독일 제국의 전 영역으로 시야를 확대하고, 프랑스와
다른 독일 고유의 길을 모색하기 시작하는 것이다. 헤겔이 보기에 이
제국에서 정치적인 권력과 권리는 제후・도시・단체와 같은 국가의 개개
의 부분이 자력으로 획득한 것인바, 전체의 조직에 따라서 정해진 관직이나
권한이 아니다. 요컨대 개인이 사적으로 획득한 것이 사후적으로 공적
권리로 여겨졌을 뿐이며, '점유가 법률에 선행하여 존재했다'고 말해질

----

24. 국가의 규모 확대에 따른 공화 정체의 변경을 종교 차원으로 번역하면, 그리스도교의
   보급에 따른 신도 공동체의 변질 문제가 된다. 헤겔은 1794년의 단편(Nr. 41)에서
   원시 그리스도교의 발전을 염두에 두는 가운데, 구성원으로 되는가 아닌가가 각
   사람의 자유인 것과 같은 '작은 집단(Gesellschaft)의 제도와 법률은 커다란 정치
   사회(bürgerliche Gesellschaft)로 확장되면 이미 적절하지 않게 된다'고 지적하며(Nohl
   44), 1795년의 「그리스도교의 실정성」(Nr. 53)에서는 교단의 규모 확대에 따른 내부
   관계의 변질을 논의하고 있다(Nohl 166-169).

수밖에 없는 것이다. '독일의 국법은 그 법적 원천에서 보면 본래는 사법이 며, 정치적 권리란 합법적 점유권, 즉 소유권(Eigentum)이다.'(Dok 285) 이와 같이 정치적 권리뿐만 아니라 모든 것을 개인의 사적 소유로 환원해 버리는 독일 제국 체제의 존재방식은 공적 관계를 사적 계약 [224]관계로부 터 창출해 가는 중세 게르만 세계에 특유한 봉건제 질서의 특질을 뚜렷하게 보여주는 것이지만, 신성 로마 제국에 보존된 게르만적 정치 질서의 원형은 개인의 재산에 대해 생각대로의 정치적 규제를 가한 고대의 공화정에 비교하면 이를테면 전도된 세계에 다름 아니었다.

이와 같이 재산에 대한 태도와 국가의 규모라는 점에서 고대 공화정과는 대극에 위치하는 신성 로마 제국과 영국 시장 경제의 현실과 직면함으로써 젊은 헤겔은 자신의 역사적인 제약 조건을 자각하지 않을 수 없었다. 요컨대 헤겔은 자기 자신이 소속해 있는 생활 세계의 현실에 대해 고대 폴리스로부터 얻어진 공화주의적 이념을 대치시키는 것만으로는 구체제를 대체하는 새로운 질서의 구축이라고 하는 프랑스 혁명이 제기한 과제가 해결될 수 없다는 것을 통감했던 것이다. 과거에 잃어버린 것을 다시 되찾는 것이 아니라 오히려 근대 고유의 조건 하에서 공화주의의 이상을 다른 방식으로 재생하는 방도를 찾는 것, 이것이야말로 혁명에 배반당한 경험을 공유하는 세대의 일원으로서 젊은 헤겔이 스스로에게 부과한 사상 적 과제였다. 그리고 프랑크푸르트 시대의 말기인 1799년 무렵을 경계로 하여 보이는 새로운 발전에의 맹아는 1801년에 예나로 이주한 후에 헤겔이 시도한 정치 구상 속에서 간취될 수 있다. 하지만 다음 시기로 옮겨가기 전에 '청년 시대의 이상'이라고 불렸던 것을 이상적 종교의 구상이라는 다른 시각으로부터 살펴보고자 한다.

제2절 베른 시기 헤겔의 종교 구상

헤겔은 1795년 4월에 셸링에게 보낸 서한에서 다음과 같이 말하고 있다. '종교와 정치는 지금까지 결탁해 왔다. 종교는 전제주의가 바랐듯이 인류를 경멸하고, 인류에게는 선을 이룰 능력이 없으며 자기 스스로는 아무것도 할 수 없다고 가르쳐 왔다. 어떻게 존재해야 하는가라는 이념이 보급됨에 따라 언제까지라도 모든 것을 존재하는 그대로 받아들이는 태연자약한 [225]사람들의 나태한 태도는 사라질 것이다.'(Br 1, 24) 이와 같이 전제 정치와 기성 종교가 결탁해 왔다고 하는 시대 인식 하에서는 구체제에 대한 비판이 기존의 종교의 존재방식에까지 미치게 되고, 공화주의 이념에 대응하는 존재해야 할 종교의 이상이 추구되는 것은 놀랄 일이 아니다. 하지만 정치관의 경우와 달리 헤겔이 이상적 종교의 존재방식으로 생각하고 있는 것의 내용은 결코 일의적이지 않다. 왜냐하면 베른 시기로부터 프랑크푸르트 시기에 걸쳐 그의 사상적 발전이 진행됨에 따라 참다운 종교에 관한 구상의 전환이 보이기 때문이다. 그리하여 이 제2절에서는 베른 시기 헤겔의 종교 구상을, 다음 제3절에서는 프랑크푸르트 시기 헤겔의 종교 구상을 그 근저에 놓여 있는 철학적 사유 및 국가와 종교의 관계에 대한 이해에 주목하여 살펴보고자 한다.

(1) 종교와 정치의 결탁을 프랑스 계몽과 마찬가지로 비판하는 헤겔의 말은 독일의 맥락에서는 종교 개혁 이후 저항의 정신을 상실하고 영방 군주에게 보호받는 영방 교회제에 안주하고 있던 독일 프로테스탄티즘에 대한 비판으로서 이해될 수 있다. 그러나 거기서 구체적으로 생각되고 있었던 것은 헤겔이 횔덜린 및 셸링과 함께 배운 튀빙겐의 신학 교사들인바, 특히 '학문적인 정통 신학의 최후의 아성' 튀빙겐에 군림하고 있던 신학 제1강좌의 주임 교수 슈토르(G. Ch. Storr)였다.[25] 당시에는 프로테스탄트

• •
25. 헤겔은 1794년 12월 말에 튀빙겐 신학원에 대해 '아마도 거기만큼 구제도가 그대로 살아남아 있는 곳은 없을 것이다'라고 셸링에게 이야기하며, 95년 1월 말에는 '정통

신학 내부에서도 제믈러(J. S. Semler)에 의해 문헌학적 수법을 사용한 성서 비판이 추진되고, 신학 외부에서는 칸트의 도덕 신학이 초자연적 계시가 아니라 인간에게 생득적인 이성의 능력에 의해 신에 대한 신앙을 근거짓고자 하고 있었다. 이러한 계몽이 진행되는 시대에도 슈토르와 그의 충실한 제자 플라트(J. F. Flatt)를 비롯한 튀빙겐의 신학 교수는 '신학상의 자연주의'를 배제하고, 신의 은총과 성서의 권위에 호소하는 초자연주의 교의를 고수하고 있었다. 프랑스 혁명이 가져온 해방의 숨결을 들이마시고 칸트의 비판서를 바이블로 하고 있던 튀빙겐의 철학 청년에게 있어 시대정신에 역행하는 [226]슈토르의 루터파 정통 신학은 프로이센의 관리로부터 '당시에 유례없는' 엄격함으로 평가된 신학교의 규율과 이것에 보호를 베풀고 있던 뷔르템베르크 공국의 구체제와 함께 혁명해야 할 것으로 받아들여졌던 것이다.[26]

하지만 칸트 철학을 이용하여 정통 신학의 교의에 이의를 제기함으로써 신학원에서 쫓겨난 보습 교사 디츠(C. I. Dietz)처럼 칸트 철학의 보급에 따라 튀빙겐의 젊은 교사들로부터도 반역자가 나오는 사태에 이르자, 정통 신학 측은 칸트의 도덕 철학이 정통 신학의 교의와 양립한다는 것을

• •
신학은 그 직업이 세속의 이익과 결합하여 국가 전체 속에 짜 넣어져 있는 한에서 흔들릴 수 없다'고 말하여 종교와 정치의 결탁 내용을 분명히 하고 있다(Br 1, 12, 16).

26. D. Henrich, "Historische Voraussetzungen von Hegels System", in: *Hegel im Kontext*, Frankfurt a. M. 1967, S. 41-72, 여기서는 54f. 로젠크란츠는 튀빙겐 신학원에서 헤겔 등이 체험한 엄격한 수도원적 생활을 전해준다. '셸링에게 보낸 서한으로부터도 알 수 있듯이, 헤겔은 전체로서 대학의 수업에 만족하지 못했다. 이것에는 네카 강변에 아름답게 가로놓인 신학부, 이른바 신학원이 지니고 있던 수도원적이고 지독하게 엄격한 분위기가 크게 관계되어 있었다고 생각된다. 이 오랜 아우구스티누스파 수도원 속에서 교수와 보습 교사들에 의한 특별한 감시를 받으며 생활하고 있던 학생들은 학생들 사이에서도 독특한 세계를 형성하고 있었다. 그들은 시내에서는 '학원생'으로 불린다든지, 아니면 그들의 복장이 엄격하게 규제되고 있었던 것에서 농담 반 진담 반으로 '검은 옷의 사람들'로 불린다든지 하고 있었다.'(Ros 26)

논증하는 대응책을 강구하게 된다. 슈토르는 『칸트의 철학적 종교론에 대한 주해』(1793년)에서 행복에 대한 희망 없는 도덕 법칙은 의지를 규정하는 충분한 근거가 될 수 없다는 것, 요컨대 신에 대한 신앙 없는 의지의 자율은 행위를 규정하기에는 빈약한바, 종교 없는 도덕성은 불충분하다는 것을 어디까지나 칸트에 내재적인 방식으로 증명하고자 시도했다. 튀빙겐의 정통 신학은 이러한 교묘한 방식으로 '자율과 권위로 이루어진 기괴한 형태를 한 아말감'을 만들어내고, 칸트의 비판 철학으로부터 성서의 권위에 있어 유해한 독을 제거하여 이것을 신학적으로 무해한 존재로 길들이고자 했다.[27] 그러나 자율의 철학을 권위의 신학을 옹호하는 수단으로서 이용한다고 하는 역설적인 사건은 튀빙겐의 철학 청년에게 있어 칸트 본래의 가르침을 왜곡하고 그 취지를 전도시키는 칸트 철학의 왜소화로 받아들여졌다.[28] 그리고 1793년 이후 젊은 헤겔이 셸링과 함께 경험하는 최초의 사상적 전기는 그들의 공통의 적이었던 정통 신학의 노선 전환으로부터

- -

27. D. Henrich, "Philosophisch-theologische Problemlagen im Tübinger Stift zu Studienzeit Hegels, Hölderlins und Schellings", in: *Konstellationen, Probleme und Debatten am Ursprung der Idealistischen Philosophie (1789-1795)*, 1991 Stuttgart, S. 171-213, 여기서는 203. 헨리히에 따르면 칸트 자신이 행복에 대한 희망 없이 도덕 법칙은 행위의 실행을 촉진하는 동기짓기로 될 수 없다고 『순수 이성 비판』에서 인정하고 있는바, 슈토르에 의한 칸트 철학의 재해석은 칸트의 초기 이론에 내재하는 이론적 약점에 올라타는 형태로 행해졌다고 한다(vgl. Henrich, *Hegel im Kontext*, S. 48f.).

28. 헤겔이 셸링에게 보낸 서한에서 '칸트의 종교론에 대한 슈토르의 반론'에 대해 언급한 것에 대해, 셸링은 1795년 1월 초의 답장에서 '우리는 [칸트의] 철학으로부터 모든 것을 기대하고, 철학이 튀빙겐의 사람들에게 가져온 충격이 쉽게 쇠퇴하지 않기를 원해 왔지만, 유감스럽게도 실제는 그렇게 되고 있다'고 신학원의 현 상황을 전하고, '이제 가능한 한에서 모든 교의는 실천 이성의 요청이라고 단정되고 있다'고 한탄한다 (Br 1, 13f.). 셸링은 같은 해 2월에는 '신학자의 행패에 분노한 나머지 차라리 풍자로 도피하는 길을 찾고, 암흑의 시대에 부가된 것도 모두 포함하여 교의학 전체를 [칸트가 말하는] 실천적인 신앙 근거 탓으로 해버리려고 지금까지 몇 번이나 생각했다'고 분노하고, 같은 해 7월에는 '무지, 미신, 망상이 서서히 도덕성의 가면을, 좀 더 위험한 것으로는 계몽의 가면을 쓰고 말았다'고 경고를 발하고 있다(Br 1, 21, 27).

이해될 수 있다.

베른 시기에 대한 고찰에 들어가기 전에 우선 1793년 이전, 튀빙겐 시대의 헤겔의 종교 구상을 「국민 종교와 그리스도교」라는 제목이 붙은 초고 가운데서 신학원 시대에 속하는 부분(Nr. 32, Nohl 3-29)에 입각하여 살펴보자. 1792-93년에 쓰인 이 초고에서는 사상적 종교가 충족시켜야 할 요건으로서 세 개의 조건이 들어지고 있다. 첫째로, 참다운 종교란 '신을 정신과 진리에서 숭배하고, 덕만이 신에 대한 봉사다'라고 믿는 종교, 요컨대 이성이 명령하는 도덕 법칙에 대한 복종에만 근거지어진 '이성 종교'(Vernunftreligion)일 것이 요구된다. 이에 반해 '의지 그 [227]자체 가 선인 것 이외의 방법에 의해 신의 뜻에 적합할 수 있다'고 믿는 종교, 요컨대 행복에 대한 희망과 신에 대한 두려움과 같은 도덕 법칙 이외의 표상에 근거지어진 종교는 '주물 신앙'(Fetischglauben)이라고 불리며, '주 물 신앙을 점차 이성 종교로 이끌어 주물 신앙을 제거하는' 것이 모든 종교의 과제라고 여겨진다(Nohl 17). 주물 신앙을 비판하는 이성 종교의 입장은 칸트 『순수 이성의 한계 내에서의 종교』(1793년)로부터 얻어진 것이지만,[29] 헤겔은 칸트의 도덕 철학을 받아들이는 한편, 결정적인 점에서 이에 대해 거리를 취하고 있다. 칸트는 일체의 경향성을 배제하고 도덕 법칙에만 기초하여 의지 결정이 이루어질 것을 요구하는 데 반해, 헤겔은 루소의 영향 하에서 도덕 법칙에 의해 다스려야 할 '나쁜 경향성'과 더불어 그것 자체로 이성과 동일한 효과를 미칠 수 있는 '좋은 경향성'의 존재를 인정하고 구체적인 예로서 '사랑'을 들고 있다(18f.).

---

29. 칸트에 따르면 '참다운 유일한 종교'는 '우리가 …… (경험적으로가 아니라) 순수 이성에 의해 계시된 것으로서 승인하는 것과 같은 실천적 원리', 즉 도덕 법칙으로만 이루어지지만, '주물 숭배'(Fetischmachen)는 '그것 자체로서 신의 뜻에 적합한 것(도덕 적인 것)을 포함하지 않는 행위를 곧바로 신의 뜻에 적합한 수단으로서, 그리고 스스로 의 원망을 충족하는 수단으로서 사용하는' 것인바, 양자의 구별이야말로 '참된 계몽'의 과제라고 한다(KW 8, 838, 850-852).

둘째로, 감성에 대한 높은 평가는 인간의 마음에 호소하는 '주체적 종교'의 요구에서 두드러지게 나타난다. 헤겔은 '지성(Verstand)과 기억력'에 기초하여 교의 체계의 정비와 주입을 목적으로 하는 신학을 '객체적 종교'(objektive Religion)라고 부르며 비판하는 한편, 교의를 신의 존재와 영혼의 불사에 한정하고 인간의 '마음'(Herz)과 '감정'에 작용하는 종교를 '주체적 종교'(subjektive Religion)라고 부르며, 이것이야말로 참된 종교라고 생각한다(6-11). 이와 같이 종교를 '마음에 속하는 사항'으로 파악하는 입장은 레싱이 『현인 나탄』에서 전개한 관용론을 끌어들여 설명된다. 헤겔에 따르면 '그대들의 눈에서 보아 나를 그리스도교도로 만드는 것이 나의 눈에서 보아 그대들을 유대교도로 만든다'고 나탄이 말할 수 있었던 것은 '종교는 마음에 속하는 사항이며, 마음은 지성이나 기억력이 상정하는 교의와는 자주 모순된 행동을 하기' 때문인바, 마음에 호소하는 주체적 종교야말로 다른 종파 간의 관용을 가능하게 한다고 한다(10). 더 나아가 심정주의적 종교관으로부터 행하는 신학 비판이 '지성에 의한 계몽'에 대한 비판과 결부되어 있다는 점이 주목된다. 루소나 헤르더가 계몽에 의한 앎의 진보 속에서 덕의 퇴보를 발견했듯이, 헤겔도 '지성의 계몽은 사람을 현명하게 하는 것이라고는 [228]할 수 있어도 선량하게 한다고는 할 수 없는' 한에서, '마음의 선량함과 순수함'에 대해 지성은 '자기애의 하인'으로서 종속적 입장에 머문다고 생각한다(12, 15).[30]

셋째로, 이상적인 종교는 '개개인의 도덕성을 교화하는 것'을 목적으로 하는 '사적 종교'(Privatreligion)에 머물지 않고, '국민의 정신을 교화하는 것'을 목적으로 하는 '공적 종교'(öffentliche Religion) 내지 '국민 종교'(Volksreligion)일 것이 요구된다(27). 국민 종교는 그리스도교가 '시선을 언제나 위쪽을

30. 로이트바인에 따르면 '헤겔에게 있어 영웅은 장 자크 루소였다'고 하며, 『에밀』, 『사회 계약론』, 『고백』이라는 책들이 들어지고 있다(Henrich, "Leutwein über Hegel", 56, vgl. 60). 헤겔이 헤르더의 저작에 친숙했다는 것은 횔덜린의 서한으로부터 엿볼 수 있다(Br 1, 19).

향해 신의 나라의 시민이 되도록 사람들을 교육하는' 것과는 달리, '생활의 모든 요구, 국가에서의 공적인 활동과 결부되는 것이어야만 한다.'(27, 20) 동일한 이상을 향해 종교와 정치가 제휴해야 한다는 젊은 헤겔의 사상은 '공정公定 종교'(religion civile)라는 루소의 사상으로부터 얻어졌다고 생각된다. 『사회 계약론』에 따르면 '로마의 그리스도교'처럼 국가와 교회라는 두 개의 조국을 주고 공민과 신도라는 이중의 의무를 부과하는 '성직자의 종교'(religion du prêtre)는 정치적 통일을 파괴하고 인간을 자기 자신과 모순하게 만드는 제도로서 부정된다. 하지만 '그리스도교의 정신'을 이루는 피안의 나라라는 관념이 국가와 교회라는 '이중의 권력' 사이의 '끝없는 관할 경쟁'을 불가피하게 하는 한에서, '복음서의 종교'처럼 내면적인 신의 예배와 도덕에 대한 영원한 의무에 한정된 '인간의 종교'(religion de l'homme)도 공민의 마음을 국가로부터 분리하는 것으로 비판된다. 이에 반해 루소는 정치 사회의 정점에 신이 놓이고 종교가 국가의 법에 결부되어 있던 고대 그리스·로마를 염두에 두는 가운데, 홉스를 따라 분열된 '수리의 두 머리'를 하나로 통합하여 국가의 일체성을 회복해야 하는 것으로서 '공정 종교'를 구상했다. '국민 종교'라는 헤겔의 사상에서는 고대 그리스·로마의 전통에 이어지는 루소의 종교 사상의 영향을 간취할 수 있다.[31]

이와 같이 튀빙겐 시대의 헤겔은 기성의 그리스도교를 주물 신앙·객체적 종교·사적 종교라는 세 가지 점에서 비판함과 동시에, 이성 종교·주체적 종교·국민 종교라는 3자의 복합으로 이루어지는 것과 같은 이상적 종교를 구상하고 [229]있었다. 하지만 이러한 종교 구상이 과연 전체로서 수미일관성을 주장할 수 있는가 하면, 그것은 다음과 같은 두 가지 점에서

31. Cf. J.-J. Rousseau, *Œuvres complètes* tome 3, Paris 1964, pp. 464f., 460-463. 루소는 Volksreligion의 원어로 생각되는 religion nationale을 religion civile의 동의어로서 두 번 사용하고 있다(*ibid.*, pp. 467, 469). 루소의 공정 종교가 젊은 헤겔의 종교 구상에 준 영향에 대해서는 藤田正勝 『若きヘーゲル』(創文社) 35쪽을 참조.

이론적으로 의심스럽다. 첫째로, 참다운 종교의 '교의는 보편적 이성에 기초해야만 한다'는 이성 종교의 요구와 '그때 상상력·마음·감성이 공허한 것이 되어서는 안 된다'는 주체적 종교의 요구(Nohl 20) 사이에서 생기는 충돌을 이성과 감성의 협동이라는 방식으로 조정하게 되면, 칸트의 도덕 철학을 부분적으로 수정할 뿐만 아니라 이것과 이질적인 원리를 승인하게 된다. 왜냐하면 칸트에게서는 이성과 감성이라는 인간 능력의 구별은 예지계와 감성계라는 두 개의 세계의 구별에 대응하고, 감성에 대한 이성의 우위가 그의 도덕 철학의 핵심을 이루는 이상, 양자를 대등한 자격으로 결합하는 것은 칸트 철학의 근간을 뒤집어엎게 되기 때문이다.

둘째로, 국민정신을 교화하기 위해 종교와 정치가 손을 잡아야 한다는 국민 종교의 요구는 '세속의 재판권에 대한 개입'과 '사적 검열', '성직자의 지배'를 금지하는 이성 종교의 요구에 저촉될 가능성을 내포한다(23). 따라서 루소도 '원시 민족의 종교'와 같이 특정한 나라에서 제도화되어 그 나라 고유의 수호신을 부여하는 '공민의 종교'(religion du citoyen)를 사람들을 미신적이고 불관용적으로 만드는 배타적인 종교로 비판한 다음, '인간의 종교'에서의 국가로부터의 인심의 이반과 '공민의 종교'에서의 미신과 불관용이라는 쌍방의 결함을 함께 극복해야 하는 것으로서 '공정 종교'를 자리매김하고 있었다. 이 종교는 '그것 없이는 좋은 공민으로도 충실한 신민으로도 될 수 없는 그러한 사회성의 감정'을 신앙 조항으로 하는 '순수하게 세속적인(civil) 신앙 고백'이며, 교의로서는 신의 존재, 사후의 삶, 사회 계약과 법의 신성함을 긍정하고, 불관용을 부정한다고 한다.[32] 이러한 방식으로 루소는 '공민의 종교'와 '인간의 종교' 사이에 균형점을 만들어내고자 했지만, 헤겔에게서 과연 국민 종교와 이성 종교 사이에서 마찬가지의 균형이 유지되고 있는가 하면, 그것은 루소의 경우 이상으로 의심스럽다. 그렇기는커녕 젊은 헤겔에게서는 대체로 두 종교의

••
32. Cf. Rousseau, *ibid*., pp. 464f., 468f.

충돌 가능성을 자각하고 숙고한 흔적을 발견할 수 없는 것이다.

[230]이리하여 튀빙겐 시대의 구상에서 이성 종교, 주체적 종교, 국민 종교라는 세 개의 요구는 충분히 분화되지 않은 채 행복한 조화 속에 머물러 있으며, 이성 종교와 주체적 종교, 이성 종교와 국민 종교의 관계가 이론적 맹점으로서 남아 있었다. 하지만 이성과 감성, 국가와 종교의 관계라는 두 가지 점에 관한 태도 결정이야말로 후의 헤겔이 베른 시기와 프랑크푸르트 시기에 각각 다른 방식으로 해답을 강요받은 문제인 것이다.

(2) 튀빙겐 시대의 구상을 염두에 둔 데 기초하여, 다음으로 베른 시기 헤겔의 종교 구상을 「그리스도교의 실정성」이라는 제목의 초고(Nr. 53)를 중심으로 살펴보자. 1795년 11월까지 집필된 이 초고에서는 '모든 참된 종교의 목적과 본질은 인간의 도덕성(Moralität)이다'라는 원칙이 처음에 내걸리며,[33] '도덕적 종교'로서의 '이성 종교'의 원칙에 기초하여 '실정적 종교'(positive Religion)라고 불리는 기존의 그리스도교가 비판된다. 헤겔에 따르면 이성 종교는 '자기 자신에게 법을 부여한다'고 하는 '모든 인간이 지니는 이성의 권리'에 기초하여 스스로 세운 법에만 따르는 의지의 자율을 원리로 하는 데 반해, 실정적 종교는 '권위(Autorität)에 기초를 지니고 인간의 가치를 도덕(Moral)에 놓지 않는 또는 도덕에만 놓지 않는 종교'를 가리키며, 성서와 인격이라는 주어진 권위에 무비판적으로 복종하는 의지의 타율을 원리로 한다(Nohl 153, 155, 212). '유일하게 도덕적인 동기란 도덕 법칙(Sittengesetz)에 대한 존경이며, 이것은…… 내면으로부터 도덕

••
33. 튀빙겐 시기와 베른 시기의 헤겔은 칸트의 용법에 따라 Moralität와 Sittlichkeit, Sitte를 같은 뜻의 개념으로서 사용하고 있으며, 모두 '도덕성'으로 번역한다. 같은 이유에서 후에 나오는 das moralische Gesetz, das sittliche Gesetz, Sittengesetz도 모두 '도덕 법칙'으로 번역한다. Moralität와 같은 뜻으로 사용되는 Sittlichkeit 개념은 이어지는 프랑크푸르트 시기에 사라지지만, 예나 시기에는 Moralität로부터 구별된 독자적인 개념으로서 다시 나타난다.

법칙을 산출하는 주체에서만 창출될 수 있다. 그러나 그리스도교는 도덕 법칙(das moralische Gesetz)이 우리의 바깥에 놓여 있는 주어진 것이라고 가르친다.'(212)

　여기서 헤겔은 이성적 의지의 자율로부터 신에 대한 신앙을 근거짓고자 한 칸트의 도덕 철학을 튀빙겐 시대보다 더 명확한 방식으로 받아들이고 있다.[34] 더욱이 칸트의 도덕론에서는 신의 나라와 지상의 나라라는 그리스도교 특유의 이원론이 예지계와 감성계라는 두 개의 세계의 구별로 받아들여지고, 이로부터 도덕 법칙에 따르는 이성이 경향성보다 우월하다고 하는 [231]인간 능력의 서열이 도출되고 있었다. 『도덕 형이상학의 정초』(1785년)에 따르면 이성적 존재자는 감성계에 속하는 한에서 타율적이고 경향성이라는 자연 법칙에 따라 행복 추구를 행동 원리로 하는 데 반해, 예지계에 속하는 한에서 자율적이고 보편적인 도덕 법칙에 따라 도덕성을 행동 원리로 한다(KW 7, 86ff.). 헤겔은 예지계와 감성계라는 두 세계론과 함께 이성이 감성보다 우위에 선다는 이성주의를 칸트로부터 받아들이고 있다. 앞의 초고(Nr. 53)에 따르면 보편적으로 타당한 진리는 본성상 '이성의 본질에만 기초하며, 이성에게 있어 우연적인 외적 감성계의 현상에 기초할 수 없다'고 하며(Nohl 161), 1795년 5월부터 7월에 쓰인 다른 초고(Nr. 50)에 따르면 '신과 이성에 대한 봉사와 감성에 대한 봉사는 서로 양립하지 않으며, 양자 가운데 한편은 다른 편을 배제한다'고 한다(Nohl 85f.). 하지만 헤겔은 좀 더 나아가 신의 존재와 그로부터 생겨나는 행복에 대한 희망 없이 의지의 자율이 완전하다고 주장하고, 칸트 도덕

••
34. 베른 시기의 헤겔이 칸트의 『실천 이성 비판』(1788년)을 연구했다는 것을 보여주는 증거로서 로젠크란츠는 '몇 개의 주해가 붙은 『실천 이성 비판』으로부터의 발췌'를 들고 있지만, 이 발췌는 남아 있지 않다(Ros 86f.). 헤겔은 정언 명령의 세 가지 요소 가운데 의지의 자율에 중점을 두고서 칸트의 도덕 철학을 받아들이고 있는데, 거기서는 '스스로 부과한 법에 따르는 것이 자유다'라는 루소의 '도덕적 자유'(liberté morale) 사상의 영향을 읽어낼 수 있다.

철학을 신에 대한 신앙으로부터 분리하고자 시도한다. 1795년의 겨울에 쓰인 초고(Nr. 54)에 따르면 신에 대한 도덕적 신앙이란 바로 '이성은 절대적이고 그것 자신에서 완전하다고 하는 의식이 결여되어 있다'는 것을 보여주며, '이성의 무한한 이념은 소원한 불순물을 섞지 않고서 순수하게 그것 자신으로부터 창출되어야만 한다'고 한다(238).

이와 같이 베른 시기 헤겔이 의지의 자율과 이성의 우위라는 칸트 철학의 원리를 충실하게 수용할 뿐만 아니라, 그의 도덕 철학으로부터 신의 신앙에 관계되는 요소를 배제하고자 애쓰고 있는 것은 처음에 말한 튀빙겐의 신학적 문제 상황으로부터 이해될 수 있다. 헤겔이 신학원 재학 중의 셸링에게 '칸트의 체계와 그 최고의 완성으로부터 독일에서의 혁명을 기대하고 있다'(Br 1, 23)고 말했듯이, 칸트의 비판 철학은 튀빙겐의 철학 청년이 구체제 및 이것과 결탁한 정통 신학에 저항을 시도하는 데 있어 사상적 무기를 제공하는 것으로 받아들여지고 있었다. 그러나 1793년에 이르러 슈토르를 비롯한 튀빙겐의 신학 교수들은 칸트를 이용하여, 그것도 칸트의 의도에 반하여 신에 대한 신앙 없는 의지의 자율은 불충분하고, 도덕성은 종교 없이는 아무것도 아니라고 증명하고자 했다. 이에 [232]반해 젊은 헤겔은 셸링과 함께 신이나 불사와 같은 관념 없이 자율은 완전하고, 도덕성은 종교 없이 완전하다는 것을 보여주고자 했던 것이다.[35]

그러나 헤겔과 셸링은 정통 신학에 의한 칸트 철학의 왜소화에 저항하는 점에서는 일치하는 한편, 서로 다른 저항의 방법을 취한다는 점에서 그 후에 나아가는 길도 나뉘어 간다. 셸링은 자율의 철학이 권위의 신학을 옹호하는 수단으로서 사용된 것은 칸트 철학의 원리에 불철저한 면이 있었기 때문인바, 칸트 자신에게도 책임이 있다고 생각한다. 1795년 1월에

35. Vgl. Henrich, *Hegel im Kontext*, S. 50f. 횔덜린도 정통 신학에 대한 저항의 정신을 공유하고 있었다는 것은 튀빙겐에서 보습 교사가 되고 싶어 하는 헤겔의 바람에 대해 횔덜린이 쓴 편지로부터 엿볼 수 있다(Br 1, 34, 41f.).

헤겔에게 말하듯이 '칸트는 성과를 주었지만, 전제가 아직 결여되어 있는' 이상, '우리는 철학에서 좀 더 앞으로 나아가야만 한다.' 그리고 칸트 철학의 원리를 철저하게 만드는 데 있어, '새로운 영웅' 피히테의 학문론 (Wissenschaftslehre)이야말로 '지금까지의 대다수의 칸트주의자가 현기증을 느끼는 높이로까지 철학을 밀어 올릴 것이다'라고 기대한다(Br 1, 14f.). 셸링에게 있어 '절대적 자아의 세계 바깥에 초감성적 세계는 존재하지 않는다'는 것이며, '신이란 절대적 자아 이외의 아무것도 아니다.'(22)[36]

더 젊은 친우의 조숙한 발걸음과는 대조적으로 헤겔은 정통 신학에 맞서 칸트 본래의 가르침을 옹호한다고 하는, 어디까지나 비판 철학의 원리에 충실한 방법을 고집한다. 헤겔이 관여하고자 하는 것은 '칸트 철학의 연구'로부터 얻어진 '중요한 결과를 우리들 사이에서 아직 받아들여지고 있는 많은 관념에 적용하고, 전자에 기초하여 후자에 수정을 가한다'고 하는 칸트 철학의 응용 작업이다. 헤겔에게 있어 '독일에서의 혁명'이란 '이미 존재하고 있고, 후에는 오직 일반적 수정을 베풀어 모든 기존 지식에 적용하기만 하면 좋은 원리'로부터, 요컨대 칸트 철학의 원리로부터 시작하는 것인바, 남은 과제는 이 원리를 어떻게 적용할 것인가라고 생각된다(16, 23f.). 헤겔이 비판 철학의 원리에 의심을 보이지 않고 피히테를 그 충실한 후계자로밖에 보지 않는 데 반해, 셸링은 '무지, 미신, 망상이 서서히 도덕성의 가면을, 좀 더 위험한 것으로는 계몽의 가면을 쓰고 말았다'고 경고하고,

● ●
36. 셸링은 『철학의 원리로서의 자아에 대하여』(1795년)의 서문에서 '칸트 자신이 이미 모든 앎의 원리를 수립했다고 전제하는 칸트의 신봉자들'은 칸트의 정신을 참으로 이해하지 못한다고 비판하고, '칸트 철학을 고차적인 원리에 따라서 서술할 필요'를 내세운다. 그리고 정통 신학을 의식하면서 '행복에 대한 수많은 요청을 칸트의 자구…… 와 결부시키는' 사람들과 '칸트는 실천 철학에서 초감성적 세계(신 등)를 다시 자아의 외부에 놓여 있는 객체로서 세우고 있다'고 믿는 사람들에 맞서, 초감성적 세계에서는 '단순한 순수한 절대적 자아' 이외에는 '경험적인 행복도 객체로서의 신도 발견되지 않는바, 실천적 의미에서 신은 '모든 비아를 말살하는 절대적 자아'에 다름 아니라고 한다(SW 1, 153f., 201f.).

'철학이 가져와야 할 것이었던 혁명은 [233]아직 거리가 멀다'고 이의 제기를 부르짖는 등, 초조함을 숨기고자 하지 않는다(27f.).

(3) 헤겔이 『그리스도교의 실정성』에서 의도하고 있었던 것은 셸링을 초조하게 했음에 틀림없는 칸트 철학 원리의 적용이었다. 구체적으로는 이성 종교라는 예수 본래의 교설이 권위에 기초하는 실정적 종교로 왜곡된 역사적 요인을 하나는 '예수의 종교의 원초적 형태' 속에서, 또 하나는 '시대정신' 속에서 찾아내는 것이 헤겔의 목적이었다(Nohl 156). 이것은 정통 신학과의 대결이라는 맥락에서 보면, 칸트의 자율의 철학을 권위의 신학으로부터 분리하는 작업을 예수라는 역사상의 인물에 입각하여, 그것도 자율과 권위의 아말감이 성립한 역사적 계보를 찾아내는 방식으로 수행하는 것이었다. 이러한 시각으로부터 보는 한에서, 예수가 설파한 가르침에는 이성 종교의 정신에 합치된 긍정적 요인과 실정적 종교를 산출한 부정적 요인이 혼재되어 있었다.

우선 예수의 종교는 유대 민족의 종교에서의 '스스로 부여한 것이 아닌 법에 대한 노예와 같은 복종'에 맞서 '종교와 덕을 도덕성으로 높이고, 도덕성의 본질을 이루는 자유를 회복하고자 한' 시도로 특징지어진다(153f.). 칸트는 『실천 이성 비판』(1788년)에서 행위의 내면적인 동기도 도덕 법칙과 일치하는 경우를 '도덕성'(Moralität)이라 명명하고, 행위의 결과가 도덕 법칙과 외면적으로 일치하는 데 지나지 않는 '합법성'(Legalität)으로부터 구별했지만, 이 맞짝 개념은 신의 나라와 지상의 나라라는 그리스도교 특유의 이원론을 내면과 외면 사이에 세운 프로테스탄티즘의 정신사적 전통을 이어받는 것이었다.[37] 헤겔은 유대교에 대한 예수의 교설의

---

37. 칸트는 『실천 이성 비판』뿐만 아니라 후의 『도덕 형이상학』(1797년)에서도 도덕성과 합법성의 구별을 논의하고 있지만(KW 7, 191, 203, 287f., KW 8, 318, 324), 두 저작에서 동일한 맞짝 개념이 서로 다른 의미를 지니고 있다는 점에 주의할 필요가 있다.

혁신성을 두드러지게 함에 있어 칸트가 최초로 사용한 도덕성과 합법성이라는 맞짝 개념을 받아들이고 있다. 헤겔에 따르면 유대교에서는 '도덕적이기도 할 수 있어야 했을 명령이 동시에 국가의 법이기도 했기 때문에, 이와 같은 명령은 합법성을 산출할 수밖에 없었지만', 예수는 이러한 법에 대한 외면적 복종에 맞서 '도덕성'이라는 '의무에 대한 존경에 기초하여 행위하는 정신'을 대치시킨 존재로서 그려진다(176).

[234]하지만 유대교의 원리를 이루는 합법성에 맞서 내면적 도덕의 의식을 환기시키는 예수의 기도가 외적 권위에 맹종하는 에토스에 물들어 있던 당시의 사람들에게 받아들여지기 위해서는 이러한 시대정신과의 타협을 강요당할 수밖에 없었다. 요컨대 사대주의 정신 태도로부터 빠져나올 수 없는 국민을 앞에 두고서 예수도 '필연적으로 스스로의 주장을 마찬가지의 권위 속에 근거짓지 않을 수 없었던' 것인바, '실정적 요소에 대항하기 위해 이성 종교는 예수의 인격(Person)에 대한 신앙을 필요로 했다'고 한다. 이러한 인격적 권위를 보강하기 위해 사용된 수단이 기적과 메시아 신앙인데, '기적과 인격적 권위를 통해 도덕성에 이르는 이 에움길'은 본래의 목적인 '도덕성의 존엄'에 반하는 자기모순으로서 비판된다(Nohl 159-161). 가르침을 이야기하는 측에서의 실정화의 요인이 시대정신에 굴복하여 카리스마적 권위에 호소하지 않을 수 없었다는 점에 있다고 한다면, 받아들이는 측의 요인으로서는 예수의 이념이 아니라 그의 인격에 귀의한 사도들의 자립성의 결여가 들어진다. 동일한 시대정신에 물들어 있던 예수의 제자들은 도덕성의 회복이라는 예수 본래의 의도를 깨닫지 못한 채 개인적 권위에 맹종하게 되었다. 한편이 인격적 권위를 강조하고, 다른 편이 이것을 받아들인다고 하는 쌍방의 정신 태도로부터 '실정적 종파'(positive Sekte)라고 불리는 신도 공동체가 성립함으로써 그리스도교가 실정화되는 결정적인 일보가 내딛어졌다. 이에 반해 예수의 종교가 '이성 이외의 어떠한 판정자도 승인하지 않는' 이성 종교의 원칙에 충실했더라면, '철학적 종파'(philosophische Sekte)가 생겨났을 것이라고 한다(166,

157f.). 여기서는 철학적 종파의 모델로서 소크라테스와 제자의 관계가 들어지고 있는데, '공적 종교로서 번영할 수 없었던' 사적 결사의 성격이 긍정적으로 파악되고 있다는 점이 주목된다(163).[38]

더 나아가 그리스도교의 보급에 의해 종파의 규모가 확대되어 감에 따라 우애 관계·평등 원칙·재산 공유와 같은 초기의 신도 공동체를 특징짓고 있던 내부 관계가 변질되고, 현재와 같은 교회의 형태에 접근해 간다. 헤겔은 교회의 [235]성립 과정을 역사적으로 종파의 확대에 수반되는 내부 변용으로부터 설명한 후, 동일한 과정을 계약설에 기초하여 논리적으로 다시 해석함으로써, 근원 계약의 이념에 비추어 볼 때 현행의 교회가 본래의 합의로부터 일탈한 형태라는 것을 보이고자 한다. 헤겔에 따르면 인신과 재산의 보호를 목적으로 하는 '사회 계약'(der bürgerliche Vertrag)에 기초하여 국가가 성립했던 것과 같이, 교회는 의견과 신앙에 대해 스스로의 의지를 '일반 의지'(der allgemeine Wille)에 복종하게 하는 '교회 계약'(der kirchliche Vertrag)에 기초하여 성립했다(177, 181, 191).[39] 각 사람의 자유로운 선택에 의존하는 계약의 성질로부터 하자면, 교회라는 자발적 결사에 임의로 가입하고 이로부터 탈퇴하는 자유 그리고 성직자를 선출하는 권리가 구성원에게 인정되어야 하겠지만, 교회가 '세속 국가'(der bürgerliche Staat)와 동일한 외연을 지니는 '교회 국가'(der kirchliche Staat)로 됨에

··

38. 소크라테스의 제자들은 예수의 신도와는 달리 다른 인격에 의존하지 않는 자립성을 지님과 동시에, 공화주의자로서 국가에 대한 광범위한 관심을 지니고 있었다고 한다 (Nohl 163). 이러한 소크라테스학파에 대한 묘사는 후년의 헤겔과 비교하면 소크라테스와 폴리스 사이의 긴장 관계가 자각되어 있지 않다는 점에서 두드러진 특색을 보여준다.
39. 여기서 교회에 적용되는 사회 계약론은 '일반 의지'의 관념이 보여주듯이 루소를 의식하고 있지만, 국가와 교회라는 이분법은 루소의 종교관과는 서로 양립할 수 없다. 여기서는 국가를 사회 계약에 의해 구성하는 한편, 종교는 개인의 신조에 관계되기 때문에 강제의 대상이 될 수 없다고 논의한 멘델스존의 사회 계약설의 영향이 엿보인다 (M. Mendelsohn, "Jerusalem oder über religiöse Macht und Judentum"(1783), 1, Abschnitt, in: *Gesammelte Schriften* Bd. 8, Stuttgart-Bad Cannstatt 1983).

따라, 단체 가입·탈퇴권과 성직자 임명권이 교회의 구성원들로부터 박탈되었다(180-182, 189f.). 여기서는 사회 계약의 논리를 교회에 적용하는 것에 의해 자발적 결사이어야 할 교회가 하나의 바위와 같은 조직으로 되어가는 과정이 '도덕적·종교적 결사의 국가화(das zum Staat Werden)'(173)로 불리며 비판된다.

그러나 헤겔은 좀 더 나아가 사회 계약에서 가능했던 일반 의지에 대한 복종 행위가 교회 계약과 같은 개인의 의견·신앙을 대상으로 하는 경우에는 생각될 수 없는바, 의견과 신앙을 일반 의지에 맡기는 교회 계약 그 자체가 무효라고 주장한다(192, 195). 왜냐하면 신앙에 관한 판단을 타자에게 양도하는 행위는 이성의 자기 입법이라는 원칙에 반하는 이상, '실정적 종파'에서는 용인된다 하더라도 '철학적 종파'에서는 허용될 수 없기 때문이다(177). 이러한 교회 계약 그 자체에 대한 비판은 교회의 존재뿐만 아니라 종교적 결사의 존재도 부정하고 신에 대한 신앙을 순수하게 개인의 내면으로 국한하는 입장을 귀결로 지니게 된다. 그때 존재해야 할 종교로서 생각되고 있는 것은 국가에 대해 능동적으로 작용해 가는 공적인 국민 종교가 아니라 국가와 종교의 분리에 입각하는 개인적인 사적 종교인바, 루소의 표현을 사용하자면 '공민의 종교'의 대극에 위치하는 '인간의 종교'이다. 거기서는 도덕성과 합법성의 구별과 마찬가지로 종교 문제를 개인의 내면에만 관계되는 [236]것으로 간주하고 국가를 비롯한 외면 세계로부터 분리하는 프로테스탄티즘의 원리를 간취할 수 있다.

이상과 같이 이성적 의지의 자율을 원리로 하여 그리스도교의 실정화 과정을 비판하는 헤겔의 종교 구상은 칸트에게서 보인 이성의 우위와 도덕성과 합법성의 구별을 전제로 하는 것인바, 이 결과 신앙의 내면화에 수반되는 국가와 종교의 완전한 분리가 도출되었다. 튀빙겐 시대에는 행복한 조화 속에 머물러 있던 세 개의 요구들 가운데 이성 종교의 요구가 철저한 형태로 추구된 결과, 감성의 중시와 종교와 정치의 제휴라는 다른 두 개의 요구가 양립할 수 없는 것으로서 배제되었던 것이다. 이러한 베른 시기 헤겔의 특색은 사상사적으로 보게 되면, 칸트의 도덕 철학을 통해 개인의 내면과 외면을 엄격하게 구별하는 프로테스탄티즘의 전통을 이어받은 것이라고 말할 수 있을 것이다.

하지만 국민 종교의 요구에서 보였던 고대 그리스 전통이 여기서 헤겔에게서 망각되어 버린 것은 아니다. 「그리스도교의 실정성」이 쓰인 직후에 고대 공화정의 몰락 원인을 논의한 앞의 초고(Nr. 55)에서 헤겔은 일변하여, 그리스도교에서의 신의 초월성은 공화정의 해체에 수반되는 개인의 무력화의 산물인바, 그리스도교의 출현은 공화정의 몰락과 상관관계에 있다고 주장하고 있었다. 거기서는 '참된 그리스도교도는 노예가 되도록 만들어져 있으며', '그리스도교적인'과 '공화국'이라는 '이 두 개의 말은 서로 양립할 수 없다'는 공화주의자 루소의 외침을 들을 수 있다.[40] 확실히 이 초고는 스스로가 부여한 것이 아닌 법에 대한 복종이라는 '시대정신'에 대한 비판에서 「그리스도교의 실정성」과 공통되지만, 그 근저에 놓여 있는 공화주의 이념은 절대자가 현세의 공동체에서 실현될 것을 요구하기 때문에, 이것을 내면에서 찾는 프로테스탄티즘의 원리와 양립하는 것이 아니다. 이런 의미에서 베른 시기의 헤겔은 단순한 칸트주의자였던 것이 아니라, 오히려 고대 그리스의 정신과 근대의 프로테스탄티즘이라는 이질적인 두 원리가 그 내부에서 격렬하게 갈등하고 있었다고 말할 수 있을 것이다. 그것은 공화주의 이념을 한 몸에 체현하는 고대 폴리스와 거기에 자기의식이라는 새로운 원리를 가지고 들어온 소크라테스와의 비극적인 상극에도 상응하는 것과 같은, 유럽 [237]정신사에서의 두 개의 원리의 갈등이었다.

제3절 프랑크푸르트 시기 헤겔의 종교 구상

• •
40. Cf. Rousseau, *op. cit.*, p. 467.

1797년 1월, 횔덜린의 부름에 응하여 프랑크푸르트로 이주한 헤겔은 1800년에 이르기까지의 기간을 횔덜린과 그의 친우 싱클레어 등과 보내게 되었다. 후에 헤겔의 『정신 현상학』이 공간되었을 때의 일을 싱클레어는 헤겔에게 보낸 1812년 2월자의 서한에서 회상하며 다음과 같이 말하고 있다. 『정신 현상학』의 '문체와 서술 속에서 나는 불타오르는 검을 자유롭게 구사한 당시의 자네의 모습과 자네의 정열을 보았다네. 그리고 우리 정신의 동맹 시대의 일을 떠올렸다네.'(Br 1, 394f.) 최근의 연구에 따르면 '정신의 동맹'에서의 공통의 논의를 통해 '합일 철학'(Vereinigungsphilosophie)이라고 불리는 횔덜린의 사상이 젊은 헤겔에게 커다란 영향을 주었던바, 프랑크푸르트에서의 헤겔의 사상적 전환은 횔덜린 합일 철학의 수용으로부터 설명될 수 있다고 생각되고 있다.[41] 하지만 지금까지의 연구에서는 헤겔이 합일 철학을 일방적으로 받아들일 뿐만 아니라 그 상대화를 통해 독자적인 사상을 내세우고자 하고 있었던 점이 간과되기 십상이었다. 그리하여 이 장에서는 횔덜린에 대한 헤겔의 사상적 독자성이라는 후자의 면을 중점적으로 해명하고자 한다.[42] 이하에서는 횔덜린에 대한 헤겔의 가까움

••

41. 이러한 지적은 시인 횔덜린에 대한 평가가 높아지는 것과 더불어 로젠츠바이크에 의해 이루어져 있었지만(Rosenzweig, a. a. O., S. 66ff.), 헨리히가 「판단과 존재」에서 횔덜린의 철학을 발견하고 '합일 철학'이라고 부름으로써 결정적으로 되며(Henrich, "Hölderlin über Urteil und Sein, eine Studie zur Entstehungsgeschichte des Idealismus", *Hölderlin-Jahrbuch* 14, 1965/66, 73-96), 헤겔과 횔덜린에 관한 많은 연구가 산출되었다. 대표적 문헌으로서 vgl. Henrich, "Hegel und Hölderlin", in: *Hegel im Kontext*, S. 9-40; Ch. Jamme, "*Ein ungelehrtes Buch*", *Die philosophische Gemeinschaft zwischen Hölderlin und Hegel in Frankfurt 1797-1800*, Bonn 1983; 藤田正勝 『若きヘーゲル』(創文社).

42. 헤겔의 사상적 독자성이라는 주제는 프랑크푸르트 시기의 초고 「그리스도교의 정신과 그 운명」에서의 '정신'과 '운명'의 2부 구성을 어떻게 이해할 것인가라는 해석상의 문제와, 더 나아가서는 초고와 제2고 사이의 차이라는 문헌학상의 문제에 관계된다. 후자의 문제를 본격적으로 다루기 위해서는 아카데미 판 『헤겔 전집』 제2권의 공간을 기다릴 필요가 있기 때문에, 이 장에서는 주로 전자의 문제에 주목하여 횔덜린에 대한 헤겔의 독자성을 가설로서 제출하고자 한다.

과 멂을 판별한다고 하는 이중의 관점에서 '정신의 동맹' 하에서 새롭게 전개된 프랑크푸르트 시기 헤겔의 종교 구상을 그 배후에 놓여 있는 철학적 사유 그리고 국가와 종교의 관계라는 두 가지 점에 입각하여 고찰하고자 한다.

[238]1. 휠덜린 합일 철학의 수용

(1) 프랑크푸르트에서 새롭게 전개되는 헤겔의 사상에 대한 휠덜린의 영향을 밝히기 위해 우선 그 이전에 형성된 휠덜린의 사상을 살펴보자. 튀빙겐 신학원을 졸업한 후, 1793년 말부터 발터스하우젠에서 가정교사를 하고 있던 휠덜린은 1794년 11월부터 다음 해 5월에 걸쳐 예나에 체재하며, 94년 9월에 이제 막 『전체 학문론의 기초』를 공간한 피히테의 강의를 듣는 것과 동시에, 「인간의 미적 교육에 관한 서한」을 준비하고 있던 실러의 집에 친하게 출입하면서 실러의 가르침을 개인적으로 청하고 있었다. 1794년 초에 예나 대학에 취임한 지 얼마 안 되는 피히테를 '지금 예나의 영혼이다'라고 부르고, '이 정도로 심원하고 열정적인 정신을 지닌 사람을 따로 알지 못한다'(1794년 11월자 서한)고 절찬하고 있었던 휠덜린 이었지만, 서서히 피히테로부터 거리를 두고 학문론에 대해 근본적 비판을 가하게 되어간다(HW 6-1, 139). 1795년 4월에 예나에서 쓰인 「판단과 존재」에서는 우선 '주체와 객체의 합일'을 표현하는 것으로서 '존재'(Sein) 가 논의되고 있다(HW 4-1, 216f.). 이 '존재'란 그 본질을 훼손함이 없이 분할될 수 없는 것과 같은 주체와 객체의 긴밀한 합일이며, '지적 직관'(in-tellectuale Anschauung)에 의해서만 파악될 수 있다. 이 합일된 전체에 '주체와 객체의 근원적 분리'를 가져오고 부분의 존재를 가능하게 하는 반성적 활동이 '판단'인데, 이런 의미에서 '판단'(Urteil)이란 미리 전제된 전체의 '근원적 분할'(Ur-Teilung)로 여겨진다.[43] 이러한 근원적 분할의

전형적인 예로서 거론되는 것이 피히테 학문론의 제1 근본 명제를 이루는 '자아=자아'(Ich bin Ich.)이다. 횔덜린에 따르면 자아의 자기 동일성을 이루는 '자기의식'은 '자아로부터 자아의 분리'라는 자기반성의 활동에 의해 비로소 가능해지는 이상, 자아의 '동일성'(Identität)은 '주체와 객체의 합일'(Vereinigung)이라고는 말할 수 없으며, 따라서 '절대적 존재'일 수 없다.

이와 같이 횔덜린의 「판단과 존재」는 자아의 자기 동일성으로부터 출발하는 피히테에 대한 비판과 이에 선행하는 근원적 [239]합일이라는 존재의 관념을 포함하고 있지만, 이러한 합일 철학의 사상적 배경의 하나를 이루고 있는 것이 미 속에서 대립하는 두 개의 인간 본성을 합일하는 활동을 발견하는 실러의 미학 이론이다. 실러의 「인간의 미적 교육에 관한 서한」(1795년)에 따르면 우리에게는 감성적 본성으로부터 생겨나고 객체를 소재로서 받아들이는 '감성 충동'(sinnlicher Trieb)과, 이성적 본성으로부터 생겨나고 객체에 형식을 부여하는 '형식 충동'(Formtrieb)이라는 두 개의 능력과 더불어, 이 대립하는 힘들을 결합하는 또 하나의 충동이 갖춰져 있다. 인간을 자연의 강제로부터도 또 도덕의 강제로부터도 해방하고, 자유롭게 미와 놀이하는 것을 가능하게 하는 제3의 충동이 '유희 충동'(Spieltrieb)이라 불리는 것인바, 미의 이상에서 도덕 법칙과 자연의 욕구, 이성과 감성 사이의 행복한 조화가 달성된다고 한다. 칸트에게서의 의무와 경향성, 이성과 감성의 이원론을 극복하고자 하는 실러의 노력에서 주목되는 것은 거기서 두 개의 상태의 '대립'(Entgegensetzung)과 미에서의 '합일'(Vereinigung), '지성'에 의한 분리와 '감정'에서의 결합이라고 하는

..
43. 후년의 헤겔도 마찬가지의 사상을 표명하고 있지만, 그것은 횔덜린에게서 유래한다고 생각된다. '우리의 언어에서의 판단(Urteil)이라는 말은 어원학적으로 좀 더 깊은 의미를 지니는데, 개념의 통일이 최초의 것이고, 그 구별은 근원적 분할(ursprüngliche Teilung)이라는 것을 표현하고 있다.'(Hegel, *Enzyklopädie der philosophischen Wissenschaften im Grundrisse*, Hamburg 1969. S. 155)

칸트에게서는 보이지 않는 이원적 도식이 나타나 있다는 점이다.[44] 분리와 합일이라는 이 개념 틀이야말로 횔덜린이 실러로부터 이어받아 실러 속에 남아 있던 '칸트의 한계'[45]를 넘어서기 위해 「판단과 존재」에서 발전시킨 것이다. 횔덜린은 1796년 2월, 「인간의 미적 교육에 관한 새로운 서한」이라고 불리는 「철학 서한」의 구상을 말하는데, 우리가 그 속에서 생존하고 있는 '분리'를 밝히는 것과 더불어, '주체와 객체, 우리의 자기(Selbst)와 세계 사이의 항쟁'을 '지적 직관'에 의해 극복하는 원리를 제시한다는 구상은 바로 「판단과 존재」와 합치된다. 더욱이 책의 제목은 실러의 글의 속편이라는 것을 보여주고 있어 「판단과 존재」의 사상적 원천을 무엇보다도 잘 이야기해 주고 있다(HW 6-1, 203).

합일 철학의 또 하나의 배경을 이룬다고 생각되는 것은 야코비가 『스피노자의 학설에 관한 서한』(1785년)에서 전개한 독자적인 스피노자 해석과 절대자의 사상이다. 거기서는 스피노자의 실체 개념이 모든 '현존재'(Dasein)의 근저에 놓여 있고 이것들을 가능하게 하는 '근원적 존재'(Ursein)로서 이해되고 있다. 그리고 이러한 '무조건적인 것'은 [240]근거율을 사용한 간접적 논증이 아니라 '직접적 확신'에 의해서만 인식될 수 있다고 주장된다. 간접적 논증이라는 '매개'에 의해서는 '조건지어진 것'밖에 인식할 수 없지만, 이러한 유한한 인식은 단적으로 존재하는 무한한 것을 전제하고 있으며, 이 무한자는 '매개'를 거치는 것 없이 '신앙'에 의해 직접적으로 파악될 수 있다고 한다.[46] 이러한 야코비의 사상으로부터 시사를 받아

· ·
44. Schiller, a. a. O., S. 570ff., 여기서는 625f. 더욱이 '그리스인에게는 모든 것을 통일하는 자연이, 근대인에게는 모든 것을 분리하는 지성이 그 형식을 부여하고 있다'고 말하듯이, 대립과 합일이라는 실러의 이분법은 근대인과 그리스인의 역사적 대비에까지 미치고 있다(ebd., S. 583).

45. 횔덜린은 1794년 10월의 서한에서 실러의 「우미와 존엄」(1793년)에 대해 언급하고, '칸트의 한계로부터 나아가는 방식이 내가 생각하는 것보다 한 걸음 부족했다'고 평가하고 있다(HW 6-1, 137).

46. F. H. Jacobi, *Über die Lehre des Spinoza in den Briefen an den Herrn Moses Mendelssohn*,

횔덜린은 자기의식에 선행하는 '존재'를 '지적 직관'에 의해 파악할 수 있다고 하는 사상으로 이끌렸다고 추정된다. 1791년 2월, 신학원에 재학 중이던 횔덜린은 신의 존재 증명이 칸트의 비판에 의해 뒤집히는 것을 경험하고 심각한 신앙의 위기에 빠졌지만, '스피노자를 논의하는 책'을 접하고서 정신적 불안으로부터 벗어났다고 어머니에게 보낸 서한에서 털어놓고 있다(HW 6-1, 63f.). 같은 무렵에 횔덜린이 야코비의『스피노자의 학설에 관한 서한』에 대해 칸트 철학의 입장에서 붙인 주해가 남아 있다(HW 4-1, 207ff.).

「판단과 존재」에서 말해진 횔덜린의 합일 철학은 1797년 봄과 99년 가을에 공간된『휘페리온』에서 예술 작품의 형태를 취하여 표현되고 있다. 이것에 앞서 1795년 고향인 뉘르팅겐으로 돌아와 쓴『휘페리온』최종 전고에서는「판단과 존재」와 마찬가지로 우리와 세계의 근저에 놓여 있는 합일이 '말의 유일한 의미에서의 존재'라고 불리며, 또한 '하나이자 모두'(hen kai pan)인 것과 같은 존재가 논의되고 있다. 이에 따르면 우리는 이전에 존재한 세계와의 '하나이자 모두'의 통일로부터 분열된 결과, '세계가 모두이고 우리가 무'인가 그렇지 않으면 '우리가 모두이고 세계가 무'인가라는 '지배와 예속'이 교체된 '두 개의 극단' 사이에서 헤매는 가운데 우리를 둘러싼 세계와 계속해서 항쟁하고 있다. '우리의 자기와 세계 사이의 영원한 항쟁을 끝내고, 모든 이성보다도 고차적인 최고의 평화를 다시 회복하며, 우리가 자연과 합일하고, 하나인 무한의 전체를 만들어내는 것, 이것이 우리의 모든 노력이 지향하는 목표다.' 횔덜린에 따르면 '모든 항쟁이 그치고 모든 것이 하나인' 그러한 목표는 '무한한 접근'에서밖에 달성될 수 없다 하더라도, '말의 유일한 의미에서의 존재'가 '미'의 형태로

Hamburg 2000. 야코비의 스피노자 해석 및 횔덜린의 야코비 수용에 대해서는, vgl. Henrich, "Die Erschließung eines Denkraums", "Über Hölderlins philosophische Anfänge", in: *Konstellationen*, S. 236-240, 153ff.

존재하고 있는 한, [241]목표를 향하여 노력할 수 있다고 한다(HW 3, 236f.).

이러한 주체와 객체의 합일이라는 사상은 『휘페리온』의 서두와 말미에서 다음과 같이 표현되고 있다. '모든 것과 하나로 되는 것, 그것이 신성으로 가득 찬 삶이며, 인간의 지극한 경지이다. 살아 있는 모든 것과 하나로 되고, 자신을 잊고 지극한 축복 속에서 자연의 모든 것 속으로 다시 돌아가는 것, 그것은 인간의 사유와 기쁨의 정점이다.' '세계의 불협화음은 서로 사랑하는 자들의 다툼과 유사하다. 화해는 다툼의 한가운데 놓여 있으며, 따로따로 헤어진 자는 모두 또한 서로 순환하는 것이다. 혈관은 심장에서 떠나 심장으로 돌아오는바, 모든 것은 하나인, 영원한, 작열하고 있는 삶(Leben)인 것이다.'(9, 160) 여기서 주목되는 것은 '미'라고 불리는 '하나이자 모두'의 이상이 '결코 끝나는 일 없는 진보'를 맹목적으로 요구하는 '단순한 이성'과 이것에 노예처럼 봉사하는 '단순한 지성'에 대해 '왜, 무엇을 위해 요구하는가'를 자각시키고 방향을 지시하는 고차적인 능력으로 파악되고 있다는 점이다. 그리고 단순한 지성과 이성이 '자기 자신에로의 복귀'(Rückkehr in sich selbst)라는 '북방' 사람들의 기질을 특징짓는 데 반해, 고대의 '아테네인'이야말로 자신을 세계와 결부시키는 아름다움의 능력을 갖추고 있다고 여겨진다(82f.).

(2) 이어서 이러한 횔덜린의 합일 철학이 프랑크푸르트로 옮긴 헤겔의 사상 전개를 어떻게 좌우했는지 살펴보고자 한다. 헤겔이 프랑크푸르트로 이주하고 나서 얼마 안 되어 1797년 7월 이전에 쓰인 단편 「도덕성·사랑·종교」(Nr. 67)의 전반 부분에서 헤겔은 베른 시기와 마찬가지로 '칸트적인 기초에 서서' 실정성의 의미를 논의하고 있다.[47] 그것에 따르면 도덕적

<hr />

47. Henrich, *Hegel im Kontext*, S. 64. 헨리히는 이 단편의 전반부와 후반부 사이에 현저한 사상적 차이가 보인다는 점에 주목하고, 각각을 독립된 텍스트로서 해석할 것을 제안하고 있다.

개념이란 어디까지나 '우리 자신의 자유로운 힘과 활동'의 산물이자 객체적으로 주어진 것과 대립하는 '근원적으로 주체적인 것'인 데 반해, 주체적인 것이 단지 객체적 표상으로서 이미지화될 때 실정적 신앙이 성립한다. 요컨대 실정성이란 '우리 자신의 반성된 활동이 아니라 객체적인 것인바, [242]이러한 성격을 씻어낼 수 없다'는 점에 특색이 놓여 있다(Nohl 374f.). 그러나 이러한 주체성의 복권이라는 논의에서 전제가 되는 주체와 객체의 구별이 동일한 단편의 후반 부분에서는 의문시되며, 그 대신에 '주체와 객체의 합일'이라는 새로운 구상이 세워지고 있다. '주체와 객체 또는 자유와 자연이 합일되고, 자연은 즉 자유이며 주체와 객체가 분리될 수 없다고 생각되는 곳에 신적인 것이 존재한다. 그와 같은 이상이 모든 종교의 대상이다. 신적인 것은 주체임과 동시에 객체이기 때문에, 객체와 대립한 주체라거나 객체를 지니고 있다고 말할 수 없다.' 그리고 '주체와 객체, 자유와 자연의 합일'은 지배하는 것도 지배받는 것도 없는 '사랑'의 관계에서만 가능해진다고 한다(376). 하나의 단편에서 뚜렷하게 기록된 이러한 단기간의 급격한 사상의 전환이야말로 프랑크푸르트에서의 횔덜린과의 재회를 통해 헤겔에게 초래되었던 것이다.

더 나아가 횔덜린의 「판단과 존재」와 대단히 유사한 사상을 1798년의 단편 「신앙과 존재」(Nr. 72)에서 발견할 수 있다. 이 단편에서는 '이율배반(Antinomie)의 근저에 놓여 있고 이것을 가능하게 하는 '합일'이 논의되며, '존재'와 동일시되고 있다. 이것에 따르면 '규정하는 것'과 '규정되는 것'이 이율배반의 형태를 취해 서로 모순하고 있다고 인식되는 것은 양자를 비교하는 척도로서 '합일'이 존재하기 때문인바, 대립하는 양항은 합일을 전제로 하여 비로소 가능해진다. 하지만 이에 의해 합일이 '존재해야 한다'고 증명된다 하더라도, 합일이 '존재한다'고 증명되는 것은 아니다. 명제판단에서 주어와 술어를 결합하는 '이다·있다'는, 전제로서 '믿다'밖에 없는 것처럼, 합일이 존재한다는 것도 '믿는' 것만이 가능하며, '믿는 것은 존재를 전제로 하고 있다'는 의미에서 '합일과 존재는 같은 뜻이다.'(382f.)

이율배반의 근저에 놓여 있는 근원적 합일은 존재 그 자체와 마찬가지로 명제 판단에 의해 증명되는 것이 아니라, 그 전제로서 믿는 것밖에 없다고 한다. '존재가 지니는 독립성은, 우리에 대해서는 아니겠지만, 그것이 오직 존재한다는 점에 있을 것이다. 존재는 우리로부터 전적으로 분리된 것이어야만 [243]한다.'(383) 이러한 새로운 사상은 주체와 객체를 분리하는 '판단'에 선행하고 근원적인 합일로서 '존재'를 전제하는 횔덜린의 사상과, 무조건자는 '신앙'에 의해 직접적으로 파악될 수 있다고 하는 야코비의 사상을 수용하는 것으로부터 생겨난 것이지만, 다른 한편으로 근원적 합일이라는 존재의 사상을 이율배반의 해결과 관계지운 것은 횔덜린 등에게서 볼 수 없었던 헤겔의 독자적인 시도로서 주목된다.

2. 「그리스도교의 정신」에서 합일 철학의 전개

횔덜린과의 재회를 통해 헤겔이 받아들인 합일 철학이 예술 작품으로서 표현된 것이 1798년 여름부터 다음 해에 걸쳐 쓰인 초고 「그리스도교의 정신과 그 운명」(Nr. 77, 82, 89)이다. 하지만 놀이 편집한 이 초고들은 전체 구성에서 보면, 유대교의 정신과 대비시켜 「그리스도교의 정신」을 논의하는 전반 부분과, 「그리스도교의 운명」을 더듬어 가는 후반 부분으로 나눌 수 있으며, 주요한 초고에 대해 서로 다른 시기에 집필된 최초 원고(Nr. 79, 83)와 제2고(Nr. 82, 89)가 존재한다. 사실 「그리스도교의 정신」에서 보이는 내용적인 불통일과 논리적인 부정합은 「그리스도교의 운명」을 집필한 후에 생겨난, 최초 원고로부터 제2고에 걸친 사상적 발전으로 해석하게 되면, 가장 정합적으로 설명될 수 있다. 그리고 제2고에서 나타나는 새로운 사상이야말로 횔덜린의 합일 철학으로는 환원되지 않는 헤겔의 독자적인 사상이라고 생각된다.[48] 이하에서는 초고의 성립에 관한 이러한 가설에 따라 우선 「그리스도교의 정신」에 관한 전반부의 서술 속에서 합일 철학의 수용으로부터 얻어진 헤겔의 새로운 종교 구상을 살펴보고자 한다. 그 후에 후반부의 「그리스도교의 운명」에 대한 고찰로부터 얻어진, 횔덜린에게서 보이지 않는 헤겔 특유의 통찰을 밝히고자 한다.

(1) 헤겔은 「그리스도교의 정신과 그 운명」에서도 베른 시기와 마찬가지로 예수의 가르침의 혁신성을 유대 민족의 [244]종교와 대비하여 두드러지게 만드는 수법을 취하고 있다. 하지만 유대교의 정신에 대해서는 율법에 대한 외면적 복종이 비판될 뿐만 아니라 그 근저에 놓여 있는 자연과 타자, 그리고 신에 대한 관계방식이 문제로 되고 있다. 헤겔에 따르면 유대교의 정신은 유대 민족의 시조 아브라함의 정신에 의해 특징지어지는데, 아브라함을 민족의 시조로 만든 최초의 행위는 '분리'인바, 그때까지 다른 사람들 및 자연과 함께 살아온 관계 전체를 단절하는 것이었다(Nohl 245f.). 이러한 '모든 것에 대해 엄격한 대립의 태도로 임하는 정신'이 대립하는 세계에 대해 취할 수 있는 관계는 오로지 '지배'밖에 남아 있지 않으며, 이것은 단독의 힘으로는 실현될 수 없는 한에서, 절대적 주체인 신에게 맡겨진다(247). '무한한 통일의 바깥에 있는 모든 것은, 고르곤의 눈이 모든 것을 돌로 만들었듯이, 단순한 물질이고, 사랑도 권리도 부여받지 못한 소재이며, 저주받은 것이다.'(248) 모세의 입법 작업을 특징짓는 것은 이와 같은 객체화의 정신인바, 유대교의 신은 인간의 자연 지배를 대행하도록 위탁받은 초월적 주체로서 파악된다. 그 결과, 바로 그 유대 민족 자신도 신이라는 '무한한 주체'에 상대적인 '순수한 객체'로서 '의존에서의 만인의 평등'과 '동물적인 생존'밖에 허락받지 못하게 된다. 신을 매개로 하여 수행되는 인간의 자연 지배는 인간 자신에게 미치며, '보이지 않는 지배자'

48. 이러한 가설의 정당성을 엄밀하게 증명하기 위해서는 '그리스도교의 정신'의 최초 원고와 제2고를 구별하는 문헌학적 작업이 불가결한데, 초고의 일부에 대해 최초 원고와 제2고를 구분하는 시도가 이루어지고 있는바, 여기서는 그것을 제시되는 가설의 옳고 그름을 문헌학적으로 판정하는 유력한 재료로서 사용하고자 한다.

인 신에 대한 예속, 그 대리인인 '눈에 보이는 신하와 관리'에 대한 예속을 가져온다고 한다(250, 255).[49] 다른 방식으로 보자면, 우리 주체 바깥에 세워진 신은 '무한한 객체'에 지나지 않으며, 이 소원한 객체가 부과하는 율법에 대해서는 수동적으로 복종할 수밖에 없다.

그러나 헤겔이 율법에 외면적으로 복종하는 유대교의 합법성에 대치시키는 것은 베른 시기처럼 칸트적인 도덕성 개념이 아니다. 헤겔에 따르면 확실히 율법의 명령은 인간 이성의 산물로 되는 한에서, 객체적이고 실정적인 성격을 잃고 도덕 법칙으로서 주체적·자율적이게 되지만, '이러한 방식으로는 실정성은 부분적으로 제거되는 데 지나지 않는다.' 왜냐하면 '충동·경향성·감각적 사랑·감성, 그리고 그밖에 어떻게 부르든지 간에 이러한 특수적인 것에 있어 보편적인 것(=도덕 법칙)은 필연적인 동시에 영원히 소원하고 객체적인 것인바, 씻어내기 어려운 실정성이 남기' 때문이다. [245]칸트에게서의 의무의 명령은 인간 내부에서의 보편과 특수, 이성과 감성의 분리를 전제로 하는 이상, 율법과 주체 사이의 외적인 대립은 해소되기는커녕, 주체 내로 들여와져 도덕 법칙과 경향성 사이의 내적인 대립으로 형태를 바꾸어 존속한다. 전자가 '주인을 자신의 바깥에 지닌다'고 한다면 후자는 '주인을 자신 안에 지니는' 것인바, '자기 자신의 노예'이다(265f.).[50] 이런 의미에서 칸트의 도덕 개념이란 그리스도교의 정신에 속한다기보다 오히려 모든 것을 객체화하는 유대교의 정신의 연장선상에 있다

49. 아도르노 등도 인간이 자연의 폭력으로부터 벗어나는 것과 교환하여 역으로 인간에 대한 체제의 폭력이 증대되는 문명의 역설을 지적하고 있다. '자연에 대한 명령자로서, 창조하는 신과 질서를 부여하는 정신은 동일'하며, '모든 것을 받들어 복종하는 자만이 신들 앞에서 계속해서 살아갈 수 있다. 주체의 각성은 일체의 관계의 원리로서 권력을 승인하는 것에 의해 얻어진다.'(ホルクハイマー, アドルノ『啓蒙の弁証法』(岩波書店) 10쪽, 참조)

50. 칸트에게서의 보편과 특수, 법칙과 경향성의 대립은 '개념(Begriff)과 현실적인 것의 대립'으로 바꿔 말해지며, 도덕 법칙을 율법을 대신하는 주인으로 삼는 칸트의 입장은 '개념의 지배'라고 불린다(Nohl 266, vgl. 267, 264).

고 생각되며, 고대 유대교와 칸트 도덕 철학을 꿰뚫는 바리사이적인 율법주의 정신이 문제로 된다.[51]

이와 같이 헤겔이 일변하여 칸트의 도덕 개념에 대해 엄격한 비판을 가하는 계기가 된 것은 프랑크푸르트로 이주한 1797년에 공간된 칸트의 『도덕 형이상학』이다. 헤겔은 이 저작이 출판되고 나서 곧바로, 다음 해 8월 이후 상세한 주해(Nr. 76)를 집필했다고 전해진다(Ros 87f.). 실천 이성의 비판에 이어지는 형이상학의 체계로서 구상된 『도덕 형이상학』은 「법론」과 「덕론」의 2부로 이루어지며, '법률적 입법'과 '윤리적 입법'이라는 두 종류의 입법을 대상으로 하지만(KW 8, 318, 324-326), 여기서 주목되는 것은 칸트가 합법성과 도덕성의 관계를 『실천 이성 비판』(1788년)과는 다른 방식으로 규정하고 있다는 점이다. 『실천 이성 비판』에서 도덕성은 '도덕 법칙의 정신'에 내적으로도 충실하다는 점에서, '법칙의 문자'를 외측으로부터 모방하는 합법성에 대치된 논쟁적인 대립 개념으로서 설명되고 있었다(KW 7, 191f., 287f.). 이에 반해 『도덕 형이상학』에서 도덕성은 '내적인 입법'에 속한다는 점에서 '외적인 입법'인 합법성과 양립하는 상호 보완적인 병립 개념으로서 파악되고 있다. 여기서는 개인의 내면과 외면이라는 루터 이래의 이분법이 받아들여져 있을 뿐만 아니라 내적인 양심의 자유와 외적인 권력에 대한 복종이 모순되는 일 없이 양립한다고 하는 루터주의의 문제도 함께 계승되어 있다.[52] 『도덕 형이상학』의 주해에

---

51. 여기서는 계몽에 의한 외적인 자연의 지배가 인간의 내적인 자연의 억압이라는 형태로 인간 자신에게 되돌아오며, 결국은 인간의 파멸을 가져온다고 하는 아도르노 등의 '계몽의 변증법'에 대한 통찰이 선취되어 있다(ホルクハイマー, アドルノ, 앞의 책, 79쪽 이하 참조). 젊은 헤겔과 휠덜린에게 공통된 사상을 '계몽의 변증법'으로 해석하는 시도로서는, vgl. Ch. Jamme, "≪Jedes Lieblose ist Gewalt≫ Der junge Hegel, Hölderlin und die Dialektik der Aufklärung", in: Ch. Jamme/H. Schneider (Hg.), *Der Weg zum System, Materialien zum jungen Hegel*, Frankfurt a. M. 1990, S. 130-170.
52. 루터는 『그리스도인의 자유』에서 그리스도인은 '영적인 내적인 사람'으로서는 '모든 자 위에 서는 자유로운 주인'이며, '신체적인 외적인 사람'으로서는 '모든 자에게

서 헤겔은 '칸트에게서의 자유의 억압'과 '의무 개념의 절대주의'에 항의함과 동시에, '실정법에서의 합법성'과 '내면의 도덕성'을 '삶'(Leben)이라는 [246]고차적인 개념 하에서 합일시키고자 노력했다고 한다(Ros 87). 거기서 비판된 것은 도덕성을 '자기 강제'로 파악하는 엄격주의와 더불어, 외면과 내면이라는 프로테스탄트적인 구별이 내포한 문제였다.

(2) 이러한 칸트의 엄격주의는 '경향성과 모순된 채, 의무에 대한 존경의 염으로부터 행위한다'고 하는 '인간의 분열 상태'를 내면화하는 점에서, 프로테스탄티즘의 금욕 윤리를 계승하고 이것을 철학적으로 정식화한 것으로 볼 수 있다.[53] 이에 반해 헤겔은 첫째로, 의무와 경향성의 내적인 항쟁으로부터 인간을 해방하고 '인간의 전체성'을 회복하고자 한 자가 예수이며, '도덕성을 넘어선 정신'이야말로 산상의 설교에서 제시된 그리스도교의 정신이었다고 생각한다(Nohl 266). 요컨대 유대교에서의 '소원한 주인의 율법에 대한 전면적 예속'에 대해 예수가 대치시킨 것은 '자기

봉사하는 종'이라고 말하여, '내적인 것'과 '외적인 것'의 이분법을 처음으로 주창했지만(『世界の名著 ルター』(中央公論社) 52쪽 이하, 참조), 『현세의 권력에 대하여』에서는 '내적인 것'은 영적 통치에 속하기 때문에 현세의 권력도 개입해서는 안 되는 것인데 반해, '외적인 것'은 세속의 통치에 속하기 때문에 권력에 복종해야 한다고 하여 내적인 양심의 자유와 외적인 권력에 대한 순종을 이야기했다(『ルター著作集』 제1집·제5권(聖文舍) 139쪽 이하, 참조).

53. 베버는 유대교의 교의가 청교도 윤리와 대단히 가깝다는 점을 논의할 때, '스코틀랜드인의 혈통을 잇고 경건파의 영향을 교육에 의해 두드러지게 받은 칸트'를 증인으로 내세우고, '그의 정식화된 표현의 다수는 금욕적 프로테스탄티즘의 사상에 직접 연결된다'고 지적하고 있다(マックス・ヴェーバー『プロテスタンティズムの倫理と資本主義の精神』(岩波文庫) 325쪽, 참조). 칸트 자신은 도덕적인 선과 악 사이에 중간물을 허용하지 않는 자를 '엄격주의자'(Rigorist), 선과 악의 어느 것도 없든가, 선과 악의 어느 것이든 있을 수 있다고 생각하는 자를 '관용주의자'(Latitudinarier)라고 부른 다음, 행위의 동기로서 도덕 법칙과 자기애의 법칙의 어느 쪽을 우위에 두는가에 따라 도덕적 선악을 결정할 수 있다고 주장하고 스스로 '엄격주의자'라고 인정하고 있다(KW 8, 668ff.).

자신의 법칙에 대한 부분적 예속'이라는 칸트적인 '자기 강제'가 아니라, '마치 법칙이 명령하는 것과 동일하도록 행위하는 경향'이라는 의미에서의 '경향성과 법칙의 합치'였다고 하는 것이다. 이러한 의미에서의 이성과 감성, 법칙과 경향성의 합일은 '지배도 예속도 결여되어 있기' 때문에 '사랑'(Liebe)이라고 불리며, '하나인 살아 있는 정신'에 의해 침투되어 있기 때문에 '삶'(Leben)이라고 불리고, 어떠한 대립도 존재하지 않는 '주체와 객체의 종합'이기 때문에 '존재'(Sein)라고 불린다(268, 293).

헤겔에 앞서 실러는 「우미와 존엄」(1793년)에서 칸트의 엄격주의에 이의를 제기하고, 이성과 감성, 의무와 경향성이 조화되는 것과 같은 '아름다운 영혼'(schöne Seele) 속에서 인간의 존재해야 할 모습을 발견하고 있었다. 실러에 따르면 도덕적 이상이란 칸트와는 반대로 '경향성이 도덕적 행위에 관여하는 것'으로부터 생겨나는 것인바, 칸트의 의무 개념이 요구하는 자기 규율의 '엄격함'(Härte)은 도덕적 완성을 '수도사의 중세적인 금욕 윤리'에서 찾는 것과 같은 오해를 부른다고 비판된다.[54] 헤겔은 이러한 실러의 주장을 합일 철학의 틀 안으로 받아들여, 칸트 철학에게 승계된 프로테스탄티즘의 [247]금욕 윤리를 비판하고 있다고 말할 수 있을 것이다. 이때 경향성이 도덕 법칙과 합치하는 것과 같은 정신의 존재방식이 자신의 행위가 의무에 적합한가 아닌가 하는 행위자의 '자기반성'이나 '자기의식'

----

54. Schiller, a. a. O., S. 464f., 468f. 칸트는 『순수 이성의 한계 내에서의 종교』의 제2판(서문 일자 1794년 1월 말)에서, 「우미와 존엄」에서의 실러의 비판에 대해 반론하여, 의무 개념은 '무조건적인 강제'를 포함한다고 주장하고 있다. 칸트에 따르면 '시나이 산상의 율법'과 마찬가지로 '도덕 법칙의 권위'가 가져오는 외경의 염은 '복종하는 자가 스스로의 지배자에 대해 품는 존경'의 감정을 불러일으키지만, 도덕 법칙의 경우 '지배자는 우리 자신 속에 있기' 때문에, '우리의 자기 결정의 숭고함에 대한 감정'을 산출할 수 있다(KW 8, 669f.). 실러는 칸트에게 보낸 1794년 6월자 서한에서 스스로의 의도가 인간성 속의 고귀한 부분을 '당신의 체계의 엄격함'과 화해시키고, '지금까지 이것을 멀리하고 있는 것으로 보이는 독자의 일부'가 받아들일 수 있게 하는 점에 있었다고 말하고, '당신의 적대자인 것과 같은 겉보기'가 만들어진 것은 의도하지 않은 '오해'라고 변명하고 있다(Schiller, a. a. O., S. 1123).

과는 양립할 수 없는 것으로 생각되고 있는 점, 또한 '사랑에 대해 반성되는 것'은 사랑의 본질에 반한다고 여겨져 반성 능력이 배제되고 있는 점이 주목된다(272f., 296).

이리하여 내적인 자기 규율의 엄격함으로부터 해방된 자는 **둘째로**, 외적인 관계에서도 타인의 잘못을 의무 명령에 반하는 행위로서 판가름한 다고 하는 타자에 대한 불관용의 엄격함으로부터 해방된다. 헤겔에 따르면 '타자에 대해' 엄격한 의무를 부과하고, 어떠한 일탈도 용서하지 않는 바리사이적인 율법주의 정신——'의무를 준수하는 엄격함으로부터 생겨나 는 증오'——은 '자기에 대해'서도 '인간의 심정 전체의 하나의 단편'을 절대자로 높이고, '법칙의 지배와 감성의 예속'을 수립하는 결과, 자신의 잘못에 대한 용서를 얻을 가능성을 빼앗아 버린다(Nohl 287f.). 요컨대 무엇보다도 규율을 존경하는 '엄격함이라는 이상' 아래에서는 자기와 타자 가 원리적으로 구별되지 않는 것인바, '자신에 대해 엄격한 자는 타자에 대해서도 엄격하게 행동할 권리를 얻게' 된다.[55] 타자에게로 쉽게 이전되는 자기 규율의 엄격함으로부터는 타자의 고통을 자신의 고통으로서 공유하 는 태도는 나오지 않으며, 강제되지 않는 타자와의 의사소통을 도모하는 능력은 상실되고 만다.

이에 반해 규율의 엄격함으로부터 해방된 이상적 관계는 자신의 권리를 침해하는 타자에 대해 권리를 자진해서 포기할 수 있는 것과 같은, 일체의 권리 관계를 넘어선 '영혼의 아름다움'(Schönheit der Seele)으로서 그려지

---

55. 아도르노는 「아우슈비츠 이후의 교육」(1966년)에서 내면에서의 삶의 존재방식은 타자에 대한 관계도 좌우한다고 하는 통찰에 기초하여, 교육의 이상으로 믿어지고 있는 규율과 엄격함을 비판하고 있다. 그에 따르면 자기 규율의 엄격함이란 고통을 마주 대하고서 마음이 동요하지 않는 태도를 의미하지만, 그때 자기와 타자 사이에서 구별이 이루어지는 것은 아니다. '자신에 대해 엄격한 자는 타자에 대해서도 엄격하게 행동할 권리를 얻는 것인바, 이리하여 고통의 감정을 겉으로 드러내서는 안 되고, 이것을 억압해야만 했던 자신의 체험에 대해 복수를 하는 것이다.'(Th. W. Adorno, *Gesammelte Schriften* Bd. 10, 2. Hälfte, Frankfurt a. M. 1977, S. 682ff.)

며, 또한 자신이 범한 잘못의 용서는 '타자의 삶'의 침해가 '자기 자신의 삶'의 파괴이기도 하다고 하는, 고통의 불가분성에 대한 통찰로부터 생겨나는 '사랑'에 의한 '운명과의 화해'(Versöhnung des Schicksals)로서 그려진다. 헤겔에 따르면 '권리 관계를 넘어서 있고, 어떠한 객체에도 사로잡히지 않는' 자만이 타자의 침해에 대해 재산을 포함하여 자신의 모든 권리를 포기함으로써 화해를 향해 손을 내밀 수 있다(285-287). 다른 한편으로 잘못을 범한 자는 스스로의 행위를 '하나인 삶으로부터의 이반'으로서 파악하고 [248]상처받은 '타자의 삶'이 겪는 운명 속에서 분리된 '자기 자신의 삶'을 발견함으로써, 요컨대 '사랑'이라는 '자기 자신을 다시 발견하는 사람의 감정'에 의해 하나인 삶이라는 '본래 있었던 상태로의 복귀 (Rückkehr)'가 가능해진다(280-283, 288).[56] 이에 반해 유대교의 율법과 칸트의 도덕 법칙이 내리는 형벌과 강제는 '소원한 지배자'를 전제하고 '극복하기 어려운 대립의 영역'에 놓여 있는 한에서, 형벌과 강제의 집행에 의해 지배 관계가 재확인될 뿐, 죄를 범한 자가 율법 및 법칙과 화해하는 일은 있을 수 없다고 한다(279, 281, 282).

셋째로, 헤겔은 유대교의 율법의 저편에 군림하고 있고 칸트의 도덕 법칙의 배후에 숨어 있는 초월자를 다룸으로써 초월신의 관념과 대결한다. 중세 가톨릭주의가 자연의 질서와 은총의 질서를 연속적으로 파악하고 있었던 데 반해, 근세 프로테스탄티즘은 자연의 질서와 은총의 질서를 분리하고 신의 절대성을 강조하게 되었지만, 이러한 신의 초월화 경향은 고대 유대교에서 이미 보인 것이었다. 요컨대 신의 인간화를 금지하는

---

56. 하버마스는 '운명으로서의 벌'에서 경험되는 윤리적 전체의 관념에서 의사소통적인 이성에 이르는 도정을 읽어내고 있다. 하버마스에 따르면 '주체 중심화된 이성'의 억압적 성격에 맞서 헤겔은 '사랑과 삶'의 이름으로 주체 사이의 상호 이해를 다시 가능하게 하는 것과 같은 의사소통 공동체의 존재방식을 구상하고 있다고 한다(J. Habermas, *Der philosophische Diskurs der Moderne*, Frankfurt a. M. 1985, S. 40-43, 46, 53f., 377f.).

유대교는 피조물의 신격화를 금지하는 청교도주의와 마찬가지로 신과 그 피조물인 인간을 단절적으로 파악하고, 신의 초월성을 강화하는 경향을 보여주고 있었던 것이다. 헤겔에 따르면 신을 '자신의 위에 있는 명령자'로 간주하고 '자신의 주인'에 대한 '전적인 노예 상태'에 안주하고 있던 유대 민족의 의식——'인간 존재와 신의 존재 사이에는 넘어서기 어려운 고랑이 놓여 있다는 의식'——이야말로 그들 사이에 신적인 의식을 불러일으키고 자 했던 예수의 시도를 좌절시킨 근본적 요인이었다. 요컨대 '신적이고 위대한 것에 대한 신앙은 더럽고 흐린 것 속에 깃들일 수 없는' 것인바, 예수가 전하고자 했던 '무한한 정신은 유대교도의 영혼의 뇌옥 속에 들어설 여지를 발견하지 못했다'고 하는 것이다(Nohl 302, 312).

이에 반해 헤겔은 신과 인간이 다름 아닌 '동일한 삶이 취하는 두 개의 양태'일 뿐이며, 양자 사이에 '주체와 객체'라는 '객체성에 기초하는 단절'은 존재하지 않는다고 생각한다. 오히려 신과 인간을 대립적으로 파악하는 유대교의 정신은 동일한 삶에 속하는 것이 '반성'(Reflexion)에 의해 무한자와 유한자로 분리되고, '지성'(Verstand)에 의해 '절대적 분리'로 [249] 고정화된 산물에 지나지 않는다(308, 310-312). 따라서 '신적인 것과의 합일'이라는 신과 인간의 참다운 관계는 '직관하는 것과 직관되는 것의 대립'이 사라지는 것과 같은 신적인 것의 '직관'(Anschauung)에 의해, 요컨대 '스스로의 본성에서의 신성'으로부터 생겨나는 신적인 것에 대한 '신앙'(Glauben)에 의해 비로소 파악될 수 있다. '신적인 것에 대한 신앙이란 신앙자 자신 속에 신적인 것이 존재하고, 이것이 신앙 대상 속에서 자기 자신을, 즉 자기 자신의 본성을 다시 발견하는 것에 의해 비로소 가능해진다.'(313) 여기서는 '반성' 형식이 신적인 것을 표현하기에는 부적당하다고 하는 반성 능력에 대한 불신이 표명되고 있으며, 나아가 반성에 의한 분리에 선행하는 '하나인 것'은 '직관'과 '신앙'에 의해 파악될 수 있다고 하는, 횔덜린의 「판단과 존재」와 대단히 유사한 사상이 보인다는 점이 주목된다(306).

이리하여 헤겔은 초월신의 관념이야말로 내적인 자연과 타자에 대한 억압적 관계의 근원에 놓여 있는 것이라고 하여 초월자 관념에 항의함과 동시에, 횔덜린에게 이끌려 고대 그리스의 정신에 알려져 있던 신인 동일설과 범신론적 세계관에 접근해 간다.[57] 헤겔에 따르면 신적인 것에 대한 신앙은 '인간이 그로부터 태어난 신성으로 복귀'하고, '인간의 발전의 원환을 닫는' 것에 의해 완성된다. 요컨대 최초에는 '발전되지 않은' 채로의 '합일'은 '분리된' 후에 '근원적인, 그러나 이제 발전된 합일'로 복귀하는 것이다(318).[58] 거기서 나타나는 이성과 감성, 자기와 타자, 신과 인간 사이의 살아 있는 조화——'하나이자 모두인 것'——야말로 예수가 '신의 나라'라고 부른 것이며, 이런 의미에서 '신의 나라의 이념은 예수가 창시한 종교의 전체를 완성하고 포괄한다.'(321f.) 이와 같이 헤겔에 따르면 근세 프로테스탄티즘에 의해 그리스도교의 정신으로 생각되고 있었던 것은 유대교 정신의 연장선상에서 잘못 해석된 예수의 교설인바, 원시 그리스도교의 정신은 사실은 고대 폴리스와 공화정을 뒷받침하고 있던 헬레니즘적 정신의 재생에 있었다고 한다. 요컨대 유럽 정신사에서 정교의 자리를 차지해 온 프로테스탄트적인 성서 전통이 지금까지 이교로서 배제되어 온 고대 그리스적 전통에 의해 환골탈태되는 것이다. 이런 의미에서 16세기의 이탈리아 르네상스가 중세 가톨릭주의에 [250]대한 반역이었다고 한다면, 실러에서 시작되고 횔덜린과 헤겔에 의해 계승된 18세기 말 독일의

57. 신과 인간이 본래는 동일하다고 하는 신인 동일설은 횔덜린에 의해 다음과 같이 표현되고 있다. '인간이 인간으로 되게 되면, 그는 신의 한 사람이다. 그리고 인간이 신의 한 사람이게 되면, 그는 아름다운 존재이다. …… 아테네인은 그와 같은 인간이었으며, 그렇게 되지 않으면 안 되었다. …… 최초에는 인간과 신들은 하나였다. 왜냐하면 거기서는 영원한 아름다움이 자기 자신을 의식하지 않고서 존재하고 있었기 때문이다.'(HW 3, 79)

58. '발전되지 않은' 합일과 '발전된' 합일의 구별이 무엇을 의미하는지는 이 문맥에서는 분명하지 않다. 제2고에서 이루어졌다고 생각되는 구별의 의미는 이어지는 「그리스도교의 운명」의 서술을 염두에 두고서 '사랑'이라 불리는 초고로 향할 때 비로소 이해될 수 있다.

고대 르네상스는 근세 프로테스탄티즘에 대한 사상적 반역이며, 횔덜린으로부터 니체로 계승되어 독일 정신사를 특징짓게 되는 신의 죽음이라는 근대의 새로운 주제의 개막을 알리는 것이었다.

3. 「그리스도교의 운명」을 통한 합일 철학의 상대화와 삶의 사상의 탄생

(1) 지금까지 보았듯이 「그리스도교의 정신」을 논의하는 전반 부분에서는 주체와 객체의 합일이라는 횔덜린에게서 유래하는 합일 철학의 입장으로부터 초월신의 세계 지배, 외적인 율법과 내적인 도덕 법칙에 대한 복종과 같은 유대교의 정신에 대해 비판이 가해짐과 동시에, 보편 법칙과 경향성, 자기와 타자, 인간과 신 사이의 사랑에 의한 합일이야말로 그리스도교의 참다운 정신이라고 하는 헬레니즘적인 사상이 주창되고 있었다. 그러나 후반 부분에서 「그리스도교의 운명」을 다루면서 예수의 종교가 현실에서 더듬어가는 그 후의 운명을 추체험하는 가운데, 헤겔은 합일 철학의 사상적인 한계를 점차 자각하게 된다. 「그리스도교의 운명」에 의탁하여 말해지는 것은 젊은 헤겔의 자기 대상화 과정인데, 합일 철학을 상대화하는 이러한 시도야말로 횔덜린에게서는 보이지 않는 헤겔의 독자적인 통찰을 산출하는 원천이 되는 것이다. 「그리스도교의 운명」을 더듬어가는 후반 부분에서 헤겔은 인격적 요소의 혼입, 국가와 교회의 분리라는 두 가지 점을 예수가 창시한 종교의 운명으로서 거론하고, 양자를 사랑의 원리에 내재하는 근본적 결함으로부터 설명하고 있다.

그리스도교가 보여주는 첫 번째 결함이란 사랑의 감정을 객체 속에서 표현할 수 없고, 종교에 대한 욕구를 충족시킬 수 없었다는 점이다. 헤겔에 따르면 사랑만으로는 종교라고 말할 수 없으며, '사랑이 종교가 되기 위해서는 동시에 객체적인 형식 속에서 표현되어야만 했다.' 요컨대 사랑이라는 합일의 '감정'과 특정한 대상에 관계되는 '지성'을 결합하여 '주체적인 것과 객체적인 것'을 통일하고자 하는 요구가 '종교에 대한 욕구'(Bedürfnis nach Religion)인바, [251]'보이지 않는 정신'과 '눈으로 볼 수 있는 것'이 일체화하는 곳에서 종교가 성립하는 것이다(Nohl 332f.). 확실히 예수의 사후에 남겨진 신도들은 이러한 '사랑의 일체성의 표현'을 예수라는 신격화된 개인에게서 발견하게 되었다(334). 그러나 헤겔은 사랑을 객체화하는 현실적 유대가 자신들의 활동의 내적인 산물이 아니라 인격적 권위라는 밖으로부터 주어진 형태를 취했다는 점에서 실정성의 기원을 간취한다. '정신, 즉 삶에 있어 어떠한 것도 주어지는 것은 없는바, 정신이 받아들일 수 있었던 것이란 정신 스스로가 그렇게 된(geworden) 것인' 데 반해, '사랑에서의 삶의 결여'로 인해 신도들은 사랑 속으로 인격적 요소를 가지고 들어와 인격에 대한 의존 의식을 공유하는 '의존의 공동체' 속에서 합일의 확고함을 찾았다(336). 하지만 '인격적인 것'과의 합일을 아무리 애타게 그리워한다 하더라도, 대상이 '한 사람의 개인'인 한에서 합일은 영원히 불가능하며, '종교에 대한 충동'은 채워지지 않은 채 '멈출 수 없고 억누를 수 없는 동경의 염'에 머무른다. 헤겔은 감정과 대상이 만나는 일 없이 영원히 평행선을 밟아가는 귀결을 '신적인 것에서의 대립'이라고 부르고, 거기서 그리스도교의 모든 형태에 따라다니는 근본적 특징을 발견하고 있다(341).

종교로부터 인격적 요소를 극력 배제하고자 하는 이러한 헤겔의 자세는 어떤 의미에서 인격적 권위에 기초하는 실정적 종교에 대한 베른 시기의 비판을 이어받는 것인데, 여기서는 그것이 초월자에 대한 비판에 의해 좀 더 강화되고 있다. 거기서는 실정적 종교에서 보이는 것과 같은 도착된 관계, 즉 특정 개인이 보편적 이념의 상위에 서는 도착된 관계를 역전시켜 인격에 대한 이념의 우위를 회복하고자 하는 의도를 발견할 수 있다. 이러한 종교의 비인격적 견해를 철저화하면, 현세 내에서 인격적 권위에 의지하는 자세는 그 정신 구조에서 현세 바깥의 인격신에 의존하고자 하는 태도와 근본적으로는 다를 바 없게 된다. 하지만 사랑의 감정을 객체화하는 '종교에 대한 욕구'로부터 예수의 부활이나 기적과 같은 현상을 역사적·내재적으로 이해하고자 하는 자세가 보이는 것은 베른 시기와 다른 점이다. 하지만 여기서 특히 문제가 되는 것은 원시 그리스도교에서는 주체적인 것을 객체 속에서 표현하는 '종교에 대한 충동'이 '객체적으로 된 사랑, 사물로 [252]된 주체적인 것이 그 본성으로 다시 복귀하고, …… 주체적인 것이 된다'고 하는 '자기 복귀'(Rückkehr)의 방식으로 충족되지 못했다는 점이다(299). 그 근본적 요인으로서 거론되는 것이 '사랑에서의 삶의 결여'(Lebenslosigkeit), 요컨대 사랑에 의한 합일이 현세의 삶과의 관계를 거부하는 것에서 성립했다는 점이다. '삶을 결여한 사랑'(un-lebendige Liebe) 하에서 종교에 대한 욕구는 인격적 유대에 의해 결합된 '의존의 공동체'에서밖에 충족될 수 없었다는 것이다.

그리스도교가 보여주는 두 번째 결함이란 바로 사랑이 삶의 형식으로 표현되지 못하고 끝났다는 점에 관계된다. 헤겔에 따르면 상호적인 사랑에 의해 결합된 신도의 공동체는 친밀하게 되면 될수록 세속 세계에 대해 배타적으로 되고 다른 삶의 존재방식에 무관심하게 되어 가는바, 이러한 '사랑의 자기 자신에의 한정'으로부터 생겨나는 '일체의 삶의 형식으로부터의 도피'야말로 '사랑의 최대의 운명'이었다(324). 요컨대 세속의 현실로부터 이반하는 자만이 상호적인 사랑에서 하나로 될 수 있는 한에서, 사랑에 의한 합일은 '살아 있는 것으로 되는 것이 아니라 삶의 형태 속에서 표현되지 못하고', '일체의 삶의 형식에 대한 두려움'으로 될 수밖에 없었던 것이다(330). 여기서 '삶의 형식'이라 불리고 사랑에 대립하는 '객체성'으로 생각되고 있는 것은 '부'(Reichtum)와 '재산'(Eigentum)과 같은 개인의 권리에 관계되는 영역이다(274). 이러한 '권리상의 대립 관계'는 아름다운 영혼의 공동체를 만들어내기 위해 극복되어야 할 '저차적인 영역'인바, 예수가 이야기한 사랑이란 '객체적인 것의 영역'을 뒤집는 힘으로서 이해되고 있다(286, 296). 하지만 헤겔은 '사랑에 대립하는 영역'을 넘어서고자 하는 예수의 견해를 '설교와 격언시에서만 허락되는 상투어'라고 부르고, 이것을

'우리에게 있어 아무런 진실도 지니지 않는다'고 하여 물리친다. 그리고 재산을 '우리'에게 있어 벗어날 수 없는 '운명'이라고 부르는 것이다. '재산이라는 운명은 우리에게 있어 너무나 강대하게 되었기 때문에, 그것을 반성하는 것에 대해서는 견딜 수 없으며, 우리로부터 분리하는 것도 생각될 수 없을 정도이다.'(273)[59]

[253]이와 같이 사유 재산과 권리 관계의 부인이라는 형태를 취해 나타나 있는 것은 예수가 취한 현세 거부의 자세, '현세로부터 천상으로 도피하고, 공허한 채로 끝난 삶을 관념 세계(Idealität) 속에서 회복하는' 태도에 다름 아니다(Nohl 329). 하지만 이러한 현세 거부의 태도야말로 신의 나라를 현세에서 실현할 것을 단념하고, 피안의 저편으로 몰아가지 않을 수 없게 했던 것이다. 현세 거부의 윤리로부터 생겨나는 국가에 대한 수동적 복종과 함께 '많은 활동적인 살아 있는 관계'라는 '신의 나라의 구성원에게 있어 중대한 유대'가 단절되었던 것인바, 신의 나라의 시민은 세속 국가에 등을 돌리고 이것과 관계를 지니지 않는 '사인'(Privatpersonen)에 만족한다(327). 헤겔은 신의 나라의 실현이 현세의 국가로부터 분리되어 가는 과정을 '신적인 것과 삶의 대립'이라 부르고, 이러한 현세로부터의 이반과 신의 나라의 피안화가 교회와 국가의 분리라는, 유럽 정신사를 관통하는 충성의 분열을 산출했다고 생각한다. 현세에 대한 호의로부터 적대까지 '신적인

· ·
59. 운명 개념은 「그리스도교의 정신과 그 운명」에서는 다양한 의미로 사용되고 있다. 첫째는, 유대 민족에서의 인간의 자기 소외가 말해질 때의 운명인데, 거기서 운명은 극복 불가능한 숙명으로 보이면서도 이어지는 사랑에 의한 화해를 예견하고 있다. 둘째는, 사랑에 의한 근원적 합일의 회복이 말해질 때의 운명인데, 거기서 운명은 삶의 자기 회복의 계기로서 생각되고 있다. 셋째는, 그리스도교에서의 사랑의 자기 한정이 말해질 때의 운명인데, 인간의 자기 회복이 새로운 소외로 넘겨진다는 것이 시사되고 있다(加藤尙武『ヘーゲル哲學の形成と論理』(未來社) 89-92쪽 참조). 이들 세 개의 운명 개념은 유대 민족·예수·교회를 행위자로 하여 전개되는 '소외-회복-재소외'의 이야기로 수렴되는 데 반해, '재산이라는 운명'이 말해질 때, 당사자 의식의 배후에서 작용하고 있던 '우리'가 반성 대상이 되어 관찰자 자신의 제약 조건이 자각되고 있다.

것과 삶의 대립 내부에 존재하는 양극 사이에서 그리스도교회는 왔다 갔다 하며 순환 운동을 되풀이해 왔다. 하지만 비인격적인(unpersönlich) 살아 있는 아름다움 속에서 안식을 발견하는 것은 그리스도교회의 본질적 성격에 반한다. 교회와 국가, 신의 예배와 세속의 삶, 신심과 덕, 영적 영위와 세속적 영위가 결코 하나로 융합될 수 없는 것은 그리스도교회의 운명인 것이다.'(342)

「그리스도교의 정신과 그 운명」의 최후를 매듭짓는 이 말은 배후에는 신의 나라와 지상의 나라, 교회와 국가라는 그리스도교의 이원론을 정상적인 상태로 생각하지 않고, 오히려 고대 그리스에서의 양자의 합치—'비인격적인 살아 있는 아름다움'—야말로 인간 본래의 존재방식이라고 보는 헬레니즘적인 사상이 숨겨져 있다. 『도덕 형이상학』의 주해에서 헤겔은 칸트에게서 보였던 프로테스탄트적인 '국가와 교회의 이원론'으로부터 벗어나고자 노력했다고 전해진다. 헤겔에 따르면 국가가 전체로서는 아니고 '대단히 불완전하게 소유자로서 생각된 인간'에게만 관계하는 경우에도, 교회는 '전체자'로서의 인간을 지향하는 것이기 때문에, '시민이 국가와 교회의 양자에 안주할 수 있게 되면, 국가와의 관계이든가 교회와의 관계이든가 [254]어느 쪽인가가 진지하게 생각되고 있지 않은 것이다.'[60] 더구나 '국가의 원리가 완전한 전체이게 되면, 국가와 교회가 각각의 존재이기는 불가능하다.'(Ros 87f.) 이와 같이 현세의 공동체에서 절대자의 실현을 추구하는 고대 공화주의적 이념은 신의 초월성이 인간의 정치적 무력과

60. 이 두 관계를 함께 진지하게 생각하고자 하는 시도로서, 예수회와 퀘이커라는 두 개의 정반대되는 입장이 거론되고 있다. 헤겔에 따르면 전자는 '교회에 반하는 어떠한 국가적인 것에도 관계하지 않는' 한편, 교회 내부에서는 '많은 국가적인 것을 허용하고, …… 국가의 법률을 제외한 많은 것을 교회의 것으로 하는' 데 반해, 후자는 '외면적으로는 전적으로 국법에 복종하면서, 양심의 자유라는 내면적인 것을 통해 국가로부터 공민으로서의 모든 덕을 빼앗는다'고 한다(Ros 88, 다만 지시 대명사를 역으로 해서 읽는다). 여기서는 퀘이커에서 보이는 내적인 양심의 자유도 공민의 덕을 무너뜨리고 정치 사회의 존립을 위협할 수도 있는 원리로서 이해되고 있다.

표리일체를 이룬다고 하는 그리스도교 비판과 함께 여기서 전면에 내세워지며, 절대자를 개인의 내면에 국한하는 프로테스탄티즘의 원리 대신에 헤겔 사유의 중심에 놓여 있다. 헤겔이 강조하는 '종교에 대한 충동'이란 고대 그리스에 특유한 현세의 삶에 대한 적극적 지향을 내포하며, 따라서 '사랑에서의 삶의 결여'가 이것에 반하는 현세 도피적 태도로서 비판되었던 것이다.

그러나 「그리스도교의 운명」에서는 헬레니즘 정신에 친화적인 합일 철학으로부터 원시 그리스도교에서 보이는 인격 의존적이고 현세 도피적인 경향이 비판되는 것만이 아니다. 역으로 그리스도교의 운명을 고찰하는 작업을 통해 합일 철학의 중심을 형성하는 사랑의 원리가 현실에서 지니는 제약 조건이 자각되고, 합일 철학에 대한 한계 설정이 이루어지고 있다. 앞에서 보았듯이, 사랑에 의한 합일을 순수하게 보존하기 위해 현세의 삶과의 관계를 거부한다고 하는 사랑의 원리에 내재하는 현세 도피적 경향은 천상으로 옮겨진 신의 나라와 소극적으로 인내하며 따라야 할 지상의 나라라는 두 개의 세계의 분열을, 그리고 피안의 구원에 애쓰는 교회와 차안의 삶을 관리하는 국가라는 충성의 상극을 산출하는 것으로서 물리쳐지고 있었다. 그리고 이러한 현세 거부적 태도에 대해 사유 재산과 권리 관계와 같은 사랑에 대립하는 객체적 영역을 '우리'에게 있어 벗어날 수 없는 '운명'으로서 승인할 필요가 이야기되고 있었다. 이에 의해 합일 철학의 근본 틀이 그대로는 통용될 수 없으며 재검토를 강요받을 수밖에 없다는 것도 분명해진다. 왜냐하면 합일과 분리를 이상과 현실이라는 형태로 분리하고, 이 분리 그 자체를 현세 거부적 태도로서 신성시하게 되면, 본래는 헬레니즘적 지향을 지니는 합일 철학이 그리스도교에서 기인한 것과 동일한 피안과 차안, 신의 나라와 지상의 나라라는 이원론에 빠질 수밖에 없기 때문이다. 이러한 초월적 원리에 내재하는 역설이야말로 헤겔뿐만 아니라 횔덜린과 셸링도 마찬가지로 직면하게 된, 그리고 각자가 [255]서로 다른 해답을 주게 된 사상에서의 근본 문제이다. 이 문제에 대처하기 위해 헤겔은 사랑으로부터 구별된 삶의 개념을 합일 철학을 넘어서는 새로운 원리에 기초하여 다시 정식화하고자 한다.

(2) 이와 같이 헤겔은 자기 자신으로부터도, 타자로부터도, 신으로부터도 나누어지는 일이 없는 사랑에 의한 합일을 구상하는 한편, 이러한 합일이 사유 재산이나 권리 관계를 배제하는 한, 신의 나라와 지상의 나라, 교회와 국가의 대립이라는 그리스도교와 동일한 운명에 부딪치지 않을 수 없다는 것을 사랑의 원리에 내재하는 제약 조건으로서 꿰뚫어 볼 수 있었다. 전반부의 「그리스도교의 정신」을 논의할 때, 헤겔의 마음속에서 '형이상학적 체험의 불꽃이 처음으로, 그것도 두 번 다시 없을 정도로 생생하게 타올랐다(Nohl Vorrede 5)고 한다면, 후반부에서 「그 운명」을 논의할 때, 헤겔은 이 불꽃의 밖으로 나가 이것이 다 타버리는 것을 일말의 우수와 함께 거리를 두고서 바라보고 있다고 말할 수 있을 것이다. 하지만 다 타버린 불꽃으로부터 다시 불사조가 날아오르듯이, 이 잿더미로부터 헤겔의 독자적인 철학이 그 모습을 나타내고 있다는 것을 프랑크푸르트 말기의 초고에서 전개되는 삶의 사상이 보여준다. 「그리스도교의 정신」에서는 사랑과 등치되고 있던 삶의 개념은 「그리스도교의 운명」에서는 일변하여 합일 철학의 틀로부터 해방되어 사랑에 대치되는 개념으로서, 그것도 재산과 권리 관계와 같은 세속의 영역을 포괄하는 광범위한 개념으로서 다시 파악되고 있었다. 이러한 삶의 사상이 「그리스도교의 정신과 그 운명」에 이어서 쓰인 「1800년 체계 단편」에서 전개되고 있다.

1797년 11월(최초 원고)과 1798년 가을부터 겨울(제2고)이라는 서로 다른 시기에 집필된 「사랑」이라고 불리는 두 종류의 단편에서 삶의 사상이 선구적인 형태로 논의되고 있다.[61] 이 가운데 「그리스도교의 정신과 그

----

61. 「사랑」이라는 초고의 최초 원고와 제2고를 대조시킨 텍스트가 공표되어 있는데(vgl. "Hegels Frankfurter Fragment 'welchem Zwecke dem'", mitgeteilt und erläutert v.

운명」 최초 원고 이전에 쓰인 「사랑」의 최초 원고(Nr. 69)에서는 '참된 합일은 모든 대립을 배제한다'(10 recto)고 되어 있는 데 반해, 「그리스도교의 정신과 그 운명」의 최초 원고 이후에 쓰인 「사랑」의 제2고(Nr. 84)에서는 참된 살아 있는 합일이 주체와 객체의 대립을 포함하는 것으로 생각되며, [256]모든 분리를 배제하는 '발전되지 않는 합일'과 분리를 내포하는 '완성된 합일'이 분명히 구별된다. '사랑 속에서는 삶 그 자체가 자기 자신의 이중화와 그 합일이라는 형태로 발견된다. 삶은 발전되지 않은 합일로부터 시작하여 자기 형성(Bildung)을 거쳐 완성된 합일에 이르기까지 원환을 한 바퀴 돌았다. 이 합일은 그 속에서는 반성의 요구도 충족되어 있기 때문에 완성된 삶이다. 발전되지 않은 합일에는 반성의 가능성, 요컨대 분리의 가능성이 대립하고 있었지만, 이 합일에서는 합일과 분리가 합일되어 있다.'(10 recto) 이와 같은 삶이란 반성에 의한 분리의 작용과 대립하는 '무의식적인 발전되지 않은 합일'이 아니라, 주체와 객체의 분열이라는 '자기 자신의 이중화'를 경험하고 이 분리를 스스로 속으로 받아들인 '완성된 합일', 즉 '합일과 분리의 합일'이어야 한다고 주장되고 있다.

이 '발전되지 않은 합일'과 '완성된 합일'의 구별에서 보이는 것, 즉 반성에 의한 분리에 대한 평가의 높아짐이야말로 「그리스도교의 운명」을 고찰한 후인 1799년에 쓰인 「그리스도교의 정신」의 제2고(Nr. 89)에서 비로소 나타난 사상인바, 1798년의 가을부터 겨울에 집필된 최초 원고(Nr. 83)에서는 아직 보이지 않았던 것이다.[62] 제2고에서는 신적인 것에 대한 신앙을 완성해야 할 '인간의 발전의 원환'이 최초의 '발전되지 않은' 합일로

Ch. Jamme, *Hegel-Studien* Bd. 17, 1982, 9-23), 본문 중의 인용도 이 텍스트에 따른다 (ebd., 13f). 최초 원고와 제2고의 같음과 다름을 고려한 구상의 전환에 대한 해석으로서, vgl. Jamme, *"Ein ungelehrtes Buch"*, S. 271ff.; 藤田, 앞의 책, 113쪽 이하.
62. 「그리스도교의 정신」, 최초 원고와 제2고의 주된 차이가 분리의 재평가에 관계된다는 점을 지적한 것으로서, vgl. Jamme, *"Ein ungelehrtes Buch"*, S. 278ff. 일본어 문헌으로서는, 久保陽一 『初期ヘーゲル哲學硏究』(東京大學出版會)를 참조.

부터 분리를 거쳐 '근원적인, 그러나 이제 발전된 합일'에 이르는 과정으로서 그려지고 있었다. 요컨대 '합일, 변용(분리), 발전된 재합일'이라는 3단계로 이루어지는 '인간이 그로부터 태어난 신성에로의 복귀'로서 그려지고 있었던 것이다(Nohl 318f.). 동일한 제2고에서는 사랑의 감정이 주체와 객체의 분리를 알지 못하기 때문에 '객체성이 들어올 여지가 없는' 데 반해, 주체의 대립을 도입하고 '객체성을 다시 회복하는' 반성 작용이 적극적으로 평가되기에 이른다. 그리고 종교적인 것이란 '사랑과 반성 작용이 합일되고, 양자를 결합하여 생각된 것'으로서, 요컨대 불완전한 사랑을 반성에 의해 보완하고 완성시킨 것으로서 이해되고 있다(302).[63]

1800년 9월까지 쓰인 「1800년 체계 단편」이라고 불리는 두 개의 단편(Nr. 93)에서는 이러한 삶의 사상이 [257]종교의 대상으로서 논의되고 있다.[64] 거기서는 '사유하고 관찰하는 삶'인 철학이 자신의 유한한 존재로부터 무한한 존재를 분리하고 그것을 자기의 영역 외부에 '신'으로서 정립하는 데 반해, 종교란 자기 자신의 삶의 존재방식을 근본적으로 변화시키는 영위로서, 요컨대 '유한한 삶으로부터 무한한 삶으로의 고양'으로서 이해되

---

63. 이 부분도 최초 원고와 제2고를 대비시킨 텍스트가 공표되어 있는데, 이것에 따르면 종교적인 것이란 '사랑과 반성이 합일되고, 양자가 결합되어 생각된 것'이라고 하는 사상은 최초 원고에서는 보이지 않고 제2고에서 비로소 나타났다는 것이 분명해진다 (Jamme/Schneider (Hg.), a. a. O., S. 53-57, 여기서는 54). 새로운 사상이 산출된 근거를 보여주는 구절로서 최초 원고에서 보이는 다음과 같은 말이 주목된다. '여기에는 하나의 모순이 놓여 있다. 직관하고 표상하는 주체는 제한을 가하는 데 반해, 객체는 무한한 것이기 때문에, 이러한 〔전자의〕 그릇 속에 〔후자의〕 무한자를 넣을 수는 없다.'

64. 본래는 47보겐으로 이루어진 초고 전체 가운데 2보겐만이 전해지고 있으며, 초고 말미에 해당하는 단편에는 1800년 9월 14일의 날짜가 덧붙여져 있다. 놀은 1800년 11월 11일자 서한의 헤겔의 말로부터 본래의 초고는 '체계'라고 부를 만큼의 내용을 지니고 있었다고 추정하고, 남은 두 개의 단편을 「1800년 체계 단편」이라고 이름 지었지만, 최근의 연구에서는 남겨진 단편으로부터 판단하는 한, 본래의 초고가 예나 시기 체계 구상에 필적하는 내용을 지니고 있었다고는 추정할 수 없다고 여겨진다(藤田, 앞의 책, 146쪽 이하, 181쪽 참조).

고 있다. '정신'(Geist)이라고 불리는 이 무한한 삶은 유한한 존재를 전체의 '기관'(Organ)으로서 포괄하고 이것에 생명을 불어넣는 '다양한 것의 살아 있는 합일'로 생각된다. 그와 다른 한편으로 헤겔은 다양한 것의 대립을 모두 배제하는 합일도 삶의 이해로서 일면적이라고 지적한다. '여기서는 다양한 것이 그것 자체로서 이미 정립되지 않는바, 전적으로 살아 있는 정신과의 관계에서 생명이 불어 넣어진 기관으로서 나타난다 하더라도, 바로 그런 까닭에 여전히 무언가가 배제될 것이다. 그에 의해 불완전성과 대립, 요컨대 죽은 것이 남을 것이다.'(Nohl 347f.) 헤겔에 따르면 '삶은 합일과 관계로서뿐만 아니라 동시에 대립으로서도 생각되어야만 하는' 한에 서, 감히 반성적으로 표현하자면 '삶은 결합과 비결합의 결합(Verbindung der Verbindung und der Nichtverbindung)이다'라고 말하지 않으면 안 된다 (348).

이러한 '결합과 비결합의 결합'으로서의 삶의 구상은 합일 철학의 수용만 으로는 설명될 수 없는 헤겔의 독자적인 사상이 탄생하고 있다는 것을 보여준다. 헤겔은 이미 합일인가 분리인가라는 합일 철학에 특유한 양자택 일의 입장을 취하지 않고, 오히려 '합일과 분리의 합일'이야말로 삶의 본질이라고 생각한다. 이제 반성에 의한 분리가 삶 그 자체의 계기로서 다시 파악되고 절대자 속으로 받아들여지는바, 헤겔은 무한한 절대자로의 초월과 유한한 인간 존재로의 내재를 화해시키는 독자적인 길을 걸어간 다.[65] 횔덜린에 대해 헤겔이 취하는 이러한 결정적인 거리는 그가 그리스도

----

65. 후지타 마사카쓰(藤田正勝)는 횔덜린이 인용하는 '그것 자신에서 구별된 하나인 것'이 라는 헤라클레이토스의 말과 '화해는 다툼의 한가운데 있다. 모든 나누어진 것은 다시 서로를 발견한다'는 횔덜린의 말(HW 3, 81, 83, 160)에 주목하고, 거기서 헤겔과 공통된 사상의 존재를 간취하고 있다(藤田, 앞의 책, 116쪽). 암메도 '합일과 분리의 합일'이나 '사랑과 반성의 합일'의 요구로 집약되는 헤겔의 통찰이 횔덜린에 의해서도 공유되고 있었다고 상정하고 있다(Jamme, "*Ein ungelehrtes Buch*", S. 317ff.). 하지만 횔덜린의 『휘페리온』과 『엠페도클레스의 죽음』을 전체로서 고찰할 때, 합일-분열-재합일 이라는 발전 단계 도식을 찾아낼 수 있다 하더라도, 헤겔과 같이 분리를 받아들인 '발전된

교의 운명을 고찰할 때, 합일 철학의 상대화를 통해 자기 자신에 대해 취한 거리에서 유래한다고 말할 수 있을 것이다. 요컨대 합일과 분리를 존재해야 할 이상과 실제로 존재하는 현실이라는 형태로 분리하게 되면, 피안과 차안, 신의 나라와 지상의 나라라는 그리스도교와 동일한 이원론에 빠지지 않을 수 없다는 것, 이것이야말로 그리스도교의 운명에 대한 고찰로부터 얻어진 헤겔의 근본적 통찰이었다.

[258]하지만 '결합과 비결합의 결합'으로서의 삶은 어떻게 해서 인식될 수 있는 것인가? 헤겔은 '모든 표현은 반성의 산물'에 지나지 않으며, '결합과 비결합의 결합'으로 표현된 것도 진실하게는 '반성의 바깥에 있는 존재'라고 생각한다. 그리고 반성적 사유인 철학은 '사유하는 것과 사유되는 것의 대립'으로부터 벗어날 수 없기 때문에, '참으로 무한한 것을 스스로의 영역 외부에 정립하는' 것에서 끝날 수밖에 없다. 그리하여 무한자를 직접 감지하기 위해서는 종교로 이행해야만 한다(Nohl 348). 하지만 철학으로부터 종교로의 이행은 반성 작용을 전적으로 사상하고 감정에만 의거하는 것을 의미하는 것이 아니라, 오히려 반성에 의한 '주관적인 것으로서의 감정의 인식'과 '감정에 대한 의식'이 요구된다. '유한자가 감지하는 무한자라는 신적 감정은 반성이 부가되어 이 위에 머무름으로써 비로소 완성된다.'(349) 반성에 의한 감정의 보완이라는 요구에는 '사랑과 반성의 합일'이라는 앞의 종교에 대한 견해가 계승되어 있는데, 이러한 요구를 끝까지 파고들면, 철학으로부터 종교로의 이행과 더불어, 오히려 철학에 의한 종교의 보완이, 더 나아가서는 종교로부터 철학에로의 역전된 이행이 요청되게 된다.[66]

합일'을 분리를 배제하는 '발전되지 않은 합일'로부터 명확히 구별하는 사상을 발견할 수는 없다. 이런 의미에서 횔덜린의 합일 철학은 발전의 종점에서 회복되는 합일이 관점의 원초적인 합일과 원환처럼 서로 겹쳐지는 '근원 철학'(Ursprungsphilosophie)이 아닐까 하는 의심을 면할 수 없다.

66. 1800년 9월에 「그리스도교의 실정성」의 개고(Nr. 95)를 시도했을 때, 헤겔은 인간의

하지만 반성에 의한 감정의 보완이 새롭게 요구되었던 것은 「그리스도교의 정신」의 최초 원고에서 사랑에 대한 반성은 사랑의 본질에 반하는 것인바, 반성 형식은 신적인 것을 표현하기에 부적절하다고 했던 점에서 보면, 헤겔 자신에게 있어 커다란 사상에서의 전환을 가져오는 것이었다. 왜냐하면 사랑과 반성의 합일을 종교의 요구로 삼는 것은 합일 철학의 근본 전제를 이루고 있는 반성 형식에 대한 불신으로부터의 이반을 의미하고 있었기 때문이다. 앞에서 보았듯이 야코비에 따르면 '근원적 존재'라고 불리는 무조건자는 논증의 매개를 거치지 않고서 '신앙'에 의해 직접적으로 인식될 수 있다고 하고 있으며, 횔덜린도 자기의식에 선행하는 전제인 주체와 객체의 근원적 합일은 반성적 수단에 의해서가 아니라 '지적 직관'에 의해 파악될 수 있다고 생각하고 있었다. 이와 같이 합일 철학과 그 이면으로서의 경험주의가 세계의 궁극적 의미에 관계되는 체험은 본래 전달 불가능한 것이고 우리의 언어 수단으로는 재현될 수 없다고 생각하는 데 반해, 헤겔은 [259]자신의 세계가 의거하는 입각점을 개념적 수단에 의해 분명히 하기 위해 언어의 한계 영역으로까지 돌진하고자 하는 것이다.

맺는 말

마지막으로 '합일과 분리의 합일'이나 '결합과 비결합의 결합'으로 정식

• •
본성이 신적인 것으로부터 분리되고 한 사람의 개인을 제외하고서 양자가 매개되지 않는 경우에는 종교의 실정성이 성립한다고 지적한 다음, 다음과 같이 말하고 있다. '이 점에 대한 연구가 개념을 통해 근본적으로 이루어지게 되면, 결국 무한자에 대한 유한자의 관계에 관한 형이상학적 고찰로 이행할 것이다.'(Nohl 146) 절대자에 대한 우리의 관계를 개념 형식에 의해 인식하는 것, 바로 이것이 1800년 11월에 헤겔이 '청년 시대의 이상은 반성 형식에로…… 전환될 수밖에 없었다'고 말했을 때 염두에 두어져 있었던 것이다(藤田, 앞의 책, 177쪽 이하 참조). 실제로 예나로 옮긴 헤겔은 '종교에의 욕구' 대신에 새롭게 '철학에의 욕구'를 말하게 된다.

화된 절대자의 요구가 헤겔의 개인적 발전사나 유럽 정신사에서 무엇을 의미하는지 여기서 되돌아보고자 한다. 이미 보았듯이 헤겔이 횔덜린으로 부터 이어받은 합일 철학의 사상적 원천은 신인 동일설이나 범신론과 같은 고대 그리스 정신에 놓여 있었지만, 이러한 헬레니즘적 세계관은 현세의 공동체에서 절대자의 실현을 추구한다고 하는 이념, 즉 젊은 헤겔이 품고 있던 고대 공화주의의 이념에 대단히 친화적인 사고방식이기도 했다. 하지만 여기서 합일에 맞선 분리라는 표현으로 특징지어지며 합일 철학의 입장으로부터 비판된 것은 고대 유대교로부터 칸트의 도덕 철학까지 일관 되게 흐르고 있는 저 헤브라이즘의 정신, 요컨대 초월신을 상정하고 이 신의 눈길 하에서 외적인 복종과 내적인 규율의 엄격함을 이상화하는 근세 프로테스탄티즘의 원리였다. 따라서 젊은 헤겔이 프로테스탄티즘에 대한 사상적 반역으로부터 한 걸음 더 나아가 '합일과 분리의 합일'을 절대자의 요구로서 주창하기에 이르렀을 때, 그것은 베른 시기에 보였던 내적인 갈등, 즉 고대 그리스 정신과 근세 프로테스탄티즘이라는 두 개의 영혼의 내적인 갈등이 끝난 것이 아니라, 오히려 한 번은 반항했던 상대와의 화해를 향해 새로운 한 걸음이 내딛어졌다는 것을 의미하고 있었다.

마침 헤겔이 「독일 헌법론」의 초기 초고(Nr. 88)와 「그리스도교의 정신과 그 운명」의 제2고(Nr. 89)에 착수하고자 할 무렵, 요컨대 공화주의 이념과 고대 그리스 정신으로부터 거리를 취하고자 하고 있었던 1799년 초, 1월 15일에 [260]헤겔은 아버지가 전날에 사망했다는 소식을 누이로부터 받아들 었다. 로젠크란츠가 전해주듯이, 이전에 프랑스 혁명이라는 '시대의 흐름' 에 내밀려 '단호한 귀족주의자'였던 아버지와 '이 점에 대해 정말로 격렬한 논쟁을 교환하는 것도 사양하지 않았던' 자식도 이제 논쟁 상대를 영원히 잃게 되었던 것이다(Ros 33). 그리고 3월의 유산 정리에 의해 아버지의 재산을 상속한 헤겔은 일단 가정교사 일을 떠나 대학 교수로서 나설 준비에 전념할 수 있게 되었다. 이 장의 서두에서 인용한 1800년 11월 2일자의 서한은 예나 대학의 원외 교수로서 창작 활동의 최전성기에 있었던 젊은 친우 셸링의 도움을 빌려 이러한 준비 작업을 밟은 다음, 대학에서 자리를 얻어 대학 교수로서 자립하고 싶다고 하는 헤겔의 결의와 원망을 표명하는 것이기도 했다. 이리하여 새로운 인생행로에 나서고자 준비함에 있어 헤겔은 이전에 자신이 반항했던 상대의 유산을 물질적으로뿐만 아니라 정신적으로도 어떻게 해서 상속해 갈 것인가라는 과제에 대해 가부간의 대답 없이 마주 대하게 되었다. 그러면 예나 시기의 헤겔은 '청년 시대의 이상은 반성 형식에로…… 전환될 수밖에 없었다'라는 말에 담긴 것과 같은 정신적 유산 상속이라는 과제를 어떻게 사상적으로 수행해 가고자 하는 것일까? 이 점이 다음 고찰 대상이다.

제8장 예나 시기 헤겔에게서 체계 원리의 성립

머리말

1801년 1월에 프랑크푸르트로부터 예나로 이주한 헤겔은 8월의 토론과 10월의 논문 제출을 거쳐 교수 자격을 취득하고, 겨울 학기부터 예나 대학 철학부에서 사강사로서 강의를 담당함과 동시에, 강의 초고를 준비하는 가운데 스스로의 철학 체계를 구상한다. 더 나아가 1801년 10월까지 최초의 철학적 저작 『피히테와 셸링의 철학 체계의 차이』를 공간하여 독일 사상계에 데뷔함과 동시에, 다음 해인 1802년 1월부터 셸링과 공동으로 『철학 비평지』를 편집한다. 프랑크푸르트에서의 친우들의 친밀한 서클로부터 빠져나와 초기 낭만주의의 중심지로 몸을 던진 헤겔은 피히테와 셸링의 논쟁에 끼어듦으로써 독일 관념론의 전환점에 입회하고 이것을 촉진하는 촉매의 역할을 수행하게 되었다. 그러면 프랑크푸르트 시기에 보인 '청년 시대의 이상'은 어떻게 해서 예나 초기 헤겔에 의해 계승되며, 어떠한 '반성 형식'을, 그리고 '체계'의 원리를 취하기에 이르렀던 것일까?

이 점을 초월론 철학과의 대결이라는 독일 관념론의 맥락 하에서 분명히 하고자 하는 것이 이 장의 첫 번째 과제이다.

[262]하지만 예나 초기의 헤겔은 피히테 학문론의 비판이라는 점에서 외견상 셸링과 입장을 같이 하고 있는 것으로 보였지만, 예나를 떠난 직후인 1807년 4월에 공간된 『정신 현상학』 서문에서는 셸링의 동일 철학에 대해 공공연하게 비판적인 태도를 표명하고 있다. 셸링 등의 낭만주의자에 대한 이러한 사상적 입장의 전환은 예나 후기에 얻어진 헤겔의 독자적인 정신 개념을 염두에 둘 때 비로소 이해될 수 있다. 그리고 타자로 되면서 자기로 복귀하는 정신의 개념이야말로 1802년도 강의 초고에서의 신학적 전통의 수용을 거쳐 1804년도 강의 초고에서의 초월론 철학의 해석 교체로부터 형성되고, 『정신 현상학』에서는 체계를 근거짓는 원리로 높여졌던 것이다. 예나 후기 헤겔에게서의 중심 개념의 형성 과정을 초월론적·신학적 맥락 하에서 분명히 하고자 하는 것이 이 장의 두 번째 과제이다.

그리하여 가장 먼저 제1절에서는 프랑크푸르트 시기의 종교 구상을 가지고서 독일 관념론 최대의 논쟁에 참여해 가는 예나 초기의 헤겔을 다루는 가운데, 헤겔이 칸트-피히테의 주관성 철학을 어떠한 시각에서 비판하고 있는 것인지, 동시에 셸링의 동일 철학에 대해 어떻게 사상적 거리를 지니고 있는 것인지를 분명히 하고자 한다. 다음의 제2절에서는 예나 후기의 헤겔이 어떻게 해서 셸링과 다른 중심 개념을 확립해 가는지를 고찰하고자 한다.

제1절 독일 관념론 맥락에서의 예나 초기의 절대자 개념

헤겔이 젊은 친구 셸링에게 의뢰하여 예나로 옮겨 왔을 때, 셸링은 피히테와의 사상적 차이를 자각하고, 결별도 불사하기까지 하는 명확한 태도 결정을 강요받고 있었다. 1799년 7월에 피히테가 예나로부터 베를린으로 옮긴 후에도 셸링과의 사이에서 서한 교환이 계속되고 있었지만, 셸링이 1800년 5월에『초월론적 관념론의 체계』를 [263]공간한 이래로 두 사람의 왕복 서한은 점차 긴박함의 정도가 높아지고, 11월 이후에는 참다운 철학을 둘러싼 논쟁의 모습을 드러내게 되었다. 1801년 초에 셸링과 다시 만난 헤겔은 이러한 두 사람의 관계에 종지부를 찍는 역할을 짊어졌다고 생각된다. 셸링의「나의 철학 체계의 서술」(1801년 5월)에 의해 결정적이게 된 두 사람의 균열은 헤겔의 글『피히테와 셸링의 철학 체계의 차이』(1801년 10월 이전에 공간. 이하에서는「차이 논문」으로 약칭)에 의해 회복 불가능한 정도로까지 확대되었던 것이다.

하지만 헤겔의 이 최초의 철학적 저작을 단지 피히테의 초월론 철학을 일방적으로 비판하고, 셸링의 동일 철학을 전면적으로 옹호한 저작으로 볼 수는 없다. 거기서는 동일 철학과 다른 헤겔 자신의 절대자 이해가 표명되어 있으며, 이 점에서 프랑크푸르트 시기에서의 삶의 사상과의 연속성을 발견할 수 있기 때문이다.[1] 더욱이 고찰 대상을「신앙과 앎」(1802년 7월)으로까지 확장하게 되면, 차이 논문에서 보이는 셸링 철학에 대한 숨겨진 비판이 칸트-피히테의 주관성 철학에서 발견되는 '사변적 이념'의 긍정적 평가로 이어져 있으며, 이것이『정신 현상학』에 이르는 사상적 발전을 산출하는 원동력으로 되어 있다는 것을 분명히 이해할 수 있다. 이하에서는 우선 1.에서 차이 논문의 배경을 이루는 피히테와 셸링의 논쟁을 정신사적 관점으로부터 검토한 다음, 2.에서는 칸트-피히테 등의 주관성 철학에 대한 헤겔의 양의적 평가를, 3.에서는 셸링의 동일 철학으로

----

1. 이 시기의 헤겔의 동일 철학에 대한 의존 관계는 오랫동안 자명한 것으로 여겨져 왔지만, 후지타 마사카쓰(藤田正勝),『若きヘーゲル』(創文社), 특히 212쪽 이하에 의해 차이 논문에서의 헤겔의 사상적 독자성과 거기서 보이는 프랑크푸르트 시기와의 연속성이 처음으로 지적되었다. 이 장은 이 연구 성과를 토대로 하여 차이 논문을 에워싼 콘텍스트를 피히테-셸링 논쟁과「신앙과 앎」으로까지 확장하여 다시 파악함과 동시에, 셸링에 대한 사상적 거리가 역으로 주관성 철학의 재평가로 이어진다는 점을 밝히고자 한다.

부터 구별되는 헤겔 자신의 절대자 이해를 살펴보고자 한다.

1. 초월론 철학에 대한 셸링의 논쟁

예나 초기 헤겔의 사상적 독자성을 분명히 하기 위해 우선 피히테 학문론 (Wissenschaftslehre)의 수용으로부터 출발한 셸링이 1790년대에 피히테와의 대결을 통해 동일 철학의 입장을 표명하는 경위를 검토해 보자. 셸링이 피히테와의 사상적 결렬을 공표하는 직접적인 요인이 된 것은 1800년의 『초월론적 관념론의 체계』를 계기로 하여 양자 사이에서 [264]교환된 자연 철학과 초월론 철학의 관계를 둘러싼 논쟁이었지만, 두 사람의 사상적 차이는 사실은 셸링이 자연 철학으로 향하기 이전의 초기 단계에, 특히 1795-96년의「독단주의와 비판주의에 대한 철학적 서한」에서 자각되어 있으며, 조심스러운 형태로이긴 하지만 이미 언어에 의한 응수가 교환되어 있었다. 그리하여 자연 철학과 초월론 철학을 둘러싼 본래의 논쟁만이 아니라 독단론과 비판론을 둘러싼 최초의 논쟁까지 소급한 데 기초하여, 피히테와 셸링의 사상적 차이를 자기의식의 파악과 이에 대응하는 자연관의 다름이라는 시각에서 살펴보고자 한다.

(1) 1794년 튀빙겐 신학원에 재학 중인 셸링은 피히테가 학문론 구상을 처음으로 이야기한 『학문론의 개념에 대하여』(5월 공간)를 읽고서 곧바로 이것에 충실하게 따른 최초의 저작 『철학 일반의 형식의 가능성에 대하여』(9월 공간)를 집필하고 피히테에게 헌정했다. 그리고 이것에 대한 답례로서 피히테로부터 보내진 『전체 학문론의 기초』의 '최초의 전지 몇 묶음'[2]

---

2. 『전체 학문론의 기초』는 1794년 6월부터 다음 해 8월 초에 걸쳐 강의의 청강자에게 전지(Bogen) 한 묶음씩 배포됨과 동시에, 1794년 9월 말과 다음 해 7월 말부터 8월

에서 시사를 얻어 쓰인 다음의 저작이 『철학의 원리로서의 자아에 대하여』(1795년 3월 공간)였다. 이 두 번째 작품에서 주목되는 것은 셸링이 피히테의 자아 개념을 원리로 하는 한편, 이것을 스피노자의 실체 개념에 따라 이해하고 있다는 점이다.

피히테는 학문론의 제1원칙으로서 '자아는 자기 자신의 존재를 근원적으로 단적으로 정립한다(setzen)'(FW 1, 98)는 명제를 내걸었지만, 거기서 제시되어 있는 것은 '나는 생각한다'(cogito)라는 자아의 사유 활동(Handlung)으로부터 '나는 있다'(sum)라는 자아의 사실 존재(Tat)를 도출할 수 있다고 하는 데카르트 이래의 이해였다. 이런 의미에서 데카르트에 의해 '나는 생각한다, 그러므로 나는 존재한다'라고 표현된 자아의 자기 반성적 활동은 피히테에 의해 행위(Handlung)와 그 산물(Tat)이 하나로 귀착되는 '사행'(Tathandlung)이라고 불린다(96). 그리고 '자아=자아'라는 학문론의 제1원칙에서 제시된 자기의식의 반성적 활동(주체 – 주체 관계)으로부터 출발하여 '비아'로서 일괄되는 자아 이외의 존재자와의 [265]관계(주체 – 객체 관계)를 근거짓는 시도가 이루어진다. 셸링이 '인격신은 존재하지 않는다', '신이란 절대자 이외의 아무것도 아니다'(Br 1, 22)라고 말했듯이, 지금까지 인격신에게 돌려져 온 세계 창조 행위가 자아의 자기 반성적 행위로 전용된 것이며, 이전에 초월자가 차지하고 있던 세계 제작자의 지위는 이제 자기 반성적인 인식 주체로 대체되었던 것이다. 피히테의 학문론이 헤겔과 같은 세대의 청년들을 그토록 감격시키고, 프리드리히 슐레겔로 하여금

초에 걸쳐 두 번으로 나누어 서점으로부터 공간되었다. 셸링은 1795년 1월에 헤겔에게 보낸 서한에서 피히테 자신으로부터 '논술의 최초'를 받았다고 알리고 있지만(Br 1, 15), 1796년 1월에 『철학지』의 편집자에 대해 '저는 학문론의 실천적 부문(=제3부)을 지금까지 읽은 적조차 없습니다'고 털어놓고 있듯이(SB 1, 60), 또한 1801년 10월에 피히테에 대해, 「철학적 서한」이 쓰였을 때도 '사실은 학문론에 대해서는 최초의 전지 몇 묶음밖에 알지 못했습니다'라고 인정하고 있듯이(SB 2, 352), 공간된 『전체 학문론의 기초』를 마지막까지 통독하는 기본적 작업을 게을리하고 있었다는 것이 분명하다.

피히테 학문론을 프랑스 혁명과 괴테의 『빌헬름 마이스터』와 더불어 '금세기의 3대 경향'이라고까지 말하도록 만들었던 것은 이러한 정신사적 사정에 빚지고 있다.[3]

그러나 셸링은 '나는 요즘 스피노자주의자가 되었다'(22)고 헤겔에게 고백하고 있듯이, 피히테의 자아 개념을 스피노자에 의한 실체 규정에 따라서 다시 파악하고자 하고 있다. 셸링에 따르면 절대 자아는 '자기 자신에 의해 정립된' 한에서, '오로지 자기 자신에 의해 실재성을 얻는' 자아=자아의 '절대적 동일성'(absolute Identität)일 뿐만 아니라,[4] 스피노자가 신에 대해 말한 '유일한 실체(Substanz)'로서, 즉 모든 존재자를 스스로의 안에 포함하는 '내재적 원인'으로서 이해될 수 있다. 거기서 모든 존재자는 자아의 '단순한 우유성'에 지나지 않으며, '모든 존재자는 자아 안에 있고, 자아 밖에는 아무것도 없다'고 한다(SA 2, 101ff., 119, 121). 이러한 절대 자아의 사상은 '모든 존재자는 신 안에 있다. 그리고 신 밖에는 아무것도 있을 수 없고 생각될 수 없다'라는 스피노자의 명제에서의 유일한 실체를 절대 자아로 치환한 결과 얻어진 것으로 볼 수 있다.[5] 하지만 여기서 주의해

· ·
3. Vgl. C. Schmitt, *Politische Romantik*, Berlin 2. Aufl. 1925 일역 『政治的ロマン主義』(みすず書房); R. Haym, *Die romantische Schule*, Berlin 1870, 5. Aufl. 1928, S. 286.
4. 자아=자아라는 학문론의 제1원칙을 주체와 객체의 '절대적 동일성'으로서 파악하는 셸링의 착상은 후에 피히테 자신에 의해 『전체 학문론의 기초』 제2판(1802년)에 받아들여져 있다(FW 1, 98, Anm).
5. スピノザ『エチカ』上(岩波文庫) 제1부·정리 15, 참조. 또한 '유일한 실체', '내재적 원인'에 대해서는 같은 책, 제1부·정리 14, 정리 18을 참조. 다만 마찬가지의 표현이 사실은 피히테의 『전체 학문론의 기초』에서 발견될 수 있는데 ── '모든 존재자는 자아 속에 정립되어 있는 한에서만 존재하며, 자아 밖에는 아무것도 존재하지 않는다'(FW 1, 99)──, 피히테 자신이 학문론을 구상함에 있어 스피노자를 의식하고 있었다고 생각된다(vgl. D. Henrich, "Die Erschließung eines Denkraums", in: ders., *Konstellationen, Probleme und Debatten am Ursprung der Idealistischen Philosophie (1789-1795)*, Stuttgart 1991, S. 250ff.). 횔덜린도 '피히테에게서의 스피노자의 재현'을 일찌감치 간파하고 있으며, 1795년 1월 헤겔에게 '피히테의 절대적 자아'는 '스피노자의 실체와 같다'고 쓰고 있다(HW 6-1, 155). 그렇다고 한다면, 셸링은 피히테가 주체

야 하는 것은 스피노자의 실체 개념이 일신교에 특유한 초월신의 관념과 다르며, 범신론에서 보이는 내재적인 신 관념을 전제로 하고 있다는 점이다. 일신교에서는 창조자와 피조물 사이에 넘어서기 어려운 단절이 존재하는데 반해, 범신론에서는 신과 존재자의 단절은 희박하며, 양자는 연속적 존재로서 이해된다. 따라서 스피노자의 실체 개념을 자아 개념 안으로 들여오는 것은 자기의식의 반성적 활동을 창조=제작 행위와는 다른 모델로 해석하고, 주체와 객체의 관계를 연속적으로 다시 파악할 가능성에 길을 [266]열게 된다.

하지만 셸링은 표면상으로는 피히테에 충실하여 스피노자 철학의 원리를 '독단주의'(Dogmatismus)라고 부르며, 이에 대해 비판적 자세를 유지한다. 셸링에 따르면 '일체의 자아에 선행하여 정립된 비아'를 원리로 하는 '독단주의'는 '일체의 비아를 배제하여 정립된 자아'를 원리로 하는 '비판주의'(Kriticismus)와 양립할 수 없을 뿐만 아니라, 독단주의의 원리인 객체가 주체를 전제로 하고 주체와의 관련에서만 존재하는 한에서, 그것 자체로는 자기모순에 빠진다고 한다(SA 2, 94, 88, vgl. Br 1, 22). 따라서 이 시기의 피히테는 셸링의 저작에서 스피노자의 그림자가 내비친다는 것을 느끼면서도 이것을 호의적으로 평가하고 있었다. '셸링의 저작은 내가 읽은 한에서는 전적으로 나의 저작의 주해입니다. …… 내가 특히 마음에 들어 하는 것은 그가 스피노자에게 눈을 돌리고 있다는 점입니다. 나의 체계는 스피노자로부터 가장 적절하게 설명될 수 있습니다.'(FA 3-2, 347f.)

(2) 그러나 1795년부터 다음 해에 걸쳐 『철학지』에 게재된 「독단주의와 비판주의에 대한 철학적 서한」(이하에서는 「철학적 서한」으로 약칭)에서 셸링은 독단주의와 비판주의를 양립 가능한 두 개의 참된 체계로 생각하기

.. 안으로 옮겨 놓고 자아 개념에 가두어 둔 스피노자의 실체 개념을 다시 해방하고, 이로부터 역으로 피히테의 자아 개념을 다시 파악하고자 하고 있다고 말할 수 있다.

에 이른다. 셸링에 따르면 비판주의와 독단주의를 '체계의 형태에서 생각된 관념론과 실재론'으로 이해하게 되면, 칸트의 『순수 이성 비판』은 관념론과 실재론이라는 두 개의 체계를 병존시키고 있어, 비판주의에도 독단주의에도 마찬가지로 들어맞는다.[6] 하지만 칸트 철학은 '주체와 객체 사이의 항쟁'에 기초하며, 이에 선행하는 '근원적인 절대적 통일'로까지 높아지지 못했기 때문에, 이론 이성의 영역에서는 비판주의와 독단주의의 항쟁을 해결할 수 없었다고 한다(SA 3, 69f., 63-65). 셸링에게 있어 주체와 객체라는 두 개의 체계의 서로 다른 원리는 각 사람의 자유에서 선택되어야 할 '실천적 결정의 선취'인바, '두 개의 체계 가운데 어느 것을 선택하는가는 우리 자신이 획득해 온 정신의 [267]자유에 관계되는' 것이어서 이론적으로는 결정될 수 없다. 따라서 자신의 철학을 자기 자신에게만 빚지고 있는 자유로운 정신으로부터 보자면, '스스로의 체계와 나란히 있는 다른 어떠한 체계도 허용할 수 없는 협량한 머리의 소유자의 전제 지배(Despotism[us])만큼 오만한 것은 없다.'(81, 72, 74f.) 두 개의 체계의 항쟁을 한편의 측에서 결정하고자 하는 것은 개인의 '정신의 자유'를 짓밟고 후견인에 의한 '전제 지배'를 수립하는 행위로서 셸링에 의해 거부된다.

하지만 셸링은 좀 더 나아가 독단주의와 비판주의라는 두 개의 체계는 실천 이성의 영역에서는 '주체와 객체 사이의 저 모순의 폐기'를 궁극 목표로서 공유하고 있는 이상, '절대적 동일성'이라는 목표 속에서 모든

----

6. 셸링은 독단주의를 '객관적 실재론(내지 주관적 관념론)의 체계', 비판주의를 '주관적 실재론(내지 객관적 관념론)의 체계'라고 부르고 있지만, 이것은 칸트에 의한 '초월론적 실재론'과 '초월론적 관념론', '경험적 관념론'과 '경험적 실재론'이라는 구분을 의식한 것으로 생각된다(KW 4, 375ff.=A 369ff.). 그렇다면, 칸트가 후자의 '초월론적 관념론'만을 참된 관념론으로 생각하고 있는 이상, 『순수 이성 비판』이 '객관적 실재론'으로서의 독단주의와 '객관적 관념론'으로서의 비판주의를 병존시키고 있다는 셸링의 해석은 『순수 이성 비판』의 자구에는 분명히 반한다. 이러한 견강부회적인 칸트 해석을 빗대어 피히테는 「학문론에 대한 제2서론」에서 '나는 셸링 씨를 칸트의 해석자라고는 간주하지 않는다'고 신랄하게 평가한다(FW 1, 480).

항쟁은 그치게 된다고 생각한다. '절대자로까지 높아지자마자〔주체와 객체라는〕일체의 항쟁하는 원리는 합치하며,〔비판주의와 독단주의라는〕일체의 모순되는 체계는 동일하게 된다.'(97-101) 이리하여 젊은 셸링은 절대 자아의 개념으로부터 추출된 주체와 객체의 동일성 속에서 피히테와 스피노자, 비판주의와 독단주의라는 내적인 두 개의 영혼의 갈등을 조정하는 원리를 발견했던 것이다.

  하지만 독단주의와 비판주의가 양립 가능할 뿐만 아니라 궁극적으로 일치한다고 하는 초기 셸링의 견해 ── '나중의 좀 더 적극적인 견해의 명료한 씨앗'[7] ── 는 피히테가 '경험적 의식 속에서 주어진 순수 의식'의 한계를 승인하는 '비판주의의 체계'와 이 한계를 넘어서는 '스피노자주의의 체계'를 구별하고 있었다는 점을 상기하게 되면(FW 1, 100f.), 피히테 학문론으로부터의 명백한 일탈을 의미하고 있었다. 피히테 자신이 후에 셸링에게 보낸 서한에서 이 시기를 돌아보면서 다음과 같이 말하고 있다. '당신은 이전에 『철학지』에서 관념론적 철학과 실재론적 철학이 모두 진리이며 병존 가능하다고 말했습니다만, 저는 이것을 올바르다고는 생각하지 않았기 때문에 곧바로 온건하게(sanft) 이의를 제기했습니다. 당신의 의견은 사실은 당신이 학문론을 꿰뚫어보고 있지 못한 것이 아닐까 하는 추측을 제 마음 속에 불러일으켰습니다.'(SB 2, 339) 피히테가 주장한 '온건한' 이의 제기는 1797년 4월에 『철학지』에 게재된 「학문론의 새로운 [268]서술의 시도」 서론 ── 이른바 「학문론에 대한 제1서론」── 과 이어지는 「학문론에 대한 제2서론」에서 발견될 수 있다.[8]

--

7. 셸링은 1801년 10월 피히테에 대해 '진리는 관념론이 나아가는 좀 더 높은 곳에 있다고 하는, 아직 소박하고 전개되어 있지 않은 최초의 감정'의 초기 기록으로서 「철학적 서한」을 증거로 내놓고 있다(SB 2, 352). 또한 「철학적 서한」이 1809년에 『철학 저작집』 제1권에 모여졌을 때, 셸링은 그 서문에서 절대자 속에서는 대항하는 원리의 모든 대립이 해소된다고 하는 제9서한의 사상을 '나중의 좀 더 적극적인 견해의 명료한 씨앗'이라고 부르고 있다(SA 3, 49).

특히 독단주의와 비판주의라는 동일한 주제를 논의하는 「학문론에 대한 제1서론」은 셸링에 대한 반론을 의도하여 집필되었다고 해석하는 것마저도 가능하다. 여기서 피히테는 우리의 내면에서는 우리의 '자유'에 의존하는 표상뿐만 아니라 무언가에 구속되어 있다고 하는 '필연성의 감정'을 수반하는 표상이 발견되는 것은 왜인가라는 물음을 제기하고, 이러한 경험을 성립시키는 근거를 논의하고 있다(FW 1, 423). 피히테에 따르면 경험의 근거를 설명하는 데서는 경험적으로는 결합되어 있는 두 개의 요소를 분리하고, 어느 쪽인가 한편을 사상하는 것에 의한 두 종류의 설명 방법이 가능하다. 한편이 사물을 사상하고 지성을 경험의 근거로 하는 '관념론'이고, 다른 편이 지성을 사상하고 사물 자체에 의해 경험을 설명하는 '독단론'이다. 이들 관념론과 독단론 사이의 항쟁은 자아의 자립성을 위해 사물의 자립성을 희생시키든가, 그렇지 않으면 그 역이든가 하는 다툼인바, '한편으로부터의 귀결은 다른 편으로부터의 귀결을 부정하기' 때문에 '두 체계는 절대로 양립할 수 없으며', '양자를 하나로 혼합하면 필연적으로 부정합이 생겨난다.'(425f., 431) 이리하여 독단주의와 비판주의가 최종적으로는 합치된다고 하는 셸링의 낙관적 견해는 피히테에 의해 정면에서 물리쳐진다.

그러나 이어서 피히테는 두 개의 체계의 항쟁은 그 이상으로 거슬러 올라갈 수 없는 제1원리를 둘러싼 다툼인바, 상대를 직접적으로 반박할 수 없다는 것을 인정하고 있으며, 이런 한에서 셸링과 절반은 견해를 공유하고 있는 것으로 보인다. '양자 가운데 어느 것을 첫 번째 것으로 할 것인가, 이에 대해서는 이성에 기초하는 어떠한 결정 근거도 있을 수 없다. 왜냐하면…… 여기서는 전 계열을 개시하는 것이 문제인바, 이것은 절대적으로 최초의 행위인 한에서, 사유의 자유에만 의존하기 때문이

8.　　Vgl. R. Lauth, *Die Entstehung von Schellings Identitätsphilosophie in der Auseinandersetzung mit Fichtes Wissenschaftslehre (1795-1801)*, Freiburg/München 1975, S. 37ff.

다.'(432f.) 그렇다고 한다면, 관념론자와 독단론자를 나누는 궁극적인 근거는 자기 자신에 대한 관심의 다름이라는 실천적 차원에서 찾아진다. 독단론자가 의거하는 것은 사물의 자립성에 대한 신앙이고, '객체에 의해서만 뒷받침된 스스로의 산만한 [269]자기에 대한 신앙'인 데 반해, '자신의 자립성과 자기 외부에 있는 모든 것으로부터의 독립을 자각하는 사람'은 사물의 자립성으로 생각되는 것이 사실은 공허한 가상에 지나지 않는다고 인식할 수 있다. '따라서 사람이 어떠한 철학을 선택하는가 하는 것은 그 사람이 어떠한 인간인가에 달려 있다. …… 선천적으로 정신이 이완된 사람이나 정신적 종속이나 습관 들린 사치나 허영에 의해 이완되고 왜곡되어 버린 사람은 결코 관념론으로까지 높아지는 일은 없을 것이다.'(433ff.)

그뿐만 아니라 이론적 견지에서 보더라도 독단론은 사물 자체로부터 표상을 설명할 수 없는 이상, 철학이라는 이름에 값하는 것이 아니다. 지성에게는 자기 자신을 보는 것과 존재하는 것이 결부되어 있는바, '관념적인 것과 실재적인 것이라는 이중의 계열'이 존재하는 데 반해, 사물에게는 '실재적인 것이라는 단일한 계열'이 귀속되는 데 지나지 않기 때문에, 독단론은 사물과 표상이 결합되어 있는 이유를 증명할 수 없다. '자기 자신을 본다'고 하는 지성의 본질을 이해하기 위해서는 '어느 정도의 정신의 자립성과 자유'가 필요한 데 반해, 독단론자는 증명의 전제를 이해하는 것에 불가결한 자기반성의 능력을 결여하고 있기 때문에, 어떠한 논증에 의해서도 독단론자처럼 철학적으로 무능력한 자를 직접적으로 반박할 수 없다(436, 439). 셸링이 어느 쪽의 철학을 선택하는가는 개인의 '정신의 자유'에 맡겨져 있다고 주장하는 데 반해, 피히테는 그 사람이 '어떠한 인간인가', 바로 '정신의 자유'를 지니는가 아닌가에 달려 있다고 반론하는 것이다.

이리하여 피히테와 셸링의 최초의 은밀한 논쟁은 '정신의 자유'라는 동일한 표어를 내걸면서 양자의 서로 다른 사상 배경으로 인해 서로 교차하지 않는 평행선을 그리게 되었다. 셸링이 범신론적인 실체 개념을 실마리로 하여 관념론과 실재론의 대등한 통합을 기도하는 데 반해, 피히테는 초월신의 유사한 모습인 자아 개념에 의해 실재론에 대한 관념론의 원리적 우위를 주장한다. 여기서 흥미로운 것은 양자 사이의 숨겨진 논쟁이 선택 능력으로서의 '정신의 자유'를 내걸고 후견인의 지배를 거부하는 자와, 반성 능력으로서의 '정신의 자유'를 방패로 들고 미성년자를 질책하는 자가 언쟁하는 형식을 취하고 있다는 점인바, 이 도식이야말로 피히테와 셸링의 논쟁이 젊은 헤겔의 경우와 [270]마찬가지로, 아버지와 아들 사이에 반복되는 드라마의 재연에 다름 아니라는 것을 보여준다.

셸링은 이어지는 논문에서 학문론에 입각하여 문제를 논의하고 있는데, 그런 한에서는 피히테가 주장한 '온건한' 이의 제기는 주효한 것으로 보인다. 피히테의 서한으로부터 읽어낼 수 있듯이, 당시의 피히테는 그렇게 생각하고 있었다. '…… 그러나 이후, 또는 더할 나위 없이 명료하고 심원하게 올바른 것을 말했기 때문에, 충분한 시간만 있다면 결점을 보완해 줄 것이라고 기대했습니다.'(SB 2, 339) 하지만 「제1서론」에서 관념론과 독단론을 혼합하면 부정합이 생겨난다고 말한 후, 피히테는 다음과 같이 지적하고 있었다. '지금 주장된 것을 요구하고자 하는 사람은 물질로부터 정신에 이르는, 또는 그 역의 연속적 이행을, 아니면 동일한 것이지만 필연성으로부터 자유에 이르는 연속적 이행을 전제하는 것과 같은 결합의 가능성을 증명해야만 할 것이다.'(FW 1, 431) 여기서 피히테 자신에 의해 지적된 '물질로부터 정신에', '필연성으로부터 자유에 이르는 연속적 이행'을 증명하는 것, 이것이야말로 사실은 자연 철학으로 향했던 셸링이 의도하고 있던 것이었다.

(3) 신학원을 졸업한 셸링은 1796년 4월부터 2년간 라이프치히 대학에서 자연 과학 강의를 청강할 기회를 누렸지만, 거기서 얻어진 자연 철학 구상은 1797년부터 다음 해에 걸쳐 『철학지』에 게재된 「최신의 철학 문헌 개관」에서 말해지고 있다. 이 가운데 제5권·제3책에서 셸링은 「학문론에

대한 제1서론」과 마찬가지로 어떻게 해서 '대상과 표상의 동일성'이 가능한가라는 물음을 제기하고, 이것을 피히테와 마찬가지로 '산출적 상상력'(produktive Einbildungskraft) 개념에 의해 직관하는 주체임과 동시에 직관되는 객체이기도 한 것과 같은 '정신의 자기 직관'으로부터 설명하고 있다.[9] 셸링에 따르면 '정신은 생성(Werden) 속에만 있으며', '정신은 자기 자신을 통해 자기 자신의 행위를 통해 객체로 된다(wird).' 이러한 객체로 된 자기 자신을 직관하는 것에 의해 '주체와 [271]객체의 절대적 동일성'이 얻어지는 것인바, '정신의 자기 직관 속에만 표상과 대상의 동일성이 놓여 있다.'(SA 4, 84-86) 피히테가 '사행'이라고 부른 자아의 자기 정립 활동은 여기서는 주체와 객체가 단절되는 '정립'(setzen)의 논리가 아니라 주체와 객체가 연속하는 '생성'(werden)의 논리에 의해 다시 파악되고 있다.

이와 같이 객체가 정신의 본래적 행위의 산물인 한에서, '정신이 물질로부터 생겨나는 것이 아니라, 물질이 정신으로부터 생겨나는' 것은 분명하며, '물질을 정신의 원리로 하는 체계와, 정신을 원리로 하는 체계라는 두 개의 일관된 체계' 가운데 후자의 관념론만이 유일한 참다운 체계로서 남는다(92). 여기서 셸링은 「철학적 서한」의 입장으로부터 물러나 피히테의 반론에 굴복하고 있는 것으로 보이지만, 이것은 외견상의 양보에 지나지 않는다. 셸링에 따르면 표상과 대상의 동일성에 대한 직관은 의식을 수반하지 않는 것인바, 이 직관으로부터 밖으로 나와 객체가 직관의 산물이라는 것을 사상하는 것에 의해 표상과 대상의 구별이, 그리고 의식이 비로소 출현한다. '나의 자유로운 행위가 객체를 반정립하는 것에 의해 비로소 내 속에 의식이 성립하는' 것이며, 역으로 말하면 '객체의 기원은 내게 있어 지나가버린 과거 속에, 현재의 나의 의식의 저편에 있는' 한에서,

---

9. 피히테는 『전체 학문론의 기초』에서 표상의 연역에 있어 대상의 실재성을 산출하는 자아의 산출적 능력을 칸트가 말하는 '산출적 상상력'에 의해 설명함과 더불어, 이것을 직관하는 것이 동시에 직관되는 것인 그러한 자기 자신의 직관 작용──후의 '지성적 직관'──과 동일시하고 있었다(FW 1, 230).

'의식의 입장으로부터 객체의 기원을 설명하는 것은 불가능하다.'(89)[10] 이리하여 행위와 산물의 동일성이라는 정신의 자기 직관은 객체로 되어가는 주체의 생성 작용일 뿐만 아니라 의식의 파악을 넘어선 무의식적 작용으로서 다시 해석되며, 여기에서 학문론을 자연 철학에로 되돌리는 탈초월론화의 발단이 열리게 된다.

더 나아가 제6권·제1책과 제2책에서 셸링은 의식에게 있어 '과거' 속에 놓여 있는 객체의 기원을 '자기의식의 역사'(Geschichte des Selbstbewußtseins)라고 부르고, 이것을 '자기 자신을 유기적으로 조직화하는 자연' 속에서 발견하고자 하고 있다(109, 113). 객체가 정신에게 있어 소원한 사물 자체가 아니라 정신의 행위의 산물이게 되면, 자연 속에서 간취되는 유기적 조직화의 경향은 '우리 정신의 순수한 형식'을 표출하려고 하는 충동, 즉 정신의 힘과 동일한 충동을 의미하며, '유기적 조직의 단계적 발전과 무기적 자연으로부터 유기적 자연에 이르는 이행은 점차 완전한 자유로 발전해 [272]가는 산출적 힘을 분명히 표현하고 있다.' 정신의 산물인 자연은 해독되어야 할 암호처럼 '점차로 자기의식에 이르는 길'을 자기 안 깊은 곳에 감추고 있으며, '외적 세계는 거기서 우리 정신의 역사를 다시 발견하기 위해 우리 앞에 열려 있다'고 한다(114, 110). 자연계 속에서 '자기의식의 역사'라는 내재하는 로고스를 찾는다는 구상은 같은 시기에 집필된 『자연 철학의 이념』 제1부(1797년 봄 공간)에서는 다음과 같이 말해지고 있다. 우리 외부의 자연에는 우리 자신의 정신과 유사한 법칙이 지배하고 있으며,

---

••
10. 피히테에게 있어 산출적 상상력은 통상적인 자아에 의해 의식되지 않는 무의식적 작용이며, 이것이 자아 자신의 활동이라는 것은 '우리에게 있어서'만 분명해지는바, 요컨대 '우리'가 수행하는 철학적 반성에 의해 비로소 의식으로까지 높여진다. 피히테는 인간 정신에서 근원적으로 발견되는 사실을 의식화하는 과정을 '인간 정신의 실제적 역사'라고 불렀지만(FW 1, 222, 227, 230), 동일한 과정이 셸링에 의해 '자기의식의 역사'로서 다시 파악되고 있다(藤田, 앞의 책, 129쪽 이하, 참조). 다만 셸링의 경우에는 정신의 자기 직관이 의식을 넘어선 무의식적 성격의 것이라고 강조되고 있다는 점에 주의해 두고자 한다.

'자연은 눈에 보이는 정신이며, 정신은 눈에 보이지 않는 자연임에 틀림없다.' 이 '우리의 내적인 정신과 외적인 자연과의 절대적 동일성'이 자연 철학의 이념이며, 이후의 탐구 목표다(SW 2, 55f.). 이러한 유기체적·목적론적인 자연관은 무로부터 창조된 피조물이라는 헤브라이즘에 특유한 자연관보다, 아리스토텔레스에게서 보이듯이[11] 궁극 목적을 향해 저절로 생장 발전해 가는 생성물이라는 헬레니즘의 자연관에 친화적인 것이다.

(4) 그 후의 셸링은 『자연 철학의 이념』 등의 저작에서 자연 철학 구상을 학문적으로 마무리하기 위해 노력했는데, 이 업적이 괴테에게 인정되어 1798년 10월에는 예나 대학에 원외 교수로서 맞아들여진다. 그리고 다음 해 7월에 피히테가 무신론 논쟁에 의해 예나를 떠난 후, 1800년 5월에 공간된 『초월론적 관념론의 체계』에서는 자연 철학과 초월론 철학을 양립 가능한 두 개의 학문으로서 근거짓는 작업에 착수한다. 셸링에 따르면 우리의 앎에서 표상과 대상, 주체적인 것과 객체적인 것이 일치한다는 것을 설명하기 위해서는 두 종류의 방법이 생각될 수 있다. 한편이 객체적인 것의 총체인 자연으로부터 출발하여 지성에 이르는 자연 철학의 방법, 다른 한편이 주체적인 것의 총체인 지성으로부터 출발하여 자연에 이르는 초월론적 관념론의 방법이다. 전자가 '자연 법칙을 지성의 법칙에로 정신화하는…… 것에 의해 실재론으로부터 관념론을 도출하는' 것인 데 반해, 후자는 '지성의 법칙을 물질화하는…… 것에 의해 관념론으로부터 실재론을 [273]도출한다.'(SW 3, 339-342, 352) 이 가운데 어느 쪽 방향을 취해야 하는가는 이론적 관점에서는 결정 불가능한바, 이론적 부문에서는 자연 철학과 초월론 철학은 원리적으로 대립하는 가운데 상호적으로 보완하는 두 개의 근본적 학문으로서 똑같이 가능하다(332). 실재론과 관념론은

11. 하이데거, 「퓌시스의 본질과 개념에 대하여, 아리스토텔레스 『자연학』 B1」 『ハイデッガー全集 第9卷・道標』(創文社), 참조.

양립 가능하다고 하는, 「철학적 서한」에서 최초로 주창된 초기 셸링의 테제가 여기서는 자연 철학과 초월론 철학의 양립 가능성이라는 형태를 취해 다시 나타나는 것이다.[12]

더욱이 두 개의 학문의 상호 보완성을 논증함에 있어 '자기의식의 역사'라는 구상에 더하여 새롭게 원용되는 것이 단계를 쫓아 높아지는 잠재적인 힘이라는 '세위'(Potenz) 관념이다. 셸링에 따르면 철학의 전체는 '전진하는 자기의식의 역사'로서 '하나의 연속성'을 지니며, '자아가 최고의 세위에서 의식으로까지 높아져 가는 직관의 단계적 발전'에 다름 아니다. 자연이란 저차적인 세위에서의 자아, 이를테면 '미숙한 지성'이지만, 단계적 발전에 의해 세위를 점차로 높여가고, 최고의 세위인 자기의식에서 자기 자신에게 있어 객체로 된다고 하는 궁극 목표를 달성한다. 앎의 전체를 이러한 연속성에서 서술하는 작업은 자연 철학과 초월론 철학의 어느 쪽인가 한편에 의한 것이 아니라 양자가 서로 어울려서야 비로소 가능하다(331f., 341).

이리하여 셸링이 자연 철학과 학문론의 대등한 공존 관계를 제창하는 데 반해, 『초월론적 관념론의 체계』를 받아든 피히테는 1800년 11월자의 셸링에게 보낸 서한에서 '당신이 초월론 철학과 자연 철학을 대치시키고 있는 것에 대해서는 아직 동의할 수 없습니다'라고 말하여, 새로운 논쟁의 도화선에 불을 댕기고 있다. 의식과 사태, 주체적인 것과 객체적인 것이라는 양자는 '관념적이자 실재적인, 실재적이자 관념적인 자아에서 직접적으로 합일되어' 있으며, 이에 반해 '자연의 실재성은 초월론 철학에서는 어디까지나 발견된 것으로서, 더욱이 일어난 것, 완성된 것으로서 나타납니다. 더욱이 자기 자신의 법칙이 아니라 (관념적인 동시에 실재적인 것으로서의)

---

12. 라우트는 똑같이 가능한 두 개의 체계라는 「철학적 서한」의 테제를 『초월론적 관념론의 체계』에서 다시 주창하는 것에 셸링이 신중하게 되었다고 하고, 이것을 피히테의 반론이 가져온 성과라고 생각하지만(Lauth, a. a. O., S. 55), 충분한 설득력을 지니지 못한다.

지성의 내재적 법칙에 따라서 발견되는 것입니다.' 피히테에게 있어 자기 자신을 정립하는 자아의 근원적 활동, 행위와 그 산물이 하나로 귀착되는 '사행'이 모든 것이며, [274]이것과 병립하는 것과 같은 자연의 자기 구성은 의식의 구성 작용과 마찬가지로 '허구'(Fiction)에 기초하는 것 이외에 있을 수 없다. '세련된 추상에 의해 자연만을 스스로의 대상으로 하는 학문[=자연 철학]은 (바로 지성을 사상하는 까닭에) 자연을 절대적인 것으로서 정립하고, 자연이 허구에 의해 자기 자신을 구성하도록 하지 않을 수 없습니다……'(SB 2, 290f.) 자연 그 자체가 저절로 생성 작용을 통해 자기의식을 산출한다고 하는 셸링의 자연 철학은 피히테에게 있어 신의 대행자인 절대 자아의 존엄을 모독하는 허용하기 어려운 피조물 신화로 받아들여졌음에 틀림없다.

이에 대해 셸링은 피히테에게 보낸 서한에서 직접 반론을 시도함과 동시에, 같은 시기에 집필된 「자연 철학의 참된 개념에 대하여」(1801년 1월)에서 피히테에 대해 수세로부터 공세로 나서 초월론 철학에 대한 자연 철학의 우위성을 논증하고자 노력하고 있다. 그리하여 셸링은 지성적 직관을 설명하기 위해 피히테가 사용한 '주체-객체'(Subjekt-Objekt) 개념을 받아들이는 한편, 피히테가 말하는 주체-객체를 '의식의 주체-객체'라고 부르고 이것을 '순수한 주체-객체'로부터 구별한다.[13] 셸링에 따르면 학문론은 그 대상을 최고의 세위에서, 즉 '의식에로 들어가는 순간에서' 받아들일 뿐이며, 최초의 세위에서, 즉 '최초에 출현하는 순간에서' 파악하지 못하기 때문에, 순수 자아라는 '의식의 주체-객체'밖에 파악할 수

---

13. 피히테는 1798년 3월에 『철학지』에 게재된 「학문론의 새로운 서술」 제1장에서, 자기 자신을 정립하는 자아의 근원적 행위를 의식을 결여한 활동이 아니라 자기의식을 동시에 수반하는 활동으로서 파악한다(FW 1, 527ff.). 요컨대 자아의 자기 정립적 활동에 의해 동시에 정립하는 자기 자신에 대한 직접적 의식이 성립하는 것인바, 이 '지성적 직관'에서는 직관하는 것과 직관되는 것이 매개되는 일 없이 단적으로 합일되어 있다. 이러한 지성적 직관에서의 주체적인 것과 객체적인 것의 직접적 합일이 '주체-객체'라고 불리고 있다(藤田, 앞의 책, 193쪽 참조).

없다. 이 결과, 학문론은 의식을 도출하고자 함에도 불구하고, '불가피한 순환'에 따라 '이미 일어난 의식'이 제공하는 수단을 사용할 수밖에 없다 (SW 4, 84f.). 이에 반해 대상을 그 근원적 생기에서 파악하기 위해서는 객체의 세위를 거슬러 내려가, '최초의 세위로 환원된 객체'에서 처음부터 구성하는 것이 필요하다. 이를 위해 셸링은 지성적 직관뿐만 아니라 새롭게 '지성적 직관에서의 직관하는 것의 사상捨象'을 요구한다. 지성적 직관 속에서 의식하는 주체를 사상하는 것에 의해 의식되기 전의 객체, 즉 객체로 되어 가는 주체의 근원적 생기가 추출되지만, 이것이 '순수한 주체-객체'이다(87f.).

[275]무의식적 자연에 내재하는 '순수한 주체-객체'는 스피노자가 말하는 '산출하는 자연'(natura naturans)과 '산출된 자연'(natura naturata)에도 유비되며(91), 내부로부터 새로운 대상을 산출하면서 자기의식에 이르기까지 단계를 좇아 세위를 높여 간다. 이러한 자연의 자기 산출적 과정이야말로 자연 철학이라는 '이론적·실재론적 부문'이 대상으로 하는 '자연의 자기 구성'인 데 반해, 자연이 최고의 세위인 자아로 이행하는 순간부터 '실천적·관념론적 부문'인 초월론 철학이 시작된다고 한다. 자연 철학이 '순수한 주체-객체'로부터 '의식의 주체-객체'를 도출하는 것에 의해 초월론 철학에 대해 '순수하게 이론적이고 확실한 기초'를 제공하는 한에서, 학문으로서의 우위는 양자 가운데 '의심할 바 없이' 자연 철학에 돌려지게 된다(90-92).

그러나 셸링은 1800년 11월자의 피히테에게 보낸 서한에서 '저는 자연 철학과 초월론 철학을 이미 대립하는 두 개의 학문이 아니라, 동일한 하나의 전체, 요컨대 철학 체계 속의 대립하는 두 개의 부분으로밖에 보고 있지 않습니다'(SB 2, 297)라고 말하는 한편, 「자연 철학의 참된 개념에 대하여」에서는 자연과 정신의 대립이 해소되고, 모든 것이 절대적으로 하나인 것과 같은 '나의 체계의 새로운 서술'을 예고하고 있었다(SW 4, 84, 102). 이러한 셸링 자신의 체계의 제시는 1800년 겨울 학기 강의에서 시도된 후, 1801년 5월에 「나의 철학 체계의 서술」이라는 표제로 『사변적 물리학지』에 게재되었는데, 그 서론에서는 이전의 저작과의 관련을 다음과 같이 설명하고 있다. '나는 스스로 참된 철학으로 생각하는 동일한 하나의 철학을 전적으로 다른 두 측면으로부터 자연 철학과 초월론 철학이라는 형태로 서술하기 위해 몇년 전부터 시도했지만, 그 이후 이제 학문의 현 상황에 내몰려 나 자신이 바랐던 것보다 일찍 그 서로 다른 두 개의 서술의 기초에 놓여 있던 체계 그 자체를 공표하게······ 되었다.'(107) 이 체계의 도입부에서 간취되는 자연 철학과 초월론 철학의 대립을 '절대적 동일성의 체계'(113)에서 해소하고자 하는 의도야말로 실재론과 관념론이 궁극에서 합치된다고 하는, 셸링이 「철학적 서한」에서 제기한 테제를 재현하는 것이다. 그리고 이 서술을 받아든 피히테는 이미 '온건하게' 이의를 [276]부르짖는 것에 머무르지 않는바, 양자의 견해의 차이는 화해하기 어려운 험악한 대립에로 급속하게 전환되어 간다. 피히테는 1801년 10월자 서한에서 결정적인 최후의 말을 내뱉고서 셸링과 영원히 결별하게 된다. '칸트와 나의 저작에 의해 세간에 알려져 있던 유일하게 가능한 관념론'을 '당신이 파악하지 못했으며, 아직 파악하고 있지 못하고, 당신이 걸어가고 있는 길에서는 결코 파악할 수 없을 것이다'라는 것은 『초월론적 관념론의 체계』 이래로 이미 분명했다고 말이다(SB 2, 381f.).

여기서 피히테-셸링 논쟁을 돌아보게 되면, 논쟁의 배후에 놓여 암묵적으로 다툼이 이루어지고 있었던 것은 자기의식을 어떻게 파악하고, 이것에 대응하여 자연을 어떻게 자리매김할 것인가 하는 문제였다. 요컨대 자기의식의 반성 행위를 신의 세계 창조와의 유비에 의해 객체를 정립하는 제작 행위로서 파악하고, 자연의 총체를 인식 주체로부터 분리된 조작 대상으로 자리매김할 것인가, 그렇지 않으면 식물적 생장과의 유비에서 자기의식을 저절로 객체로 되어 가는 주체의 생성 작용으로서 파악하고, 생장 발전해 가는 자연의 생명 운동 속에 자리매김할 것인가 하는 문제였던 것이다. 이와 같이 양자의 논쟁은 어느 세계관, 어느 신앙 고백을 선택할 것인가

하는 '신들의 다툼'일 뿐만 아니라, 후견인의 권위에 도전하는 미성년자의 저항이라는, 아버지와 아들의 다툼에도 비교될 수 있는 측면을 지니고 있었다. 그리고 이러한 관념들이 투쟁을 전개하고 있는 독일 관념론의 배경에서는 피히테와 셸링, 데카르트와 스피노자라는 동시대인을 꿰뚫고 서 일신교와 그리스 정신, 헤브라이즘과 헬레니즘이라는, 유럽 정신사의 어슴푸레한 빛의 저편에까지 이르는 대립과 상극의 긴 그림자가 드리워져 있다는 것을 간취할 수 있다.

2. 주관성 철학에 대한 헤겔의 논쟁

헤겔의 차이 논문은 셸링이 동일 철학의 체계를 공표하는 최종 단계에 집필되고 「나의 철학 체계의 서술」 발표로부터 [277]2개월 후(서문 일자 7월)에 완성되어, 3개월 후인 1801년 10월에 공간되었다. 피히테-셸링 논쟁의 맥락을 염두에 둘 때, 차이 논문에서 보이는 헤겔의 입장은 『초월론적 관념론의 체계』에서의 셸링의 입장과는 일치하지만, 그 후의 저작, 특히 「나의 철학 체계의 서술」에서의 셸링의 입장과는 다르다는 것이 분명히 드러난다. 여기서는 우선 칸트-피히테 등의 주관성 철학에 대한 헤겔의 비판을 다루되, 차이 논문에서의 피히테 학문론에 대한 비판이 헤겔의 독자적인 입장으로부터 셸링의 편을 드는 것이며, 비판의 작용 범위도 근대 문화에 대한 원리적 비판에까지 이르고 있다는 것을 분명히 하고자 한다. 그런 다음, 다음 해 7월에 발표된 「신앙과 앎」으로 시선을 돌려 문화 비판이 전개되는 신학적 배경을 찾아내고, 헤겔이 주관성 철학으로부터 계승해야 한다고 생각하는 적극적 이념을 추출해 보고자 한다.

(1) 헤겔은 피히테 학문론을 비판함에 있어 피히테 체계에서의 긍정적 측면과 부정적 측면, 요컨대 철학의 과제를 '이성'(Vernunft)에 의해 규정하

는 '순수하게 초월론적인(transzendental) 측면'과, 이성이 '지성'(Verstand) 으로 전도되는 '다른 측면'을 명확히 구별할 필요성을 이야기한다(W 2, 12, 56). 요컨대 헤겔에 따르면 학문론의 체계에서는 주체와 객체의 동일성을 체계의 원리로서 정립하는 '초월론적 입장' 내지 '사변(Spekulation)의 입장'과, 주객의 대립으로부터 벗어날 수 없는 '반성(Reflexion)의 입장'이라는 상반된 두 입장이 결합되지 못하고서 병존해 있다는 것이다. 따라서 체계의 원리는 '주체–객체'라는 참된 사변의 원리를 표현하는 것이면서 체계의 결과는 반대의 결론에 도달해 있다고 비판된다(56, 73f., 75). 헤겔은 이러한 의미에서의 '체계의 출발점과 결과의 차이'가 『전체 학문론의 기초』에서 시종일관하게 보인다는 점을 논증하고자 한다.

피히테는 『전체 학문론의 기초』 제1부에서 자아가 자기 자신의 존재를 정립한다고 하는 명제를 학문론의 제1원칙으로서 [278]세우고 '나는 생각한다, 그러므로 나는 존재한다'라는 데카르트의 명제를 칸트 이후의 관념론 맥락으로 끌어들였지만, 거기서는 신학적 세계상 속에서 세계 창조자가 독점하고 있던 특권적 지위를 자기 반성적으로 된 인식 주체가 새롭게 받아들였다고 하는 정신사적 전회가 제시되어 있었다. 헤겔은 한편으로는 데카르트의 코기토를 이어받는 '자아=자아'라는 학문론의 제1원칙을 주체와 객체의 동일성이라는 참다운 체계의 원리를 표현하는 것으로서 평가한다. 그러나 피히테가 자아는 비아를 반정립한다고 하는 제2원칙을 세우고 객체를 정립하는 자아의 활동을 신의 세계 창조에도 유비되는 제작 행위로서 다루고자 했을 때, 주체와 객체 사이에는 창조자와 피조물 사이에 존재하는 것과도 같은 단절이 펼쳐지게 되었다. 헤겔에 따르면 피히테는 '자아=자아'의 제1원칙과 '자아=비아'의 제2원칙 사이에서 보이는, 동일성인가 대립인가라는 이율배반에 부딪치며, 이러한 두 명제를 제3원칙 이하에서 종합하는 것에는 성공하지 못했다. 자아는 자아 속에서 가분적 자아를 가분적 비아에 대립시킨다고 하는 제3원칙(자아=자아+비아)에서 제시된 불완전한 종합에는 제1원칙과 제2원칙의 대립이 그대로 남아 있으며, 또한 체계의 최후에서 보이는 종합은 '자아는 자아에 동등하게 있어야 한다'라는 당위의 형태를 취해 실천적으로 요청되는 데 머문다고 헤겔은 비판한다(W 2, 58).

이리하여 체계의 원리는 주체와 객체의 동일성을 표현하는 한편, 체계의 결과는 양자의 대립의 존속으로 끝나고 '체계의 결과가 그 시작으로 돌아가지 못하지만', 그 첫 번째 이유는 체계 원리가 자아=자아라는 '주체적 동일성'에 지나지 않고, 주체–객체가 '주체적 주체–객체'에 머문다는 점에 놓여 있다(68f). 이에 반해 헤겔은 주체뿐만 아니라 객체도 주체–객체로서 파악할 것을, 즉 '객체적 주체–객체'로서 파악할 것을 요구한다(94). 헤겔도 셸링과 마찬가지로 자연 현상에서 발견되는 대상을 인식 주체가 범주를 적용하여 목적의식적으로 재구성한 제작물로서가 아니라, 내재하는 고유한 법칙에 의해 자연 생장적으로 생성 발전해 온 생성물로서 다시 바라볼 것을 요구한다. 이와 같이 주체와 객체를 각각 '주체–객체'로서 다시 파악함으로써 양자를 각각 그것 자체에서 특수한 학문의 [279]대상으로서 다룰 수 있다. 한편이 인식도 자연에 의해 제약되어 있다는 점을 사상하고 객체를 지성의 구성 작용으로 보는 초월론 철학이며, 다른 한편이 자연도 의식에 의해 인식된다는 점을 사상하고 자연에 내재하는 자기 구성 작용을 읽어내는 자연 철학이다. 이러한 두 개의 학문은 모두 동등한 권리와 필연성을 지니고 철학의 실천적 부문과 이론적 부문을 각각 구성하는 이상, 주체적인 주체–객체를 원리로 하는 초월론적 관념론은 '철학에 있어 불가결한 학문의 하나'이라 하더라도 '그 하나에 지나지 않는다.'(100f., 96, 103) 이리하여 『초월론적 관념론의 체계』에 의해 주장된 초월론 철학과 자연 철학의 대등한 상호 보완성이 헤겔에 의해 피히테 학문론에 대한 비판으로부터 생겨나는 귀결로서 논증된다.[14]

• •
14. 다만 차이 논문의 헤겔의 입장이 『초월론적 관념론의 체계』의 셸링의 입장과 완전히 일치하는 것은 아니다. 여기서 헤겔은 두 개의 학문의 상호 보완성을 셸링과 같이

하지만 체계의 원리와 결과의 차이가 생겨나는 두 번째 이유로서 들어지는 것은 '자아=자아'라는 제1원칙이 동일성뿐만 아니라 자기 자신을 이중화하는 차이성의 계기를 포함한다는 점인데, 이것이 간과된 결과 제2원칙과의 종합에 이르지 못했다고 헤겔은 말한다. 헤겔에 따르면 '피히테의 원리의 초월론적 의의에 따르면 자아=자아 속에 주체와 객체의 차이를 정립하는 것이 동시에 요구되는' 것인바, '반성이 자아=자아를 통일로서 파악하는 경우, 동시에 그것을 이중성으로서도 파악해야만 한다. 자아=자아는 동일성일 뿐만 아니라 이중성이기도 하다.'(60, 62, 55) 헤겔은 자아의 자기 정립과 비아의 반정립이라는 두 개의 활동을 '관념적 요소'로서 의식의 전체적 구성에 짜 넣는 것에 의해 양 원칙의 완전한 종합에 의한 '초월론적 입장'이 가능해지며, 이것이 피히테 철학의 '초월론적 측면'을 이룬다고 생각한다. 셸링이 자기의식의 구조를 주체와 객체가 단절되는 '정립'의 논리가 아니라, 양자가 연속되는 '생성'의 논리에 의해 다시 파악함으로써 자기 동일성에 대한 자기 이중화의 계기를 극력 배제하고자 했다는 점을 떠올리게 되면, '초월론적 입장'에 대한 헤겔의 요구가 셸링과는 정반대의 방향을 지향하고 있다는 것이 분명할 것이다. 그리고 자기의식에 대한 파악에서의 사소하게 보이기도 하는 양자의 차이가 사실은 절대자의 이해를 둘러싼 중대한 견해의 차이로 발전해 가는 것이다.

[280](2) 하지만 차이 논문의 피히테 비판을 특징짓는 것은 이것이 피히테와의 동시대적인 논쟁을 넘어서서 근대 문화의 전체에 미치는 문화 비판으로까지 확장되고 있다는 점이다. 헤겔은 『전체 학문론의 기초』에서 보인 주체와 객체의 대립이라는 귀결이 『자연법의 기초』(1796-97년)나 『도덕론의 체계』(1798년)와 같은 다른 피히테의 저작에서는 자아와 자연, 자아와

• •
'자기의식의 역사'론과 '세위' 개념에 의하지 않고, '주체-객체'라는 피히테에서 유래하는 개념에 의해, 즉 셸링과 다른 방식으로 논증하고 있다.

타아, 이성과 감성의 분열과 상극이라는 구체적인 형태를 취해 나타난다고 비판한다.

첫째로, 자기 정립적 활동에 의해 세계 제작자의 지위를 차지한 피히테의 절대 자아는 외적인 자연으로부터 일체의 유기체적 가치를 박탈하고, 마음대로 가공 가능한 제작물로 대상화하는 것에 성공했다. '자연으로서 나타나는 것으로부터 주체-객체의 성격이 제거되는 결과, 자연에는 객체성이라는 죽은 외피밖에 남지 않게 된다. …… 자연 속에서 자아와 동등했던 부분은 주체 속으로 흡수된다.'(W 2, 78f.) 그리하여 분리된 자아와 자연은 한편의 명령에 대해 다른 편을 복종시키는 인과 작용의 관계——'개념(Begriff)의 지배'라고 불린다——로 분열된다고 한다. '반성의 입장은 주체와 객체를 한편이 다른 편에 종속되는 인과성의 관계 속으로 옮겨 넣고, 사변의 원리인 동일성을 완전히 배제해 버린다.'(79) 절대 자아의 자연 지배에 대한 이러한 낭만주의적 비판은 외적인 자연 속에 고유의 생명력을 회복하고자 하는 셸링의 자연 철학 구상과 합치된다.

피히테 비판의 두 번째는 이러한 목적의식적인 주체-객체 관계로부터 발생하는 병리 현상이 외적인 자연에 대한 관계뿐만 아니라 인간 자신의 상호 관계에까지 미친다고 하는 점이다. 피히테의 자연법론에서 자유로운 이성적 존재자는 비아를 정립하는 능력의 연장으로서 '물질 일반을 변용하는 능력'을 갖추고 있는 한에서, 다른 존재자에 의해 자연과 마찬가지의 '변용 가능한 물질'로서 취급될 가능성에 직면한다(81). 이러한 자아와 타아의 끝없는 상극 하에서 타자와의 공동성을 가능하게 하는 것은 각 사람의 자유를 상호적으로 제한한 다음, 이 제한을 '법률(Gesetz)로 높이고 개념으로서 고정화하는' [281]것이 필요로 된다. 하지만 목적의식성에 치우친 주체-객체 모델에서는 누구나 타자의 신체를 조작 가능한 대상으로서 취급하는 능력을 지니는 한, 타자와의 공동성을 가능하게 하는 자유의 제한도 멈추는 곳을 알지 못하는 무제한적인 활동이 되며, '예방적인 지성과 그 권력인 경찰의 의무는 이 끝없는 가능성에 관계해야만 한다'고 한다.

자유의 제한을 무제한적으로 추진하는 '지성 국가'(Verstandesstaat)에서는 '법률 하에 복종시키고 직접적인 감시 하에 두며 경찰이나 다른 통치자에 의해 주시할 필요가 없는 것과 같은 개인의 행위나 활동은 존재하지 않는다.'(84f.) 공화주의적 전통에서는 통치의 담당자가 된 '인민'(Volk)의 존재는 고립된 무수한 원자들의 모임으로 간주되고, 경찰 권력에 의해 마음대로 조작 가능한 감시와 처벌의 대상으로 되어버린다(87). 젊은 헤겔에게서 보였던 유대교의 율법주의에 대한 비판이 여기서는 피히테의 자연법론에 비추어진 자코뱅적인 경찰국가에 대한 비판으로서 전개된다.[15]

피히테 비판의 세 번째는 외적인 자연에 대한 인간 이성의 억압적 태도가 인간 상호 간의 관계를 분열시킬 뿐만 아니라 인간 자신의 내적인 관계도 침해하고, 정신과 육체가 분열된 인간의 자기 분열이라는 대가를 요구한다는 점이다. 피히테의 자연법론에서는 명령을 내리는 권력자가 개인의 밖에 있는 제3자로서 나타나는 데 반해, 그의 도덕론에서는 명령하는 자가 인간 자신 안으로 옮겨 넣어지며, 동일한 인격 속에서 명령하는 자와 복종하는 자가 의무와 경향성이라는 형태를 취해 대립한다. 전자의 합법성에서는 '내적인 것과 외적인 것의 일치에 대한 신앙'이 소멸해 있다 하더라도 자기 동일성에 대한 신앙은 남아 있었던 데 반해, 후자의 도덕성에서는 '스스로의 내적인 조화에 대한 신앙'이 파괴되어 있고, '비합일과 절대적 분열'이 인간의 본질을 이룬다. '확실히 자기 자신의 주인이자 노예인 것은 인간이 타인의 노예인 상태와 비교하면 이점인 것으로 보인다. 하지만 자유와 자연의 관계가 도덕론에서는 주체에서의 주인과 노예의 관계, 자기 자신에 의한 자연의 억압으로 된다고 한다면, 자연법에서의

---

15. 같은 시기의 「독일 헌법론」에서는 '모든 측면이 말단의 실에 이르기까지 국가 권력에 의해 조종'되도록 정하는 피히테의 국가 이론이 '단일한 스프링이 다른 무수히 많은 톱니바퀴 모두를 움직이는 기계'로 비판되며, '모든 것이 위로부터 아래로 규제되는' 중앙 집권적 국가의 실례로서 프랑스 공화정과 프로이센이 거론되고 있다(W 1, 479, 481, 484).

관계보다 훨씬 더 부자연스럽다.'(88) 칸트의 도덕적 엄격주의에 대한 젊은 헤겔의 비판에서 보였듯이, 이러한 인간 이성에 의한 내적인 자연의 지배는 인간의 감성 능력에 대한 [282]금지 명령과 억압으로 전화하며, 인간의 자연 본성에 갖춰진 도덕적 감정의 발달 가능성을 닫아버린다고 한다.[16]

이리하여 헤겔에 따르면 절대 자아에 의한 외적인 자연의 지배는 자아와 타아 사이의 끝없는 투쟁과 독재 권력의 출현을 불러일으킬 뿐만 아니라, 이성에 의한 내적인 자연의 억압으로서 지배자 자신에게 되돌아오며, 참된 자아와 경험적 자아라는 두 개의 부분으로 분열되게 된다. 여기서 자아와 자연, 자아와 타아, 이성과 감성이라는 세 개의 차원을 결합하고 있는 것은 주체와 객체의 대립이라는 피히테 비판의 논리와 더불어, 젊은 헤겔이 「그리스도교의 정신」과 씨름하는 가운데 획득한 '계몽의 변증법'에 대한 통찰이다.[17] 그리고 차이 논문의 피히테 비판에 역사적 시야의 확대를 부여하고 있는 것은 피히테 학문론에 대한 체계적 비판이 계몽 이념의 실현으로부터 생겨나는 다양한 사회적 병리 현상에 대한 문화 비판과 겹쳐지고 있다는 점이다. 헤겔은 지성과 자연, 자아와 타아, 이성과 감성의 대립이라는 형태를 취하여 피히테의 체계에 나타나는 주체와 객체의 대립을 문화가 발전함에 따라 점차 힘을 증대시켜 가는 '분열(Entzweiung)의

· ·

16. 다른 곳에서 헤겔은 '도덕 법칙은 무조건적으로 명령하고, 모든 자연적 경향을 억압한다'고 보는 자는 '도덕 법칙에 대해 노예로서 행동하지만', '도덕 법칙은 우리 자신의 본질의 내적인 깊은 곳에서 유래한다'고 보는 자는 '우리 자신에게만 따르고 있다'고 하는, 실러의 영향을 엿볼 수 있게 하는 피히테의 말을 인용하면서, '우리가 자기 자신에게 따른다는 것은 우리의 자연적 경향이 우리의 도덕 법칙에 따른다는 것이다'라고 말하고 있다(W 2, 92).

17. 아도르노 등이 '계몽'(Aufklärung)이라고 부를 때, 칸트에서 시작되는 독일 특유의 맥락이 염두에 두어져 있는 데 반해, 헤겔은 '계몽'이라는 이름에서 영국 경험론의 사상 조류를 이해하고 있는바, 양자의 계몽 이해에는 차이가 보이지만, 영국 경험론과 칸트 철학에 공통된 원천으로서 프로테스탄티즘의 원리가 양자에 의해 의식되고 있다.

힘'의 표현으로서 이해하고자 한다. '문화 형성(Bildung)이 진전되면 될수록, 삶의 나타남의 발전이 다양해지면 질수록, 분열은 이 삶의 나타남에 달라붙을 수 있기 때문에, 분열의 힘은 점점 더 강대해지고 그 풍토적 신성함도 견고해지는바, 조화를 지향하여 재생하고자 하는 삶의 노력은 문화 전체에 있어 소원하고 무의미한 것으로 되어 간다.'(W 2, 22) 더욱이 이 분열의 힘은 '풍토적'이고 '서구 북부'(westlicher Norden), 즉 내륙 유럽에 속한다고 하고 있듯이, 여기서 생각되고 있는 것은 후에 베버에 의해 생활 영역 전체에서의 '삶의 보편적 합리화'라고 불리는 서구 근대에 특유한 현상이며, 특히 칸트에 의해 코페르니쿠스적인 '사유 양식의 전환'이라고 불린 형이상학적 세계상의 변혁 과정이다. 자연 과학적 사고가 세계상의 중심을 지구 바깥에 둔 것과는 반대로, 데카르트의 코기토에서 발단하고 칸트의 초월론적 주체와 피히테의 절대 자아에 의해 정식화되었듯이, 근대의 철학적 사고는 중심을 초월신으로부터 자기 안으로 이동시키게 되었다. 이러한 이성의 주체 중심화라는 합리화 과정이 진행됨에 따라, 그 대가로서 [283]무의식적으로 감내할 수밖에 없는 왜곡된 관계성의 어두운 부분에 대해 여기서 의식화의 조명이 비춰지게 되었던 것이다.

(3) 1802년 7월에 『철학 비판지』에 게재된 「신앙과 앎」에서는 세 개의 차원에서 나타나는 주체와 객체의 대립에 대한 고찰이 그 근저에 놓여 있는 신과 인간, 피안과 차안의 관계로까지 심화되는 한편, 문화 비판이 미치는 역사적인 영향 범위도 구체적으로 특정되고 있다. 「신앙과 앎」에 따르면 '근간의 문화(Kultur)의 향상은 이성과 신앙, 철학과 실정 종교라는 오랜 대립을 넘어섰기 때문에, 신앙과 앎이라는 이 대립은 전적으로 새로운 의미를 지니게 되며, 이제는 철학 그 자체의 내부로 옮겨졌다.'(W 2, 287) 신앙과 지성의 대립이란 중동의 팔레스티나에서 탄생한 유대인의 그리스도교가 이질적인 그리스 문화를 만났을 때에 생겨난 문화 접촉의 산물이라고 말할 수 있지만, 고대의 교부 철학에서는 그노시스파 이단과의 논쟁에서,

중세의 스콜라 철학에서는 아리스토텔레스 철학의 수용을 둘러싸고서 어떻게 해서 이성과 신앙을 양립시킬 것인가라는 물음으로서 교회의 안과 밖에서 다툼이 이루어졌다. 이 신학상의 논쟁은 종교 개혁에서 정점에 도달한 후, 18세기 말에는 과거의 유산으로서 잊힌 것처럼 보였지만, 독일 관념론의 새로운 맥락에서 재현되게 되었다. 그것은 주체가 대상에 따르는 것이 아니라 대상이 주체에 따라 구성된다는 코페르니쿠스적 전환을 거쳐, 신을 대신하는 중심적 지위를 차지한 인식 주체가 신과의 유대를 완전히 끊어내고 후견인 없이 실천적으로도 자립한 자유로운 주체로 될 수 있는가 하는 문제이다.

칸트는 감각적 경험의 세계에서 초월자를 인식할 수 없다고 단정하고 신의 존재 증명을 논박하는 한편, 실천 이성의 요청으로서 신의 존재와 내세에 대한 실천적 신앙이 필요하다고 생각하고 '신앙에 장소를 비워주기 위해 지식을 없앤다'는 형태로 이론 이성과 실천 이성의 구별에 의해 지식과 신앙의 조정을 꾀하고자 했다. 야코비도 무한한 존재자는 논증의 매개를 거치지 않고서 신앙에 의해 직접적으로 인식할 수 있다고 주장하는 데, 이 직접지의 입장은 횔덜린에게도 영향을 미치고 있었다. 피히테도 [284]무신론 논쟁 이후에 쓰인 『인간의 사명』(1800년)에서 도덕적 세계 질서에 대한 신앙은 모든 지식에 선행하며 우위에 놓여 있다고 하는 새로운 입장을 주창하기에 이르렀다. 하지만 헤겔에 따르면 칸트, 야코비, 피히테와 같이 절대적 존재자를 '피안의 존재로 하여 스스로의 외부에 놓여 있는, 스스로를 넘어선 신앙 속에 놓게' 되면, 주체 중심화된 것처럼 보인 인간 이성은 '신앙의 시녀'라는 종속적 지위에 다시 빠지며, 스스로의 무력함을 자각할 수밖에 없다(W 2, 288).

이리하여 철학의 내부에서 '유한자와 무한자, 실재적인 것과 이념적인 것, 감각적인 것과 초감각적인 것의 절대적 대립'으로서 나타나는 이성과 신앙의 대립은, 한편으로 무한한 존재자는 유한한 인간에게 있어 인식 불가능하다고 하는 '절대자의 피안성', 다른 한편으로 감각적 경험을 존중하는 '유한자의 절대성'——그리고 이 내부에서의 자아와 사물, 사유와 존재의 이원론——이라는 두 가지 전제에 입각한다고 생각된다(295f.). 이 가운데 신은 우리의 지성을 넘어서 있고 신앙의 대상일 뿐이라고 하는 절대자 관념은 창조자와 피조물을 분리하고 신의 초월성을 강화하는, 캘빈주의에서 보인 경향과 궤를 같이 하는 것이며, 신의 감각적 표현을 우상 숭배로서 금지하는 모세의 십계명 이래의 헤브라이즘 전통을 배후에 지니고 있었다. 또한 사유와 존재, 개념과 소재를 구별하는 데카르트 이래의 이원론은 창조자와 피조물을 나누는 신학적 도식이 세속화에 의해 인식 주체와 대상 사이로 옮겨 넣어졌다고 볼 수 있다. 『철학 비판지』의 서두를 장식하는 서문 「철학적 비판 일반의 본질에 대하여」(1802년 1월)에 따르면 데카르트 철학은 '우리 서구 북부(nordwestlich) 세계의 근대 문화에서 보편적으로 퍼져 있는 이원론을 철학적 형식으로 표현한' 것이며, 프랑스 혁명에 이르기까지의 '모든 구래의 생활의 몰락'과 '떠들썩한 정치적·종교적인 혁명'은 이 이원론의 외면적인 현상에 지나지 않는다고 여겨진다 (184).

이러한 칸트-피히테 등의 철학에서 발견되는 '세계정신의 위대한 형식' 이란 헤겔에 의해 '주관성'(Subjektivität)이라는 '북방의 원리', 그것도 '종교적으로 보면, 프로테스탄티즘의 원리'에서 유래한다고 설명된다(289). [285]1802년 여름에 쓰인 자연법 강의 초고에 따르면 프로테스탄티즘은 '북방의 주관성이라는 성격'을 종교에 새겨 넣은 것인바, 내면으로 깊이 침잠하는 주관성의 원리야말로 프로테스탄티즘을 가톨릭주의로부터 나누는 징표로 여겨지고 있다(Ros 140). 그리고 현세적인 것과의 타협을 거부하고 피안적 대상을 그리워하는 프로테스탄티즘의 금욕적 신조가, 감각적 경험으로 충족되어 유한자를 절대화하는 '계몽'(Aufklärung), 즉 로크, 흄 등의 영국 경험론에 의해 행복주의적인 변용과 이완을 겪은 후, '계몽과 행복주의의 근본적 성격을 최고도로 완성시킨' 것이야말로 칸트-피히테 등의 철학이라고 한다(W 2, 294). 따라서 칸트 이후의 초월론 철학은 프로테스탄티즘적인 '주관의 입장'을 최고의 지위로 옮기고 '반성 문화'(Reflexionskultur)를 체계로 높였다고 하는 의미에서, 헤겔에 의해 '주관성의 철학' 또는 '반성 철학'이라고 불린다(297f.). 여기서 간취되는 것은 '북방'의 내륙 유럽 문화를 특징짓고 있는 헤브라이즘의 '위대한' 전통에 맞서 고대의 지중해 세계에서 이전에 꽃피운 헬레니즘의 정신이야말로 유럽 문화의 다른 기원과 가능성을 지시하고 있는 것이 아닌가 하는 횔덜린 등과 공통된 물음이자, 이러한 그리스 중심의 관점으로부터 자신이 소속해 있는 문화의 기반을 재검토하고자 하는 자세다.

　(4) 하지만 헤겔은 「신앙과 앎」에서 비판 대상으로서 특정된 프로테스탄티즘의 주관성 원리를 전면 부정하고, 이것으로부터 결별할 것을 이야기하는 것이 결코 아니다. 낭만주의자에게서 보였듯이, 그러한 길을 선택하는 자는 '주관성의 형이상학'에 의해 수행된 '철학의 혁명'을 전복하고 '객관성의 형이상학'으로 되돌아간다고 하는 위험이 헤겔에 의해 명확히 자각되어 있었다(W 2, 430). 오히려 자기 자신을 이중화하는 주관성 원리 속에서 이것을 내측으로부터 넘어서는 '사변적 이념'의 씨앗을 발견하고자 하는 헤겔 자신의 노력을 「신앙과 앎」에서의 칸트, 피히테 해석 속에서 읽어낼 수 있다.

　[286]주관성 원리에서 발견되는 첫 번째 사변적 이념은 칸트가 순수 지성 개념(범주)을 연역함에 있어 그 근거로서 든 '통각의 종합적 통일'의 해석 교체이다. 『순수 이성 비판』 제2판(1789년)에 따르면 바로 '나는 생각한다'의 근저에 자기의식의 근원적 통일이 놓여 있기 때문에, 우리는 경험적 직관에 주어진 다양한 표상을 지성에 의해 통일하고 종합할 수 있는바, '통각(Apperzeption)의 종합적 통일'이야말로 인식의 중심을 인식 주체로 옮겨 넣어 코페르니쿠스적 전환을 완성시키는 인식상의 최고 원리라고 한다(KW 3, B 132ff.). 이에 반해 헤겔은 칸트가 처음에 채택한 다른 연역 방법에 따라 자기의식의 근원적 통일을 '산출적 상상력'의 원리에

의해 다시 해석하고자 한다. 『순수 이성 비판』의 초판(1781년)에서 칸트는 우리의 통각에 선행하여 '상상력의 산출적 종합'이 존재하며, 상상력에 의해 감성과 지성이라는 인식의 두 개의 원천이 통합된다고 논의하고 있었다(KW 3, A 115ff.). 피히테와 셸링이 산출적 상상력 개념에 의해 자아의 자기 정립적 활동을 설명하고자 했던 것과 마찬가지로,[18] 헤겔도 통각의 종합적 통일을 산출적 상상력이라는 '참된 사변적 이념'에 따라, 요컨대 주체와 객체가 단절되는 창조=제작 행위가 아니라 양자가 구별되면서 연속되는 생식=산출 행위를 모델로 하여 재해석한다. 헤겔에 따르면 상상력의 산출 작용에서는 주체와 객체의 '근원적 동일성'이 최초로 발견되며, 이것이 '판단'의 형식에 의해 주어와 술어, 개념과 소재로 분리되어 나타난다(W 2, 306-308).[19]

주관성 원리에서 보이는 두 번째 사변적 이념은 칸트가 범주를 네 항목으로 이루어진 범주표로 정리할 때에 채택한 삼분법의 형식이다. 칸트에 따르면 개념의 구분은 본래 '이분법'(Dichotomie)이어야만 하지만, 제3의 범주는 제1과 제2의 범주의 결합으로부터 생겨나며, 그것들과는 다른 '지성의 특수한 활동'이 필요로 된다고 한다(KW 3, B 110f.). 헤겔은 칸트에 의해 감지된 '삼중성'(Triplizität)의 형식에서 데카르트의 이분법과는 이질적인 '사변적인 것의 씨앗'이 나타나 있다는 것을 간취한다. 거기에는 주체와 객체의 이원적 대립을 가능하게 [287]하는 '근원적 판단'의 가능성이 포함되어 있을 뿐만 아니라, '이것인가 저것인가'(Entweder-Oder)라는 '이

• •
18. 『순수 이성 비판』 제2판에서 개정되기 이전의 초판에서 보이는 칸트의 상상력 개념은 1세기 정도를 거쳐 하이데거의 칸트 해석에 의해 다시 주목받았다(ハイデッガー『カントと形而上學の問題』(理想社) 제3장 참조). 다만 독일 관념론이 제2판에 기초하여 칸트의 상상력 개념을 오해했다고 하는 하이데거의 평가(같은 책, 213쪽)는 헤겔 등에 의한 상상력 개념의 수용을 무시한다는 점에서 그것 자체가 오해라고 말하지 않을 수 없다.
19. 판단을 근원적 동일성의 분할로 보는 사고방식은 '판단'(Urteil)을 '근원적 분할'(Ur-Teilung)로 해석하는 횔덜린의 합일 철학에서 유래한다.

성을 거부하는 지성의 원리'에 맞서 '이율배반의 긍정 측면'을 제공하는 제3자로서 '중간항'(Mitte)의 존재도 전제되어 있다(W 2, 316, 320, 411). 그러나 칸트의 초월론적 변증론에서는 대립의 전제를 이루어야 할 '중간항'이 결여되어 있고 이원적 틀이 방치되었기 때문에, 근원적 동일성은 인식 불가능한 것으로서 '절대적 피안'으로 추방되는 결과가 되었다(330). 이리하여 삼중성 원리를 사변적 이념의 현상 형태로서 이해하는 관점에서, 헤겔은 피히테 학문론에서의 세 원칙의 전개(특히 제3원칙)가 '정립(Thesis), 반정립(Antithesis), 종합(Synthesis)'의 삼중성 형식에 따른다고 하는 피히테 자신의 의도(FW 1, 112-115)를 배반하고, 동일성과 차이성의 양자를 신앙과 지성으로 분열시키는 결과로 끝났다고 비판한다(W 2, 407f.). 피히테 학문론에서는 제1원칙과 제2원칙의 종합이 삼중성 원리의 요청에 대응하고 있지 않기 때문에, 그것이 체계의 원리와 결과가 배반하는 두 번째 요인을 이룬다고 헤겔에게 비판되고 있었던 것은 차이 논문에서 본 대로이다.

주관성 철학에서 간취되는 세 번째 사변적 이념은 지성의 자발성과 감성의 수용성을 모두 겸비한 '직관성 지성'의 이념이다. 칸트에 따르면 감성적 직관 없이 대상은 주어질 수 없으며, 지성 개념 없이 대상은 사유될 수 없는——즉 직관 없는 개념은 '공허'하고, 개념 없는 직관은 '맹목'인——이상, 감성과 지성은 상호적으로 보완하면서도 구별되어야 할 서로 다른 인식 능력을 이룬다(KW 3, B 75). 그리고 양자의 작용을 혼자 떠맡는 '스스로 직관하는 지성'이란 '신적 지성'에게만 상정될 수 있는 자기 산출 작용인바, 유한한 이성의 한계를 넘어선 초인간적 능력으로서 물리쳐지고 있었다(B 145). 이에 반해 피히테는 신의 존재론적 증명과 마찬가지로 자기의 사유 활동으로부터 존재를 도출하는 것과 같은 순수 자아의 자기 정립적 활동을 상정하고, 이러한 '지성적 직관'(intellectuelle Anschauung)에 의해 학문론의 체계를 구축하고자 했다. 헤겔도 대상이 사유되는 동시에 주어지는 '직관적 지성'(intuitiver Verstand)의 이념을 '초월론적 상상력'과 동일한 자기 산출 작용으로서 파악하고, 거기서 '사변이 발견되는 지성의 저차적인 영역'을 간취하고자 [288]한다(W. 2, 325, 430).

이와 같이 산출적 상상력과 삼중성 원리, 직관적 지성에서 발견되는 사변적 이념에 대해 헤겔은 차이 논문에서는 예술가의 미적 관점에 관한 피히테의 말을 빌려 다음과 같이 말하고 있다. '예술은 초월론적 관점을 통상적인 관점으로 한다. 왜냐하면 초월론적 관점에서 세계는 만들어지고, 통상적인 관점에서 세계는 주어져 있지만, 미적 관점에서 세계는 만들어지는 것처럼 주어지기 때문이다.'(91) 세계를 전능자에 의해 창조된 제작물이 아니라, 그리고 저절로 생장해 온 생성물도 아니라 '지성의 산출 작용과, 지성에 있어 소여로서 나타나는 산출물과의 참된 합일'로서 파악하는 복합적 관점이야말로 헤겔이 칸트와 피히테의 주관성 철학으로부터 계승해야 한다고 생각하는 적극적인 이념의 근간을 보여주는 것이다. 다시 말하면 헤겔은 주관성 철학에서 '참된 사변적 이념'을 발견하고자 할 때, 자기 자신을 이중화하는 주관성의 원리를 칸트, 피히테처럼 창조=제작 모델이 아니라, 그리고 역으로 셸링과 같이 생장=생성 모델도 아니라 주체와 객체가 구별되면서 동일한 것과 같은 생식=산출 모델에 따라 다시 해석하고자 한다.[20] 그리고 새롭게 이해된 주관성 원리에 의해 서구 근대의 문화를 특징짓는 분열의 현상을 내측으로부터 극복하고자 시도하는 것이다. 거기서 보이는 것은 선행하는 세대의 유산을 충실히 모방하는 것도 아니고 자신의 정신적 출신을 부인하는 것도 아닌바, 오히려 이어받아야 할 유산을 선행 세대로부터 계승하면서도 이것을 생산적으로 넘어서가고자 하는 정신적으로 성숙한 아들의 입장이다. 그러면 칸트-피히테의 주관성 철학에 대한 비판과 재평가에서 보이는 선행 세대에 대한 헤겔의

20. 창조=제작 모델, 생식=산출 모델, 생장=생성 모델이라는 세 개의 유형 구분에 대해서는, 마루야마 마사오(丸山眞男), 「歷史意識の'古層'」『丸山眞男集』 제10권(岩波書店) 7쪽 이하, 참조.

양의적 태도는 같은 세대의 셸링이 주창하는 동일 철학에 대해서는 어떻게 나타나는 것일까? 마지막으로 이 문제를 검토하기로 하자.

3. 동일 철학에 대한 헤겔의 논쟁

[289]차이 논문에서의 헤겔의 입장은 피히테에 맞서 자연 철학과 초월론 철학을 대등하게 병치시키는 점에서는 『초월론적 관념론의 체계』에서의 셸링의 입장을 지지하는 것이었지만, 절대자를 어떻게 파악하는가 하는 다른 문제로 시선을 옮기게 되면, 「나의 철학 체계의 서술」에서 표명된 셸링의 동일 철학과는 중요한 점에서 상이하다는 것이 분명히 드러난다. 그리고 헤겔에게 독자적인 절대자 이해야말로 프랑크푸르트 시기에 형성된 삶의 사상을 계승하는 것임과 더불어, 「신앙과 앎」에서 보이는 칸트-피히테 등의 주관성 철학에 대한 긍정적 평가를 근거짓는 것이기도 하다. 여기서는 차이 논문과 「신앙과 앎」에서 헤겔이 어떠한 방식으로 셸링 동일 철학과 대결하고 있는지를 동일성에 대한 이해, 반성에 대한 평가, 현상과의 관계라는 세 가지 점에 입각하여 살펴보고자 한다.

(1) 동일 철학에 의해 체계 원리로 높여진 절대적 동일성의 관념은 이미 초기 셸링 이래로 일관되게 추구되어 온 것이었다. 피히테의 영향 하에 쓰인 최초 시기의 저작에서는 절대 자아 개념이 주체와 객체의 '절대적 동일성'으로 이해되고 있으며, 절대적 동일성이라는 목표 하에서 관념론과 실재론이라는 두 개의 체계는 양립 가능할 뿐만 아니라 궁극적으로 합치한다고 생각되고 있었다. 그리고 피히테로부터의 독립을 의도한 자연 철학적 저작에서는 자연으로부터 정신에 이르는 연속적 이행이 '자기의식의 역사'로서 구상되어, 피히테 학문론의 탈초월론화가 비밀리에 꾀해지고 있었다. 더 나아가 피히테와의 결별을 각오한 최후 시기의 저작에서는 자연 철학과

초월론 철학의 연속성이 단계를 쫓아 높아지는 '세위' 개념에 의해 논증됨과 동시에, 자연 철학에서 발견되는 '순수한 주체–객체'로부터 출발하여 '의식의 주체–객체'를 도출하는 시도가 이루어지고 있었다. 이러한 셸링의 사상 형성을 돌아보게 되면, 주체와 객체의 동일성이 절대 자아의 원리로부터 자연 철학의 원리로 점차로 옮겨져 가는 과정을 간취할 수 있다. 그리고 자연 철학과 초월론 철학에 공통된 동일성 원리를 절대자의 지위로 높이고, 초월론 철학의 원리인 피히테의 자아 개념을 탈초월론화하고자 했던 [290]것이 다름 아닌 셸링의 동일 철학이었다고 말할 수 있을 것이다.

셸링은 「나의 철학 체계의 서술」(1801년 5월)에서 자연 철학과 초월론 철학의 대립을 '절대적 동일성의 체계' 속에서 해소하고자 하는 시도에 착수한다. 셸링에 따르면 이성은 '자기 자신 속의 주체적인 것을 망각하는' 것에 의해 주체적인 것이라는 것도, 이에 대립하는 객체적인 것이라는 것도 그치고, 주체와 객체의 대립을 넘어선 '완전한 무차별(Indifferenz)', '참된 그것 자체(An-sich)'로서 다시 파악될 수 있다(SW 4, 114f., 116). 이러한 이성 개념에 있어 최고의 법칙은 동일률을 나타내는 명제 A=A이며, 거기서 보이는 주어와 술어의 논리적 동일성은 주체와 객체의 존재론적 동일성도 표현한다. 이에 반해 현실에서 발견되는 주체와 객체의 다름은 '질적 차이'가 아니라 '양적 차이'로서 이해되며, 일체의 차이는 이성 그 자체의 외부에 놓여 있는 '현상'(Erscheinung)에 속한다고 생각된다. 셸링에 따르면 절대적 동일성에서의 '주체성과 객체성의 완전한 양적 균형'이 상실되어 한편이 다른 편보다 양적으로 우위에 서게 됨으로써 동일률 A=A로 표현되는 '양적 무차별'은 명제 A=B로 표현되는 '양적 차이'로 이행한다. 요컨대 주어 A(주체성)의 우위에 의해 정신의 세계가, 또한 술어 B(객체성)의 우위에 의해 자연의 세계가 성립하는 것인바, '양극'인 것처럼 보이는 두 개의 현상 영역은 그것 자체에서 보면 '무차별점'의 A=A에서 동일로 귀착된다(123f., 137f.). '엄청나게 많은 자연 속에 넘쳐나는 힘은 그 본질에서 정신세계에서 나타나는 힘과 동일하다.'(127f.) 이와 같이 절대적 동일성으로부터 일체의 차이가 배제되는 것을 강조하기 위해 셸링은 '동일성의 동일성'(Identität der Identität)이라는 표현을 사용하고 있으며(121), 1802년 8월에 공표된 「철학 체계의 더 나아간 서술」에서도 절대자는 '일체의 차이를 그 본질로부터 완전히 배제하는' 것과 같은 '전적으로 순수하고 흐려진 것이 없는 절대적 동일성'으로서 파악된다(374f.).

헤겔도 이성과 자연을 갈라놓는 '분열의 힘'이 문화의 진전에 따라 힘을 늘려간다는 것을 인정하고, '자연이 칸트·피히테의 [291]체계에서 겪은 학대에 대해 자연을 화해시키고, 이성 자신을 자연과 조화시키는' 것과 같은 '철학에의 욕구'(Bedürfnis nach der Philosophie)를 표명하고 있어(W 2, 13, 22),[21] 셸링과 문제 관심을 공유하고 있다고 말할 수 있다. 그러나 헤겔은 '이성이 자신을 포기한다든지, 자연의 부패한 모방자로 된다든지 하는 조화'로 되지 않도록, 이성과 자연, 주체와 객체의 양자가 분리된 것으로 존속해야만 한다고 주장한다. '동일성이 인정되는 것과 전적으로 마찬가지로, 분리도 인정되어야만 한다. …… 철학은 주체와 객체로의 분리를 공평하게 취급해야만 한다.' 주체와 객체의 '양자가 절대자 속에 정립되는……한에서, 양자는 분리된 것에 머물러야 하며, 분리된 것이라는 성격을 잃어서는 안 된다.' 따라서 헤겔에게 있어 절대자는 주체와 객체의 단순한 무차별일 수는 없으며, 오히려 양자의 분리를 받아들인 동일성, 즉 '동일성과 비동일성의 동일성'이어야만 한다. '절대자 그 자신은 동일성과 비동일성의 동일성(Identität der Identität und der Nichtidentität)인 바, 절대자에게는 대립하는 것과 합일하는 것이 동시에 존재한다.'(96)

여기서 헤겔이 절대자를 표현하기 위해 선택한 '동일성과 비동일성의 동일성'은 분명히 '동일성의 동일성'이라는 셸링의 절대자 이해를 의식한

---

21. 헤겔에 앞서 셸링이 『자연 철학의 이념』과 「최신의 철학 문헌 개관」에서 '철학하는 욕구'(Bedürfnis zu philosophieren)라는 표현을 사용하고 있다(SW 4, 86, 88, SW 2, 14).

논쟁적 정식화로 볼 수 있다. 다른 부분에서도 주체와 객체의 대립을 절대적 동일성으로 해소하는 입장이 일체의 유한자를 무한자로 가라앉히는 '열광'(Schwärmerei)으로 불리며 엄혹하게 비판되고 있다(95).[22] 하지만 이러한 헤겔의 독자적인 사상은 횔덜린 합일 철학과의 내재적인 대결로부터 '결합과 비결합의 결합'이라는 삶의 사상의 형태로 프랑크푸르트 말기에 얻어진 것이며, 차이 논문에서도 다음과 같이 표현되고 있다. 즉, 고정화된 대립을 폐기하는 '이성의 관심은 마치 이성이 대립과 제한 일반에 반대하는 것과 같은 의미를 지니는 것이 아니다. 왜냐하면 필연적 분열은 삶의 하나의 요소이며, 삶은 영원히 대립하는 것에 의해 형성되기…… 때문이다. 이성은 오직 지성에 의한 분열의 절대적 고정화에 반대하는 것인데, 왜냐하면 절대적으로 대립하는 것 자신이 사실은 [292]이성으로부터 생겨났기 때문이다.'(21f.) 이에 반해 헤겔 자신은 주체와 객체의 양자를 근원적 동일성으로부터의 '산출 작용'(Produzieren)의 산물(Produkt)로서, 즉 '이성의 자기 산출(Selbstproduktion)로서 파악함으로써, 지성에 의해 고정화된 주체성과 객체성의 대립을 폐기하고, 이성과 자연 사이에 고차적인 화해를 달성할 수 있다고 생각한다. 셸링이 주어와 술어가 동일한 생장=생성 모델에 따라 일체의 차이를 배제한 주체와 객체의 연속적 파악을 고집하는 데 반해, 헤겔은 주어와 목적어가 동일함과 동시에 명확히 구별되는 생식= 산출 모델을 사용하여 이성과 자연 사이에 가로놓인 단절 측면과 연속 측면을 공평하게 평가하고자 한다.

(2) 헤겔과 셸링의 사상적 차이는 절대자를 어떻게 파악할 것인가라는 점뿐만 아니라 절대자를 어떠한 수단으로 인식할 것인가라는 점에서도

---

22. 藤田, 앞의 책, 241쪽 이하 참조. 덧붙이자면, '열광'이란 초기 셸링이 「철학적 서한」에서 스피노자로 대표되는 독단주의 체계를 특징짓기 위해 사용한 표현이다(SA 3, 85f., 90, 102ff.).

발견할 수 있다. 셸링은 동일 철학 이전부터 피히테의 지성적 직관의 개념을 이어받으면서 그로부터 자기 이중화의 계기를 배제하고자 하고 있었다. 「최신의 철학 문헌 개관」에서는 정신의 자기 직관이 생성의 논리에 의해 연속적으로 다시 파악되는 한편, 절대적 동일성이라는 객체의 기원은 '자기의식의 역사'라는 의식을 넘어선 저편에, 요컨대 자연 현상에서 발견되는 유기적 자기 조직화 속에서 찾아졌다. 「자연 철학의 참된 개념」에서는 지성적 직관에서의 직관하는 것의 사상撛象이 요청되며, 그로부터 의식되기 이전의 '순수한 주체-객체'를 추출할 수 있다고 생각되었다. 이것들은 어느 것이든 자기의식을 동시에 수반하는 의식적 활동으로서 지성적 직관을 이해하는 피히테와는 양립할 수 없는, 이것에 대한 논쟁적 성격을 지니는 것이라고 말할 수 있다.

　「나의 철학 체계의 서술」과 「철학 체계의 더 나아간 서술」에서 말해진 동일 철학에서도 셸링은 절대적 동일성의 인식에 있어 지성적 직관을 사용하면서 '자기 자신 속의 주체적인 것을 망각할' 것을, 요컨대 '지성적 직관에서의 주체성을 완전히 사상할' 것을 요구하고 있다. 그리고 지성적 직관으로부터 의식하는 주체를 사상하여 얻어지는 순수하게 [293]직관적이고 수용적인 인식이 '사변적 인식' 내지 '사변'(Spekulation)이라고 불린다 (SW 4, 360, 368f., 136). 이에 반해 '반성'(Reflexion)은 '현상 속에서' 발견되는 양적 차이를 인식하는 능력으로 파악되며, '이성 속에서 그것 자체로' 존재하는 무차별을 인식하는 사변으로부터 배제된다. '반성은 대립으로부터만 출발하며, 대립에 기초하는' 것인바, 여기서 제시되는 절대적 동일성의 체계는 '반성의 입장으로부터 전적으로 거리가 멀다.'(117, 113) 절대자의 인식에 있어 반성 능력에 아무런 가치도 인정하지 않는 셸링의 입장은 『자연 철학의 이념』 제2판(서문 일자 1802년 12월)에서는 다음과 같이 표명된다. '단순한 반성은 인간의 정신의 병이며, 더 나아가 인간 전체를 지배하기에 이르러 그 고차적인 존재의 싹을 뽑아 동일성으로부터만 생겨나는 그 정신적인 삶을 뿌리째 뽑아버리는 병이다.'(SW 2, 13f.)[23] 이와 같이 절대적 동일성의 인식으로부터 자기 자신을 이중화하는 반성적 계기를 배제하는 사상은 '탈자'(Ekstase)에 의한 이성의 자기 방기라는 후기 셸링의 사상으로 이어져 간다.

이에 대해 헤겔은 절대자를 '반성의 산물'로서 '의식에서' 또는 '의식에 대해' 구성할 필요성을 반복해서 강조한다(W 2, 19, 25f., 27f., 32f.). 반성 능력을 통해 절대자를 인식한다고 하는 요구는 '고립된 반성'이 대립항을 정립하여 절대자를 폐기하는 것인 이상, 자기모순인 것으로 보인다. 그러나 헤겔은 '자기 부정의 법칙'인 '이율배반'(Antinomie)을 원용하여 반성 능력을 '이성'으로서 다시 파악하고, 절대자에 관계지울 수 있다고 생각한다(26, 28). 셸링에게 동일률이 이성의 최고의 법칙이었던 데 반해, 헤겔은 이율배반 속에서 '지성이 이성을 표현하는 가장 가능한 표현'을 발견한다(39).[24] 헤겔에 따르면 절대자를 명제 형식으로 표현하고자 할 때, 반성 능력은 이것을 하나의 명제로 표현할 수 없다. '반성은 절대적 동일성 속에서 하나인 것을 분리하고, 종합과 반정립을 따로따로 두 개의 명제로, 한편에서는 동일성을, 다른 편에서는 분열을 표현하지 않을 수 없다.'(37) 명제 A=A로 동일성을 표현하면, 이 추상적 통일로부터 일체의 차이가 배제되며, 명제 A=B로 비동일성을 표현하면, [294]이로부터 일체의 동일성이 사상된

---

23. 이 부분은 『자연 철학의 이념』의 초판(1797년)에서는 다음과 같이 적혀 있다. '단순한 사변은 인간의 정신의 병이며, 더 나아가 인간의 생존의 싹을 뽑아 그 존재를 뿌리째 뽑아버리는, 모든 병들 가운데 가장 위험한 것이다.' 셸링은 이 전후도 포함하여 초판에서의 '사변'을 제2판에서 모두 '반성'으로 고쳐 쓰고 있다. 바꿔 쓴 이유는 헤겔의 '사변' 개념이 셸링에게 준 영향으로부터 설명되고 있지만(K. Düsing, "Spekulation und Reflexion", Hegel-Studien Bd. 5, 1969, 95-128), 바꿔 쓰인 후에도 '사변'과 '반성'의 이해를 둘러싸고 헤겔과 셸링 사이에 중대한 차이가 남아 있다는 점에 주의할 필요가 있다.
24. 프랑크푸르트 초기의 「신앙과 존재」에서 이미 칸트의 초월론적 변증론과는 다른 이율배반의 해결이 논의되고 있었다. 거기서는 횔덜린과 마찬가지로 이율배반의 근저에 놓여 있는 근원적 합일은 믿을 수밖에 없다고 생각되었던 데 반해, 여기서는 반성 능력에 의해 이율배반을 내재적으로 해결하는 방법이 모색되고 있다.

다. 그러나 서로 대립하는 두 명제의 관계가 '이율배반'으로서 파악되고 두 명제의 일면성이 상호적으로 부정될 때, 양자를 절대자에 관계지울 수 있다. 이때 반성 능력의 한계를 보완하고 대립하는 두 명제를 절대자 속에서 종합하는 능력으로서 피히테의 지성적 직관에 해당되는 '초월론적 직관'이 요청된다. '반성에 의해 정립된 두 대립항의 종합은 반성의 과업인 이상, 이것을 보완하여 완성할 것을 요구한다. 요컨대 스스로를 폐기하는 이율배반인 한에서, 이 종합이 직관 속에 존재할 것을 요구한다.'(43) 이러한 이율배반을 매개로 하는 '반성과 직관의 동일성'이야말로 '사변적 앎' 내지 '사변'이라고 불린다.

셸링이 일체의 반성 능력을 배제한 순수한 직관적 인식에 의해 절대적 동일성을 파악할 수 있다고 생각하는 데 반해, 헤겔은 이율배반을 통해 반성 능력을 받아들인 사변적 인식에 의해 절대자를 의식에 대해 구성할 수 있다고 생각한다. 피히테와 마찬가지로 의식의 입장을 고수하는 헤겔에게 있어 의식하는 주체의 사상捨象을 요구하는 셸링의 생각은 '분리하는 활동'인 '반성 작용'에 대해 의미를 인정하지 않고, '색채 없는 빛의 직관'을 고집하는 '열광'의 입장 이외의 아무것도 아니다(W 2, 95). 거기서는, '종교에의 욕구'란 사랑과 반성의 합일을 추구하는 것이며, 종교의 대상인 삶은 반성에 의한 감정의 보완을 통해 파악될 수 있다고 하는, 프랑크푸르트 말기 헤겔의 사상이 계승되고 있다. 더욱이 절대자의 인식 방법으로서 이율배반을 평가하는 차이 논문에서 주목되는 것은 자아=자아 속에서 동일성과 차이성을 발견하고 피히테 학문론의 제1원칙과 제2원칙을 '삼중성'의 원리에 따라 다시 파악하는 「신앙과 앎」에서의 해석과의 밀접한 관련이다. 요컨대 이율배반에 의해 인식해야 하는 '동일성과 비동일성의 동일성'이라는 절대자 이해는 연속과 단절이 공존하는 '산출적 상상력'을 모델로 하여 피히테 자아 개념을 재해석하는 주관성 원리에 대한 다시 보기 작업과 연동되어 있는 것이다.

이와 같이 셸링이 의식을 사상한 직관적 인식에 의한 주체와 객체의 연속적 파악을 고집하는 데 반해, 헤겔은 [295]반성 능력과 직관 작용의 종합에 의해 주체와 객체 사이에 가로놓인 단절과 연속을 함께 파악할 수 있다고 생각한다. 다시 말하면, 셸링이 자연과 정신의 질적 차이를 제거하고, 정신의 자기반성 작용을 식물적 생장에서 보이는 생명력의 발현 작용으로 흡수해 버리는 데 반해, 헤겔은 자연과 정신을 나누는 결정적인 차이, 즉 자기 자신을 밀쳐내고 자기에 대해 냉정하게 거리를 유지하는 정신의 자기반성 능력을 보존하고자 한다. 이러한 피히테와도 공통된 아폴론적인 각성된 정신 측에서 보면, 셸링의 '열광'의 입장은 디오뉘소스적인 생명력의 분출에 몸을 맡기고, 도취 · 광란(orgia)과 황홀 · 망아(ekstasis)의 상태로 전락하여 끓어오르는 생명력의 소용돌이에 빠져들 수밖에 없게 된다.[25]

(3) 마지막으로 동일성과 비동일성, 직관과 반성을 둘러싼 양자의 이론적 차이를 근본에서 규정하고 있는 절대자와 현상을 둘러싼 차이를 검토해 보자. 셸링은 「나의 철학 체계의 서술」에서 스피노자가 『에티카』에서 취한 기하학적 수법을 모방할 뿐만 아니라 '내용과 사항에서도 가장 접근하고 있다'고 인정한다(SW 4, 113). 그럼에도 불구하고 셸링의 동일 철학을 스피노자로부터 나누는 결정적 차이를 간과해서는 안 된다. 스피노자에게서는 '유일한 실체'로서의 신은 세계 창조자인 신과 같은 '초월적 원인'이 아니라 모든 존재자를 내부로부터 생겨나게 하는 '내재적 원인'으로서 이해되고 있었다. 이에 반해 셸링에게서 절대자는 일체의 차이를 배제하는

---

25. マックス・ヴェーバ『古代ユダヤ教』(みすず書房) 300쪽 이하 참조. 후의 『자유론』에서는 삶의 불안에 내몰린 자아성의 탈중심화가 '높이 솟아 있는 정상에서 현기증을 느낀 자에게 이를테면 비밀스러운 목소리가 내려와 부르는 듯이 느껴지는, 또는 오랜 전설에 따르면 저항하기 어려운 세이렌의 노랫소리가 깊은 곳으로부터 울려 퍼져 지나가는 뱃사람들을 소용돌이 속으로 끌어들이는' 것에 비유되어 논의된다(SW 7, 381).

절대적 동일성으로서 파악되고, 양적 차이는 동일성의 외부에 존속하는 현상으로서 이해된 결과, '이성 속에 그것 자체로' 존재하는 것과 '반성에 대해 현상 속에' 존재하는 것 사이에 커다란 단절이 생겨나게 되었다. 그리고 셸링 자신이 절대자로부터 유한자로의 이행이 어떻게 생겨나는가 하는 것은 '여기서는 아직 해답 불가능한 물음'이라고 인정하지 않을 수 없었다(117, 128).

피히테 학문론으로부터 이반하여 자연과 정신의 대립을 절대적 동일성에서 해소한 것으로 보인 순간에 셸링은 절대자로부터 현상에로의 이행을 설명한다고 하는 새로운 과제에 직면했던 것인바, 이 문제에 대한 최초의 해답은 1803년 [296]5월에 뷔르츠부르크로 이주한 후의 『철학과 종교』(1804년)에서 주어져 있다. 셸링에 따르면 절대자로부터 유한한 사물로의 연속적 이행은 존재하지 않으며, 현상계의 '기원'은 절대자로부터 단절되어 그로부터 멀어져 가는 '비약 내지 '이탈'(Abfall)의 형태에서만 생각될 수 있다(SW 6, 38). 이러한 이탈의 근거는 세계 창조인 절대자 측이 아니라 이데아계의 '원상'(Urbild)으로부터 현상계로 떨어져 간 '모상'(Gegenbild)인 유한한 사물 측에 있다고 한다(40). 원상과 모상, 이데아계와 현상계라는 용어로부터 분명하듯이, 여기서 셸링은 플라톤의 이데아론과 그 근저에 놓여 있는 이원적 세계상을 모델로 하고 있으며, 이 이원론의 틀 내에서 피히테의 자아 개념도 재해석된다. 요컨대 자아 개념은 자립성과 자유라는, 현상계의 모상에 남겨진 '신적인 것의 최후의 흔적'을 표현함과 동시에, 자아성이야 말로 원상으로부터 이탈해 가는 '타락(Sündenfall)의 원리'라고 여겨지는 것이다(39, 43). 그리고 행성의 운행 궤도와 마찬가지로 자아성이라는 '신으로부터 가장 멀어진 시점'은 동시에 '절대자로 돌아가는 순간'이기도 하다고 하며(42), 자아성의 절멸에 의한 절대자와의 화해라는 형태로 기원으로의 회귀가 전망된다. 여기서는 교부 신학적 신의론의 수용에 의해 초기의 자아 철학–자연 철학으로부터 유신론으로 전환하는 후기 셸링의 경향이 간취되지만, 이러한 신학적 입장은 후의 『자유론』(1809년)에서 현재화하게 된다.

이와 같이 동일 철학 이후의 셸링이 절대자와 현상을 대립시켜 파악하는 데 반해, 헤겔은 차이 논문에서 절대자를 현상 속에서 구성할 필요를 강조한다. 셸링과 같이 주체와 객체의 분열을 절대자로부터의 산출 작용으로 파악하여 절대적 대립은 존재하지 않는다고 생각하는 경우, '절대자의 현상은 [절대자에게 있어] 하나의 대립물이며, 절대자는 현상 속에 존재하지 않는 까닭에, 절대자와 현상이라는 양자는 그 자신에서 대립한다.' 이 대립을 동일 철학처럼 '초월론적으로', 즉 '그것 자체에서 대립은 존재하지 않는다'는 방식으로 폐기하는 것은 가능하지 않다.[26] '이에 의해 현상은 단지 부정되는 데 지나지 않지만, 그럼에도 불구하고 현상은 마찬가지로 존재해야 한다.' 이에 반해 헤겔은 현상의 외부에 [297]몸을 두고서 이것을 외측으로부터 부정하는 것이 아니라 현상의 내부로 몸을 옮겨 현상 속으로부터 절대자를 구성해야 한다고 주장한다. '절대자는 현상 그 자체 속에 스스로를 정위시켜야만 하는바, 다시 말하면 현상을 부정하는 것이 아니라 이것을 동일성에로 구성해야만 한다.'(W 2, 48) 이로부터 분리를 받아들인 동일성으로서 절대자를 파악하고, 이것을 반성의 산물로서 구성하는 헤겔의 입장도 그 전제가 되는 세계관과의 관계에서 이해 가능해진다. 절대자를 분열의 힘으로 규정된 현상의 내부로부터 파악하고자 하는 한에서, 주체와 객체의 분리는 절대자의 불가결한 요소이지 않을 수 없으며, 절대자를 인식하는 수단으로서는 분리의 활동인 반성 능력에 의지하지 않을 수

---

26. '초월론적'(transzendental)이라는 용어는 원의에 충실한 용법(예를 들면 '직관 작용의 직관'으로서의 '초월론적 직관')으로부터 '사변적'과 동일시되는 용법(예를 들면 '사변적 입장'과 동일시되는 '초월론적 입장')까지 차이 논문에서는 기본적으로 긍정적인 의미에서, 그것도 피히테 철학과의 관련에서 사용되고 있다. 이에 반해 여기는 '초월론적'이라는 용어가 유일하게 부정적인 의미에서 사용되고 있는 장소인데, 그것도 주체와 객체가 그것 자체에서는 동일하다고 하는 셸링의 견해를 가리키기 위해 사용되고 있다. 본래라면, 여기서 헤겔은 '초월론적'이 아니라 '초월적'(transzendent)이라는 표현을 사용해야 했을 것이다.

없는 것이다.

그리고 신앙과 지성, 동일성과 차이라는 형태로 나타나는 피안과 차안, 무한자와 유한자의 대립을 극복하고자 하는, 「신앙과 앎」에서의 헤겔의 지향도 절대자 이해를 둘러싼 논쟁의 맥락에서 적절히 이해될 수 있다. 헤겔은 헤브라이즘 전통에서 두드러지게 보이는 '절대자의 피안성'과 계몽 속에서 생겨나는 '유한자의 절대성'이라는 두 가지 신학적 경향을 '신 자신은 죽었다'라는 근대 종교가 기초하는 감정 속에서, 즉 '잃어버린 신'에 대해 그리워하는 프로테스탄티즘의 '무한한 고통' 속에서 간취하고자 한다(W 2, 432). 거기서는 세계 초월적 신이라는 헤브라이즘에 특유한 신 관념이 헬레니즘에 친화적인 현세 내재적 신 관념에 따라 다시 파악되고 있다.[27] 그리고 이러한 '신 상실의 가혹함' 속에서 십자가에 매달린 예수의 수난을 '사변적 성 금요일'로서 이념에 받아들임으로써 예수의 부활에서 제시된 '최고의 전체성'의 회복이 가능해진다고 한다(432f.). 요컨대 신의 아들 예수의 수난과 부활의 드라마에서는 '신의 영원한 인간화(Menschwerdung)'에 의해 '인간이 된 신'이 현세에 나타났을 뿐만 아니라, 인간이 '신의 근원적 모상'으로서 신으로까지 높아질 수 있다는 것이 제시된 것인바, 신의 인간화와 인간의 신격화, 신 상실의 고통과 신과의 화해에 의해 피안과 차안, 무한자와 유한자를 나누는 거리의 간격이 메워진다고 한다 (423, 411). 이리하여 그리스도교의 근본이념을 이루고 있는 신인神人 예수에 대해, 프랑크푸르트 시기와는 달리, 사변적 이념에 [298]대한 실마리를 제공하는 적극적 의미가 부여된다.[28] 그것은 창조자와 피조물, 만드는

27. '신 자신은 죽었다'라는 헤겔의 말은 1802년 여름에 집필된 자연법 강의 초고(Ros 132ff.)에서도 발견된다. 거기서는 직접적으로는 십자가 위에서의 예수의 수난이 지시되고 있지만, 간접적으로는 그리스적인 자연 종교의 소멸과 유대교적인 신의 초월화라는 맥락에서, 헬레니즘적인 관점으로부터 신 상실의 고통이 말해지고 있다(Ros 138). 따라서 자연법 강의 초고에 비추어 보면, 「신앙과 앎」에서 이어서 논의되는 '최고의 완전성'의 '부활'도 직접적으로는 예수의 부활에 비길 수 있지만, 간접적으로는 잃어버린 신성의 되찾음이라는 형태로 신과의 화해가 말해지고 있다고 해석될 수 있다.

주체와 만들어진 객체 사이에 가로놓인 단절과 대립을 매개하고, 냉엄한 심판의 신과 죄 많은 인간을 화해시키는 '제3자' 내지 '중간항'이라는, 삼중성 원리에 대응하는 예수의 자리매김이다. 여기서 제시되고 있는 것은 다름 아닌 부성과의 화해로 향하는 정신적으로 성숙한 아들의 입장이다.

　이리하여 헤겔은 신앙과 지성을 대립시키는 주관성 원리를 삼중성 원리에 따라 생식=산출 모델로서 다시 파악함으로써 절대자와 현상의 대립을 현상의 내부로부터 극복하고자 한다. 이러한 헤겔의 입장은 경험론 철학과 같이 현상의 내부에 갇힌 채로 자기의 전제를 자명한 것으로 바라보는 내재적인 입장과 다르며, 동일 철학과 같이 인식 주체로서의 자기 제약성을 망각하고 현상의 외부에 몸을 두고자 하는 초월적인 입장과도 다르다. 그것은 자기 자신이 일정한 문화 세계에 귀속된다는 것을 자각하면서, 이 자기 대상화를 통해 자신이 속하는 세계를 내측으로부터 넘어서고자 하는 것인바, 칸트의 초월론적 비판과 동일한 자기 관계적인 의식 구조를 보여준다. 그리고 자기 언급적인 초월론적 비판의 관점으로부터 서구 근대의 현상에 대해 헤겔이 가한 엄혹한 비판을 되돌아보면, 헤겔은 전능자처럼 비판 대상의 외부에 위치하는 초월적인 지점에 설 수 있다고 믿고 있는 것이 아닐 뿐만 아니라, 역으로 인식 주체는 내재적으로 자신이 속하는 세계에 제약되어 있는 한에서, 그 전제를 상대화할 수 없다고 하는 무력한 체념에 굴복하고 있는 것도 아니라는 것이 분명히 드러난다. 오히려 헤겔은 비판의 작용 범위를 자기 자신에게 미치게 하는 것에 의해 자신이 소속해 있는 문화 세계를 상대화하고 내측으로부터 넘어설 수 있다고 생각하는 것인바, 이런 의미에서 스스로를 기른 역사적 세계의

・・
28.　프랑크푸르트 시기 초고와 비교해, 「신앙과 앎」이나 자연법 강의 초고에서는 신인 예수의 존재에 대해 신인가 인간인가, 창조자인가 피조물인가라는 이율배반을 조정하는 '제3자' 내지 '중간항'이라는 사변적 역할이 인정되고 있는데, 자연법 강의 초고에서의 신학적 전통의 수용은 이어지는 제2절에서 다시 검토한다.

유산을 계승하면서 이것을 생산적으로 넘어서고자 하는 것이다.

제2절 신학적 · 초월론적 맥락에서의 예나 후기의 정신 개념

1801년 10월까지 차이 논문을 공간한 헤겔은 1801년도 겨울 학기의 강의 초고 단편에서 '이념의 학'인 논리학으로부터 '이념의 실재성의 학'인 자연 철학과 정신 철학을 거쳐 예술 및 종교에 이르는 체계 구분을 구상한다 (GW 5, 262-264). 그리고 이러한 네 부문의 체계 구분에 따라 1803년도 이후의 강의 초고에서 체계 구상을 계속적으로 시도함과 동시에, 학의 체계에 관한 저작의 공간을 몇 차례인가 예고하고 있다. 예나 시기를 통해 의도된 이 간행 계획을 부분적으로 실현한 것이 1807년도 4월에 공간된『학의 체계 제1부 정신의 현상학』이었다. 하지만 예나 시기 헤겔이 체계 구축으로 향하는 도상에서 셸링으로부터의 사상적 이반도 점차로 현재화해 가며, 이윽고 양자의 결렬에까지 이른다. 1803년 5월에 셸링이 뷔르츠부르크로 이주한 것에 이어 공동으로 편집하고 있던『철학 비판지』는 정간되며, 헤겔은 강의 중에 셸링 비판을 입에 올렸다고 전해진다(Ros 184f.). 양자의 사상적 다름이 공공연하게 밝혀진 것이『정신 현상학』의 서문인데, 셸링이 1807년 11월 2일자 서한에서 헤겔에게 불만의 뜻을 전한 후, 양자의 서한의 왕복은 영구히 끊어지게 되었다.

1801년에 시작되는 예나 시기 체계 구상의 종착점으로서『정신 현상학』의 서문은 다음과 같은 이중의 의미를 지닌다고 생각된다. 첫째로, 이 서문에서는 체계 구상을 시도하는 가운데 확립된 헤겔의 독자적인 철학적 입장이 타자 존재에서 자기 동일적인 것과 같은 정신(Geist) 개념을 통해 명확히 표명되고 있다. 둘째로, 여기서는 헤겔 자신의 사상적 독자성을 밝힘으로써 이전에 영향 하에 있던 셸링 동일 철학으로부터의 독립이 선언되고 있다. 이전에 하임은『정신 현상학』서문을 '낭만주의에 대한

상세하고도 근본적인 도전장', '셸링과 헤겔의 철학 체계의 [300]차이'라고
부르며, '헤겔 철학을 이해하는 자는 이 서문의 의미를 완전하게 이해한
자로 한정된다고 말해도 지나친 말이 아니다'고 말했지만(Haym 215),
타자 존재에서 자기 복귀하는 정신의 개념이야말로 양자의 철학적 차이를
이해하는 데서도 중심이 되는 개념인 것이다.

이 절에서는 『정신 현상학』에서 보이는 헤겔의 독자적인 정신 개념이
형성되어 가는 배경을 1802년도 강의 초고에서의 신학적 전통의 수용으로
까지 거슬러 올라가는 한편, 1804년도 체계 구상에서 정신 개념이 초월론적
맥락에서 성립하는 것을 분명히 하고, 초월론 철학에서의 삼위일체론의
수용으로부터 헤겔의 정신 개념이 형성되었다는 것을 논증하고자 한다.

1. 자연법 강의 초고에서의 신학적 전통의 수용

1804년도 체계 구상에서의 정신 개념의 성립을 밝히기 전에, 「신앙과
앎」(1802년 7월)을 집필한 헤겔이 1802년 여름 학기의 자연법 강의 초고에
서 삼위일체론이라는 그리스도교의 신학적 배경을 어떻게 다시 해석하여
자기 것으로 하고 있는지를 가장 먼저 살펴보고자 한다.

(1) 이미 프랑크푸르트 시기 초고 「그리스도교의 정신과 그 운명」의
후반 부분에서 헤겔은 예수의 부활이라는 종교적 현상을 지성의 관점으로
부터 비종교적인 사실 문제로서 논의하는 것이 아니라, '사랑의 일체성의
표현'을 발견하고자 하는 '종교에의 욕구'로부터 내재적으로 파악하고자
시도하고 있다. 하지만 헤겔에 따르면 신격화된 예수가 아무리 '형태화된
사랑'을 나타내고 있다 하더라도, 십자가에 매달린 특정한 개인인 한에서
그것은 '지성에 대해 고정된 채로 머물고, 그에 의해 하나의 현실이며,
신격화된 자의 두 발에 끊임없이 추처럼 매달리고, 그를 지상으로 끌어내린

다'고 한다(Nohl 335). 거기서는 예수를 신격화하고 천상으로 상승시킬 뿐만 아니라 특정한 인간으로서 지상으로 [301]하강시킨다고 하는 이중의 운동이 간취되는바, 이러한 천상과 지상의 '중간에서 떠도는' 예수의 '본성의 이중성'이 지적된다. '왜냐하면 이 신은 천상이라는 무한하고 무제약적인 것과 지상이라는 순수한 제약의 묶음 사이에 있어, 중간에서 떠돌아야 하기 때문이다. 이 중간성, 본성의 이중성(Zweierleiheit der Naturen)을 결코 잊어서는 안 된다.'(335) 이 점에서 헤겔은 그리스도교에서의 신격화된 자와 수난 당하는 인간의 '터무니없는 결합'에 경탄의 염을 숨기고자 하지 않는다. '부활한 자만이 죄인의 구원이고 그들의 신앙의 기쁨인 것이 아니다. 가르침을 이야기하고, 편력하며, 십자가에 매달린 자도 숭배된다. 이 터무니없는 결합이야말로 몇 세기 사이에 신을 찾는 몇백 만의 사람들이 그것을 위해 싸워 지치고 몹시 괴롭힘을 당한 바로 그것이다.'(335) 다만 1800년 9월의 「그리스도교의 실정성」 개정 원고에 따르면 헤겔은 신성과 인간성의 매개자가 예수라는 특정한 개인에게 한정된다는 점에서 그리스도교의 실정성의 기원을 보고 있다. '확실히 그리스도교는 인간 속의 고차적인 것, 고귀하고 선한 것이 모두 신적인 것이며, 신에게서 유래하고, 신으로부터 생겨나는 영(Geist)이라고 하는 아름다운 전제에 기초하고 있다. 그러나 인간성이 신적인 것으로부터 절대적으로 분리되어 단일한 개인 이외에는 양자의 매개가 인정되지 않는…… 경우, 이러한 견해는 두드러지게 실정적으로 된다.'(146)

이에 반해 「그리스도교의 정신과 그 운명」의 전반 부분에서는 발전되지 않은 합일로부터 분리를 거쳐 발전된 합일에 이른다고 하는 '인간 발전의 원환'이 신-아들-성령이라는 그리스도교의 삼위일체론을 증거로 내세워 '신앙의 완성' 과정으로서 파악된다. '신앙의 완성, 즉 인간이 그로부터 태어난 신성(Gottheit)에로의 복귀는 인간의 발전의 원환을 닫는다. 모든 것은 신성 속에서 생겨나며, 살아 있는 자는 모두 신성의 아들(ihre Kinder)이지만, 아들은 일체성, 조화 전체에의 합치를 그대로, 즉 발전되지 않은 채로 포함한다. 아들은 외적인 신들에 대한 공포에 의한 신앙에서 시작되지만, 점점 더 행위하고 분열하여, 합일 속에서 근원적인, 그러나 이제 발전하고 스스로 산출되고 감지된 일체성에로 복귀한다. 이리하여 [302]아들은 신성을 인식하는, 즉 신의 영(Geist)을 간직하는 것이며, 스스로의 제한을 벗어나 양태를 폐기하여 전체를 회복하는 것이다. 신(Gott), 아들(Sohn), 성령(der heilige Geist)!'(Nohl 318) 다만 앞의 후반 부분에서 헤겔이 특정 인격의 신격화에 비판적 자세를 취하고 있었던 것에 대응하여, 이 전반 부분에서도 '아들'을 예수라는 특정 개인으로 한정하지 않고, 모든 인간에게로 보편화하여 이해하고 있다. 그뿐만 아니라 아버지인 신(der Gott)에 대한 아들(Sohn)의 관계를, 오히려 어머니인 신(die Gottheit)에 대한 어린아이(ihre Kinder)의 관계로서 파악하고 있으며,[29] 이러한 이중의 의미에서 정통적인 일신교적 틀을 넘어서 있는 점에 주의해 두고자 한다.

따라서 1798-99년의 프랑크푸르트 시기 초고에서는 예수의 본성의 이중성과 삼위일체론이 논의되면서도 양자는 합일 철학의 외부와 내부에 따로따로 나누어져 상호적으로 관계지어지지 않은 채 병존하고 있다. 젊은 헤겔은 그리스도교 정통 교의의 핵심에 대한 이해에는 아직 도달해 있지

29. 이 맥락에서 어린아이에 대한 동경과 회귀 원망이 이 시기의 횔덜린과 헤겔에게 공통적으로 보인다는 점이 주목된다. '내가 그리스로 돌아온 것은 어린 날의 놀이에 가까이 다가가 지내고 싶다고 생각했기 때문이다. …… 아직 조용한 어린아이이고 주위의 일은 아무것도 알지 못했을 때, 나는 지금처럼 산산이 흩어진 마음의 고뇌, 번뇌, 싸워 지치는 일은 없었다. 그렇다, 어린아이는 신과 같은 존재인 것이다. 카멜레온과 같은 인간의 색에 물들지 않는 한. 어린아이는 전적으로 있는 그대로의 존재이며, 따라서 그렇게 아름다운 것이다.'(HW 3, 10) '인간의 본성에 대한 예수의 아름다운 신뢰를 가장 솔직하게 비추어 내고 있는 것은 더럽혀지지 않은 자연(=어린아이)을 보면서 그가 말한 다음과 같은 말이다(「마태복음」 18장 1절 이하). '너희가 돌이켜 어린아이와 같이 되지 아니하면 결단코 천국에 들어가지 못하리라. 그러므로 누구든지 이 어린아이와 같이 자기를 낮추는 사람이 천국에서 큰 자니라.' …… 분열되어 잃어버린 것은 하나인 것으로 복귀하는 것에 의해, 요컨대 어린아이처럼 되는 것에 의해 다시 획득되는 것이다.'(Nohl 315f.)

않다고 말하지 않으면 안 된다.

　(2) 이에 반해 1802년 여름에 집필된 자연법 강의 초고에서 헤겔은 종교적 전통 속에서 표현된 '정신의 사변적 이념'을 무엇보다도 신인神人 예수의 교의와 삼위일체설 속에서 발견하고자 하고 있다.

　우선 헤겔은 고대 그리스의 자연 종교, 고대 로마의 유대교, 그리고 그리스도교라는 세 개의 종교 형식을 이성의 세 개의 차원에 따라 근원적 동일성으로부터 무한의 차이와 분열을 거쳐 '무차별의 조화의 재구성'으로 향하는, 인류의 세 개의 발전 단계로서 통일적으로 파악한다. 그리고 자연이 그것 자체에서 신성했던 그리스적 범신론에 대해 '자연의 신성 박탈'에 의한 신으로부터의 분리, 자연으로부터 분리된 신과의 합일의 감정이라는 '두 개의 필연적 요소'가 그리스도교라는 '새로운 종교의 중심점'을 이룬다고 생각한다. '다음의 두 개의 필연적 요소가 새로운 종교의 중심점으로 되어야만 했다. 요컨대 자연의 신성 박탈(Entgötterung), 따라서 현세의 경멸과, 이 무한한 분리 속에서 한 사람의 인간이 [303]절대자와 일체라고 하는 확신을 지니고 있었다는 점이다.'(Ros 137) 그런 다음, '신의 아들' 예수의 수난과 부활이라는 복음서의 드라마는 '신 자신이 죽었다'라는 '신성을 박탈당한 자연의 무한한 고통'과, 그로부터 생겨나는 신과의 화해의 원망을 표현하는 것으로서, 즉 신의 자기 비하와 인간의 신격화라는 이중의 과정으로서 해석된다. '십자가 위에서 죽은 자는 동시에 이 종교의 신이며, 이러한 존재로서 그의 역사는 신성을 박탈당한 자연의 무한한 고통을 표현하고 있다. 신적인 것이 비속한 삶 속에 떨어지고, 신적인 것 자신이 죽고 말았다는 것이다. 신 자신이 지상에서 죽었다고 하는 사상이 이 무한한 고통의 감정을 유일하게 나타내듯이, 그가 무덤으로부터 부활했다고 하는 사상은 그의 화해를 나타낸다. 그의 삶과 죽음에 의해 신이 낮아지고(erniedrigt), 그의 부활에 의해 인간이 신격화되었던(vergöt-tlicht) 것이다.'(138) 여기서 헤겔은 신의 인간화와 인간의 신격화라는 서로 대립하는 논리의 결합으로서 '신인'(Gottesmensch) 예수라는 그리스도교의 중심 이념을 파악하기에 이른다.

그 이론적 요인으로서 '자연의 신성 박탈'로 불리는 유대교적 일신교를 인류의 두 번째 발전 단계로서 받아들여 그리스적 범신론의 첫 번째 단계를 상대화하고 있는 점을 들 수 있다. 왜냐하면 창조자와 피조물을 이원적으로 나누는 일신교적 세계관을 전제로 하는 한에서, 양자의 중간에서 떠도는 '신의 아들' 예수를 어떻게 자리매김할 것인가가 정통 교의를 확립하는 데서 문제로 되지 않을 수 없기 때문이다. 정통과 이단을 둘러싼 이 논쟁이 야말로, 기본이 묘사했듯이, 고대 로마 제국에서 i라는 하나의 모음의 유무를 둘러싸고서 대량의 유혈을 수반하는 당파 항쟁을 불러일으켰던 것이다.[30] 그 결과 니카이아 공의회(325년)에서는 아버지와 아들이 유질類質 (homo*i*ousios)이 아니라 동질(homoousios)로 되고, 창조·제작이라는 헤브라이즘의 논리에 따라 예수가 천상으로 상승하여 신격화되는 한편, 칼케돈 공의회(451년)에서는 예수 속에서 신성과 인성이 병존한다고 하여, 신의 육화라는 헬레니즘적인 논리에 따라 예수가 지상으로 하강하여 인간성이 회복된다. 이리하여 신성과 인성이 병존하는 '신인' 예수라는 정통 교의가 정해지게 되었다. 여기서 헤겔은 [304]그리스 다신교 다음에 일신교라는 분열의 단계를 받아들임으로써 예수의 신격화와 인간화라는 '양극성의 통일'로 이루어진 그리스도교 정통 교의의 핵심을 인식함과 동시에, 그리스도교의 본질을 유대교와의 연속과 단절의 모습에서, 즉 일신교와 그리스 문화 사이의 문화 접촉의 산물로서 파악하는 데 성공하고 있다.

더 나아가 헤겔은 아버지-아들-성령이라는 삼위일체설 속에서 '사변의 최고의 이념'을 재발견할 수 있다고 생각한다. '이 종교는 삼중성(Dreiheit)

▪ ▪
30. Cf. E. Gibbon, *The History of the Decline and Fall of the Roman Empire* (1776-88), London 1903, Vol. 3, Chap. 21. 일역 『ローマ帝國衰亡史』 제3권(ちくま學藝文庫) 21장. 이 문제에 대해서는, 丸山眞男 「歷史意識の「古層」」 「日本思想史における「古層」の問題」 『丸山眞男集』(岩波書店) 제10권 63쪽, 9쪽, 제11권 190-191쪽 참조.

의 형식에서 절대자를 숭배한다. 요컨대 부성 원리, 절대적 사상으로서의 신이며, 다음으로 신의 실재성, 창조된 영원한 아들에서의 신이지만, 아들은 신의 실재성으로서 두 가지 면을 지닌다. 하나의 면은 그의 본래적인 신성이며, 이 면으로부터 신의 아들도 신이지만, 다른 면은 현세로서의 그의 개별성이다. 마지막으로 이 현세라는 객관적인 것과 영원한 사상과의 영원한 동일성, 즉 성령이다.'(Ros 139) 콘스탄티노플 공의회(381년)에서는 니카이아 신조를 토대로 아버지·아들·성령이라는 세 개의 위격이 신성이라는 하나의 실체를 이룬다고 규정되었던 데 반해, 여기서 헤겔은 신성과 인성이 공존하는 양성설이라는 칼케돈 신조의 관점으로부터 삼위일체설을 다시 해석하고, 성령에 대해 신성과 인성을 통일하는 제3항이라는 사변적 의미를 부여하고 있다. 거기서는 통일·분열·재통일이라는 이성의 삼중 형식에 따라 삼위일체설을 사변적으로 고쳐 해석함으로써, 신인 예수의 교의를 삼위일체설 속으로 포섭하고자 하는 헤겔의 체계적 의도를 읽어낼 수 있다.

그러나 1802년도 강의 초고에서 헤겔은 신인 예수에 대해 '신의 역사는 전 인류의 역사이며, 어떠한 개인도 인류의 이 역사 전체를 통과해 간다'(138)고 말하고 있듯이, 첫째로 신과의 화해라는 구원의 사건을 예수 개인에게 한정해야 한다고 생각하고 있지 않다. 오히려 예수에게서 제시된 신과의 화해는 모든 사람에게 있어 보편적으로 도달 가능하다고 생각하는 한에서, 결정적인 점에서 일신교의 정통적인 틀을 넘어서 있다. 둘째로, 헤겔은 신인 예수의 교의와 삼위일체설을 통일적으로 파악하기 위한 중심 개념, 즉 타자 존재에서 자기 동일적인 정신의 개념을 아직 손에 넣고 있지 않다. 바로 이 [305]자기 외화하는 정신 개념의 형성이야말로 이후의 예나 후기 헤겔에게 있어 중심적 과제인바, 이 점을 계속해서 고찰해 보자.

2. 1804년도 체계 구상에서의 정신 개념의 형성

1801년 가을의 강의 초고의 일부를 이루는 최초의 체계 스케치에서 헤겔은 논리학으로부터 자연 철학과 정신 철학을 거쳐 예술과 종교에 이르는 네 부문으로 이루어지는 체계 구상을 적어두고 있는데, 거기서 '정신'이라는 용어는 주어=주체로서 사용되고 있지 않으며, 자기 외화하는 정신 개념은 아직 획득되어 있지 않다.[31] 그러면 예나 시기 헤겔은 타자 존재에서 자기 복귀하는 정신의 개념을 어떻게 해서 획득하는 것일까? 이 점을 1803년도 및 1804년도의 체계 구상에서 살펴보고자 한다.

(1) 1803년도 강의 초고에서는 자연에서 분열된 이념의 계기들이 다시 통일되는 것과 같은 정신의 존재방식이 '의식'으로 명명되며, 정신 철학이 의식의 이론으로서 전개되고 있다(GW 6, 268, 266).[32] 헤겔에 따르면 '의식하는 것'과 '의식되는 것'이 본질적으로 동일하다는 것이 '의식의 본질'을 이루지만, 이러한 '대립의 절대적 통일'이 가능해지는 것은 의식이 '대립의 양항'이고, 거기에 '자기 자신의 반대물'인 '절대적 차이'가 존재하기 때문이다(273). '의식 그 자체는 자기 자신의 직접적이고 단순한 반대물(Gegenteil seiner selbst)이다. 요컨대 한편으로는 스스로가 의식하는 대상에 대립하는 것이자 능동자와 수동자로 분리되어 있지만, 다른 한편으로는 이 분리의 반대물, 즉 구별의 절대적 합일이자 〔따라서〕 구별의 존재와 폐기의 합일인 것이다.'(266f.) 여기서는 의식에서 주체와 대상이 분리될

- - -
31. 필자는 2005년 10월에 일본에 온 헤겔 아르히프 소장인 예슈케 씨와 이 문제에 대해 논의할 기회를 가졌다(權左武志「ドイツ觀念論における精神槪念と自由」『ヘーゲル哲學硏究』 12호, 2006년, 26-30쪽 참조).
32. 1803년도 강의 초고에서의 의식 개념의 발전사적 의의에 대해서는, vgl. H. Kimmerle, *Das Problem der Abgeschlossenheit des Denkens* (=*Hegel-Studien Beiheft* 8), Bonn 1970, 256ff.

뿐만 아니라 동일하기도 하다는 이중의 관계가 '자기 자신의 반대물'로의 이행의 논리에 의해 설명되고 있다.

[306]하지만 의식하는 것과 의식되는 것의 통일이 성립하는 것은 '통일적 의식 그 자체에 있어서'가 아니라 '제3자에 있어서'에 지나지 않는다. 경험적 의식은 '의식되는 것을 스스로에게 비동일적인 것으로서 폐기하는 부정적 방식으로만' 자기 동일성을 유지하며, 이 결과 '자기 자신의 타자(das Anders ihrer selbst)를 언제나 자기의 외부에 지니는 경험적이고 외면적인 무한성'에밖에 도달할 수 없다. 이에 반해 의식되는 것을 '의식의 타자 존재(Anderssein)'로서 '의식과의 긍정적 동일성'을 지니는 것으로 파악하는 것에 의해, 경험적 의식을 '의식하는 것과 의식되는 것의 통일'이라는 '절대적 의식'으로까지 높이는 것, 이것이 의식 철학으로서의 정신 철학의 과제라고 여겨진다(273f., vgl. 269). 앞에서 '자기 자신의 반대물'로의 이행에 의해 설명된 의식에서의 차이와 통일의 양극성이 여기서는 의식의 대상을 '자기 자신의 타자'로서 파악하는 새로운 논리에 의해 설명되고 있는 점에 주목할 수 있을 것이다.

의식의 존재방식을 의식하는 것과 의식되는 것의 절대적 차이일 뿐만 아니라 양자의 절대적 통일로서 파악하는 초월론적 입장은 이미 차이 논문에서 '자아=자아는 동일성일 뿐만 아니라 이중성이기도 하다'라는 피히테의 근본 명제에 대한 재해석으로서 말해지고 있었다. 차이 논문에서는 피히테에서의 제1명제와 제2명제가 이율배반의 관계로서 해석되고, 제3명제에서의 종합의 불충분함이 비판되고 있었다. 그리고 자아의 자기 정립과 비아의 반정립이라는 대립하는 활동을 '관념적 요소'로서 의식의 전체적 구조에 짜 넣고, 자아=자아 속에 자기 자신을 이중화하는 차이의 계기를 정립하는 것이 '초월론적 입장'으로부터 요구되어 있었다. 이와 같이 자아=자아를 동일성과 이중성의 통일로서 이해하는 피히테 학문론에 대한 새로운 해석은 1803년도 강의 초고에서도 절대적 의식에 대한 이해로 계승되어 있다고 말할 수 있다.

다른 한편으로 의식에서의 통일과 차이의 양극성을 '자기 자신의 반대물'로의 이행에 의해 설명하는 방법도 이미 예나 [307]초기의 자연법 논문에서 '무한성'이라는 '운동과 변화의 원리'에 의해 설명되고 있었던 것이다. 헤겔에 따르면 '자기 자신의 반대물'이라는 것이 무한성의 본질을 이루는 이상, 절대자에서는 동일성과 함께 대립이, 관념성과 함께 실재성이, 무한성과 함께 유한성이 동시에 정립되며, '대립물로의 절대적 이행'에 의해 '순수 이성'이라고 불리는 '절대적 개념'이 구성된다고 한다(W 2, 454, 488). 그러나 자연법 논문에서는 반대물로의 이행의 논리가 그것 이상은 설명되어 있지 않았던 데 반해, 1803년도 강의 초고에서는 절대자가 의식의 전체성의 틀 안으로 받아들여진 결과, 의식에 대립하여 나타나는 대상은 동일한 의식이 취하는 다른 형태로서, 즉 '자기 자신의 타자'로서 이해되기에 이른다.

더욱이 정신의 철학을 의식 이론의 틀 내에서 경험적 의식으로부터 절대적 의식에 이르는 과정으로서 서술하는 1803년도 강의의 체계적 지향은 현상 그 자체 속에서 절대자를 구성한다고 하는 차이 논문의 모티프를 계승할 뿐만 아니라, 앎과 대상을 대립적으로 파악하는 직접적 의식을 양자를 동일적이라고 간주하는 절대지의 의식으로까지 이끈다고 하는 '의식 경험의 학'의 구상을 최초로 예고하는 것이기도 하다.[33] 하지만 헤겔이 『정신 현상학』의 입장을 최종적으로 확립하기 위해서는 '자기 자신의 타자'라는 의식의 전체성 이론이 타자 존재에서 자기로 복귀하는 정신 개념으로서 전개되는 것이 필요 불가결했다. 그리고 헤겔의 독자적인 정신 개념에로의 결정적인 한 걸음이 다음의 1804년도 강의 초고에서 내딛어지는 것이다.

••
33. 1803년도 강의의 의식 이론과 『정신 현상학』 구상과의 관련에 대해서는, vgl. Kimmerle, a. a. O., S. 260f.

(2) 1804년도 강의 초고 안의 형이상학에서는 칸트 이전의 형이상학에 의해 논의된 영혼·세계·신과 같은 주제들이 '객체성의 형이상학'이라는 이름으로 고찰된 후, 피히테의 자아 개념을 실마리로 하여 '주체성의 형이상학'이 전개되고 있다.[34] '객체성의 형이상학'에 따르면 스피노자의 '최고 존재자'(요컨대 유일한 실체로서의 신)에서는 사유와 존재의 대립은 단순한 속성에 지나지 않는 것인바, 이것들의 구별은 '무 그 자체'로 해소된다. 요컨대 자기 동일적인 [308]최고 존재자는 '이들 비동일적인 것의 절대적 근거'이자 '그것 자체'에서 존재할 수 있기 때문에, 비동일적인 것의 독립적 존재를 모조리 폐기한다고 하는 것이다(GW 7, 153). 이어지는 '주체성의 형이상학'에서는 구별을 결여한 자기 동일성으로서의 최고 존재자가 대립하는 것과 관계하는 '자아 내지 지성'으로서, 더 나아가서는 '정신'으로서 다시 파악된다. 헤겔에 따르면 피히테의 자아 개념은 '자기를 절대적으로 자기 동일적이라고 발견하고', '자기 속에서 자기에게 대립하는 것을, 바로 그런 까닭에 자기 자신으로서 발견한다'는 점에서 '정신'의 형태를 이미 취하고 있다. 그러나 이 자아는 '비동일적인 것을 자기 자신으로서 인식하지 못하고', '자기를 타자로서 직관하지 않는' 한에서, 타자를 자기 외부에 지니는 '형식적인 정신'에 머물러 있다고 한다(171f.).

이에 반해 '절대적 정신'은 비동일적인 타자를 타자임과 동시에 '타자로부터 자기 자신에게 돌아오는 존재'로서, 요컨대 '자기 자신의 타자'로서 인식한다. '정신(Geist)은 타자에 관계하여 자기를 정립한다, 즉 자기 자신을 자기 자신의 타자(das Andere seiner selbst)로서, 무한한 것으로서, 따라서 자기 자신에게 동일적인 것으로서 정립한다.'(173) '자기 자신의 타자'와의 관계는 자기와 다른 '타자'와의 관계임과 동시에 동일한 '자기 자신'과의

••
34. 1804년도 강의 초고의 '주체성의 형이상학'에 주목하여 '절대적 주체성의 이론'으로 해석하는 것으로서, vgl. K. Düsing, *Das Problem der Subjektivität in Hegels Logik* (=*Hegel-Studien Beiheft* 5), Bonn 1976, 189ff.; ders., "Idealistische Substanzmetaphysik", in: *Hegel in Jena* (=*Hegel-Studien Beiheft* 20), 25-44.

관계이기 때문에, 여기서 비동일적인 것을 매개로 한 자기 동일성이 달성된다. '자기를 자기 동일적이라고 발견한 존재는 자기가 비동일적이고 자기 자신의 타자라고 직관'하지만, 동시에 '타자는 자기 자신의 반대물이고 자기에게 동일적인바, 이것이 비동일적인 것 속에서 자기 자신을 발견하는 정신이다.'(173f.)

헤겔은 '자기 자신의 타자'를 인식하는 정신의 자기 이중화의 운동을 '절대적 정신의 절대적 순환'으로 부름과 동시에, '동일성과 비동일성의 동일성'을 가능하게 하는 자기 관계의 존재방식을 단적으로 '무한성'이라 명명한다. '정신이 타자로서의 자기 자신에게 관계하는 존재방식은 마찬가지로 자기 자신의 반대물이며, 정신이 자기 자신이라고 발견하는 것이다. 동시에 자기 자신의 타자인 것과 같은 자기에게 관계하는 정신의 존재방식은 무한성(Unendlichkeit)이라고 불린다.'(174f.) 헤겔에 [309]따르면 '자기 자신의 타자로 됨'(Anderswerden seiner selbst)과 동시에 '자기 자신으로의 복귀(Rückkehr in sich selbst)의 운동'이기도 하다는 의미에서, 절대적 정신이란 '타자를 자기 자신으로서 정립하면서 자기 자신에게로 복귀하는 무한성'에 다름 아니다(176f.).

같은 강의 초고 안의 논리학에서 헤겔은 이러한 무한성 개념을 '이중의 부정'이라는 새로운 논리학상의 원리에 의해 설명하고 있다. 헤겔에 따르면 무한성이란 '자기를 대립시켜 타자로 되면서(Anderswerden), 이 타자가 다시 타자로 되어(Anderswerden dieses Anders) 대립 자신을 폐기하는 것과 같은 운동'을 포함하는바, 이러한 자기 이중화의 운동은 '다시 긍정으로 되는 것과 같은 이중의 부정(duplex negatio)'으로서 이해될 수 있다(GW 7, 35, 34). 무한성을 '부정의 부정'으로서 파악하는 헤겔의 독자적인 무한성 개념은 직접적으로는 스피노자의 무한성 개념에 대한 비판으로부터 얻어진 것이다. 스피노자에 따르면 유한성은 '어떤 본성의 존재의 부분적 부정'을, 무한성은 '그 절대적 긍정'을 각각 의미하며, 실체의 본성의 존재를 부분적으로라도 부정할 수 없는 이상, 실체란 무한한 존재 이외의 것일 수 없다.[35] 이에 반해 헤겔에 따르면 무한성이란 직접적으로 단순한 긍정이 아니라 부정을 매개로 하여 얻어지는 긍정이다. 따라서 자기를 부정하여 타자로 되면서 타자도 부정하여 자기에게로 돌아오는 '정신'이야말로 참으로 무한한 존재라고 여겨진다.

이러한 의미에서 무한히 자기 자신에게 관계하는 정신의 개념은 자기 자신을 정립하는 피히테의 자아 개념을 '자기 자신의 타자'를 정립하는 정신의 자기 이중화로서 다시 해석하는 것으로부터 얻어졌다고 생각된다. 자아의 자기 정립 활동을 자기 외화하는 정신의 운동으로서 재해석하는 실마리는 초기 셸링에 의한 피히테 자아 개념의 독자적인 해석으로부터 얻어졌다고 생각된다. 셸링은 「최신의 철학 문헌 개관」(1797-98년)에서 자기 자신에게 있어 객체로 되는 정신의 자기 직관 작용에 의해 대상과 표상의 동일성을 설명하고 있었다. 셸링에 따르면 '그 자체로[대자적으로]'(für sich) 객체인 것과 같은 [310]존재만이 '정신'으로 불리며, 정신에게 있어 '그 자체에서[자체적으로]'(an sich) 객체인 것과 같은 대상은 있을 수 없다. 이런 의미에서 정신이란 '자기 자신을 포함하여 모든 것이 자기의 객체인 것과 같은 절대적 주체'에 다름 아니다. 모든 것을 객체화하는 정신의 '행위'란 '영원한 생성(Werden)'이며, 정신이란 '그 자체로 객체이기 (ist)보다 객체로 되는(wird)' 존재를 의미한다. '정신은 자기 자신을 통해서만, 즉 자기 자신의 행위를 통해서만 객체로 된다.'(SA 4, 85f.)[36] 피히테가 주체와 객체를 단절시키는 '정립'의 논리에 의해 이해한 자아의 자기 정립

35. スピノザ『エチカ』(岩波文庫) 42쪽, 참조.
36. 『초월론적 관념론의 체계』에서도 피히테의 자아 개념은 '그 자체로 객체로 되는 것과 같은 원리'로 해석되고 있다. 셸링에 따르면 자아만이 '자기 자신을 객체로 변화시키고, 이에 의해 객체로 될 수 있는' 것인바, '우리가 자아라고 명명하는 자기의식의 영원한…… 행위는 모든 것에 현존재를 부여하는 행위이며, …… 객관적으로는 영원한 생성으로서, 주관적으로는 무한한 산출 작용으로서 나타난다.'(SW 3, 374, 376)

활동은 셸링에 의해 오히려 주체와 객체를 연속시키는 '생성'의 논리로서 다시 파악되고 있다. 하지만 셸링은 그 자체로 객체로 되는 정신의 자기 생성을 어디까지나 주체와 객체의 절대적 동일성을 근거짓는 것으로 이해하고 있었던 데 반해, 1804년의 헤겔은 동일한 정신의 생성 작용을 비동일적인 것 속에서 '자기 자신의 타자'를 발견하는 정신의 자기 이중화의 운동으로서, 즉 '동일성과 비동일성의 동일성'으로서 이해하는 것이다.

동일성과 비동일성을 매개하는 '자기 자신의 타자' 개념이란 차이 논문에서 정식화된 동일성 원리를 의식 이론의 틀 안으로 받아들이고, '자기 자신의 반대물'로의 이행을 초월론적 맥락에서 다시 해석한 것이다. 자연법 논문에서는 통일과 차이의 상호 이행이 오로지 '대립물로의 절대적 이행'으로서 설명되고 있었던 데 반해, '자기 자신의 타자'라는 의식의 전체성 이론에 의해 의식하는 주체와 의식되는 대상은 통일과 차이를 내포하는 자기 이중화의 운동 속에서 통일적으로 근거지어질 수 있게 되었다. 요컨대 '동일성과 비동일성의 동일성' 원리를 자기의식의 자기 관계적 구조를 모델로 하는 자기 이중화의 운동으로서 이해함으로써 자기 자신의 타자로 되면서 자기 자신에게로 복귀하는 절대적 정신의 개념이 성립했다고 생각되는 것이다.

그러면 1804년도 강의에서는 초월론 철학적 맥락에서 형성된 정신 개념이 어떻게 해서 신인 예수와 삼위일체의 교의와 같은 자연법 강의 이래의 신학적 맥락에 수용되어 실체-주체론으로서 전개되는 것일까? 이 점을 [311]이어지는 1807년 『정신 현상학』에서 찾아보고자 한다.

3. 『정신 현상학』에서의 정신 개념의 완성

헤겔은 예나 시기 최후에 위치하는 『정신 현상학』 서문(Vorrede)에서 타자 존재에서 자기 복귀하는 정신 개념을 완성하여 자신의 철학적 입장을 선언하는 한편, 이전에 맹우였던 셸링의 동일 철학을 되풀이 하여 비판한다. 다만 이 서문은『정신 현상학』의 복잡한 성립 사정에서 유래하는 특수한 성격을 지니며, 종래부터 서론(Einleitung)과의 관계에서 논의의 대상이 되어 왔다. 그리하여 서문의 구체적 해석에 들어가기 전에『정신 현상학』의 공간사와 서문의 자리매김에 대해 우선 언급하고자 한다.

차이 논문을 공간한 후 헤겔은 1802년에「논리학과 형이상학」을, 1803년 봄에는「철학의 일반 개설」을, 1805년 봄에는「철학의 학 전체」에 관한 저작을 공간하고자 했지만, 그 어느 계획도 곧바로는 실현되지 못했다.[37]「학의 체계」라고 불리는 저작의 인쇄는 1806년 2월에 마침내 개시되었지만, 이때 서론의 앞에 놓인 중간 표제는 '제1부 의식의 경험의 학'이라고 되어 있으며, 더욱이 여름 학기의 강의 고시가 보여주듯이 이 저작은 「논리학」을 주된 대상으로 할 예정이었다. 그러나 여름 학기의 논리학 강의에서 의식 경험의 학을 논의한 것에 이어서, 계속되는 겨울 학기의 강의 고시에서는「정신의 현상학」이라고 불리는 '학의 체계 제1부'의 공간이 새롭게 고지되었다.[38] 본문(서론도 포함한다)의 최종 부분은 예나에서 나폴레옹 군과 프로이센 군이 승패를 결정하기 전야인 1806년 10월 13일에 집필되며, 남은 서문은 다음 해 1월까지 집필되어 각각 출판사에 보내졌다. 그리고 인쇄의 최종 단계에서 서문과 서론 사이에 위치하는 중간 표제가 'I 정신의 현상학'으로 바뀐 다음, 헤겔이 밤베르크로 이주한 한 달 후, 1807년 4월에『학의 체계 제1부 정신의 현상학』을 정식 표제로 하는 저작이 공간되었다.[39]

● ●
37. H. Kimmerle (Hg.), "Dokumente zu Hegels Jenaer Dozententätigkeit (1801-1807)", *Hegel-Studien* Bd. 4, 1967, 53f., 85f.
38. Ebd., 55f., 86f.
39. 『정신 현상학』의 성립사에 대해서는, vgl. "Editorischer Bericht", GW 9, S. 456-464. 특히 중간 표제의 변경 문제에 대해서는, vgl. F. Nicolin, "Zum Titelproblem der Phänomenologie des Geistes", *Hegel-Studien* Bd. 4, 113-123.

[312]이리하여 '의식 경험의 학'이라는 최초의 구상은 1806년의 봄부터 여름에 걸쳐 '정신의 현상학'으로 전환해 갔던 것이며, 최초의 구상과 최종 결과의 어긋남은 서론과 서문의 성격의 다름을 결정할 뿐만 아니라 『정신 현상학』의 이념과 구성에까지 미치고 있다고 지적되고 있다. 요컨대 이성 장의 양적인 확장에 따라 본래는 자기의식 장에 놓여 있던 저작의 중점이 정신 장과 종교 장으로 이행하고, 저작의 근본 구상도 의식이 행하는 경험의 운동으로부터 정신이 현상하는 운동으로 전회해 갔다고 여겨지는 것이다.[40] 이와 같이 『정신 현상학』을 한 번 쓰인 문장을 지우고 그 위에 쓰인 '재록 양피지'(Palimpsest)로 이해하고, 하나의 구상 배후에서 다른 구상을 읽어내는 발전사적 해석은 연구자 사이에서도 그 옳고 그름을 둘러싸고 다툼이 벌어지고 있다.[41] 하지만 저작의 성립사로부터 보아도 최초에 쓰인 서론이 '의식 경험의 학'에 대한 서론의 성격을 지니는 데 반해, 최후에 쓰인 서문이 '현상하는 정신의 학'뿐만 아니라 '학의 체계' 전체에 대한 서문을 의미하는 것은 확실할 것이다. 실제로 서론의 대상이 최초의 몇 장에서 다루어지는 진리와 확신의 변증법에 대응하는 데 반해, 서문의 주제는 종교 장과 최종 장에서 논의되는 실체와 주체의 변증법에 대응할 뿐만 아니라 학의 체계 일반의 정당화와 제2부의 논리학에서 다루어

· ·

40. O. Pöggeler, "Zur Deutung der Phänomenologie des Geistes", *Hegel-Studien* Bd. 1, 1961, 255-294, in: ders., *Hegels Idee einer Phänomenologie des Geistes*, Freiburg/ München 1973, S. 170-230.

41. 푀겔러가 『정신 현상학』 구상의 이중성을 주장하고, 의식 경험의 학으로부터 현상하는 정신의 학으로의 이행을 발전사적으로 해석하는 데 반해, 풀다는 구상의 체계적 통일성을 주장하고, 논리학 구상과의 대응 관계로부터 설명한다(H. F. Fulda, "Zur Logik der Phänomenologie von 1807", *Hegel-Tage Royaumont 1964* (=*Hegel-Studien Beiheft* 3), 1966, 75-101). 또한 베르너 맑스는 서문을 서론의 보완적 서술로서 파악하고, 『정신 현상학』은 일관되게 '경험의 학'임과 동시에 '정신의 학'이라고 주장한다(W. Marx, *Hegels Phänomenologie des Geistes, Die Bestimmung ihrer Idee in "Vorrede" und "Einleitung"*, Frankfurt a. M. 1971, 2. Aufl. 1981, S. 11, 34, 70, 81. 일역 『ヘーゲルの 「精神現象學」』(理想社) 13쪽 이하, 51, 104, 119쪽).

지는 내용에까지 미치고 있다.

따라서 『정신 현상학』의 근본 구상의 전환을 고려하면, 서문에서 학의 체계의 원리로서 제시되는 정신 개념은 그 전제를 이루는 실체-주체론을 최초로 전개한 종교 장까지 소급해서 이해할 필요가 있다. 또한 서문에서 전개되는 셸링 동일 철학에 대한 논쟁도 가능한 한에서 최종 장과 종교 장과의 관련에서 해석할 필요가 있다. 그리하여 이하에서는 우선 종교 장에서 실체-주체론이 최초로 전개됨에 있어 1804년도 강의에서 얻어진 정신 개념이 다시 해석되고 있다는 것을 분명히 하고, 다음으로 서문에서 실체-주체론의 틀에서 정신 개념이 정의되는 한편, 셸링 철학이 반박되고 있다는 점을 살펴보고자 한다.

[313](1) 종교 장에서는 오리엔트의 자연 종교에서 시작되어 그리스의 예술 종교를 거쳐 로마 제정 하의 그리스도교에 이르는, 자연법 강의 초고와는 다른 종교사의 조감도가 그려지고 있다. 여기서 1802년 자연법 강의 초고와의 결정적 차이는 자연 종교라는 최초의 단계가 그리스로부터 새롭게 오리엔트의 전 단계로 옮겨지고 있다는 점, 더욱이 동일-분열-재동일의 발전 단계로부터 의식-자기의식-의식=자기의식의 발전 단계로, 요컨대 실체-주체-실체=주체의 발전 단계로 전환하고 있다는 점이다.

첫째로, 오리엔트 자연 종교의 최초의 형태로서 페르시아의 조로아스터교와 이스라엘의 종교와 같은 '일출의 빛'을 예배하는 종교가 논의되지만, 이 빛의 종교는 '자기에게로 일몰하여 주체로 되지 않고 일출할 뿐인 실체'라는, '개인의 자기 확신'을 결여한 '단순한 실체'의 단계에 머문다고 한다(GW 9, 371, 385). 이에 반해 둘째로, 그리스의 예술 종교는 '실체가 폭로되고 주체로 전환하는 밤'에 비유되며, 신전 예배와 연극의 상연을 통해 '이제 자기에게로 일몰해 버린' 일출의 빛이 자기와 동일하다고 아는 한편, '추상적 본질의 단순함과 깊이'를 결여한 자기 확신의 단계에 머문다고 한다(377, 385f.). 그리고 제3의 계시 종교, 그리스도교에서는 그리스 종교와 페르시아・이스라엘 종교라는 양자의 일면성이 폐기되고, 예술 종교에서 보인 실체의 주체화와 빛의 종교에서 보인 주체의 실체화라는 두 개의 상반되는 명제가 통일되어 신의 본질이 비로소 정신으로서 계시된다고 한다.

헤겔에 따르면 '예술 종교를 통해 정신은 실체의 형식으로부터 주체의 형식으로 전환한' 것인바, 이러한 '신적 본질의 인간화(Menschwerdung)'는 자기를 절대적 본질로 높이고, 실체를 술어로 내리는 명제 속에서 표현된다. 이에 반해 자기를 술어로 내리고 실체를 주어로 높이는 '역의 명제'가 '자연 종교의 시작으로 돌아가는' 것이 아니라 자기의식을 통해 실현된다. 그로부터 '두 명제가 동등한 가치로 본질적일 뿐만 아니라 단순한 계기(Moment)이기도 한 것과 같은 양자의 합일과 침투'가, 그리고 실체의 의식임과 동시에 자기의식이기도 한 것과 같은 '정신'이 현상한다고 한다(GW 9, 400f.). [314]이러한 정신이 출현하는 탄생의 목소리로 되는 것이 그리스 정신이 몰락한 후 제정기 로마의 법 상태에서 체험되는 '신은 죽었다'라는 '불행한 자기의식의 고통과 동경'이다. 실체의 주체화와 주체의 실체화라는 쌍방의 명제가 상호적으로 '대립물로의 이행'을 표현하는 한에서, 실체와 자기의식은 이를테면 '아버지'와 '어머니'처럼 '정신의 양 계기'를 이루는 것이며, '한편이 다른 편으로 되는 것과 같은 양자의 상호 외화에 의해 양자의 통일로서 정신이 태어난다'고 한다(403).

여기서는 안티노미를 해결하는 방법인 변증법(Dialektik)에 대한 헤겔적 이해가 가장 선명한 방식으로 제시되어 있다. 헤겔에 따르면 이율배반의 형태를 취해 서로 대립하는 쌍방의 명제는 어느 것이든 부분적으로 참인 데 지나지 않다고 하는 일면성을 자각하고, 상호적으로 보완할 때 전체적 진리의 불가결한 부분, 즉 계기를 이루게 된다. '이들 양 명제가 비로소〔진리의〕 전체를 완성시킨다.'(416) 더욱이 '참된 것은 전체다'라는 진리관이, 나중의 역사 철학 강의에서 분명히 말해지듯이, 오리엔트 일신교와 그리스 정신이라는 이질적인 두 개의 문화가 접촉하여 충돌하는 것에 의해 비로소 그리스도교가 탄생했다고 하는 이해, 즉 문화 접촉의 산물로서의 그리스도교 이해로 살려지게 된다.

헤겔에 따르면 신이 현실의 인간으로서 감각적으로 직관된다고 하는 '신적 본질의 인간화'야말로 '절대적 종교'인 그리스도교의 진리 내용을 이룬다. '이 종교에서는 [신의] 본질은 정신으로서 알려진다. 이 종교는 자기가 정신이라고 하는 의식이다. 왜냐하면 정신이란 외화(Entäußerung)에서의 자기 자신의 앎이며, 타자 존재(Anderssein)에서 자기 자신과의 동일성을 지키는 운동을 행하는 본질이기 때문이다.'(405) 신이라는 대상이 의식에 있어 소원한 타자인 한에서, 신의 본질은 의식에 대해 숨겨진 채로 있지만, 본질적으로 자기의식인 것과 같은 정신으로서 알려짐으로써 신의 본질이 공공연하게 계시된다고 한다. '신적 본성은 인간 본성과 동일하며, 직관되는 것은 이 통일이다.'(406) 따라서 신의 본질은 인간의 모습으로의 하강을 통해 최고의 본질을 달성하는 것이며, 최고의 본질이 자기의식으로서 직관되는 [315]것이 '신의 개념의 완성'이다.

이리하여 신의 인간화라는 그리스도교의 교의는 자기의식을 모델로 하는 정신의 개념에 의해 이해되는 한편, 역으로 자기 외화하는 정신 개념이 '아버지와 아들의 자연적 관계'를 모델로 하는 삼위일체설에 의해 새롭게 다시 해석된다. 헤겔에 따르면 정신의 의식 내용은 정신을 실체로서 사유하는 첫 번째 국면(Element)에서는 '영원한 본질이 타자를 산출함'과 동시에 '타자 존재에서 자기로 복귀하는' 것과 같은 '타자 존재에서의 자기 자신에 대한 앎'의 사건으로서, 요컨대 아버지-아들-성령의 삼위일체로서 표현된다(410). 여기서는 '아버지와 아들의 자연적 관계'로부터 벗어날 것을 추구하는 도그마의 배척 요구는 의식 내용을 '전통의 상속 재산'으로 폄하하고, '신앙의 내면적 부분'을 소멸시킨다고 비판된다(411). 그리고 정신을 타자로서 표상하는 두 번째 국면에서는 '신적 본질의 인간화와 죽음이라는 자기 외화의 사건에 의해 신적 본질이 자기의 존재방식과 화해했다'고 하는 표상 형식을 파악한 다음, 교단의 자기의식이라는 세 번째 국면으로 전환하게 되면, '신인의 죽음'과 '정신으로서의 부활'은 보편적 자기의식으로서의 교단의 형성을 의미한다고 한다(418).

여기서는 자연법 강의에서 보인 삼위일체설에 대한 이해가 1804년도 강의에서 얻어진 정신의 개념과 결합되어 자기 외화하는 정신의 개념이 삼위일체의 정통 교의라는 신학적 맥락에서 수용되고 있다. 그러나 헤겔은 '신인' 예수의 수난을 이해하는 데 기초하여 신의 인간화의 논리를 높이 평가하는 한편, 예수의 부활에 대응하는 특정 인격의 신격화의 논리에 대해 어디까지나 비판적 거리를 유지하고 있다. 예를 들면 그리스도교에서는 화해가 '개별적 자기'라는 표상의 형식에서만 추구되고, '피안과의 대립'에 사로잡혀 있다는 점이 비판되고 있다(407f., 420f.). 여기서는 신과의 화해를 예수 개인에게 한정하지 않고 보편적으로 도달 가능하다고 생각하는 점에서, 일신교의 틀을 넘어서는 헤겔의 입장이 표명되고 있다고 말할 수 있을 것이다.

[316](2) 『정신 현상학』 서문에서는 종교 장에서 전개된 실체-주체론을 토대로 하여, 체계 전체의 원리를 이루는 정신 개념이 동일한 실체-주체론의 틀에서 정의되고 있다. 헤겔은 최초로 '나의 통찰에 따르면 모든 것의 관건이 되는 것은 참된 것이 실체로서가 아니라 그와 마찬가지로 주체로서도 파악되고 표현되는 것이다'라고 선언하고(GW 9, 18), 학의 체계의 원리가 '실체는 본질적으로 주체다'라는 명제로 집약된다는 점을 되풀이하여 설명하고 있다.

첫 번째 설명에 따르면 '살아 있는 실체는 참으로는 주체인 존재, 또는 같은 말이지만, 오로지 그것이 자기 자신을 정립하는 운동이거나 자기의 타자화와 자기 자신을 매개하는(Vermittlung des Sichanderswerdens mit sich selbst) 것인 한에서만 참으로 현실적인 존재이다. 살아 있는 실체는 주체로서 순수한 단순한 부정성이며, 바로 그 점에 의해 단순한 것의 분열이나 대립시키는 이중화이거니와, 그것은 또다시 이러한 무관심한 상이성과 그 상이성의 대립의 부정이기도 하다. 오로지 이렇듯 스스로를 회복하는 동등성 또는 타자 존재 속에서의 자기 자신에게로 돌아오는 반성(Reflexion im Anderssein in sich selbst)——즉 근원적 통일 그 자체나 직접적 통일 그 자체가 아닌 것——이야말로 참된 것이다.'(18) 인용의 첫 번째 문장에서는 자기 정립하는 주체의 운동이 타자로 되는 운동으로서 해석되며, 주체의 존재방식이 타자로 됨과 동시에 자기에게로 복귀하는 운동으로서 파악되고 있다. 부정성은 후에 '의식 속에서 자아와 그 대상인 실체 사이에 생겨나는 비동일성'으로 설명되며, '양자를 움직이는 자'라고 불리듯이(29), 두 번째·세 번째 문장에서는 주체성이 ① 자아와 실체 사이의 직접적 동일성으로부터, ② 부정에 의한 분열과 이중화를 거쳐, ③ 분열에 의해 매개된 동일성에 이르는 운동으로서, 즉 부정의 부정으로서 이해되고 있다. 여기서는 주체성을 이해하는 데서 1804년도 강의에서 보이는 것과 같은, 타자로 되면서 자기로 복귀하는 정신의 자기 이중화의 운동, 이중의 부정으로서의 무한성이 염두에 놓여 있다는 것이 분명할 것이다.

두 번째 설명에 따르면 '실체는 본질적으로 주체'라는 것은 절대자를 정신으로서 언표하는 표상 속에서 표현'되지만, 정신이란 자기 이중화하는 반성의 운동을 통해 ① '본질' 내지 '자체 존재자'(an sich Seiendes)로부터, ② [317]'타자 존재와 대자 존재'(Fürsichsein)를 거쳐, ③ '자기의 외부에 있으면서 자기 자신에 머무는 것', '자체적이고도 대자적인 존재'(an und für sich sein)로 되는 주체다. 더욱이 '자기 산출'이라는 정신의 구조가 제3자인 '우리에 대해서'(für uns)만 의식되는, 무의식적이고 '자체적'(an sich)인 존재방식으로부터 당사자 자신에 의해 의식화되고, '대자적'(für sich selbst)으로 되었을 때, 정신의 자기 인식——'절대적 타자 존재에서의 순수한 자기 인식'——이라는 학문의 입장이 확립된다고 한다(22). 여기서는 「신앙과 앎」에서 칸트-피히테 철학으로부터 추출된 '삼중성' 원리에 대한 사변적 이해가 '자체적'과 '대자적'이라는 초기 셸링의 용어를 사용하여 정신의 구조를 표현하는 것으로 정식화되고 있다.

세 번째 설명에 따르면 정신이란 '자기에게 있어 타자로 되는(sich ein anderes werden), 즉 자기의 대상으로 되고 이 타자 존재를 폐기하는 운동'이며, '직접적이고 미경험인 것, 즉 추상적인 것…… 자기를 소외하고 이 소외(Entfremdung)로부터 자기에게로 복귀하는' 정신의 운동이야말로 '경험'이라고 불린다(29). 헤겔에 따르면 정신의 직접적 존재방식인 '의식은 경험 속에 있는 것만을 알고 파악한다. 왜냐하면 경험 속에 있는 것은 정신적인 실체, 그것도 자기의 대상으로서의 실체이기 때문이다.'(29) '의식이 행하는 경험의 학'은 경험을 통해 자아와 대상의 분리를 극복하고 양자를 매개하는 것에 의해 '정신의 현상'에까지 이른다고 하여, '의식 경험의 학'으로부터 '정신의 현상학'으로의 확장이 정당화된다.

실체-주체론에 관한 이상의 세 가지 설명으로부터 '실체는 본질적으로 주체다'라는 『정신 현상학』 서문의 주장은 결국 타자 존재에서 자기 복귀하는 정신의 개념으로 집약될 수 있다는 것이 분명해졌다. 하지만 1804년도 강의와 『정신 현상학』 종교 장을 되돌아보게 되면, 이러한 자기 외화하는 정신 개념은 두 가지 서로 다른 맥락에서 해석될 수 있다. 첫째는, 의식하는 주체가 의식되는 실체와의 사이에서 행하는 자기 이중화 운동이라는, 자기의식을 모델로 하는 초월론적 [318]맥락이며, 둘째는, 신의 본질이 현실의 인간으로서 계시된다고 하는, 삼위일체설을 모델로 하는 신학적 맥락이다. 1804년도 강의 초고에서의 정신 개념의 형성을 토대로 하는 한에서, 종교 장과 서문에서 전개되는 실체-주체론의 주장은 기본적으로는 전자의 초월론적 맥락에서 이해될 수 있다. 하지만 종교 장에서 보였듯이, 실체-주체론은 후자의 신학적 맥락에로 다시 해석될 수 있는 한에서, 쌍방의 해석은 서로 양립할 수 없는 이율배반을 이루는 것이 아니라 양립 가능하다고 생각된다. 왜냐하면 '신적 본성은 인간 본성과 동일하다'(그리고 동시에 상이하다)고 생각하는 헤겔에게 있어 정신의 자기 인식이란 신의 이념의 계시임과 동시에 인간 자신의 자기 인식이기도 하다는 이중의 의미를 지니기 때문이다.

(3) 『정신 현상학』 서문에서는 이러한 실체-주체론의 틀에서 정의된 정신 개념을 전제로 하여 셸링 동일 철학에 대한 논쟁이 곳곳에서 전개되고 있다.

첫째로, 바로 실체와 주체의 관계를 둘러싸고 시대의 정신 상황과 관련하여 셸링 철학이 비판되고 있다. 서문에서는 실체-주체론을 전개하기에 앞서 프랑스 혁명 후의 정신 상황이 '자기의식적 정신이 현재 놓여 있는 단계'로서 그려지고 있는데, 거기서는 '사상의 국면에서 이전에 정신이 보내고 있던 실체적 생활'과 '신앙의 직접성'으로부터 벗어나 '실체 없는 자기 자신에 대한 반성이라는 다른 한편의 극'으로 일단 이행한 후에, 이제 '실체성과 존재의 견고함을 회복하라는' 요구가 이루어지고, '절대자의 개념이 아니라 감정과 직관'이 왕성하게 추구되고 있다고 계몽 이후의 정신적 현 상황이 말해지고 있다(GW 9, 12). 이러한 시대의 욕구에 맞추어 '자기의식의 은폐와 지성의 방기'에 의해 '실체의 방종한 비등에 몸을 맡기는' 낭만주의적 조류에 맞서 헤겔은 오히려 '닫힌 실체를 열고, 실체를 자기의식으로까지 높일' 필요를, 그리고 '혼돈된 의식을 사유된 질서와 단순한 개념으로 되돌릴' 필요를 이야기한다(12f., 14). 여기서 비판 [319]대상으로서 염두에 놓여 있는 것은 셸링의 자연 과학상의 제자들과 낭만주의적 지식인들뿐만 아니라 실체성의 형이상학으로서 이해된 셸링 동일 철학이라고 생각된다.

예를 들면 순수지를 논의하는 마지막 장에서는 마찬가지의 정신 상황이 스피노자로부터 피히테를 거쳐 셸링에 이르는 철학사의 구도 하에서 논의되고 있다. 헤겔에 따르면 스피노자에 의해 '사고와 존재의 직접적 통일'이 추상적으로 표명되고 '일출의 실체'가 사상 속에서 불러일으켜진 후, 계몽의 정신은 '이러한 자기 없는 실체'로부터 후퇴하여 정신의 심오한 본질을 '자아=자아'로서 추출했다. 그러나 피히테의 자아 개념은 '자아의 자기 동일성', '완전하고 직접적인 자기 통일'인 한에서, '이 주체는 마찬가지로 실체이기도 하다.'(GW 9, 430f.) 하지만 셸링에 의해 자아로부터 추출된 실체 개념은 '내용을 결여한 직관'에 지나지 않는바, 모든 내용상의 차이는 실체의 외부, 즉 반성에로 돌려지게 된다. '왜냐하면 실체는 자기에게로 돌아가는 반성, 주체가 아니고, 정신으로서 파악되어 있지 않기 때문이다.'(431) 이에 맞서 헤겔은 정신이란 '순수한 내면에로의 자기의식의 후퇴'가 아닐 뿐만 아니라 '구별이 부재한 실체에의 몰입'도 아닌바, '자기 자신을 외화하고 실체에 몰입하는 것과 마찬가지로, 실체로부터 벗어나 주체로서 자기에게로 돌아오는' 운동이라고 주장한다. '정신의 힘이란 외화에서 자기 자신과 동일한…… 것이다.'(431) 이러한 실체-주체론에 의한 셸링의 실체성 형이상학에 대한 비판이 실체적 생활로부터 자기반성을 거쳐 실체성의 회복에 이른다고 하는 서문의 정신사적 도식에 대응한다는 것은 분명할 것이다.

둘째로, 동일성과 차이의 관계를 둘러싸고서도 '자연 과학상의 형식주의'를 문제로 하는 맥락에서 셸링 동일 철학이 논박되고 있다. 헤겔에 따르면 셸링의 자연 과학상의 제자들은 주체·객체를 비롯한 다양한 맞짝 개념을 소재에 대해 밖으로부터 적용하고, 동일한 도식의 반복에 의해 '서로 다른 단조로운 외관'을 만들어낼 뿐이며, 두 색깔밖에 사용하지 않는 '단조로운 형식주의'는 '단색의 절대적 화법', 즉 절대적 동일성의 철학으로 귀착된다고 한다. '이러한 수법이 [320]도식의 구별을 부끄러워하면서 반성에 속하는 것으로서의 그것을 순수한 동일성, 즉 몰형식적인 백색이 산출되도록 절대자의 공허함 속으로 침잠시킴으로써 동시에 단색의 절대적인 그림으로 완성된다고 하는 것에 대해서는 이미 위에서 언급한 바 있다. 전자의 도식 및 그것의 생명 없는 규정들의 동일한 색깔과 후자의 절대적 동일성, 그리고 하나가 다른 하나로 이행하는 것은 다른 것과 마찬가지로 죽은 지성이며, 똑같이 외면적인 인식이다.'(GW 9, 38) '절대자에서는 모든 것이 똑같다고 하는 이러한 하나의 앎을 구별하고 충족되거나 충족을 추구하고 요구하는 인식에 대립시키는 것 또는 자기의 절대자를 흔히 그렇게 이야기되곤 하듯이 바로 그 속에서는 모든 소가 까만 밤으로 주장하는 것은 인식에서의 공허한 순진함이다.'(17) 이 서문을 읽은 셸링이 완곡하게 항의했듯이,[42] 여기서 헤겔은 셸링의 철학 체계와 '추수자에 의한 남용' 사이에서 명확한 구별을 행하고 있지 않다. 그렇기는커녕 셸링의 동일 철학이야말로 자연 과학상의 형식주의에 대해 책임 있는 것으로 물리쳐지고 있는데, 이러한 양자의 연관은 셸링에 의한 삼중성 원리의 해석에서 제시되어 있다.

헤겔에 따르면 '칸트에게서는 겨우 본능적으로 재발견되었지만, 아직 죽어 있어 개념적으로 파악되어 있지 않았던 삼중성(Triplizität)'은 피히테에 의해 '절대적 의의를 지니는 것으로 높여지고' '학문의 개념이 나타난' 후에, '이 형식이 생기 없는 도식으로, 전적인 그림자로 폄하되고, 학문의 조직이 일람표로 폄하되어 있는 것과 같은 사용방식'이 보인다고 한다(36). 칸트가 범주표에서 채택한 삼분법은 피히테에 의해 '정립, 반정립, 종합'이라는 학문론의 세 개의 근본 명제를 관계지우는 원리로 높여졌지만, 셸링도 이 삼중성 원리를 동일 철학의 틀 내에서 해석하고자 시도하고 있다. 「철학 체계의 더 나아간 서술」에 따르면 '정립, 반정립, 종합'이란 '반성 속에서 서로 분리된 모상'에 지나지 않으며, 철학의 참다운 구성 속에서는 '하나인 것'을 의미한다. 요컨대 정립이 '단일성', 반정립이 '다수성'이라고 한다면, 종합이란 '양자의 절대적 통일'이고, 단일성과 다수성은 '그것의

---

42. 헤겔이 1807년 5월 1일자의 서한에서 '자네는 서문 속에서 특히 자네의 형식을 사용하여 저 정도로 난폭한 짓을 행하여 자네의 학문을 무미건조한 형식주의로 폄하하고 있는 범용함에 맞서 내가 부당한 일을 행했다고 생각하지 않을 것이네'라고 해명했던 데 반해, 셸링은 11월 2일자 답신에서 헤겔에게 완곡하게 항의하고 있다. '자네가 내게 보낸 편지에서 말했듯이, 서문의 논쟁적 부분은 나의 추수자에 의한 남용으로만 향해져 있는지도 모르지만, 저작 속에서는 이 구별조차 되어 있지 않다네. 내가 이러한 사람들을 다가오지 못하게 할 수 있었더라면 얼마나 기뻐했을지 자네에게는 쉽게 상상이 될 것이네.'(Br 1, 162, 194)

서로 다른 형식'에 지나지 않는다고 하는 것이다(SW 4, 399). 이리하여 '정립'과 '반정립'에서 표현된 구별과 분리를 반성에 의한 양적 차이로 환원하고, 동일률에 의한 무차별적 종합――'그 속에서는 모든 소가 까만 밤'――으로 해소해 버리는 셸링의 삼중성 해석이야말로 이 형식을 '생기 [321]없는 도식'으로 폄하하고, 자연 과학상의 형식주의를 만연시킨 잘못된 이해로서 논란되고 있다.

셋째로, 직관적 인식과 반성적·개념적 인식의 관계를 둘러싸고서도 셸링 동일 철학이 비판되고 있다. 셸링이 반성 능력을 완전히 배제한 순수하게 직관적인 인식에 의해 절대적 동일성을 파악할 수 있다고 생각했던 데 반해, 헤겔은 자기 자신에게로 돌아가는 반성에 의해 직접적 동일성과 분열을 매개할 필요성을 강조한다. '만약 반성이 참된 것으로부터 배제되어 절대자의 긍정적 계기로 파악되지 않는다면, 그것은 이성에 대해 잘못 아는 것이다. 반성은 참된 것을 결과로 만들지만, 그것의 생성에 대한 이러한 대립을 마찬가지로 지양하는 것이기도 하다.'(GW 9, 19f.) 하지만 차이 논문에서는 반성 능력에 의해 절대자를 표현하면서 직관에 의해 보완할 필요가 이야기되고 있었던 데 반해, 여기서는 자기 자신에게로 돌아오는 반성이라는 자기의식의 구조가 주체와 객체를 포괄하고, 분열과 통일을 매개하는 운동 원리로 높여지고 있다.[43] 헤겔에 따르면 자기 복귀하는 반성은 절대자를 파악하기 위해 직관의 보완을 필요로 하는 것이 아니라, 오히려 직관의 직접성을 매개하고 시작을 결과에 일치시켜 참된 것이 생성되는 원환을 완성시키는 것이다. '참된 것은 자기 자신의 생성, 즉 자기의 끝을 자신의 목적으로 전제하여 그것을 시원으로 삼고 오로지 완수와 자기의 끝을 통해서만 현실적인 원환이다.'(18)

다른 한편 헤겔은 지성적 직관에 의해 표상으로 옮겨진 현존재가 이미 알려져 있는 것만으로는 아직 인식되어 있지 않다는 점을 지적하고, 표상을

• •
43. Marx, a. a. O., S. 54ff. 일역, 79쪽 이하.

분석하여 본질적 계기로 분해하는 지성의 분할 작용에 의해 '표상으로부터 사상에로' 전환하듯이, 더 나아가 고정된 사상을 유동화하는 개념의 운동 작용에 의해 '사상으로부터 개념에로' 전환할 것을 요구한다(28). 여기서 '개념'이란 이미 존재와 대립하는 고정된 한편의 극을 이루는 것이 아니라, 모든 대상성의 질서의 원천으로서 사유와 존재의 동일성을 보증하는 초월론 철학의 원리로 높여져 '사변적인 것'과 동일시되고 있다. 칸트는 '나는 생각한다'라는 자기의식의 통일—'통각의 초월론적 통일'—이야말로 다양한 직관을 '개념'의 필연적 연관 속으로 정돈하고 [322]객체성을 구성하는 원리를 이룬다고 생각했지만, 헤겔은 통각의 초월론적 통일의 사상을 이어받아 이것을 '개념'에 의해 대상성의 필연적 연관을 근거짓는 주체성의 활동으로서 해석한다.[44] 『정신 현상학』을 읽은 셸링은 이러한 '개념'의 적극적 의미 전환이 헤겔 자신의 사상적 발전의 산물이라는 것을 이해할 수 없었다. 헤겔에게 보낸 최후의 서한에서 셸링은 '개념을 직관에 대립시키고 있는 자네의 사상을 지금도 이해할 수 없다네'라고 고백하고, '개념'으로 불리는 것이 '일면에서는 개념이고, 다른 면에서는 직관인' 성격을 지닌다고 답신하고 있다(Br 1, 194).

넷째로, 절대자와 현상의 관계를 둘러싸고 학으로의 도입부의 필요성이라는 점으로부터 셸링 철학이 논박되고 있다. 이전에 피히테는 지성의 본질을 이해하기 위해서는 '일정한 정신의 자립성과 자유'가 불가결하며, 독단론자에게는 '이 증명의 전제를 이해할 능력'이 결여되어 있다고 지적했다. 마찬가지로 셸링도 초월론적 사유는 정신의 행위를 산출하고 직관하는 '지성적 직관'을 전제로 하는 한에서, 철학적 사유가 이해되지 않는 것은 철학의 '지성적인 이해하기 어려움(Unverständlichkeit)'이 아니라 '이것을 파악해야 할 기관의 결여' 때문이라고 단정한다(SW 3, 369). 철학을 시작함에 있어 '무능력'을 고려할 필요는 없으며, 오히려 '철학에 이르는 통로를

..
44.　Ebd., S. 16f. 일역, 24쪽 이하; Düsing, a. a. O., S. 233ff.

차단하고 모든 면에서 통상적인 앎으로부터 고립시켜 통상적인 앎으로부터 철학에 이르는 길이 존재하지 않도록 할' 필요가 있다고 한다(SW 4, 361f.).

헤겔은 절대적 동일성에 '만족할 수 없는 것은 절대적 입장을 자기 것으로 하여 이것을 견지할 수 없는 무능력이다'라고 간주하는 셸링의 견해를 '마치 권총에서 발사되듯이 곧바로 절대지로부터 시작하는 열광'이라고 부르며 통렬하게 비판하는 한편(GW 9, 17, 24), 학으로의 도입부를 필요 불가결하다고 간주하는 입장으로부터 논쟁을 벌이고 있다. 헤겔에 따르면 학문이란 닫힌 '소수 개인의 비교적인(esoterisch) 소유물'에 머무르는 것이 아니라, '공교적(exoterisch)으로 파악될 수 있고 배움으로써 모든 이의 소유물로 될 수 있는' 열린 존재이어야 한다. 그리고 학문이 '지성적인 (verständig) 형식'을 취하는 것이야말로 '학문으로의 길'을 모든 이에게 열고 모든 이에게 동등하게 한다는 것을 의미한다. '지성에 의해 이성적 앎에 도달하고자 [323]하는 것은 학문에 뜻을 두는 의식의 정당한 요구이다. 왜냐하면 지성이란 사유이며 순수 자아 일반이기 때문이다. 지성적 이해 (das Verständige)란 이미 알려져 있는 것이고, 학문과 비학문적 의식 사이의 공통항이며, 이것을 통해 의식은 곧바로 학문에 들어갈 수 있다.'(15f.)

이러한 비학문적 의식에게 제공되는 '학문으로의 길'—— 서론에 따르면 '학문에 이르는 의식 자신의 자기 형성의 역사'(56)—— 이야말로 『정신 현상학』에 고유한 이념을 이룬다. 헤겔에 따르면 자기의식에게 '학문의 입장에 이르는 사다리'를 내밀고, 정신의 자기 인식의 입장으로 높인다고 하는 의미에서 '학문 일반의 생성, 앎의 생성이야말로 학의 체계의 제1부로서의 정신의 현상학이 서술하는 것이다.'(24) 이러한 학문에로의 도입부로서의 『정신 현상학』의 필연성은[45] 예나 초기에는 절대자의 현상에 대한

- -
45. 로젠크란츠에 따르면 최초에는 논리학이 형이상학에로의 '도입부'를 이룬다고 구상되고 있었지만, 후에 헤겔은 '우선 논리학과 형이상학에로의 도입부 속에서 의식이

관계로서 논의되고 있었다. 절대자를 현상 속에서 구성한다고 하는 차이 논문의 입장을 체계 구상에서 보존하고자 하는 한, 학문에로의 도입부로서 '정신의 현상'을 서술하는 학문이 체계의 일부로서 필연적으로 요청되며 요청될 수밖에 없다. 이런 의미에서 학문에로의 도입부라는 『정신 현상학』의 이념에는 절대자와 현상의 관계와 관련해서도 셸링 동일 철학을 논박하는 노림수가 들어 있다고 말할 수 있을 것이다.[46]

이러한 셸링 비판의 많은 것들은 차이 논문 속에 이미 잠재해 있었던 논점이지만, 헤겔이 주요한 논적을 주관성 철학으로부터 동일 철학에로 옮김으로써 『정신 현상학』에서 본격적으로 현재화했던 것이다. 하지만 예나 초기와의 결정적인 다름은 예나 후기의 헤겔이 타자 존재에서 자기 동일적인 정신이라는 중심 개념을 손에 넣고, 그것을 실체-주체론, 삼중성 해석, 반성적 인식, 정신의 현상을 둘러싼 다양한 셸링 비판에서 끊임없이 전제로 하고 있다는 점이다. 자기 외화하는 정신의 개념은 서문에서 '근대와 그 종교에 속하는 가장 숭고한 개념'으로 불리고 있듯이(22), 예나 초기에 '프로테스탄티즘의 원리'라고 불린 '주관성'의 원리를 삼중성 원리에 따라 실체-주체론의 틀 안에서 다시 해석한 것이며, 이런 의미에서 헤겔이 사상적으로 의거하는 디딤돌은 이전에 비판된 '주관성의 [324]철학', 즉 '반성 철학'으로 옮겨져 있다고 말할 수 있다.

(4) 그러면 『정신 현상학』 서문에서 정의된 헤겔의 정신 개념은 거기서

•• 자기 자신에 대해 행하는 경험의 개념을 전개'하고, '이로부터 1804년 이래로 『정신 현상학』에로 향할 소지가 생겨났다.' 그리고 1806년도 여름 학기의 논리학 강의에서는 이미 인쇄가 개시되어 있던 의식 경험의 학이 '논리학으로의 도입부'로서 실제로 강의되었다고 한다(Ros 191f., 202, 214).

46. 헤겔은 앞의 서한에서 셸링에 대해 '본래는 도입부를 이루는 이 제1부의 이념에 대해 자네가 무어라고 말할 것인지 내게는 매우 흥미롭다네'(Br 1, 161)라고 말하여, 『정신 현상학』의 이념이 도입부의 성격과 관계된다는 점을 분명히 하고 있다.

비판된 셸링에 의해 어떻게 받아들여졌던 것일까? 셸링은 2년 후의 『인간적 자유의 본질에 관한 철학적 탐구』(1809년)에서 헤겔의 정신 개념에 대해 비판적으로 언급하고 있다. 이 글은 '자유의 개념과 철학 체계는 서로 양립할 수 없다'는 야코비 등의 범신론 비판에 맞서, 자유의 개념을 '실질적 자유'와 '형식적 자유'로 구별함으로써 '자유와 필연성의 대립'이라는 과제를 논의하고 있다.[47] 셸링은 실질적 자유를 논의함에 있어 '신의 실존'과 이것에 선행하는 '실존의 근거'를 구별하고, 후자의 '근거의 의지'에 내몰린 자아성의 탈중심화로부터 악의 자유로운 선택이 생겨난다고 한다. '삶 그 자체의 불안이 인간을 내몰아 인간이 그 속에 창조된 중심으로부터 밖으로 몰아댄다.'(F 53) 그리고 근거의 의지는 '생성하는 자연의 즐거운 충동'에 유비되며, 초기의 자연 철학에서 얻어진 '생성'이라는 존재관이 반복해서 표명된다(31, 67, 75). 이리하여 인간의 실질적 자유는 '생성하는 자연'을 전제로 한 선과 악의 선택 능력으로서 이해되는 데 반해, 인간의 자기 결정이라는 **형식적 자유**는 창조 이전의 영원에 속하는 '근원 의욕', 즉 신의 자유로운 결단을 전제로 하는바, 이것은 신의 실존에서 유래하는 '사랑의 의지'에서 제시된다고 한다. '의욕이야말로 근원 존재다.' '종교성은…… 일체의 선택 없는, 올바른 것으로 향하는 최고의 결단만을 허용한다.'(23, 64) 이러한 주의주의적인 신 관념으로부터 신의 실존과 그 근거를 동일시하는 정신의 개념에 비판이 가해진다. '신이 정신으로서 두 개의 원리의 나누기 어려운 통일이고, 이 통일이 인간의 정신 속에서만 현실적으로 존재한다고 하면, …… 인간은 신으로부터 전혀 구별되지 않게 된다.'(45)

따라서 인간의 자유는 자기 결정하는 자유인 한에서 신의 자유 속으로 해소되는바, 거기서 '신 안의 인간'이라는 계몽 이전의 독단적 입장을

47. F. W. J. Schelling, *Philosophische Untersuchungen über das Wesen der menschlichen Freiheit und die damit zusammenhängenden Gegenstände*, hg. v. Bucheim, Hamburg 1997, S. 4, 9, 11.〔인용에서는 F로 약기한다〕. 『자유론』의 맥락에 대해서는 본서의 제3장 1절 참조.

간취할 수 있다. '오직 인간만이 신 안에 있고, 바로 이 신 안에 있다는 [325]것에 의해 자유의 능력을 지닌다.'(82) 다른 한편 인간의 자유가 '생성하는 자연'의 존재관을 전제로 하고 선과 악의 선택 능력으로서 이해되는 한에서, 낭만주의자처럼 후견인을 일컫는 인격의 결단에 의존하지 않을 수 없다. 이리하여 셸링은 세계의 악이 신이 창조한 산물이 아니라 인간이 자유 의지로 선택한 죄의 결과라고 하는 아우구스티누스 이래의 교부 신학적 신의론을 받아들여 이성의 자율을 부인하는 칸트 이전의 독단론으로 퇴행하게 되었다.

이에 반해 하이델베르크 시대의 헤겔은 「야코비 저작집 제3권의 서평」(1817년)에서 셸링의 논적인 야코비를 다루어, 신을 정신으로서 직접적으로 인식하고 '내 안에 있는 증인으로서의 정신의 이념'을 발견한 점을 높이 평가한다. '야코비는 이렇게 주장한다. …… 인간 안에 있는 지고의 본질이 인간 밖에 있는 지고의 존재에 대해 증언한다. 인간 안에 있는 정신만이 신에 대해 증언한다.'(GW 15, 27) 헤겔은 야코비로부터 '인간 안의 신'이라는 프로테스탄트적인 내면성의 입장을 계승하고, '신 안의 인간'이라는 셸링의 독단적 입장에 맞서 정신의 개념을 옹호하는 것이다.

더 나아가 체계의 골격을 비로소 그려낸『철학적 학문들의 엔치클로페디』(1817년)에서 헤겔은 정신 개념이 체계 전체의 원리를 이룬다는 것을 분명히 말하고 있다(GW 13, 180). '절대자는 정신이다. 이것은 절대자의 최고의 정의다.' 이 정의를 발견하고 그 내용을 파악하는 것이 '모든 문화 형성과 철학의 절대적 경향'이었지만, '이로부터 비로소 세계사도 파악할 수 있다.' 더욱이 '정신의 본질은 개념이다.' 정신이라는 말과 표상은 그리스도교에 의해 발견되었지만, '신을 정신으로서 계시하는' 그리스도교의 내용을 '개념에서 파악하는' 것이야말로 '철학의 과제'이다. 이 과제는 '개념과 자유가 철학의 대상이 되고 철학의 영혼이 될 때에 비로소 참으로 내재적으로 해결된다.'

이어서 베를린 시대의 헤겔은 정신 개념과 자유 이념을 체계의 원리로 삼고서 객관적 정신의 체계를 구축해 [326]가지만, 거기서도 셸링『자유론』에 대한 반론을 읽어낼 수 있다.『법철학 요강』(1820년)에서는 자유의지 개념에 기초하여 근대 세계에서 '최종적 자기 결정은…… 정점의위치를 차지하는 한에서만, 인간적 자유의 영역 내에 속한다'고 지적하고,의지 결정은 '인간적 자유'에 속한다고 주장한다. 그리고 1822년도부터시작되는『역사 철학 강의』에서는 정신의 자기 인식이라는 자유의 이념을세계사의 궁극 목적에 놓고, 인류가 자유의 이념을 자각하고 실현하는과정으로서 세계사의 철학을 전개하는 것이다.

맺는 말

마지막으로 예나 초기부터 후기에 걸친 헤겔의 사상적 발전사를 돌아보고 체계 전체를 근거짓는 헤겔의 중심 원리가 확립되는 과정과, 이때칸트-피히테의 주관성 철학과 셸링 동일 철학에 대한 논쟁이 수행한의의를 생각해 보고자 한다. 휠덜린 합일 철학의 수용과 대결로부터 형성된청년기 헤겔의 사상은 예나 초기의 차이 논문과「신앙과 앎」에서는 초월론철학과 동일 철학에 대해 논쟁을 시도하는 가운데 '동일성과 비동일성의동일성'의 원리로서 정식화되었다. 그리고 이 기본 원리를 토대로 하여타자 존재에서 자기 복귀하는 정신 개념이 1803년-04년 강의 초고에서는초월론적 맥락에서 형성되는 한편,『정신 현상학』에서는 자연법 강의초고 이래의 신학적 맥락에서도 수용되어 실체-주체론으로서 전개되었다.거기서는 칸트 이래의 초월론 철학과 셸링 동일 철학과 대결하여 이것을넘어선다고 하는 철학적 주도 동기와 더불어, 삼위일체설과 같은 신학적전통을 바꿔 읽는 방식으로 과거의 사상적 전통을 현재에서 재창조해간다고 하는 창조적 계승의 범형을 읽어낼 수 있다.

이때 주관성 철학과 동일 철학에 대한 헤겔의 논쟁은 시대정신으로서는 프랑스 혁명에서 정점에 도달하는 계몽주의와 [327]이에 대한 대항 운동을 이루는 낭만주의라는 두 개의 사상 조류를 극복하고 종합하는 성격을, 문화의 존재방식으로서는 근대 프로테스탄티즘 원리와 고대 그리스 정신이라는 이질적인 문화와 접촉하고 이것들을 융합하는 성격을 지니고 있었다. 헤겔의 변증법적 관점에서 보면, 이러한 시대정신들은 분열인가 통일인가라는 이율배반의 형태로 서로 대립하는 데 반해, 양자의 일면성을 폐기하고 전체적 진리의 계기로 포섭하는 것에 의해 양자의 안티노미는 해결 가능하며, 이러한 이성의 변증법을 표현하는 것이야말로 예나 초기에는 '동일성과 비동일성의 동일성'의 원리, 예나 후기에는 실체와 주체를 양계기로 하는 정신 개념이었다. 그리고 예나 시기 전체를 보게 되면, 주관성 철학으로부터 동일 철학으로 논쟁 상대를 옮겨 가는 헤겔의 사상적 발전은 프랑크푸르트 시기 이래의 낭만주의 정신에 대한 탐닉으로부터 벗어나고 고대 그리스에 대한 채워지지 않는 동경을 단념하는 한편, 프로테스탄티즘에서 시작되는 계몽의 이념을 내면화해 가는 정신적 성숙의 궤적으로서 이해될 수 있다.

그러면 왜 헤겔은 횔덜린으로부터 셸링에 이르는 낭만주의 사상의 영향권으로부터 벗어날 수 있었던 것일까? 낭만주의의 자기 극복을 가능하게 한 첫 번째 요인으로서 예나 초기의 절대자와 현상의 관계의 정식화에서 보였던 것과 같은, 자기의식을 모델로 하는 초월론적 의식 구조를 들 수 있다. 절대자를 현상 속에서 구성하는 입장을 취하는 한에서, 『정신현상학』에서는 자기 자신을 이중화하는 반성 능력이 절대자의 인식 수단으로 높여지게 된다. 두 번째 요인으로서 예나 초기부터 신과 인간의 관계에 대한 이해에서 보였듯이, 피안과 차안, 무한자와 유한자, 신앙과 지성이라는 그리스도교적 이분법을 아버지와 아들의 이반과 화해를 내포하는 삼위일체설에 의해 매개한다고 하는 신학적 전통의 해석 교체가 거론된다. 그리고 초월론적 맥락에서의 삼위일체설의 수용이야말로 자기 이중화하는 반성 능력에 의해 '자기 자신의 타자'로서 절대자를 내면화하는 것을 가능하게 하고, 헤겔을 낭만주의로부터 최종적으로 결별하게 했다고 생각되는 것이다.

[328]더 나아가 '양극성의 통일'이라는 헤겔의 사유 양식은, 진리의 유일성을 전제하는 정통-이단론의 관점에서 보면, 정통 교의의 사유 패턴을 표현하는 것이라고도 말할 수 있을 것이다.[48] 피히테-셸링 논쟁에 개입한 예나 초기 헤겔은 아직 '자체적 정통'에 머물러 있었던 데 반해, 동일철학을 비롯한 낭만주의 사상과의 대결을 거쳐 삼위일체설에 의한 정신의 자기 인식을 확신한 예나 말기 이후의 헤겔은 '대자적 정통'으로서 특징지어질 수 있다. 이에 반해 헤겔 이후에는 헤겔 좌파로부터 니체 학파에 이르기까지 '모순되고 대립하는 계기들의 지속적 긴장'을 견디지 못하고 '양극성의 한편의 계기'로 편향되는 '이단'적 사상이 대두하여 서로 항쟁하는 새로운 시대의 개막을 맞이하게 된다. 일반적으로 시대의 변혁기에는 계몽주의와 낭만주의로 대표되는 서로 대립하는 사조가 불러일으켜져 우리의 사상과 행동을 계속해서 규정하는 한에서, 프랑스 혁명 후의 변혁기 속에서 이들 사조와 최초로 대결한 헤겔의 정신적 궤적은 2세기 전의 과거에 머물지 않는 영원한 예언을 현재까지 주고 있는 것이다.

48. 丸山眞男「闇齋學と闇齋學派」『丸山眞男集』제11권(岩波書店) 276쪽.

후기

본서에 수록된 논문들이 처음 모습을 드러낸 것은 다음과 같다.

제1장 「'역사에서의 이성'은 인류에 대한 보편타당성을 요구할 수 있는 가?── 헤겔 역사 철학의 성립과 그 신학적·국가 체제사적 배경 ── 」 『思想』 2002년 3월, 935호(약간의 주를 보완했다). 독일어 판: "Kann 'die Vernunft in der Geschichte' Allgemeingültigkeit für das Menschengeschlecht in Anspruch nehmen?: Entstehung der Hegelschen Geschichtsphilosophie und ihr theologisch-verfassungsgeschichtlicher Hintergrund", *Hokkaido Law Review* Vol. 52 No. 6, Feb. 2002.

제2장 「'역사에서의 이성'은 어떻게 유럽에서 실현되었는가?── 헤겔 역사 철학의 신학적·국가 체제사적 배경 ── 」『ヘーゲル哲學研究』 8호, 2002년 12월.

제3장 「세속화 운동으로서의 유럽 근대 ── 1830년도 역사 철학 강의에서의 자유의 실현 과정과 그 근거짓기 ── 」 새로 씀. 독일어 판: "Die europäische Neuzeit als Säkularisationsbewegung——Der Realisierungsprozess der Freiheit und ihre Begründung in Hegels Vorlesungen über dei Geschichtsphilo-sophie 1830/31——", in: Ch. Jamme/Y. Kubo (Hg.), *Wie systematisch ist der Systematiker Hegel?*, Fink Verlag, in Erscheinung.

[388]제4장「제국의 붕괴, 라인 동맹 개혁과 국가 주권의 문제——헤겔 주권 이론의 형성과 그 역사적 배경——」『思想』2006년 11월, 991호. 독일어 판: "Reichsauflösung, Rheinbundreformen und das Problem der Staatssouveränität: Entstehung der Hegelschen Souveränitätstheorie und ihr geschichtlicher Hintergrund", *Hegel-Studien* Bd. 41 (2006), Felix Meiner Verlag 2007.

제5장「서구 정치사상사에서 헤겔의 국가론——그 기원과 자리매김 ——」『思想』1996년 7월, 865호(약간의 수정을 가했다).

제6장「헤겔 법철학 강의를 둘러싼 최근 독일의 논쟁」『北大法學論集』 40권 5·6호, 41권 1호, 1990년 9월, 11월(표현상의 수정을 가했다).

제6장 보론, 새로 씀.

제7장「젊은 헤겔에게서 정치와 종교」『北大法學論集』45권 3호, 45권 4호, 1994년 10월, 12월(제목을 변경하고, 표현상의 수정을 가했다).

제8장「예나 시기 헤겔에게서 체계 원리의 성립」제1절『北大法學論集』 47권 5호, 1997년 2월(제목을 변경하고, 표현상의 수정을 가했다). 제2절, 새로 씀.

본서의 쓰기를 마친 지금, 제6장의 논문을 집필하고 있을 무렵에 선학으로부터 헤겔 연구는 에베레스트를 등산하는 것과 비슷한 것이 아닐까라는 말을 듣고 격려를 받았던 것이 생각난다. 에베레스트 급의 높은 봉우리를 오르는 것은 대단히 힘든 일이지만, 정상까지 다 올랐을 때 눈앞에 펼쳐지는 산들의 광경은 그야말로 굉장할 것이라고 하는 것이 그 마음이다. 산 정상에 다 올랐다고 말하려고 하는 것은 전혀 아니지만, 7, 8할 정도까지는 오를 수 있었을지도 모른다. 그리고 [389]여기까지 올라 보이는 조망은 확실히 그야말로 대단한 것이었다고 하는 것이 본서를 끝마친 현재의 감상이다. 마지막으로 지금까지의 도정을 돌아보고 왜 이만큼의 세월을 필요로 했는지, 그리고 얼마만큼의 성과가 얻어진 것인지에 대해 약간의 설명을 보충하고자 한다.

한 권의 책으로 정리하기 위해 15년여의 세월을 필요로 한 첫 번째 이유는 1970년대부터 80년대에 걸쳐 『헤겔 전집』과 강의 필기록이 잇따라 간행되고, 새로운 자료에 기초하는 초기 헤겔과 베를린 시기 헤겔의 연구가 본격적으로 시작되려고 하고 있었다는 점에 놓여 있다. 제6장과 그 보론에서 보고했듯이, 이 시기에는 강의 필기록들 가운데서도 특히 법철학 강의록의 자료 평가와 해석을 둘러싸고 드물게 보이는 격렬한 논쟁이 독일인 연구자들 사이에서 교환되고 있어, 우리 연구자의 앞길을 완전히 가로막고 있는 상태였다. 그리하여 필자도 1990년부터 길고 짧게 4회에 걸쳐 해외 연구를 위해 독일로 가 그곳의 연구자와 접촉했지만, 논쟁의 강력한 자장에 몸을 두는 것이 반드시 쾌적한 체험은 아니었다. 하나의 예를 들자면, 2003년 4-5월에 독일 학술 교류회의 초대로 그곳에서 연구를 행했을 때, 이제 막 2000년에 공간된 1819년도 강의 링기어 강의록의 평가에 대해 의견을 교환하기 위해 어떤 연구자와 만날 약속을 사전에 잡았지만, 현지에서 연락했을 때 갑자기 끊어진 경험이 있다. 그 이유는 추측할 수밖에 없지만, 그 하나로는 이 학자가 자기 학설의 잘못을 일본인 연구자에 대해 인정함으로써 권위가 훼손되는 것을 좋아하지 않았을지도 모른다. 시행착오에 의해 학설의 진위를 검증하고 잘못을 시정하여 공통의 진리에 접근한다고 하는, 자연 과학에서는 당연한 전제일 학술적 절차가 '진리가 아니라 권위가 결정한다'는 풍토가 남아 있는 독일의 철학·사상 연구에서는 결코 공유되고 있지 않은 것이다. 새롭고 오랜 두 개의 1819년도 강의록에 관한 필자의 평가는 제4장에서 명확히 말했지만, 다행히도 제4장의 독일어 판은 독일의 전문 학술지에 채택되어 국제적 평가를 받을 수 있었다. 본서에서는 베를린 시기 강의록과 초기 발전사의 연구가 고도화하는 연구 상황 하에서 공간된 최신의 강의록·초고뿐만 아니라 미공간 강의록의 독해를 통해 [390]헤겔 역사 철학 강의, 『법철학 요강』과 그 발전사에 대한 해명을 위해 정면으로부터 씨름했지만, 이러한 작업은 장기간에 걸친 지속과 인내를 필요로 하는 것이었다.

예상외의 세월을 들인 두 번째 이유는 외부의 연구 상황뿐만 아니라 필자 자신의 이문화 체험과 시대 체험에 의한 관점의 변경이라는 연구 주체의 내부 조건에 관계된다. 최초의 해외 연구를 거쳐 독일 관념론에 특유한 술어를 극히 좁은 전문 연구자뿐만 아니라 널리 정치학자들에게도 이해될 수 있게 하기 위해서는 닫힌 언어 체계를 다른 언어로 고쳐 옮기는 번역 작업이 불가결하다고 절실하게 느꼈지만, 그것을 위해 필요한 개념 장치는 하루아침에 개발될 수 있는 것이 아니었다. 1980년대 후반에 연구를 개시한 처음에는 사상사·국가 체제사 연구에서는 아리스토텔레스 이래의 고전적 자연법의 연속적 전통으로부터 헤겔을 해석하는 '실천 철학의 복권'론과 '개념사'의 수법이 지배적이었다. 하지만 해외 연구를 경험하고, 이러한 해석학적 패러다임이 신칸트학파 몰락에 이어지는 아리스토텔레스 부흥, 법실증주의 비판에 이어지는 자연법적 전통의 재생이라는 전후 독일의 시대 조류에 의해 규정되고 있다고 느끼게 되었다. 그리고 젊은 헤겔이 생활 세계에서 몸을 두었던 전통의 연속성이란 사실은 루터 이래의 헤브라이즘의 신학적 전통인데, 이러한 프로테스탄트 신학적 기원은 1820년대 강의에서 헤겔 자신에 의해 자각되어 있다는 것을 재발견할 수 있었다. 헤겔의 발전사를 이문화의 창조적 계승 과정으로서 해석하는 본서의 사상사적 방법은 하이데거 이래의 해석학파의 패러다임을 상대화하고 오히려 헤겔과 칸트학파와의 결합을 재평가하게 되었지만, 이러한 다각적인 관점을 얻는 데서는 일본의 위대한 헤겔주의자 마루야마 마사오丸山眞男 씨의 업적으로부터 귀중한 가르침을 얻었다는 것을 덧붙여 두고자 한다.

다음으로 본서에서 얻어진 성과에 대해 말하자면, 제1부에서는 1822년도와 1830년도의 역사 철학 강의를 꿰뚫는 주도 동기를 1차 자료에 기초하여 처음으로 본격적으로 해명하고자 했지만, 이번에 제3장을 새롭게 쓰고 문화 접촉설과 세속화설의 적용에 의해 서론으로부터 게르만 세계론에까지 이르는 헤겔 역사 철학의 통일적 비전을 재구성한 것이 [391]아닐까 생각한다. 다만 제1장이 1999-2000년의 해외 연구 중에 독일인 연구자를 독자로 상정하여 쓰였던 것에 반해, 제2, 제3장은 2001년 9월 이후의 새로운 시대에 쓰였다는 점에서 분명한 강조점의 이동이 보인다. 현재의 필자는 신보수주의자의 '역사의 종언'론뿐만 아니라 신니체학파의 '커다란 이야기의 종언'론에 대해서도 반대의 입장이며, 역사적 인식이 우리의 현재의 인식이기 위해서는 초월론적 역사 철학이 불가결하다고 생각하고 있다는 것을 분명히 이야기해 두고자 한다. 왜냐하면 2001년 이후의 시대 체험이 보여주었듯이, 역사를 '작은 이야기'의 모음으로 해체하게 되면, 현재 중심화와 역사 단편화로의 양극 분해에 저항하지 못하고 지배적인 시대의 대세에 추수할 수밖에 없기 때문이다.

제2부에서는 종래의 연구에서는 돌아보지 못했던 「독일 헌법론」과 1820년의 주권 이론의 관계를 제국 붕괴와 라인 동맹 개혁이라는 시대 배경하에서 통일적으로 해석할 수 있었던 것이 아닐까 생각한다. 제4장을 집필함에 있어서는 앞에서 언급한 링기어 필기록의 공간과 더불어 라인 동맹 공법학의 연구자 게르하르트 슈크 씨와의 만남이 결정적인 계기가 되었으며, '라인 동맹이야말로…… 독일 연방 공화국의 선구적 모델을 이룬다'라는, 생각지 못한 반향을 불러일으킨 제4장 말미의 구절도 필자와의 대화(2004년 3월)에서의 슈크 씨의 착상에 빚지고 있다. 하지만 제4, 제5장 모두 국가론이 중심적으로 다루어지고 시민 사회론에 대한 분석을 결여하고 있다는 점에서, 『법철학 요강』의 전체 해석으로서는 불균형한 모습을 드러낸다는 점은 부정하기 어렵다. 이것은 연구를 개시한 당시에는 시민 사회론 중심의 해석이 지배적이고 국가론이 연구의 맹점을 이루고 있었다고 하는 연구사와 관련된 사정 때문인바, 필자 자신은 주권 개념의

재생을 꾀하고자 하는 시도에 대해서는 반대의 입장이라는 것을 분명히 말해 두고자 한다. 오히려 군사적 외압 하에 강행된 위로부터의 '개혁'이 1870년부터 1914년, 1939년에 이르기까지 오랫동안 독일과 프랑스의 적대 관계의 항상화라는 역사적 부채를 남기고, 독일과 프랑스의 화해를 위해서는 두 차례의 대재앙을 경험해야만 했다는 것을 새삼스럽게 상기하고 싶다.

[392]제3부에서는 청년기 헤겔의 사유로부터 형성된, '동일성과 비동일성의 동일성'이라는 예나 초기의 절대자 개념이 기본적으로 초월론적·신학적 맥락에서 자기 외화하는 정신 개념으로 발전해 갔던 과정을 해명할 수 있었던 것이 아닐까 생각한다. 연구 생활에 들어설 때, 선학들로부터 칸트『순수 이성 비판』과 카시러의 『인식 문제』를 꼭 읽도록 하라는 귀중한 조언을 받았지만, 칸트를 읽은 자에게 있어 『정신 현상학』 서문에 대한 종래의 해석, 특히 정신 개념의 이해를 도저히 납득할 수 없었던 것이 특별히 청년기 초고와 피히테-셸링 논쟁까지 거슬러 올라가 헤겔의 사상 형성을 밝히는 개인적 동기가 되었다. 왜냐하면 2005년 10월에 일본에 온 예슈케 씨와도 논의했지만, 헤겔의 정신 개념이야말로 체계 전체의 기본 원리를 이루는 한에서, 그 해석의 차이에 따라 『법철학 요강』과 역사 철학 강의에 대한 이해도 근본적으로 달라지기 때문이다. 이번에 제2절을 새롭게 쓴 제8장은 『정신 현상학』 서문의 정신 개념을 예나 초기의 주관성 원리의 연장선상에서 해석함으로써 실체-주체론에 대한 종래의 해석을 뒤집는 것이 되었다. 동학 여러분들에 의한 기탄없는 비판을 받을 수 있다면 다행일 것이다.

이러한 성과들에 이르는 연구 생활의 도정은 헤겔 연구자에 대해 그려지는 경향이 있듯이 혼자서 소리 없이 산에 오르는 고독한 작업일 뿐만 아니라, 도정에서 만난 많은 연구자들과도 발을 멈추고서 교류하는 다양한 대화의 기회를 수반하는 것이기도 했다. 가장 먼저 구보 요이치久保陽一 씨를 비롯한 일본 헤겔학회의 여러분들에게는 철학과 출신이 아닌 자에게도 연구 정보뿐만 아니라 보고와 토론의 기회를 풍부하게 제공해 주신 데 대해 진심으로 감사드린다. 다음으로 가와사키 오사무川崎修 씨, 스기타 아츠시杉田敦 씨를 비롯한 정치사상학회와 정치학회의 여러분들에게도 정치학·정치사상사의 논의를 가장 긴밀하게 공유할 수 있었던 것에 대해 감사드린다. 특히 공표된 성과에 대해 다른 사상가를 연구하는 타자의 관점으로부터 코멘트와 감상을 정중하게 전해 주신 동학 여러분들께는 이 기회에 고마움을 전해드린다. 더 나아가 홋카이도 대학 독일사 연구회에서 공동 연구를 함께 하고 있는 여러분들에 대해서는 역사학의 최신 정보와 시각뿐만 아니라 자료에 입각한 견실한 연구 자세로부터 배우는 점이 많다는 것을 감사의 뜻을 담아 말씀드려야 할 것이다. 뜻하지 않게 철학-정치-역사의 [393]영역에 미치는 학제적 교류의 기회를 지녔던 것은 본서의 연구를 추진하는 데서 가장 적합한 것이었다는 점을 새삼스럽게 느끼지 않을 수 없다.

또한 동일한 목표를 지향하는 독일인 연구자와의 교류도 본서의 지점까지 도달하기 위해서는 도저히 결여할 수 없는 과정이었다. 1999년-2000년의 해외 연구에서는 하이델베르크 대학의 R. 부프너 씨에게 신세를 졌으며, 2003년, 2005년의 해외 연구에서는 부프너 씨와 함께 보훔 대학의 W. 예슈케 씨도 편의를 베풀어 주었다. 두 분의 협력에 대해서는 다양한 대화의 기회와 아울러 감사드린다. 이 사이에 현대 독일을 대표하는 철학자와 역사가인 J. 하버마스 씨(슈타른베르크)와 H. A. 빙클러 씨(베를린)와 알게 되는 기회를 얻은 것도 잊기 어려운 체험이었다. 필자는 '세속화'의 성과를 옹호하는 입장으로부터 자국의 역사에 반성적으로 향하는 두 분에게 경의와 공감을 지니는 자이지만, 두 사람으로부터 제1장에 대한 확실한 반응과 격려의 말을 들었던 일은 저 위기의 시대를 학술 영역에서 마주 대하는 데서 강력한 뒷받침이 되어 제3, 제4장을 집필하는 계기가 되기도 했다.

이러한 안과 밖의 연구 교류를 실행에 옮기는 데서는 일본 학술 진흥회로부터 2003년 특정국 파견 연구자, 2003-05년 과학 연구비 보조금·기반 연구(C), 2007년 과학 연구비 보조금·기반 연구(B)의 지원을, 노무라 학술 진흥 기금으로부터 1999년 해외 파견 연구자 지원을 각각 받았다는 것을 덧붙여 둔다.

마지막으로 본서의 간행에 있어서는 이와나미 쇼텐 편집국의 고지마 기요시小島潔 씨가 힘을 다해 애써 주었다. 여기서 감사드리지 않을 수 없다.

2009년 12월 말
레이호로에서
곤자 다케시

옮긴이 후기

    도서출판 b의 헤겔총서 제8권으로 출간되는 이 『헤겔의 이성·국가·역사』는 權左武志, ヘ―ゲルにおける理性·國家·歷史, 岩波書店, 2010을 옮긴 것이다.

    저자인 곤자 다케시는 1959년생으로 도쿄 대학 법학부를 졸업하고, 1990-92년에는 독일 보훔 대학에 유학하여 헤겔 아르히프의 객원 연구원으로 있었으며, 그 후 1993년에 홋카이도 대학 대학원에서 「헤겔 정치 철학의 생성과 구조(1793-1820)―― 형성·발전사 및 1817/18년 강의와 연관하여」로 법학 박사를 취득했다. 1993년부터 홋카이도 대학의 법학연구과 교수로 재직하고 있는 그의 전공은 정치사상사와 정치학이다. 저서로는 지금 이 『헤겔의 이성·국가·역사』 외에 『헤겔과 그의 시대』가 있다. 그는 윌리엄 E. 코놀리의 『아이덴티티/차이 ―― 타자성의 정치』(岩波書店, 1998)를 옮기기도 했으며, 그 밖에 「헤겔의 낭만주의 비판 ―― 수용에서 극복에로」, 「제3제국의 창립과 연방제 문제 ―― 칼 슈미트는 어떻게 국가 사회주의자가 되었는가?」, 「제국의 붕괴, 라인 동맹 개혁과 국가 주권의 문제 ―― 헤겔 주권 이론의 형성과 그 역사적 배경」, 「바이마르 시기 칼 슈미트의 정치사상——근대 이해의 변천을 중심으로」, 「헤겔——계몽과 혁명 사이의 정치 철학」, 「세속화 운동으로서의 유럽 근대——1830년도 헤겔 역사 철학 강의에서의 자유의 실현 과정과 그 근거짓기」, 「헤겔의 이집트론——특수한 주체성으로부터 보편자의 자각에로」 등의 많은 논문이 있다. 곤자 다케시는 지금 이 『헤겔의 이성·국가·역사』로 2011년에 제23회 와쓰지 데쓰로和辻哲郎 문화상을 수상했다.

현재 헤겔 철학에 대한 연구는 1970년대 이후 새로운 '헤겔 전집'의 틀 내에서 종래 공간되지 않았던 헤겔의 초고와 강의록이 연이어 출판되는 데 기초하여 획기적인 진전을 보이고 있다. 그 스스로도 헤겔의 역사 철학 강의 필기록 편찬 작업에 참여하기도 한 곤자 다케시는 그러한 성과들에 기반한 독일에서의 연구 동향을 토대로 하여 특히 역사 철학과 법철학(국가론)에 초점을 맞춘 치밀한 발전사적 독해를 전개함으로써 종래의 헤겔 정치사상 이해를 근본적으로 혁신하고 있다. 이 점은 저자가——마치 리델의 『헤겔(에서)의 이론과 실천』을 염두에 두기라도 한 듯이(또한 이후에 저자는 루돌프 하임의 『헤겔과 그의 시대』를 빗대어 그 스스로도 『헤겔과 그의 시대』를 저술한다)——이 『헤겔(에서)의 이성·국가·역사』에서 세계사를 종적인 단선적 발전으로 파악하는 '발전 단계설'의 원형으로 생각되어 온 헤겔 역사 철학으로부터 발전 단계설을 대신하는 다른 가능성, 즉 인류사를 횡적인 것으로부터의 이문화의 충격으로 파악하는 '문화 접촉설'의 가능성을 끌어내고, 헤겔의 체계를 프랑스 혁명과 낭만주의의 대두, 제국의 붕괴와 독일의 새로운 질서 모색과 같은 시대의 과제들과 대결하는 가운데 창조된 '생활 체험의 추상화'로서 다시 파악하며, 그러한 문화 접촉과 생활 체험의 맥락에서 초기 헤겔의 발전사를 '이문화의 창조적 계승 과정'으로서 재구성하는 데서 드러난다.

그리하여 저자는 이 『헤겔의 이성·국가·역사』에서 『역사 철학 강의』와『법철학 요강』그리고 청년기 저술들을 중심으로 헤겔이 부딪쳤던 시대적, 역사적, 철학적 과제들을 언급하는 가운데 헤겔 철학의 창조·재창조 과정과 그 영향 작용을 다음과 같은 세 가지 관점에서 재구성하고 있다. 요컨대 그것은 첫째, 역사적 관점에서, 즉 헤겔이 지녔던 시대 체험과 역사적 맥락에 주목하고, 둘째, 사상사적 관점에서, 즉 사상의 창조 과정이 '무로부터의 창조'를 의미하지 않는 까닭에, 과거의 사상을 새로운 관점에서 고쳐 읽어가는 '재창조' 과정, 즉 서로 다른 계보의 사상들이나 문화들이 서로 충돌하고 융합하는 과정에 주목함으로써 헤겔 철학의 성립을 설명하며, 셋째, 영향 작용사적 관점에서, 즉 헤겔 사상이 그 후의 시대와 현대에 이르기까지 어떠한 영향 작용의 맥락에 놓여 있는지 검토하고 있는 것이다.

이 점을 하나의 예를 들어 조금 더 구체적으로 이야기하자면, 이『헤겔의 이성·국가·역사』의 제1장에서 저자는—새롭게 공간되고 있는 헤겔 '역사 철학' 강의 필기록들에 기반하여—헤겔 역사 철학의 신학적 배경을 검토함으로써 지금까지 간행되어 온 '역사 철학 강의' 판본들에서는 그 기초를 이루는 삼위일체론의 그리스도교 신학의 토대가 숨겨져 있는 까닭에 헤겔의 진의가 보이지 않게 되었음을 제시한다. 그리하여 그는 동양과 그리스·로마, 서양의 근대라는 자유의식의 발전을 기초로 한 역사에서의 이성 개념이 보편주의적인 입장을 대변하는 것처럼 보이고, 그리스도교적 정통이라는 특정한 입장에서 구상되고 있을 뿐이라는 의혹이 근거가 있는 것임을 인정하지만, 동시에 헤겔 역사 철학에는 초기에는 고대 그리스, 만년에는 고대 오리엔트라는 서로 다른 문화와의 접촉과 대결을 통해 얻어진 헤겔 자신에 의한 지평 융합의 산물이 포함되어 있다는 점도 지적하고 있는 것이다.

지난번 곤자 다케시의『헤겔과 그의 시대』가 헤겔총서 제5권으로 출간되었을 때, 옮긴이는 많은 독자들이 이웃나라 일본에서의 헤겔 연구가 어떻게 새로운 시각과 문헌학적 토대에 기초하여 참신한 성취를 이루어내고 있는지 감탄하는 이야기를 들을 수 있었다. 그런 의미에서 옮긴이로서는 이번에도 이 『헤겔의 이성·국가·역사』가 독자들에게 헤겔 철학에 대한 좀 더 심화된 이해를 가져다주고, 그래서 이 책이 또다시 독자들 스스로가 헤겔의 텍스트들 자체에 접근하여 독해를 시도하는 계기가 되기를 바랄 뿐이다.

언제나 그렇듯이 이번에도 도서출판 b 기획위원회의 복도훈, 심철민, 이성민, 이충훈, 정지은, 조영일 선생들은 이 『헤겔의 이성·국가·역사』를 헤겔총서에 포함시키는 것에 흔쾌히 동의해 주었다. 또한 조기조 대표와 편집부의 백은주, 김사이, 김장미 선생들은 매번 그러하듯이 그야말로 정성을 다해 책을 마무리해 주었다. 따라서 도서출판 b의 이 모든 분들께 드려야 하는 감사는 그 어떤 표현으로도 충분하지 못할 것이다. 책을 쓰고 옮기고 만드는 작업이 한편으로는 각각의 사람의 고독 속에서, 다른 한편으로는 서로가 부대끼지 않을 수 없는 방식으로 이루어질 수밖에 없는 고단한 일이지만, 이제 옮긴이로서는 새롭게 시작되는 기해년에는 b의 모두가 세상에 대해 좀 더 지혜롭고, 스스로 좀 더 늠름하며, 서로에 대해 좀 더 너그러운 삶의 지평으로 옮겨갈 수 있기를 바랄 뿐이다.

2019년 새해 초, 백운호숫가에서
이신철

헤겔 총서 ⑧

헤겔의 이성·국가·역사

초판 1쇄 발행 • 2019년 1월 25일

지은이 • 곤자 다케시
옮긴이 • 이신철
펴낸이 • 조기조

펴낸곳 • 도서출판 b .
등록 • 2006년 7월 3일 제2006-000054호
주소 • 08772 서울특별시 관악구 난곡로 288 남진빌딩 302호
전화 • 02-6293-7070(대)
팩시밀리 • 02-6293-8080
홈페이지 • b-book.co.kr
전자우편 • bbooks@naver.com

값 • 24,000원

ISBN 979-11-87036-87-6 93160